佛教一本通
通往古老智慧的現代途徑

The Complete
IDIOT'S Guide
to Understanding
Buddhism

作者：蓋瑞‧賈許（Gary Gach）
譯者：方怡蓉

佛教一本通

作　　　者	蓋瑞・賈許(Gary Gach)
譯　　　者	方怡蓉
特 約 編 輯	莊雪珠、釋見澈
封 面 設 計	邱榆鑑
內 頁 版 型	歐陽碧智

總　編　輯	張嘉芳
編　　　輯	劉芸蓁
行　　　銷	劉順眾、顏宏紋、李君宜

出　　　版　橡樹林文化・城邦文化事業股份有限公司
　　　　　　台北市民生東路二段141號5樓
　　　　　　電話：(02)25007696　傳眞：(02)25001951

發　　　行　英屬蓋曼群島商家庭傳媒股份有限公司城邦分公司
　　　　　　台北市中山區民生東路二段141號2樓
　　　　　　讀者服務專線：(02)25007718；(02)25007719
　　　　　　24小時傳眞服務：(02)25001990；(02)25001991
　　　　　　服務時間：週一至週五上午09:30-12:00；下午13:30-17:00
　　　　　　劃撥帳號：19863813；戶名：書虫股份有限公司
　　　　　　讀者服務信箱：service@readingclub.com.tw

香港發行所　城邦（香港）出版集團有限公司
　　　　　　香港灣仔駱克道193號東超商業中心1樓
　　　　　　電話：(852)25086231　傳眞：(852)25789337

馬新發行所　城邦（馬新）出版集團【Cité (M) Sdn.Bhd. (458372 U)】
　　　　　　11, Jalan 30D/146, Desa Tasik, Sungai Besi, 57000 Kuala Lumpur, Malaysia
　　　　　　電話：(603)90563833　傳眞：(603)90562833
　　　　　　E-mail：citecite@streamyx.com

印　　　刷　成陽印刷股份有限公司
初版一刷　2006年1月
初版五刷　2014年5月
ISBN　986-7884-49-3
定價：650元
特價：499元
版權所有・翻印必究 (Printed in Taiwan)
缺頁或破損請寄回更換

國家圖書館出版品預行編目資料

佛教一本通／蓋瑞・賈許 (Gary Gach) 著；
　方怡容譯.--初版--臺北市：橡樹林文化出
　版：家庭傳媒城邦分公司發行, 2005 [94]
　　面；公分
　譯自：The Complete IDIOT'S Guide to
Understanding Buddhism
　ISBN 986-7884-49-3（平裝）

　1.佛教

220　　　　　　　　　　　　　　94020098

推薦語

　　佛陀的覺悟，兩千多年來鼓舞著多少有志之士踏上成佛之路。佛陀的慈悲，安慰著多少在苦海中載浮載沉的有情眾生。多少人寫下了這些歷程與故事，如今又增加了一本簡易而方便的指南──蓋瑞・賈許的《佛教一本通》（中譯本）。以他的博學與親身修行之體驗與參悟，提供我們佛教究竟是什麼？佛教在東西方的發展與現況，並以親近現代人生活的筆調，重新還原了若是佛陀在我們身旁他有可能怎麼做？使得佛不再只是研究的學問，更是一種生活，可以幫助現在人在網路─人際─工作─生死……交雜之中，回歸到清涼的自家面貌。

銘傳大學通識中心副教授、中國時報副總編輯　孔令信

　　這是一本佛教文化的最佳入門書，也是一窺佛教信仰的理想讀物。作者的博學和誠摯，教人佩服。

華人心理治療基金會執行長　王浩威

　　佛法大海，需要地圖領航，本書就是一張全面觀照又深入淺出的地圖，書中所投射的西方學佛人觀點也值得有心人參照。

禪者、佛光大學藝術學研究所所長　林谷芳

我修習禪坐已經二十多年了，由身而心靈，使我獲益良多，感激不盡！

北京漢聲的編輯群願學禪修，我把本書第三部第二章的禪修篇示現並教之，都能歡喜讚嘆，要求展讀全書。

本書不但傳達佛陀的教誨，而又整合眾生後學的實踐經驗，睿智淺出，引人入勝，並且經嚴俱足，真好。

《佛教一本通》可以使才入門者、或已精進者、或生退轉心或貪法懶修人，皆有所得。

漢聲雜誌發行人　黃永松

本書以淺白活潑之文字介紹佛教的緣起、基礎義理，不同之修行型態及與現代各學科和日常生活之關聯，對引導佛教新學者入門，有極實際的助益。

中華佛學研究所助理研究員　黃繹勳

《佛教一本通》不但是對佛教、佛法一無所知而想要明白理解的人，單單這本書就可以滿足他們的需求；連佛教界的老參濡染佛法經久之士，也可以透過現代世界各地的佛教徒對佛、法、僧三寶的認識、信悅。在生活過程中追求吸取成就完善人格的營養素，只此一本可通達！

中華佛學研究所研究員　楊郁文

從榮華富貴的悉達多王子到化身為體會一切的佛陀覺悟者，佛教的發生本來就有一個最美麗的傳奇；而佛法中教人棄情以離苦，絕緣以得樂，更是一種聞所未聞、發人未發的激烈思想。

　　但佛教思想在歷史上經過眾多大智大德的層層積累，已經蒼蒼——如茂密原始林，凡智魯鈍之人如今難登堂奧，俗世之中卻又有太多偽大師提供奇怪莫名的開示，魚目混珠，要不糊塗也變得困難。

　　也許要有一本簡單明白、直指核心的佛教入門，既能崇道又能悟俗，是讓世人重新以清新眼光看待這份古老智慧的機會，而《佛教一本通》想做的就是這樣的事吧？

　　在混世濁情中，重新尋找某種清靜的根本智慧，是現代人另一種出路吧。一位年輕印度學者Pankaj Mishra相信佛教可以提供九一一以後西方世界的新答案，甚至給現代世界一種「受苦的終結」(an end to suffering)，我覺得我們也許可以用親身的閱讀體會，讓古老答案有一個新的演示。

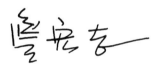

PChome Online 網路家庭董事長　詹宏志

　　頗具佛教現代感，簡潔介紹佛教起源和進入不同文化地區的發展，將佛理應用到個人生活的各層面，譬喻活潑生動。穿插宗教家、哲學家、作家的相似觀點，開拓宗教對話或人性對話的新視野，尤為引人入勝。

慈濟大學宗教與文化研究所所長　盧蕙馨

這是一位西方佛弟子，以西方人所熟悉的思維方式與文化模式，向西方人介紹佛教與佛法的一本傑作。

　　作為東方人，無論是佛弟子還是非佛弟子，無論是資深佛學研究者還是一般信徒，閱讀本書都會獲得一種意外的驚喜。原來，佛教對我們而言，就是生活與文化的一部分，宛如空氣與水一般的熟悉與自然，因此不免將佛法對吾人生活與文化的影響，視作「理所當然」。

　　這位來自西方的作者，卻幫東方讀者打開了恢弘的視界，用極精簡的陳述，讓我們看到了佛教更多元而豐富的內涵，確認了佛法融入文化而又超越文化的普世價值，以及依佛法之智慧以引領時代思潮、挽救世道人心的前瞻性。

玄奘大學宗教學研究所教授　釋昭慧

　　作者從西方的視野來看佛教，將所謂僧團、禪修、教理等各種理論，穿越佛教「理性」與「感性」、「東方」與「西方」的界限，置於日常生活的真實世界中來檢視，切入「理解」與「踐行」的交流、交融，並採集很多例子，娓娓道來，引人入勝，是處理現在修行尖銳議題的好借鏡，是初學者的入門書，你也應該知道。

香光尼眾佛學院院長　釋悟因

目次

第一部　佛陀──嚮導 23

1 他為何微笑？──佛陀的一生 24

佛陀身教、言教一致，他的一生就是其教法的體現。佛陀今天仍在人間，隨你所需而取，隨你所需在自己的生活中實踐。千里之行，始於足下。光是這個人的故事就已改變許多文明。一個流傳全球的微笑。

2 一種法味，風味殊異──佛法流傳於不同的國度 41

訊息如何靠步履與口耳相傳；它又是如何改變，也被它所觸及的地方所改變。漣漪仍在持續擴大中……。

3 義大利籍佛陀看起來像什麼？──西方佛教 60

佛教最新的一章仍在書寫當中，作者包括計程車司機、牙醫、空中小姐和碼頭工人。佛教已註定是我們文化的一部分。

4 殊途同歸──宗教聯合國 78

無論你的觀點是什麼，都有佛教存在的空間。有禪修猶太教徒，有天主教班奈狄克派的修士佛陀，有伊斯蘭教蘇非派的佛陀，還有無神論者、不可知論者與不信仰主要宗教的異教徒（條條大路通往「唵」）。

佛教
一本通

6 金剛乘──藏傳佛教 269

最晚近喚醒西方的宗派，主張擁有佛陀最圓熟、最完整的教法。我們無法保證讓你覺悟，但一定把你帶到門口。

佛教一本通

第四部 佛教的實踐──日常生活的應用 289

1 把一切帶回家──相互關係 290

沒有人是一座孤島；相反的，我們都是故事──相互纏繞，且持續進行。這裡有佛教對於生命最基本故事的觀點──從出生到死亡，還有介於其間所有生動有趣的資料。

2 心靈糧食──日常飲食 308

一個星期七天，一天至少一次或兩次，我們會透過食物而與整個宇宙相遇。所有的素材都在那裡；我們只要停下來感恩，然後所有的生命都呈現在眼前。

3 工作，就好像你不需要那筆錢──正確的謀生之道 325

砍柴、挑水，或在砍柴時，心想自己應該挑水才對？一份工作只是為

了要付房租，或能讓我們實踐自我？看看佛法如何穩固地投資在有意義的成功上。

4 每個人都這麼做——佛教與大眾文化 339

球棒擊中球那「鏗」地一聲中，吉他的琤琮聲中，以及週六下午的音樂、戲劇表演中都有佛法。男女老少，一律歡迎。佛陀的大道既平坦又寬敞。

5 觀察與存在的新方式——佛教與藝術 361

誰說藝術或開悟住在與我們分離的世界中？佛陀可沒這麼說！這裡有些覺悟的藝術，你可欣賞，也可自己實踐。

6 內在與外在——佛教與科學 381

數千年來，佛教一直描繪著內在空間與外太空的地圖。在新的思考態度——從心理學與物理學到祈禱，重新評價一切時，請細看神經免疫學與雷射光立體攝影，以及碎形理論與蝴蝶效應之類的突破，正如何重新詮釋古老的智慧。

7 快樂不是個人的事——入世佛教 401

佛教正以獨特的方式，回應現代世界有關生活品質、人權、民主、環境等的挑戰。實踐中的佛法，可以是個在相互關懷中，幫助自己與他人的機會。

一份穿越佛教叢林的指南

對許多現代的西方讀者而言，佛教在文化與文獻上複雜而多元的展現，令人迷惑。經過兩千五百年，跨越半個地球的一個有生命的宗教，我們很難加以概述。當你面對這個世界性大宗教的各種型態與教理時，可能會覺得自己就像個不折不扣的白癡。就在此刻，佛教所有各種不同的脈絡，同時被介紹到西方世界來。一個無關緊要的例子是佛教僧袍的顏色，在東南亞，僧袍為橘黃色；藏傳佛教的僧袍是紅色；韓國佛教的僧袍是灰色，而日本佛僧穿的是黑色。

很明顯的，我們都需要一份穿越這座生意盎然叢林的指南。作者蓋瑞・賈許接受了這個困難的挑戰，當他指出所謂佛教的種種文化，以及複雜的修行教理網絡中的異同時，他把這些異同放在一個全面性的脈絡來看。對於佛教門外漢來說，本書是不可錯過的佛教指南，因為本書視為理所當然之處少之又少，但是又避開了過分簡化與大幅裁略主題的陷阱。本書扼要且創意十足地探討並呈現佛教的理論與實踐、宗教性與世俗性。

我建議你在試圖理解佛教時，將下面所載的日本十二世紀曹洞禪創始人永平道元禪師的話謹記在心，這段話摘自他有名的論述《見性公案》：

研究佛教就是研究自我，

研究自我就是忘記自我，

忘記自我就是被萬物喚醒，

而這份覺醒延續無盡。

你可以將佛教當成一門外在的科目來研究，但它也是一種內在的

探索。「研究佛教就是研究自我」，你研究的不是古老腐朽的文化遺產，而是某種活蹦亂跳的事物；「研究自我就是忘記自我」，當你研究自我時，佛教就不是個分隔的對象了。當你將自己當成一個個別分離的對象來研究與專注時，自我的界限就消失了。「忘記自我就是被萬物喚醒」，放棄你的習慣與成見，就是體驗萬物的本來面目，而不是你已養成的預期心態中的面貌。「這份覺醒延續無盡」，藉由放下你的行為制約過程，覺悟存在於每一刻。於是，智慧與慈悲自然而然地生起。

我想以一句禪宗的告誡作為結束：「不要將指月的手指誤以為是月亮。」佛教、禪宗、基督宗教、伊斯蘭教、猶太教、儒家等，都是有用的手指。至於指出完全實現自我與利益他人之道的教理也是指針，但並非目標本身。所有的宗教教理，都是有關存在的一切，但如果把教理當作對象而專注其中，我們就錯失要點了。好好欣賞這本書，並讓你天生的光明灌注在你的閱讀之中。

麥可·溫格 (Michael Wenger)

麥可·溫格自從1972年起就在舊金山禪修中心(San Francisco Zen Center)修行，他目前是該中心的佛教研究院院長(Dean of Buddhist Studies)。傳承的法脈為日本曹洞宗，著有《三十三根手指頭：現代美國公案集》(*33 Fingers: A Collection of Modern American Koans*)，以及編輯《風鈴：舊金山禪修中心的教理1968-2001》(*Wind Bell: Teachings from the San Francisco Zen Center 1968-2001*)，另外和梅爾·魏茨曼(Mel Weitsman)合編鈴木俊隆禪師的《黑暗中的分岔支流》(*Branching Streams Flow in the Darkness*)。

發現佛教的閱讀之旅

　　我很榮幸，真的！能將佛教的要旨與實踐介紹給你，並以入門書的方式輕鬆書寫。有些人或許會認為此為大不敬的做法而加以譏笑。對此，我實在不知該如何回應，只能以英國作家契斯特頓(G. K. Chesterton)的話來回應：「天使之所以能飛翔，是因為他們輕鬆泰然地看待自己。」不過，請注意：我的雙腳可沒有離地一吋喔！

　　不過，如果你跟我一樣已是此系列叢書的書迷，就會知道此系列書是非常有組織的，這也是我認為使用這種方式來介紹佛教是一個好機會的原因，因為佛教本身就是個非常有組織的系統。本書涵蓋的領域極廣，採循序漸進的方式，一步步引領你認識佛教。當我以這種方式呈現佛陀的故事與教誨時，我只希望你會像我以及長久以來的其他億萬人一樣，發現這些故事與教誨是可以激勵人心的，是值得一讀的，是神聖的。光靠一本書就能開悟，這個要求是過分了點，不過我想你可能會發現自己以前所未有的方式思考事情。

　　好好享受這段閱讀之旅。我想你會發現，佛教的價值穿越理性的界限。在某方面，實踐佛教的人注意到生活中的壓力減少了；敏銳的專注力與注意力更能集中，也是這條道上的共同特色。另一個副產品是，讓你能夠更圓融地處理每段遭遇，同時也讓日常生活與生命更為貼近。

　　佛教傾向於讓人接受而不執著，因此更能平靜而有洞見地體驗生活。仁慈是另一個共通的因素，不僅對他人仁慈，也對自己仁慈。你可能會發現棘手的情緒，變得比較容易處理，也可能注意到別人對你比以前釋放出更多的善意。如果他們說你的頭上有光環，或者說你周身散發出較為明亮的感覺，這個我可不敢斷言，這些全部都是你一生下來就已具足了。

你自己來看看吧！

如何使用本書

如果你是佛教新鮮人，對於佛教的素養只要先知道以下幾個要點即可：

一、佛陀(Buddha)，覺悟者。

二、佛法(Dharma)，佛陀的教誨以及所有與之相關的一切。

三、僧團(Sangha)，佛法的實踐與實踐者。

四、在日常生活中發現佛法。

前三個要素稱爲「三寶」，那是佛教的本質。所以，我把它們連同第四個要素規畫爲本書的藍圖。第一部「佛陀：嚮導」——我們要來看看佛陀本人，以及他所有教誨的傳布；第二部「佛法：眞理與眞理之道」——探討佛陀教誨（佛法）的精髓；第三部「僧團：入道」——介紹佛教的修行，並概述主要的修行團體（僧團）；第四部「佛教的實踐：日常生活的應用」——以更進一步的角度，呈現實踐佛教的種種可能性與價值。

佛教會讓你驚嘆連連。它由全然單純的事物組成；當這些事物聚集在一起時，卻比所有組成零件的總和大得多，那等同於生命本身（此外，也約略等同於本書）。

在第一部「佛陀：嚮導」中，我們以一則簡短的傳記故事開始說起——佛陀的生平，然後勾勒出佛陀的教誨如何傳布並適應不同地區的有趣歷史。爲了凸顯要點，接著我們將注意力集中於西方佛教，這可能是佛教歷史到目前爲止最有趣的一個階段（我們正生活在其中，就如魚在水中游，很難看得見，且在西方佛教定型前，要花上好幾十年的時間。但我在此指出這個過程已經朝向的幾個方向）。總之，我們將比較佛教與主要宗教的異同。事實上，佛教和所有主要宗教都能和諧共存，就算無神論也是如此。

接著，在介紹過背景（歷史上的佛陀是何許人）之後，我們將探

討他所教導的內容。在第二部「佛法：眞理與眞理之道」中，我們以淺顯易懂的日常生活用語，來表達佛法的精要。首先是佛法的核心，它以三寶爲始──佛陀、佛法、僧團；然後是佛陀的主要哲學──四聖諦，也就是簡要描述他獨特觀點的四則神聖的生命眞相。最後一項聖諦開啓一條道路，那是我們將會按部就班遊歷的一條路。接下來談有意識的行爲那一章，即使內容乍看之下似乎很熟悉，但卻至關緊要。最後，我們將會瀏覽佛教的關鍵概念，並探討它們的獨特智慧。

至此，我們已爲實踐這一切做好鋪路的工作。在本書第三部「僧團：入道」中，將會以兩章專門討論基本修行的建立，並將禪修介紹給你。然後，我會將聚光燈朝向四個在西方的主要修行宗派，這是本書另一個獨特的特色。雖然我不想讓佛教看起來像超級市場（「各位來賓請注意！第四走道可以試吃禪法麵包！」），但西方佛教（尤其是美國佛教）的一個前所未有的層面，就是形形色色的宗派首度共存，且並肩地一起發展。除了觀禪、禪宗、淨土宗和藏傳佛教（金剛乘）之外，你會聽到有關其他幾個宗派的情形，但這四個宗派有點像基本食物分類，且如一份均衡的飲食般，四者之間可以輪換，有益健康。

過了第三部分，你可能會認爲本書的最後一部分──整個後半部，有點像自助餐，一個寬闊的沙拉吧，其中有種種佛道可供選擇，「道」可在整個世界中被測試與嘗試。在第四部「佛教的實踐：日常生活的應用」中，將概述眞實世界與佛教的交流，就從我們主要的關係開始──從出生到死亡。接著是兩個藉由佛教觀點而充實的日常生活層面──食物與工作。

另外兩章探討佛教與藝術，包括通俗藝術和精緻藝術，其中有運動、園藝、音樂、電影、寫作（即使是你自己的作品）以及生活藝術。然後，我們會看到佛教如何與發生在科學方面的觀點（典範）轉移取得調和。這些領域，具有重現佛教重要性的種種令人興奮的可能性。最後一章揭露一些自願爲他人服務，以豐富自己修行的方法，並將焦點放在佛教以它本身溫和、轉化的方式，正在處理的現代議題。

你將在這整本書中，發現可以親身嘗試的各種禪修與訣竅。此

外，最後還有語彙表、大事紀等附錄，全書中也都有特別區隔開來的各種佛教看板。

我們的佛教看板

這些特別區隔標示的「資訊方塊」（在我寫本書之前，我一直都稱之為「小竅門」）是本書的編排特色之一，可以增加讀者的閱讀樂趣，按內容不同區分為四類：

菩提葉

菩提樹是使佛陀在證得無上正等正覺的禪定中，遮蔽他的一棵樹，而這棵樹的後代今天繁茂依舊。這類「資訊方塊」代表菩提葉，也就是闡明佛教這巨大生命體各個層面的典故與禪修。（例如，你是否聽過一則關於教士、拉比、上師的故事？）

語詞解釋

這類「資訊方塊」強調並定義正文中出現的關鍵字詞。不要誤以為指向月亮的手指就是月亮；或正如語意學家考茨比斯基(W. I. Korczybyski)所說的：「地圖不等於領土。」意思是：字、詞可把你留在門邊，但不能帶你登堂入室，實踐要靠你自己。

現身說法

這類「資訊方塊」代表傾聽名人闡釋某些要義。不論他們的出身與我們的距離有多麼遙遠，他們就在當下以同時代人的身分，對我們說話。

菩提道上

這類「資訊方塊」專為各式各樣註解正文的諺語或思想而設，就像在書頁空白塗鴉的小花。它們通常混合不同的傳統，或東、西方兼容並蓄。條條大路通往「唵」！

快速查詢

這是佛道上基本要點的一種方便摘要。世上沒有單獨一種養生之道，佛陀的道可透過最深奧或最簡單的概念、事實，被理解、體悟與表達。只要實踐其中一點，終究會通往所有其他的點。

誌謝

我謙恭地感謝我的父母、家人、僧團、師長與朋友。以下提到的人士在使我的努力臻於完善方面，更是無比珍貴：我孜孜不倦的編輯Randy Ladenheim-Gil，還有Michael Thomas、Christy Wagner、Ross Patty及Megan Douglass這群有耐心、快活、聰明的工作夥伴，與他們共事是莫大榮耀；一向彬彬有禮的文學代表Jack Scovil；以及所有天才藝術家與攝影師。特別感謝Chungliang Al Huang於1980年代在《量子濃湯》(Quantum Soup)一書不斷嘗試東、西方的意象，從這本書中我找到了點燃自己蠟燭的靈感。還要感謝Annapurna、Margery Cantor、舊金山市立圖書館中國城分館的Terry Yee Carlson、Swami Chaitanya、Cindy、Aaron Fagerstrom、Iftekhai Har、Wendy Johnson、Maxine Hong Kingston、Jack Kornfield、Arnold Kotler、Therese Fitzgerald以及諸位法友；聖荷西日蓮佛寺的Rev. Ryuei Mike McCormick、帕惹拉克斯出版社(Parallax Press)的Travis Masch、機械學院圖書館(Mechanics' Institute Library)的參考服務台、佛教和平公會(the Buddhist Peace Fellowship)的Susan Moon、國立日裔美人歷史學會(National Japanese American Historical Society)、「彩色水滴」(Colour Drop)的Tipu Shardar、雲水禪堂(CloudWater Zendo)的釋印法法師(Ven. Shih Ying-Fa)、Miriam Solon、舊金山男同志佛教僧團(Gay Men's Buddhist Sangha of San Francisco)的Daishin Sunseri、Stephen Toole以及所有用回應與我一同書寫的讀者。

還要感謝以下這些人不吝指教：Wes Nisker校閱「毘婆舍那」等章節；Reverend Ken Tanaka在有關淨土宗內容的寶貴意見；Janis

Willis教授、Peter Wood 提供他們在金剛乘方面的專長；Lewis R. Lancaster教授、Michael Wenger 自始至終給予確實可靠的鼓勵與親切的支持。事實上，這本書在我的網站搜尋中，麥可的名字和我的名字一起並列。但若有任何殘留的錯誤全都因為我所致。

至於引用文章方面有：Langston Hughes的〈沒有實現的夢想〉(Dream Deferred)，摘自《蘭斯頓‧休斯詩集》(*The Collected Poems of Langston Hughes*)，版權為1994年蘭斯頓‧休斯遺產，引用許可由藍燈書屋出版社(Random House, Inc.)的Alfred A. Knopf授予。William Carlos Williams的〈紅色獨輪手推車〉(The Red Wheelbarrow)摘自《詩集1909-1939》(*Collected Poems* 1909-1939)第一冊，版權為1938年新方向出版公司(New Directions Publishing Corp.)，新方向出版公司給予重印許可。我們已盡了最大的努力查明所有的版權擁有者，與明確必要的重印許可。若有任何致謝方面的遺漏或版權上的疏忽，都是無心之失，敬請見諒。任何疏漏一接到正式通知，都會在再版時更正。

本書承路易斯‧蘭卡斯特(Lewis R. Lancaster)教授審查所有內容方面的精確性，並提供寶貴見解。

蘭卡斯特教授生於維吉尼亞，於羅恩諾克大學(Roanake College)獲得學士學位、於USC-ST獲得神學碩士學位，並在威斯康辛大學(University of Wisconsin)獲得博士學位。從1967年起，任職於加州柏克萊大學(the University of California, Berkeley)，是該校佛學研究計畫的共同創辦人，同時也出任許多計畫與科系的委員，包括宗教研究計畫、中文研究中心、韓文研究中心以及東亞語言學系。他在神學聯盟研究所(the Graduate Theological Union)、佛教研究所(the Institute of Buddhist Studies)的附屬學院（兩者皆在柏克萊），以及西來大學（洛杉磯）都有相當貢獻。此外，他還擔任一些非營利組織的顧問，在國內與國際的專題研究會、研討會、會議與專題座談會上都是著名的發表人。

他編輯過九本佛教學術論著以及柏克萊佛學研究系列，論文曾在數十種文集與期刊中發表。最近在六片光碟合輯的電子出版品中，更

是開路先鋒的撰稿者，這份出版品收集堪為典範文獻，包括四十五冊的巴利三藏、一萬一千頁的梵文文獻、七十部含參考書目的中國禪宗文獻、八千頁韓國佛教歷史的檔案資料，以及一個互動式的韓國佛教思想資料庫。除了研究、講學、著述外，他目前投注大量心力在「創新電子文化地圖網站(the Electronic Cultural Atlas Initiative Website)」(www.ias.berkeley.edu/ ecai)，這是項史無前例的國際性合作，將開啓學術研究的新面向。他於百忙之中仍樂意為本書投入他的專業知識、關注與協助，在此謹致以無上謝忱。

商標

本書提及的商標或服務標誌，都盡量以大寫字體處理。阿爾發圖書出版社(Alpha Books)與美國企鵝出版集團(Penguin Group (USA) Inc.)無法證實這些資訊的準確性。本書對某個術語的使用，不應被視為侵犯任何商標或服務標誌的效力。

第一部

佛陀──嚮導

在旅途一開始，讓我們問問：「是誰？」這是各種基本問題的開端，就好像我們會問：「誰寫下這本愛之書？」「誰是這裡的負責人？」「我到底是誰？」（還有，「那麼，誰想要知道？」）

本書中，這個「誰」指的是佛陀，也就是第一位祖師。他為我們指出這個世間的道路，他是偉大的覺悟者。我現在所說的是一個歷史上的人物，他體現他自己的教導；我所說的也是你內在的佛，是你、我，也是一切眾生內在的佛。

無論你的宗教信仰是什麼，是哪一國人，開哪一種車，佛陀都可以對你有所啟示。所以，廢話不多說，讓我有這個榮幸向你介紹每個人的老友──佛陀。

1 他為何微笑？
——佛陀的一生

本章主題

- 佛陀的一生
- 四種相
- 大出離
- 中道
- 無上正等正覺
- 接下來是什麼？

人類都有好奇心。我們對自己好奇，也對其他人好奇——因此才會有日記、回憶錄，以及未經授權的傳記。當然，我們的一生無疑是世界上最偉大的故事，我們對這故事接下來會發生什麼事最好奇（「明天同一時間請繼續收看。」）。我們也受到其他人的啟發，如但丁(Dante)①、黑麋鹿(Black Elk)②、海倫・凱勒(Helen Keller)、貝比・路斯(Babe Ruth)③、＿＿＿＿＿（請自行填空）。每個人都有他最喜歡的人物，這其中有些人被我們選定為行為的典範，甚至為他們訂定國定紀念日，以緬懷其成就。佛陀的一生正是人類生命中這樣的一則偉大事蹟，他的教導是一份莊嚴的禮物，我們都可以體認到那是人類共同遺產中很珍貴的一部分。我邀你輕鬆坐著，共享這份莊嚴。

數千年來，佛陀的一生一直被用來作爲教導世人的故事。這故事中混合了傳記史實、傳說，甚至神話。約瑟夫·坎伯(Joseph Campbell)④將神話視爲宗教的故事，他曾說：「我們所擁有最近似地球神話的是佛教。在佛教中，萬事萬物都潛藏著與佛陀有關的東西。」難怪有人如此珍視佛陀的教誨，以至於崇拜他。與此相似的，有人說我們即將認識的這位歷史上的佛陀，只不過是過去、現在、未來整個宇宙中無數諸佛中的一個。

我們在此將以人文主義者的觀點爲基礎。換句話說，曾有個人跟你、我一樣擁有確切的生日與忌辰，而他留給我們的禮物，直到今天依然極爲重要。我認爲他的故事每個人都應該知道，這是顯而易見的。如果你從未聽過這故事，想想看：全世界有三分之一的人知道佛陀一生的故事，何不加入我們的行列？

準備好了嗎？——認識你自己，認識佛陀

從前，有個人發現一份達到快樂幸福的指南，它是無價之寶，卻又相當務實。你可稱之爲《快樂入門書》(*The Complete Idiot's Guide to Happiness*)。他也發現人人都能找到這份指南，它就在每個人的面前。但是，就像他後來也發現的，這麼簡單的東西可能不適用於所有人。爲什麼？就某方面而言，佛陀只說他發現了對自己有用的東西，也歡迎其他人自己去試試看是否合用。他是嚮導，不是神，可是有些人寧可等待上帝或神職人員來告訴他們原本自己可以發現，或憑直覺就已知道的事物。（這會不會是你呢？）

再者，有些人寧可想像自己的快樂會天長地久。（這個人會不會是你呢？）另外，有些人則很難放下一生中累積的創傷與被貼上的標籤，緊抓著悲傷不放，簡直就像要拿來作爲壓艙物；他們無法放下，無法體驗生命中與生俱來不可言喻的輕盈，不能欣賞隨處可見的湛藍天空、堅實的黃土大地、嫩綠的植物。（這個人會不會是你呢？）如果你在這座肖像陳列館中看到自己的畫像（有誰不是如此呢？），那麼「歡迎加

入這個俱樂部！」那通稱為「人類的處境」(The Human Condition)。簡單來說，你身處在這極小的範圍中，就在自己製造的老鼠籠裡轉個不停，雖然籠子的閘門從未上鎖。

然而，只要有人像在噩夢中夢遊似地過日子，就有覺醒的機會。基本上這就是「佛陀」(Buddha)的意義——自己覺醒，且喚醒我們的某個人，或甚至某個東西。因此，如果任何人、事、物真的能喚醒自己的身、心、靈，我們或許可說那就是一尊佛。「佛陀」可能是鳥叫，或嬰兒臉上驚奇的神情或無條件的愛。停下來，專注於當下，傾聽、凝視，佛陀的聲音或影像可能即將出現。如果一切事物都可能是「佛陀」，就算不尊崇最初的佛陀，我們也有充分的理由來關注它，並向它學習。

佛陀曾說：「如果你想真正看到我，那麼請看看我的教法。」反之亦然⑤。換句話說，他的生平本身就是一則教導，或可說是一連串的教導。

佛陀教導我們：親近生命、覺醒，就是開始了解自己，了解我們生而為人的所有潛力，了解每個人心中的佛。其重要性等同生死，卻又簡單的如同喝一杯茶。

雖然佛陀的生平已變成有史以來層次最多的故事，但從頭至尾，你將會看到佛陀只可意會不可言傳的微笑如故，超越一切言語，故事就是這麼開始的。

語詞解釋

「佛陀(Buddha)」一詞源於梵文詞根 *budh*，意為「喚醒」。這是一個稱謂，不是名字，就像「王」、「基督」。作為稱謂時，其意指「無上正等正覺者」(覺悟有等級之分，僅僅張開眼睛並不表示覺醒)。

聖者的誕生：悉達多‧喬達摩

大約在西元前560年五月裡的一個月圓之夜，有個名叫摩訶摩耶 (Mahamaya)的婦人在旅途中產下一子。當時她正離開夫家前往約五十

哩外的娘家，一如當時
的印度習俗，回娘家待
產。產後她回到喜馬拉
雅山山腳下的家——在
今天印度、尼泊爾的邊
界，將新生兒交給丈
夫。這可不是個普通的
兒子，摩訶摩耶是釋迦

族(Shakya)淨飯王(Suddhodana)的王后，她的兒子將會是這個富庶小國
的王子。他們將王子命名為悉達多(Siddhartha)，意思是「夢想成眞」
或「達成目標」。

根據印度當時的習俗，在嬰兒誕生之際會有預言家預測新生兒的
未來。位居種姓制度之首的一個婆羅門，預言悉達多將會統治全世
界，只要不讓他接觸到衰老、死亡的實相；否則，他將成爲偉大的宗
教修行聖者。

王子生涯

淨飯王對王子疼愛有加，期望他有朝一日能繼承王位，統理王
國，所以國王把他幽禁在固若金湯的王宮高牆之內——那無異於我們
把自己圈禁在固定的行事風格中，不假思索地過日子。另外，有人說
淨飯王甚至建造了一個猶如好萊塢影城般的人工環境，當中看不到病
人、老人，甚至連一粒塵土、一片枯葉都沒有。然而就像這故事所揭
露的，眞相總是在那兒等待鍥而不捨的人來發現。

不論如何，淨飯王爲王子請到最好的家教，想使他成爲驍勇善戰
的國王。王子天資聰穎，不久之後，學識已勝過所有的老師了。他的
文學造詣與數理能力無人可及，在游泳、賽跑、箭術、劍道方面也技
壓群雄。根據傳說，他就是在一場大型運動競技場上，贏得當時最美
的少女——耶輸陀羅（Yashodhara，意即「光彩耀眼的人」）——的青睞，娶
得如花美眷。他也長於謀略，深受尊敬，並屢戰屢勝。

悉達多王子不僅是神童、競技場上的常勝軍，他也跟所有的人和樂相處，且是個仁慈有愛心的丈夫。他就是成功的表徵，他的父王當然很高興。他送給悉達多王子和王子妃三座王宮，以因應印度熱季、涼季、雨季三個不同的季節。在王宮中，悉達多王子擁有許多美麗的侍從、成群的馬車，以及無盡的娛樂、遊戲、美食；如果他想要聽音樂，只要一彈指，馬上就有全套的現場表演。然而，悉達多王子開始坐立不安了。

現實的棒喝：四種相

悉達多王子想要認識王宮外的真實世界。任何一個想要真正過活的人都會有這樣的需求。淨飯王為了讓王子快樂，就滿足他的願望，但同時他又得確保外界的一切都像王宮裡一樣受到掌控。

不管悉達多到什麼地方，他只看到繁榮與歡樂，直到有個衰老的形體，莫名其妙地穿過淨飯王事先安排出現在王子面前的一群身強體壯的年輕人。悉達多問他的僕人車匿(Channa)：「這是什麼啊？」忠僕告訴他：雖然那形體的白髮髮長及膝，但那是一個人，一個老人，他正拄著拐杖走路，而每個人最終都會變成那樣。回王宮的途中，悉達多王子一路上都在沉思。當淨飯王聽說了這件事，就增加預算，讓王子過得更奢華。

但是，當王子第二次到鄉間出巡時，巧遇一個兩眼通紅、肢體殘障的人，正在口吐白沫地呻吟。悉達多問：「這是什麼啊？」忠心的隨從告訴他那是病人，可是王子不用擔心，因為王子飲食均衡豐富，又常運動。王子在回程中又是一路沉思，所以淨飯王給他的物用娛樂，豪奢更勝以往。

第三次出巡時，殘酷的現實再度出現。悉達多王子有一回出遊時遇到送葬的隊伍。送葬的人不斷啜泣，雙手向四方揮舞，而隊伍的前頭扛著的是一具猶如沉睡般紋風不動的人體。悉達多看到這情景，忠僕車匿向他解釋什麼是死亡：人，不管怎麼做，終不免一死。他又說：這沒什麼好擔心的，只要祈求長命百歲就好了。

佛教一本通

多麼令人震驚啊！老、病已經夠糟了，但眼前碰到的這個——人最終的毀滅！這是所有的人最後不可避免的歸宿。世界上有誰不會把第一次面對死亡時，視為一生中最難忘、最難受的一刻？

這幾次巧遇都是匆匆一瞥，但也許長久以來一直不讓悉達多碰到這些情形，反而讓它們對他的啟示更大。不管是哪種情形，悉達多都視為與自己生死攸關，且擴及所愛的每個人，甚至全人類。難道沒有解脫之道？與此同時，當淨飯王看到愛子越來越沉重地憂思，且發現這背後的原因時，便陷入絕望，他不想失去唯一的愛子與繼承人。但他有否和兒子開誠布公地談一談呢？沒有，他反而更寵愛他。只是赤裸裸的現實再次突破王宮城牆的阻隔，這是第四次，也是最後一次。

當悉達多在王宮外行走時，剛好看見一個已落髮的人，他身上只披著一條如陽光般的澄黃色布，手托著一個空缽，緩步而行。此人渾身散發出莊嚴寧靜、安詳喜悅的神采。悉達多問：「這是什麼啊？」他得到的答案是：這是位沙門，他已捨棄世俗的一切，以探求精神上的真理。這位靜默的沙門似乎對悉達多說：「沒錯！自從你親眼目睹人間的苦難以來，在你心中灼燒的種種問題是有答案的；然而，只要你不斷沉溺於聲色犬馬，讓心靈麻木，就永遠找不到這答案。」當這一切回報給淨飯王時，他憂傷得不能自已。

就在此時，也是命運使然，悉達多的妻子產下一子。當時他的內心可能頗為掙扎，因為他將新生兒命名為「羅睺羅」(Rahula)，意即「束縛」。淨飯王趁此機會舉行盛大的慶典，目的是為了維繫悉達多王子與家族的親密關係。但是在盛宴之後，當悉達多在欣賞全國頂

現身
說法

沒有實現的夢想

夢想擱著不去實現會變成什麼模樣？
像烈日曝曬下的葡萄乾？
還是像傷口一樣惡化、流膿？
像腐敗的肉類散發惡臭？
還是像楓糖一樣結晶成塊？
也許只像個沉重的包袱，垂掛在肩，
還是會迸裂開來？

——蘭斯頓‧休斯(Langston Hughes)[6]

尖舞伎的表演時，他呵欠連連，然後躺在軟墊上，閉起雙眼。既然王子沒興趣，實在沒有必要繼續表演，所以舞者停了下來，而且也躺下來打盹。當悉達多再度睜開眼睛時，他看到前一刻還貌若天仙、舉止曼妙的舞者，現在卻橫七豎八地倒臥在地呼呼大睡，曾相當可愛的臉龐，此時不是嘴角淌著口水，就是不斷磨牙。塵世的歡愉不過如此！出離的暗示多麼明顯！

悉達多躡手躡腳地起身溜走。經過妻子的寢宮時，他依依不捨地看了沉睡中摯愛的妻兒最後一眼，然後就離開了。離開，是為了尋找人間老、病、死之謎的解答；離開，是為了追尋生命終極的意義。

踏上成佛之路

且慢！在我們隨著悉達多踏上探索之旅前，可能得暫停一會兒，想想他的出家——放棄過去的一切。一方面，王子放棄與生俱來的財富與權力，這是極端罕見的。以今天的標準來看，他本來可以是個億萬富翁的。雖然事實上，在印度貴族離家探究最高的真理是受人敬重的，可是這只有在他們退休時——在完成家庭與社會的責任「之後」，才會去做的。然而，對悉達多來說，真理是不能等的。

其次，悉達多這麼一走，不僅放棄王位，也放下身為父親的責任。他很清楚自己的離開會造成其他人多大的痛苦，但苦痛似乎永遠都是人生最大謎團的核心，而這謎團是他想要一次徹底解決的。悉達多發誓一旦找到解答就回家，把它和家族與世人分享。

所以，我們承認悉達多有勇氣。那是一份大無畏的精神，是捍衛他的夢、理想與探尋所必需的，也是試圖統馭自己的生命（而非治國）所必需的。另外值得一提的是，悉達多拋棄的不僅是與生俱來的特權，還有代代相傳的觀念。我認為每個人都能從這裡體會到一點：靠自己的雙眼觀看人生，不要管老師怎麼說，不必問：「媽咪！我可不可以……？」——跨越我們一直以來所謂「自我」的深宮內院，自己去觀察。

進入森林：發現

　　於是，悉達多把王袍、珠寶交給忠僕。送出佩劍之前，他自行剃除鬚髮（今日要成為比丘、比丘尼的人，同樣要如此做），只留下頂髻，切斷了與家族、種姓之間的連結，然後動身前往森林。

　　當時在印度，荒野山林裡散居著各種尋道者，有多達六十三個學派存在。悉達多跟著林中一個又一個德高望重的老師學習。過不了多久，就學到了所有老師的學識，他們甚至要他傳承衣缽，但這不是他所追求的。他的確已學會超越自己的感官、思想、色身，甚至意識。但縱然這些技巧超越現實，卻不能解開現實之謎，不能解開生死的謎團；這些技巧給人暫時的喜樂，卻無法給予永恆的平和。迴盪在他心中的苦痛，仍然沒有解答。

　　悉達多的成就吸引了一些同伴，他們一起苦修行道，幾乎達到自虐以求禁欲的地步，希望藉此達到自制與解脫。他睡在釘床上，且逐步地減少飲食，直到每天只吃一粒米。不久，極度精進的他，卻瀕臨自我毀滅的地步。

只剩皮包骨。這座雕像描繪出佛陀極端的苦行：黝黑而枯澀的皮膚表面可以看見凸起的靜脈布滿肋骨之上；如果他揉揉胃部，可以摸到脊椎骨；深陷的眼窩中兩眼圓睜，猶如深井中的死水。

來源：巴基斯坦（Gandhara，犍陀羅）⑦的希克里(Sikri)。西元二世紀。83.8公分。拉赫爾博物館(Lahore Museum)⑧

語詞
解釋

「苦行者」(ascetic)，源於希臘文，本義為「隱士」，例如為了宗教目的而刻苦自律的修行人。除了離群索居之外，「苦行主義」(asceticism)常見的形式還有齋戒、禁欲及清貧度日。人們相信這些刻苦自律的生活方式，能夠讓心智敏銳，提高正念，使修行人不再受種種世俗執著的束縛。

中道

就在此時，一個年輕的村女帶著母親交給她拿去供養森林神的供品從旁經過。她發現了幾乎不醒人事的悉達多，就在他嘴裡倒了些米湯，而他喝了米湯。如此一來，他不僅放棄了苦行，也放棄了極端主義。

這裡發生了兩件事值得注意。首先是色身的重要性，以及奇妙地體認到色身與快樂之間的關係。有許多宗教修行之道一向藐視色身，把身體視為惡魔。悉達多了解到：如果他的心智進入忘我的境界，而色身卻虛弱得無法掌握，無法實踐真理，那麼他就不能達到目標。

再者，他了解到一個簡單卻崇高的道理，就是今天眾所周知的「中道」。我們在自己或他人身上都曾遭遇到極端主義的種種形式，佛陀會說傾聽各方的說法，然後找到和諧的中道。別把腳下的土地撕裂成兩半，也別追求一場春夢。如果吉他的弦太緊就會繃斷，如果太鬆則無法彈奏，找到平衡點，它就能錚錚作響。

所以他體會到苦行無法去除執著的枷鎖，而終於看清苦行不過是另一種對自我的執著，那無異於身為王子時的縱欲。經過更深層的觀察，他開始真正地覺悟到：對「自我」的認同是一種建構，最後總會

語詞
解釋

「中道」(Middle Way)，是佛陀「不二」思想的一個深刻卻實用的表現。換句話說，二元論將一切一分為二：「善」對「惡」、「我」對「他」、「身」對「心」、非此即彼，不是「全部」就是「什麼也沒有」。佛教包容所有的立場，看出其間彼此相互關連，而尋求其平衡點。〔佛教中發展出一個專門研究中道的宗派，稱為「中觀派」(Madhyamika)〕

有失望，因爲它隱含二元對立——自我以及自我的各種欲望（「在這裡面」），相對於世界以及它的種種回報（「外面那裡」）。「此」相對於「彼」。所以，沒有我執，就沒有二元對立。

當然，他飲用食物這件事，讓那五個自行跟隨他學習的弟子對他失去了信心。他們不等他開口解釋就離開，四處遊化去了。於是，他孤軍奮戰。我們每個人在某一刻都得憑一己之力奮戰。不過，那位村女每天都會送食物來給他。隨著身體的復原，他的覺察力也回復，這使得他具有全新的洞察力，讓他更有智慧，最後達到覺悟。

覺悟

在身體健康的情況下禪修，讓他能清楚地觀察周遭的事物。不管是用餐時面對村女提供的食物，或單純地坐在樹下看著其中一片葉子，他看到一切事物沒有一件是獨立存在的。食物可能來自一片葉子，葉子呢？可能來自於天上的太陽、腳下的土地、雲裡的水滴。那麼太陽、土地、水滴又來自何處？這一切都是彼此相互關連、相互依存、相互作用與互動的。此時，他已看清苦行絕對無法解脫生命這張錯綜複雜、彌天蓋地的大網，而錯也不在於生命之網。的確，沒有一處有錯。

再深入一點觀察，他發現生命中沒有任何事物可以天長地久，一切皆是無常。日出雲消，落葉歸根，他自己同樣是既無常又息息相關的萬物的一部分。此時處於禪定的他，因爲這些體悟而能充分珍惜分分秒秒。爲什麼不呢？當生命中的每一刻都一去不復返，且都蘊含著生命的全部時，爲何不珍惜每一分、每一秒呢？

此時他覺得真的有進步，且是一大進步！苦難與死亡的意義終於逐漸清晰。日落前，當他眼觀五月滿月旁的星辰時，他感到這天夜裡將會突破最後一關。

他坐在一棵枝葉繁茂的菩提樹下（印度的榕屬植物），忍受著雷雨的吹襲，甚至有人說摩羅（Mara，死亡的化身）帶領魔眾來誘惑他。首先，摩羅讓最性感的美女將佛陀團團圍住，但他不爲所動；於是摩羅

佛陀以右手訴請大地作
為他覺悟的見證。

十四世紀或十五世紀
初，素可泰(Sukhothai)流
派⑨。青銅；101.6公
分。阿愛提亞國家博物
館 (National Museum,
Ayuthya)⑩。

發動最凶殘的魔鬼兵團展開攻擊，但他毫無懼色。最後，摩羅質問佛
陀的動機，希望動搖他的禪定。他說：「你眞的不爲私利而修行嗎？
你到底有何權利來做這件事？而且如果你已超越此界，何不乾脆離開
這裡？就算你覺悟了，誰會相信你？」然後，佛陀直視著摩羅，一手
觸地，以大地一切生靈爲證人。至此，摩羅才知難而退。

　　拋開一切雜心妄緣，佛陀不斷深入凝視自己與眾生的內心——生
命的核心。在深夜最晦暗的時刻，他終於參透了生命之謎：每個人出
生就注定走向死亡，因此，痛苦是無可避免的。因爲生命有盡頭，所
以導致永遠無法滿足的渴望，也使對自我不實的心態一直存在，而這
種心態只會造成更多痛苦。這時他已清楚地看到我們囚禁、禁閉自己
的牢籠。

　　他了解到的是，我們所謂的生命不過是波浪，不是海洋。他與整
個海洋，還有注入海洋的所有江河、雨水融爲一體。他覺悟了，看著
天際的晨星，就如初見一般。此時他清澈如鏡、廣如太虛的內心充滿
著體諒與慈愛。明亮、令人欣喜的熠熠星光，和他唇邊的微笑相互輝映。
這就是解答，他已經找到了解開生命奧祕之鑰。此時他完全覺悟了。

佛教
一本通

34

成佛

覺悟之後：說法

　　想像一下：經過七年的探索，悉達多坐在樹下，功德圓滿；這時
他是人類有史以來自覺最為圓滿的人，他終於發現人類苦難的究竟解
脫，而法喜充滿。他已大徹大悟，成就無上正覺。這意味著他直接見
到究竟實相，不受任何限制，而他慈悲的覺知及崇高的智慧，與萬物
合而為一。

　　過了一段時間，他起身繞著那棵一直為他遮風蔽雨的樹走了幾
步，感受到赤足下堅實的大地，他輕撫雙頰的和風，就好像他和整個
山河大地不久前才剛剛誕生一般。當天村女送來食物時，她可以從心
底感覺到他的改變。

　　本來他可以在樹下端坐，享受著無上涅槃之樂，以度餘生。但在
他覺悟的過程中，看到每個人的心中都有覺悟的種子。他對於眾生的
慈愛、對眾生不必要的苦難的悲心，主要與他對生命究竟意義的覺悟
息息相關，所以他重新回到人間。

　　當他過去的五個弟子看到悉達多走來時，便轉身背對著他，心裡

還記得悉達多曾熬不過苦行的嚴酷考驗。不過當悉達多走近時，他們內心感覺到他的變化，在他身上可以清楚地看到無上正覺。他們放下主觀判斷與偏見，歡迎他回來。他們能了解他是名副其實的「佛陀」。

佛陀是雲遊四方的導師，踏上永不休止的旅程。因此，佛陀徒步傳揚他的教法。傳統中佛陀的頂髻被拉長，代表他的覺悟；手指變得纖長，象徵他探索內心深處的能力；他一手上揚的手勢表示「施無畏」，另一手則是「與願」。這尊塑像展現動、靜之間絕妙的平衡。

蘇克泰流派，3.53公分×2.35公分。

　　當天晚上佛陀第一次說法，稱為「初轉法輪」。在解釋他的發現時，他提出四項前提——「四聖諦」（參見第二部第一章），對苦難的起源與解脫加以定義，還有達到這種解脫的實用個人修行計畫——「八正道」（參見第二部第二章）。當有些弟子還在反覆思索佛陀的教導時，有位弟子即刻領會而覺悟。他並未記誦什麼東西或依賴信仰，而是覺悟到迴盪在他內心中的真理。

　　這些教法被確立為「法」(Dharma)，即解脫之道。在解脫道上修行的人稱為「僧伽」(Sangha)；悉達多則是「佛陀」，是個為世間眾生指出解脫之道的人。佛陀就這樣展開說法的行程，當他在廣大的恆河三角洲四處遊走時，只要有人願意聽他或他日益增多的弟子說法，他就傾囊相授，每年在印度長達三個月的雨季期間，則閉關精進⑪。這段旅程總共持續了四十五年。

語詞解釋

「法」，源於梵文Dharma（巴利文為Dhamma），依上下文而有種種不同的意義，包括佛法、教義、系統、道路、現象、實相、真理（還有戒律、法則、標準、宇宙軌則等）。在此，這個字指的可說是真理與達到真理之道，還有佛法以及與佛法有關的一切（人生中的一切事物）。

「僧伽」，意為會眾、群體。一般而言，它是指佛教團體；更確切地說，「僧伽」一詞指的是佛教僧團。佛教僧團是世界上歷史最悠久的修行人團體。

圍著營火，聽佛陀的故事

佛陀的一生就是佛法，所以在所有佛像中，我最愛的是佛陀步行的樣子。我們看到他始終邁步向前，不斷地求新、求進步，所以他的教法也並非一成不變。後人將他的談話記錄下來（稱為「經」），本書第二部分的主題就是基礎佛法的導覽，在此只介紹佛陀這段時期的幾則故事，以彰顯他的方法與思想。

佛陀化眾的能力不只在於他教導的真理，也在於簡單、實際、普遍，還有說法時流露出的關切。例如，有個名叫翅舍瞿曇彌(Kisa Gotami)的婦人來找佛陀，懷中緊抱著她剛過世的獨生女。她聽說佛陀已解脫死亡的束縛，於是淚流滿面地哀求佛陀讓孩子起死回生。佛陀看出她受到很大的打擊，這時無論他說什麼她也聽不進去。（如果你是佛陀，你會怎麼做？）

佛陀慈悲的笑容給她一線希望。在溫暖、安詳的佛陀面前，她感到安心，也信賴佛陀清澈的智慧。佛陀告訴瞿曇彌：「在我做任何事之前，妳先去鄰近的村子幫我帶一把芥菜籽回來。但是，只有家裡從來沒有人過世的人家的芥菜籽才能用。」瞿曇彌相信佛陀能救活女兒，於是急忙跑進村子，敲第一戶人家的門。當主人看到她懷裡抱著死去的孩子時，馬上邀她進門，且對她說他們很樂意給她芥菜籽。可是當她接著提到佛陀要求的條件時，男主人提到自己父親的過世，而女主人則拭起淚來。第二戶人家、第三戶人家，結果都一樣。最後，

現身說法

在亞洲，「佛教」是個外來詞，因為對亞洲人而言，它的意思只不過是「實相」——「佛法」。要如何稱呼它呢？由於佛陀不願處理某些形上學的基本問題，所以嚴格說來，他的修行道不是哲學；同樣的，因為他的教導並未建立在神或來生的基礎上，所以也不完全算是宗教；而且佛法主張自我是虛構的，這就很難將之歸類為心理學。有些人喜歡稱它為科學，形同一種教育，或是人生的道路。

她找遍了整個村子，瞿曇彌回到佛陀林中的住處，將孩子安葬後，向佛陀請求學習佛法。

了不起的一則故事！佛陀並未告訴瞿曇彌要學會遺忘，要快樂；不，他指點她一條路，讓她更深入探索自身的痛苦，也看到比她自己所失去的更為寬廣的東西，那才是她的避風港——一切皆無常。

超越語言的二元對立：沉默與譬喻

有時佛陀以沉默作答，這種情形出現在有人提出的問題基本上不在個人親身體驗的範圍內，因此這些問題的答案其實是無足輕重的。太空是否無限？宇宙是否永恆？靈魂是否不朽？身、心是否同一？對這種問題他頂多會回答：「那無濟於事。」（意指時間太寶貴，不能耗費在走那條路。）要是佛陀當時有單人脫口秀的話，他可能會像伍迪·艾倫(Woody Allen)⑫一樣簡潔幽默地回答：「如果人類長生不死，洗衣費累積起來不知有多少！」

佛陀未必對於神聖不可言喻之事心懷不敬，但他絕不試圖做徒勞無功的事。有人說，佛陀無所不知，所以他其實知道無限與永恆、神聖與不朽的答案，可是他知道其他人會陷入語言、見解的網中無法自拔，想要整晚辯論不休卻永遠得不到成就，所以他保持沉默。他就像崇高的救火員，不願與身陷火場的人爭辯起火點的形上學。

有時佛陀會以寓言來回答深奧不可思議的問題。例如他說，想知道宇宙的起源就如有人被毒鏢射中，卻要先確定射鏢的是誰、用哪種毒藥、飛鏢如何製成等，否則不願就醫。

譬喻是偉大的老師與神祕主義者最喜歡用的工具，佛陀也不例外。他所用的譬喻中最有名的是另一個對於「無濟於事」的問題的回應——說得更精確一點，是隨著這種問題而起的獨斷主義。

有一次，他被要求和當時的知識分子辯論一些無法證明的哲學問題。此時，他們已準備好要跟他唇槍舌戰了，而佛陀告訴他們一個國王的故事：這個國王想娛樂自己，於是他召集一些當地的盲人，並牽來一頭大象放在他們中間。有個盲人摸到象腿就說那是一根柱子，有

人摸到大象尾巴的尾端則說那是掃把，摸到整條尾巴的人卻說那是繩子，摸到大象側面的人信誓旦旦地說那是一面牆，另外一個摸到耳朵的則說那是穀物的篩子，還有人摸到象牙就大叫他摸到犁頭。國王津津有味地看著這些盲人開始爭辯，每個人都只知道整體的一部分，就堅持自己所知道的是唯一的實相。就像那頭大象般，實相由各種不同的見解組成，但其實它本身也是一個整體。

此外，眾生平等是佛陀觀點中所固有的，而此一觀點和當時印度的社會秩序背道而馳。如果把印度想像成身體，農民是腳，商人、工匠是腿，武士和佛陀出身的貴族階級是手臂，而神職人員婆羅門則是頭部。但當悉達多剃除鬚髮出家時，他放棄的不只是社會地位，也是整個世襲的種姓制度。佛陀和弟子們隨緣教化，對象不分貧賤男女老少，他甚至接觸地位比農民還低、不見容於印度社會的賤民。涅槃是無國界的。

佛陀的遺教

佛陀意外地結束了一生。因為托缽得來的某些食物不新鮮，最後病倒了。正如以往，他的行、住、坐都在教導禪法，此時他側臥病榻依然教學不輟（參見第四部第七章，圖1）。很自然地，僧團中許多人怕失去佛陀後無法持續下去，但佛陀向他們保證，若要親自實踐佛法，無需佛陀親身在旁。他說：「佛法就是最好的老師。」

他告訴諸弟子：「就算我可以活千萬年，總有一天我還是會離開你們，因為天下無不散的筵席。」在他最忠誠的弟子隨侍在側的情況下，佛陀以將近五十年來的生活方式離開了人世，一個無與倫比的精神導師的典範。據說，就像他出生、成道一樣，他最後的涅槃（入滅）也是在五月一個滿月的夜裡。

而這就是佛陀一生的素描，他的一生本身就是佛法。從一開始，佛陀以及我們每個人，與生俱來都有能力過著寧靜、喜樂、和諧、愛、清澈、真理、絕妙的生活。這是天賦的能力，是你所擁有的。

你不能不知道

● 佛陀體悟中道──在極端的立場中間，找到「不二」、實際
的平衡點。

● 佛陀尋求生死的意義，也找到了答案。因爲以智慧、慈悲與
萬物融爲一體，他了解苦的起源與止息。就像他可以覺悟，
我們也可以。

● 我們都有不同程度的覺悟經驗。佛教的覺悟稱爲徹悟，而徹
悟最高的境界是涅槃。把涅槃視爲一個漸進的過程，比將它
視爲一個東西要有用，那毋寧是一種覺悟的眾生的方式。

● 佛陀不是獨斷主義者，也不仰賴權威。他是嚮導，不是神。
他既實際又科學，他鼓勵我們親身體驗。

● 廣義而言，凡是能讓我們覺醒，更貼近生命的人、事、物，
都可以稱爲「佛陀」。

● 當有人問到有關上帝、天堂和靈魂的不朽時，佛陀只是保持
沉默，因爲這些理論上的問題，並不影響他的教導。佛教不
是信仰，而是第一手的經驗。

2 一種法味，風味殊異
——佛法流傳於不同的國度

處處都有真理（法）。「法」並未流傳，而是人們醒悟，看到「法」的存在。此時，他們自己的體認、了解、實現，與個人的背景與個性相呼應。對個人來說是如此，對國家來說也一樣。

佛陀的教法已傳布到世界各大洲，今天各地都有人修學佛法，而佛法在不同的地方就帶有不同文化的色彩。在這方面，佛教就像豆腐一樣，搭配什麼菜就有什麼菜的滋味，但同時卻不失自己本身淡淡的味道——解脫之味。

佛陀入滅後，依然存在於他的教法中。回顧佛法在時間歷史長河中的開展，是相當有趣的。

印度母國

佛陀並未指定任何繼承人，沒有中央宗教組織、佛教總會；相反的，他留下修道的地圖，並說：「大家聽好！這就是道。你們要在醒覺的狀態下爲自己的證悟努力。」

佛陀的比丘、比丘尼團體（即僧伽）是立誓遵循他的教法（「法」），成爲阿羅漢（透過圓滿了解而身心解脫自在，與究竟實相融合者）的人的集會。佛教僧團是世界上最早成立的僧院團體之一，僧團的成員鄭重地宣誓過著簡樸、禪修、教化的生活。

主要僧團每天的工作只有禪修、教化以及僧院的維護。但是僧團的門爲實際工作的人——在家人——敞開。有許多僧院接近城市，此時這些城市在熱衷領土與經濟拓展的領導者的統治下逐漸形成。同情佛教的商人與貴族可能不會加入僧團，成爲「全職的修行人」，但他們分享佛法，且捐贈金錢或土地。僧院建立在一些新興王國的首都中，例如憍薩羅國(Kosala)的吠舍離(Vaisali)、摩羯陀國(Magadha)的王舍城(Rajagaha)，這些王國的君主向佛陀尋求忠告。

佛教提供一種文化與一套價值觀給新興的城市文明，佛教文化對於多元性比婆羅門教更有包容力，而婆羅門教神祕晦澀，且對於犧牲祭祀的需求幾乎搾乾了都市人與農民。佛教僧人有時受請在城市建立僧院，且在社區中扮演一定的角色，他們不僅是精神導師，也是教育者，甚至是醫生。截至佛陀入滅時，佛法弘傳的範圍已超過五萬平方英里，約略橫跨中印度七個國家。想想佛陀與弟子以步行遊化，這眞是了不起的成就（此處作者無意一語雙關）⑬。

佛陀入滅後，五百位阿羅漢齊聚一堂召開高峰會。他們憑記憶覆誦佛陀所有的言教，並審定其教理與僧團的戒律⑭。這種憑記憶力完成的壯舉，在今日看來似乎非比尋常，但在現代之前，尚未以書寫來組織的文明中，口傳文化與記憶術是極爲發達的。（佛陀使用單詞或短語作爲表列中的條目，且以數字爲單位組成各種表，以非常簡單的元素建構出高度凝聚且複雜的系統，這也有助於記憶。）

佛教一本通

長老比丘的結集陸續召開，例如一個世紀後，即西元前383年的第二次結集，目的是釐清律制中諸如金錢的使用等規定（雖然他們知道「改變」必定始於僧團內部）。到了此時，金錢已成為交易的媒介，促成了遠距貿易。僧院通常靠近貿易站，而且有些投資商隊遠征的商人是佛教徒。

阿育王：佛法的侍者

　　佛教演變為世界性的團體，在這方面有個核心人物。佛入滅後兩百年，佛教僧團依然是小規模，且沒沒無聞。但在接下來的短短五十年間，拜阿育王(King Ashoka)所賜，佛法產生極大的影響。（我小時候在學校曾學過亞歷山大大帝的事蹟，但為何沒有阿育王呢？這樣的英雄人物！多麼了不起的一個人！）

　　阿育王在位期間從西元前272年到西元前236年，他大權在握，版圖遠達印度半島南端與波斯的一部分。在一場長年戰役中獲得勝利後，由於親眼目睹暴力的窮凶惡極而產生強烈的反感，他高掛兵刃，轉而追求佛法，那是之前他跟隨一位佛陀的弟子學習的。

　　阿育王將以往的巡狩改為朝聖之旅，軍事遊行變為虔誠信徒的行進隊伍；愛護樹木的他下令保護森林；他不僅建醫院，且讓動物受到醫療照顧；他沿路鑿井，好讓旅人解渴；他深信平等主義，無論何時何地，不管白天或晚上，出門在外或深居王宮內院，不管是用餐或就寢，子民都可以隨時觀見他。此時一般平民效法他們的帝王，深受佛

教的吸引。

他還派遣使節，到印度半島各地與境外的敘利亞、埃及與馬其頓等地宣揚佛法。這些佛法大使以佛陀為榜樣，並未試圖讓人改變信仰，只是將佛法告知世人。沒有審查制度、沒有宗教法庭，而是以溫和、慈愛的例子展現真理的力量，宣揚佛法就如同告訴某人三角形三個角的總和等於180度一樣。如果傳道者令人有好感，帶來和善的氣氛，人們自然想知道他們來自何處。幸而有阿育王與迦膩色迦王(King Kanishka, 78-123)這兩位證悟的護教君主，佛教在印度興盛了一千年，且最後佛陀影響了全世界，而非歷史上的一個註腳而已。

部派：不必為任何學派或分裂苦惱

佛教流傳的另一個因素是教育。在西元前五世紀，佛教僧團在那爛陀市(Nalanda)建立全世界第一所大學，課程除了佛法之外，還包括當時主要的宗教文獻《奧義書》與《吠陀》(Vedas)㉒、醫學、文法、邏輯、哲學和政治。據估計，其圖書館中收藏的經典約有九百萬部，更不用提有關其他主題的文獻。那爛陀大學免學費，還提供免費住宿，因此吸引了來自印度與亞洲各地的老師與學生，他們有人從東邊的中國、韓國遠道而來，有人來自鄰近的西藏、斯里蘭卡。平均最高的註冊學生人數是一萬名。這個教育園區延續了七個世紀，直到毀於伊斯蘭教將領巴克提亞‧契吉(Bakhtiar Khilji)之手，據說花了好幾個月的時間才焚毀整個園區。

因為那爛陀大學悲劇性的毀滅，我們要暫停一下，將焦點轉向佛教史上另一個重要因素：修行的宗派。仔細想想：佛教是「你個人」對它的理解，這是個人的事。沒有單一尺寸卻適用眾人的「佛教」能讓你帶回家，插電後就使你開悟的；有多少種人，就有多少種「佛教」。

據說佛陀入滅後十年，有十六個宗派，到了西元一世紀，數量則超過五百個。大體上，似乎有兩大群宗派。今天要就這點理出頭緒來的話，有個做法相當有用，也就是別將這些宗派視為不同的佛教、不同的真理，而是視之為不同的進路（你會在本書全書中發現這個要旨）。傳

統上，這兩大分支分別代表「古派」(Old School) 與「新派」(New School)，但「古派」諸宗成立於「新派」諸宗之後，且極有可能遠從僧團草創之初，基本上就有了分歧。

在一方面，有些人強調佛陀最初原始的教導才是核心，他們的理想是個人的、出家修行的「阿羅漢」。相對的，也有人想求開悟，但強調的是「菩薩」的理想。對菩薩而言，從剛開始實踐時起，渴求覺悟是為了利益一切眾生。

語詞解釋

菩提薩埵（bodhisattva，「菩提」梵文為bodhi，意指覺悟、智慧、道；「薩埵」梵文為sattva，意指精髓、眾生），字面上的意思是「覺悟的眾生」或「佛道的精髓」。不過菩薩的覺悟，無論是已證得或仍在努力的過程中，是為了要利益一切的，且不僅是為所有人，而是為一切有情眾生。有人甚至將「有情眾生」定義為包含一切存在的事物（如此而已），因萬事萬物都是神聖的，充滿著天生的佛性。

我們不妨暫時把強調菩薩進路的陣營稱為「大乘」（「大」有寬大能容之意）。就歷史而言，大乘反映出各種不同的因素，例如常常慷慨布施的在家人，理所當然地想要更多代表權；越來越少人想證得阿羅漢果；在家人對出家生活沒有興趣，而想建立自己與佛陀之間更直接的歸屬感，結果造成把體現日常生活中親切活潑的佛法的諸神包含在內；另外，傳統教法中有些教理的層面似乎也需要澄清。

有趣的是，大乘是在印度受到外國影響最深的地區發展出來的，因此大乘佛教適應性很高，容易外傳。大乘佛教日後的確盛行於位於印度東方的中國、韓國、日本，以及北方的尼泊爾、西藏、蒙古。相對的，較為傳統的部派在較為閉鎖的南部地區發展。

那麼要如何稱呼這兩大陣營呢？這些名稱通常反映出古老的派系之爭。首先，一邊是「上座部」，另一邊是「大眾部」或「大乘」（聽起來像不像你所知道的政黨？），後者又稱為「摩訶衍那」（Mahayana，意為

「大道」）, 「衍那」(yana)，意指「道」。大乘稱另一個陣營為「小乘」(Hinayana)，也就是「小徑」。「小」帶有鄙夷、貶損的意味是無庸置疑的，就如「不足」、「低劣」，甚至「骯髒」之意一樣。我們應稱其為「上座部」（Theravada，意指「長老比丘的教誨」），但無暗示其他人是初學者或幼稚的意思。

更進一步淡化佛教不同陣營間彼此較勁的一個因素，則來自於蒙古人。蒙古帝國的國祚雖然甚短，卻留下極深的影響。東南亞諸國與蒙古人接觸之後，採用一種「新上座部佛教」(new Theravada)。這種新興的上座部不僅無比丘尼，也無阿羅漢。所以，如果大乘指控小乘只對阿羅漢果（個人的成就）有興趣，這就不合時宜了，因後者已有一千年未造就出任何一個阿羅漢了。當我們考慮諸如越南佛教的情形時，大、小乘的分野更為模糊，因為在越南大、小乘相結合。而藏傳佛教說它本身結合了大、小乘，且加上第三乘「金剛乘」（Vajrayana，意即「無法摧毀之道」）。

可能你會聽到不同的修行方式，而我們的進路是著重在西方廣為實踐的法門上。西方最普遍的上座部修行方式，稱為「毘婆舍那」(Vipassana，字面意思是「觀」)，而最主要的大乘修法是「禪」與「淨土」（探討淨土時，我們也把它和更晚近的「法華宗」——例如「日蓮宗」與「創價學會」㉓——加以區分）。雖然藏傳佛教或許自有「金剛乘」的一套體系，但它可被視為「轉向密教的大乘」，就如在本書第三部第六章會

語詞解釋

「經」，梵文sutra，意為「紗線」，例如用來串珠寶或念珠的線。此字也有「故事」的含義，好比我們也有「編故事」的說法。此字和英文的動詞「縫合」(suture)源於同一個詞根，意指縫紉、連結、讓傷口癒合。

看到的一樣。但就像我所說的，不要為任何分裂或學派苦惱。我們會告訴你各派共通的基本教理，還有各派不同的轉向，然後讓你自己決定想如何將它組裝起來。

佛陀已離開屋子了

讓我們回到印度母國。佛教變成印度外銷全亞洲與其他各地最大宗的輸出品，但有意思的是，作為一個獨特的宗教，佛教在它的發源地幾乎完全滅絕，這種情形直到最近才有改變。為何會發生這種事呢？就一方面而言，那爛陀大學的毀滅就像致命的一擊，它可說是佛教有史以來曾擁有的一個領導中心，隨著它的毀滅，僧團也大多被摧毀殆盡，而自此之後，佛教的實踐從未完全恢復。然而，在此之前約八個世紀，來自亞洲北部大草原的掠奪者匈奴所造成的打擊，已讓這團體本身衰弱了。在另一方面，我們也可注意到印度教在這兩次打擊中，如何得以倖免，且還繼續盛行。

印度教一向融入一般人的生活中，遍及所有的農村，而佛教只依賴皇室與王族的護持。當匈奴族的襲擊結束笈多王朝㉔時，對佛教僧院的濟助就消失了。此外，到了那爛陀被毀時，印度教就已捲土重來，成為最主要的宗教。佛教對儀式與種姓制度的排斥，一向讓印度祭司光火。再者，佛教對印度哲學的批判有助於激勵印度教，讓他們以一種新的、自我批判的、復興的方式，重新有系統地表述傳統的思想，這就是和吠檀多(Vedanta)㉕有關的「不二思想」(Advaita)。「不二」吠檀多變成最主要的宗教，有盛行於民間的虔誠儀式，這是佛教所欠缺的。

佛陀的教誨本來發源於印度教，最後又被印度教這個母體所吸收。今天，阿育王的獅子是印度國徽的一部分，佛陀的法輪也在印度國旗上。佛陀仍然出現在印度教中，他的身分是毘濕奴神㉖的一個化身。另外，佛教也以一個獨立的宗教重新出現在印度，佛教徒約占總人口的百分之十五，這情形有部分是由百萬名過去的「賤民」皈依佛教所致。大量西藏人的湧入，也重新開啟兩個宗教的對話。結果證明，佛法是有生命的軌則。

「印度教」是指印度人的本土宗教，起源於西元前1700年到西元前500年間（雖然正統的說法把時間更遠溯到西元前7000年）。直到佛陀那個時代，才有確定的宗派。「印度教」一詞雖然現在全球通用，但它本身是現代西方的發明。比較正確的語詞是「婆羅門傳統」，是指對「梵」（Brahman，上帝）的普遍信仰；或「吠陀傳統」，是指最主要的教誨（《吠陀》）；或「恆常之法」（Sanantana Dharma），西方人熟知的是其調馭身心的技巧——「瑜伽」(yoga)的一部分。

原始佛教：長老比丘的智慧

今日我們所稱的「東南亞」一度被印度的殖民者稱為「印度邊陲」(Further India)，它們與「中原」印度("central" India)的貿易往來不僅帶來貨品的交換，也帶來文化、思想的交流。

熱帶島嶼斯里蘭卡，古稱「錫蘭」，是世上延續佛教最久的國家。西元前250年阿育王的王子摩哂陀(Mahinda)、王女僧伽蜜多(Sanghamitta)（兩人都是阿羅漢）親自到錫蘭，將佛法介紹給錫蘭王提沙(King Tissa)。除了在當地建造一座比丘僧院與比丘尼僧院之外，他們也帶來一株菩提樹的樹苗，今天它依然在生長。

一百五十年後，佛經在錫蘭以一種稱為巴利語(Pali)、類似梵語的語言被記錄下來（佛陀時代，印度還沒有通行全國的統一語言）。佛教聖典稱為「三藏」（Tripitaka，意為「三個籮筐」），共約一百卷，每卷約六百頁。三藏包括：

- **佛陀的談話（經）**：以佛陀在鹿野苑為當年一起修苦行的五個同伴講解佛法為始，現在約有數百部經與數千卷註釋。
- **僧團的道德規範（律）**：佛教僧團的道德規範是隨犯隨制的，也就是因應不同的情況而制定。所以，律藏中每條規則都載有其制定的起因。
- **「特別的法」（論）**：包括精確深入的宇宙論、自然科學、哲學、心理學，還有一部類語辭典。

（別擔心！你不用小考，佛教徒不是「書卷之民」㉗）「三藏」引導東南亞的上座部佛教——從錫蘭（斯里蘭卡）開枝散葉到暹羅（泰國）、緬甸、柬埔寨和寮國。到了西元十世紀，錫蘭佛教僧院有授予王位之權；一直到西元十九世紀為止，只有佛教徒才能當國王。因此，佛教不只適應錫蘭的宗教生活，還適應當地的社會及政治生活。

緬甸佛教本來是印度教、大乘佛教和密教的混合體，但當西元1044年安納瑞特(Anawrahta)即位，成為緬甸第一位國王時，他征服了鄰近的孟國(Mon country)㉘，擄回上座部的比丘、經典以為戰利品。因為他以上座部為主要宗教，所以，後來在首都浦甘城（Pagan，今天依然存在）建造數千座僧院、寺廟，為緬甸贏得「佛塔之國」(Land of Pagodas)的美名。

自從阿育王派遣傳道使來到暹羅，此地的孟族就開始實踐佛道，一直到中國西南的傣族被忽必烈的軍隊驅趕到此地，佛教依然延續。隨著王國的形成，佛教也成為國教。在某些泰國佛寺中，你可能會看到一些印度教與「泛靈信仰」(animism，相信萬物皆有靈魂)的痕跡。雖然城市、鄉鎮中都有寺院，不過還是有很多修行人在洞窟與熱帶森林中學習，延續佛陀時代在森林中修行的傳統。

網路出現之前：絲綢之路與香料之路

就像資訊已成為現今炙手可熱之物（連同擷取資訊的媒介，如電視、無線電話、網路，喔！還有書本），在佛陀時代，當紅的是絲綢，還有取得絲綢的管道。就像現代人想要有個人網頁般，當時擁有中國絲綢是個人不凡身價的指標，甚至遠在中國以西的埃及、羅馬都是如此，連埃及女王克麗歐佩脫拉(Cleopatra)㉙也要穿戴中國絲織品。

距離佛陀講經說法之處不遠——印度以北、中亞以南、西藏以西的地區，是商品集散地。當年這塊富庶的國際物流中心，包括今天的阿富汗〔當時是希臘的巴克特利亞(Greek Bactria)㉚〕、巴基斯坦以及中國的新疆省。這地區範圍不大，卻有多種民族聚居此地，如吐火魯人

(Tokharians)㉛、卡毘森人(Kapisans)、索格底安人(Soghdians)以及隨著亞歷山大大帝遠征而來的希臘巴克特利亞人，還有貴霜人〔Kushanas，印度塞西亞人(Indo-Scythians)㉜〕。此處孕育出強韌且生機蓬勃的國際貿易文化。

在 FedEx 和 UPS 等國際快遞問世之前數千年，就有一條綿延六千英里的道路，我們今天稱之為「絲路」。絲織品沿著這條路運出中國後，途經中亞，從一個驛站到另一個驛站。同時，來自相反方向，滿載金、銀、毛織品的駱駝商隊也朝東方而來。路，是往兩個方向延展的，所以東、西雙方貿易往來絡繹不絕。隨著商隊而來的，還有東方正教聶斯托理派(Nestorian)㉝的基督教徒與佛教的學者、僧人。佛教就這樣橫越中亞傳到俄羅斯，另一支則往東到蒙古與中國。最後佛教的前哨站出現在絲路沿途的驛站，那裡除了客棧、醫院之外，不僅有僧院，還有圖書館與學校。

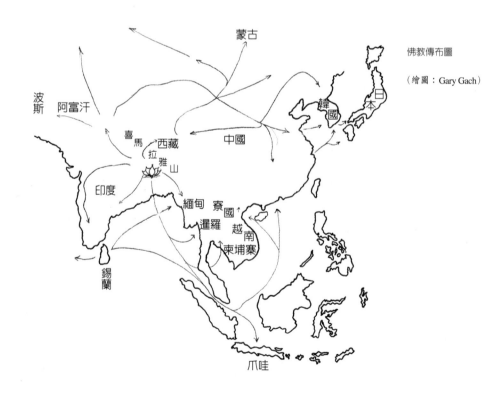

佛教傳布圖

（繪圖：Gary Gach）

另一條運輸路線是走水路，在印度與阿拉伯半島之間，這條路線日後被稱爲「香料之路」。商業航行的遠征隊常常邀請佛教僧人同行，作爲一種護身符，也是遇到暴風雨時的一股穩定力量。香料之路無國界，因此可能比絲路的貿易更爲頻繁，但海上的貿易路線並未留下任何遺跡。

絲路也提供一個有效傳播佛法的途徑——藝術。起初唯一供人膜拜的形象都是抽象的，例如法輪、足跡、空無一人的王座（代表「佛陀已離開這棟建築物」）。後來隨著亞歷山大大帝遠征印度（西元前四世紀），古希臘文化（Hellenism，對希臘文化的摯愛）開始在北印度發展。受到希臘藝術的影響，雕塑家開始創作佛陀與佛教大護法的浮雕。

有一幅早期的作品看來像是身披羅馬袍的太陽神阿波羅，有彈奏魯特琴的女性與飛翔在空中的小天使陪伴在旁。另一方面，在敦煌（絲路在中國邊境的最後一站）洞窟中的佛畫，則展現不同風格的雜揉——從半抽象的塗鴉，到預視未來世界景象的莊嚴壁畫都有。因此，我們來到中國本土，時間是亞洲兩大文明接觸之時，而這接觸有部分原因是他們兩者共同的朋友——滿臉微笑的佛陀。

中央之國：中國

絲路讓佛教有馬力（或駱駝力）穿越酷熱的重重荒漠，翻過險峻的層層山峰，從印度來到中國。但佛教還得克服另一個大障礙——文化。印度、歐洲文化的共同點，比中、印文化的共同點來得多。此外，中國有強烈的民族認同與閉關自守的文化——光是想想萬里長城就夠了（自稱「中國」，這暗示著古代中國居於世界的中心）！的確，如果佛教在這裡能成功，則在其他任何地方都能成功。

幸運地，有兩個相似處出現，對佛教徒有利：第一、佛教似乎回答了孔子無法回答的問題；第二、佛教正好與當時即將復興的道教不謀而合。且奇怪的是，孔子與道教始祖老子出生的時間大約與佛陀同時，而這三個人實際上都是舊習的重要改革者。

這真是天降奇福，因為儒、道是中國文化DNA中交纏的兩股，儒家就像佛教一樣，可被視為一種教育體系，而非宗教。此外，佛教與道教都探索類似的主題（用語也類似，例如「道」），佛教比丘更趁機將梵文佛教術語翻譯成早已因為道家而流行的漢語詞彙。還有，因為道家的鼻祖老子晚年西行，年代距此不遠，之後再也沒有回到中土，因此出現一種觀念，認為佛教是老子在國外教化的結果，也就是老子「感化胡人」的結果。這招竟然奏效！因為照這樣說來，中國人接受佛教，並非輸入外國的思想，只是迎回原本輸出國外的本土傳承而已。

「道」本意為「路」，其主要作者為老子（生於西元前604年）。道教認為：第一、恆常不變的才是究竟真實的；第二、每個人都是此究竟真實的一部分，透過與生俱來個人的品格與究竟實相連結。儒家則是一套道德與社會體系。相較於孔子，老子似乎是個無憂無慮、言簡意賅的神祕主義者，而孔子（西元前551-前479年）是個深思熟慮、見聞廣博的人本主義者，他成為中國的「哲學家皇帝」（孔子的哲學後來成為帝王的意識型態）。

所以，中國將佛教加以修正以適應本身的需要，猶如小孩子改裝玩具車。西元67年東漢明帝(58-75)邀請佛教使節入宮。西元221-589年間漢朝衰微，政局混亂。佛教就在這段期間開始興盛，僧院、寺院獲准興建，在全國如雨後春筍般紛紛出現，佛教也融入庶民的日常生活中。

中國常將儒家、道教、佛教、祭祖、民間信仰冶為一爐，所以中國的宗教往往很像沙拉吧，或中國餐館的菜單：「從第一欄選一樣，第二欄選兩樣。」且如果人夠多的話，還可圍著中央有轉盤的大圓桌坐著用餐，每個人都可選自己喜歡的來吃。一般而言，中國的宗教偏重實踐，而非哲理，也就是以實用為先。

中國的黃金時代：唐朝

　　一個亞洲國家的發展史，往往與該國對佛教的接納相互交織。當佛教傳到中國時，她已高度開發，佛教在中國的鼎盛期與中國的黃金時期唐朝(618-906)幾乎同時。在當時廣為研究或修持的主要宗派中，「淨土宗」今天變成中國、日本、越南最盛行的派別。淨土宗強調對菩薩無量慈悲的信仰，其修行法門是持念阿彌陀佛的名號。最廣為西方人所知的則是「禪宗」，「禪」的字面意思是「靜慮」(meditation)，它在中國經過孕育焠煉，一直以來人們都說它是印度與中國的綜合體。當然，它也經歷史證明為韌性最強的一派。

　　在中國有兩個普遍、具影響力的發展值得注意。中國（巧妙地）將來自印度佛教慈悲的化身——原本無性別之分的「阿縛盧枳低濕伐羅(Avalokiteshvara)」神——轉變為女性，名為「觀音」。不但比較順口好念，也吸引大批女性修行人學佛。觀音菩薩日後變成像佛教中的瓜達魯貝(Guadalupe)聖母（墨西哥的守護神）一樣。

　　除了任命譯經者把梵文漢譯之外，中國也刊印佛經。西元868年，佛教比丘到處散發《金剛經》，透過這第一本印刷而成的書籍與世人共享佛法，並因此積功累德。佛教的確影響了印刷術的發展，例如韓國用活版印刷印製佛經，時間比德國人古騰堡(Gutenberg)[34]早兩百年，所以《佛教一本通》的刊印是遲早的事。在東方，中國變成佛教的中心。就像過去有些國家學拉丁文以了解耶穌基督一樣，其他有些國家也學中文來認識釋迦牟尼佛。

盛極而衰

　　從一開始，看到佛教僧人違反儒家的價值觀——未留下子嗣以光宗耀祖，中國士大夫就頗不以為然，而且不用算盤也可看出此時寺院造成過度的經濟負擔。到了西元九世紀中葉，中國的佛寺已比皇室更富有，事實上整個帝國都警覺到這種情況可能會造成經濟崩潰。農人接二連三地離開田地去幫忙建造寺院（這麼一來，誰來增產報國？）；佛

教僧侶並未增加國家稅收（誰來養活這些僧侶呢？王公貴族。而他們本來可把捐給寺院的錢，用來資助國家建設）。另外，既然金銀多被用來鑄造佛像及這股外來宗教狂熱的其他配備，這些寶礦又有多少價值呢？於是帝國開始反擊。

在官方嚴密的監控之下，僧院與寺廟被迫關閉或限建，國家儒教反而受到鼓勵。就像在亞洲其他國家一樣，禪宗在中國這場法難中倖免於難。在唐朝，禪宗仍然是中國最有影響力的佛教宗派，這種情形在接下來的宋朝(906-1278)依然不變，直到宋朝結束。

其他園地的開花結果

佛教從中國繼續東進，傳入韓國、日本；向南則傳入越南。佛教在這幾個國家都和當地各種習俗結合。

韓國：晨間寧靜之地

很多人不曉得，韓國於西元四世紀接受由中國傳入的佛教，這使得韓國人學中文以了解佛教，今天韓文中幾乎有一半的字彙是中文。然而，經過一段時間，韓國佛教徒對佛教嫻熟的程度，甚至讓中國得派遣特使向他們學習，以釐清、指導佛法中精微深奧的部分。

韓國佛教與當時韓國固有的宗教——薩滿教結合。薩滿教最早起源於新石器時代。這個信奉泛靈論與自然崇拜的古老宗教，相信人

菩提葉

韓國元曉禪師（西元617-686年）動身前往中國學習佛法，途中某晚夜宿在一個洞窟中。他發現一瓢清水，就把水喝了，心滿意足地入睡。隔天清晨一覺醒來，駭然發現自己原來整晚都睡在墓穴裡，而喝下的是骷髏頭裡的積水。此時他靈光一閃，想到：「心能生萬法，萬法唯心造。」了解到這一點，便轉身回鄉，因為再也無需到中國求法了。他轉而觀察內心，後來變成韓國佛教最偉大的導師與學者。

類、大自然的力量以及無生物一樣都具有靈，或都是神。「薩滿」可以與超自然的力量接觸、調停，身兼祭司、醫生、心理學家、靈媒、氣象預報員和家庭輔導員。佛教與自然崇拜的儀式毫無衝突。

寺院通常建於山中，由一個從未有人見過的長生不死的老人護持，老人身邊還有天庭派來的虎神陪著。佛教成為國家意識型態有千年之久，歷經兩個王朝：新羅王朝(668-935)，朝鮮半島三小國在這段時期合併；以及高麗王朝(1140-1390)，這是一段黃金時期，韓國國名Korea，即來自於此。

韓國禪法變成主要的修行法門。就像中國的情形一樣，西元十三世紀開始國家制度化的儒家在皇室占上風，而佛教的勢力逐漸衰退。比丘、比丘尼不得涉足任何一個主要都市的情形，長達兩個世紀之久。然而在十九、二十世紀一段空白期間之後，韓國佛教再度強盛。最近崛起的是一個簡單而實際的派別，稱為「圓佛教」㉟，只用一個大圓圈作為象徵。

日本：八島之國

韓國把中國佛教傳播到日本後，日本後來才派遣特使到中國，最後學會了中國佛教所有的宗派。日本佛教混合或結合了本土的民間信仰，例如固有的神道教。日本發展出自己的密教宗派（主要對象為初信者），他們稱為「真言宗」(Shingon)，而日本的淨土宗有時也稱「阿彌陀教」(Amidism)。

日本禪於鎌倉幕府時代(1185-1333)出現，當時武士階級從荒淫頹廢的皇室貴族手中奪取政權，在幕府建立軍事政權（幕府將軍）。想

語詞解釋

日本民間信仰是以精神上的本質「神」為中心的「神道」。「神」存在於諸神、人類、動物，甚至無生物之中。「神道」是個涵蓋甚廣的詞，包含成千上百種習俗。這是西元六世紀新造的詞彙，因為當時日本人覺得有必要將屬於自己本土的信仰習俗，與儒家、佛教等新興外來的思想加以區分。

像一下：一個有錢又耀武揚威的傭兵，昂首闊步地走在街上，然後在路上遇到一個無足輕重的和尚，兩眼睜開地在打坐。武士拔刀對和尚怒吼：「滾到一邊去，賤狗！否則我就要在你這顆光頭上試試我的新刀。」（武士刀可以像切乳酪一樣削骨切肉）而和尚抬起頭來，臉上帶著毫不畏縮的表情——「那又怎樣？」好像只是一陣輕風吹過，完全活在當下的每一刻，別無其他。武士本身自然想要有這種完全無懼的氣度，所以他們學禪。

當忽必烈派遣兩名使者到日本宣讀招降書時，喀嚓一聲！修禪的日本武士當場一劍砍下兩名來使的頭顱。過後不久（1281年），這些禪兵在海上擊退忽必烈的進攻，雖然當時元兵有十萬，是史上最強大的海軍之一。難怪日本禪寺擁有最好的土地，有來自中國最好的老師來指導他們。今天，日本文化的各個分支中，沒有一個不受日本佛教的影響。

交會處：越南

越南與位居北方的中國的距離，約等於她與西方的印度的距離一樣，所以一向受到中、印兩種文化的滋養。就如越南佛教法師一行禪師(Thich Nhat Hanh)所說的這段歷史，佛教在西元一世紀從印度經由香料之路傳入越南，因為當時商人常帶著佛教僧人同行，以求好運。接著越南把佛教帶入中國南方某些地區，後來因為傳自中國的大乘佛教而豐富了內涵。由於地理位置適中，所以上座部佛教與大乘佛教在越南融合。

世界屋脊：雪鄉西藏

佛滅後一千五百年，佛教才傳到西藏。雖說西藏靠近印度，卻被喜馬拉雅山與相異的氣候阻隔（印度是亞熱帶型氣候，西藏則位於海拔一萬兩千英呎以上的高原；印度主要是農業文明，西藏卻是遊牧文明）。

此外，固有的薩滿教「苯教」，也築起一道文化抵禦之牆；再

者，當時國家並未統一。但是當松贊干布王繼承一個新成立的中央政權時，他巡行新王國，然後從尼泊爾邊界帶回一個佛教徒的新娘。最後，他將佛教定為國教，但苯教強烈反對。後來在西元八世紀時，赤松德贊王從尼泊爾徵召蓮華生大士入藏來輔佐他。

　　蓮花生除了用自己的佛教神物戰勝苯教的巫術之外，也將佛法譯為普通藏語。有趣的是，西藏本無文字，卻為了學習佛法發明一套字母系統。就如佛世時的印度一樣，佛教幫助這個群雄割據之地統一成為一個國家。佛教接著變得不只是國教，而是神權政體（君權神授制），說西藏是佛權政體也許更加貼切。西元十六世紀時，西藏成為世界上第一個以僧侶為君主的國家，西藏的政教領袖是「達賴喇嘛」（意思是「智慧廣闊如海的老師」）。

　　佛教從印度傳入西藏時，帶有所謂「怛特羅」(tantra)的成分，當時這種成分瀰漫印度的整個印度教以及佛教（當中國試圖將佛教傳入西藏時，因為與怛特羅格格不入，所以中國人在西元八世紀末被逐出西藏）。西藏佛教稱為「金剛乘」，有人認為它和上座部佛教與大乘佛教並列，是佛教傳承中的第三個陣營，然而也有其他人把它看作大乘佛教的一個轉向密教的支派（稍後當我們探討藏傳佛教時會再詳談）。

　　藏傳佛教最先成立的是「寧瑪派」（意指「古派」），《西藏度亡經》以及最近在西方開始流行的修行法門「大圓滿法」(Dzogchen)，都是來自寧瑪派。寧瑪派成立後，隨著印度遭到匈奴人對佛寺的燒殺擄掠，印度的佛教耆宿將經論帶到西藏保存。因為此時印度佛教已有進一步的發展，因此西藏累積的佛教經典堪稱世界之最。西元1000年另有兩派興起：一是「薩迦派」（意為「灰色的土地」㊱），此派以學術見長，整合了經典與怛特羅的教法；二是「噶舉派」，此派祖師中有著名的那洛巴(1016-1100)、馬爾巴(1012-1097)與密勒日巴(1052-1135)等宗師。

　　第四個主要宗派成立於西元十四世紀，稱為「格魯派」，意思是「德行派」。格魯派是結合前三派的成分而興起的改革運動，同時回歸印度佛教的源流。格魯派成為勢力最龐大的一派，且開始達賴喇嘛的

政權。在其他派別中，現代發展出一派，稱爲「利美派」㊲，此派沒有跟任何特定的一派聯合，而從各派中擷取所需。

〔註：讀者若考慮前往此處討論的任何地點，可以上網到我們的「法門(Dharma Door)」線上旅遊指南看看。網址是：http://awakening.to/pilgrimage.html.〕

今日亞洲佛道的延續

一直以來，佛教適應現代，也適應異域──安然度過諸如戰爭、外敵入侵、革命與放逐等動亂。例如，許多亞洲國家在精神上是已開發國家，但在物質上卻是未開發國家（「未開發國家」一詞依個人觀點而定）。因此，很多國家訴諸社會主義或共產主義，以改善物質生活，結果佛教往往遭到鎮壓。馬克思(Karl Marx, 1818-1883)對宗教貼上的標籤是「人民的鴉片」（我有個朋友曾是共產黨員，他有次對一則塗鴉啞然失笑：「革命是人民的鴉片。」不過那又是另一回事了）。所以，佛陀在佛教國家──緬甸的軍事政權中，有個與之矛盾的夥伴。

整體說來，佛教值得流傳嗎？佛教已使許多人受教育或甚至開悟，促進識字率、自立和寬容，也以和平的方式幫助國家與帝國的建立或統一。當每個國家回顧過去時，往往會發現它歷史上最輝煌的時期與佛教的興盛同時。佛教與全亞洲都接觸過，是結合今日亞洲各個民族的共同遺產之一。（除了佛教之外還有什麼？稻米！）

中道文化促使醫學及其他科學的發展，激發如活版印刷的書籍等改變的原動力，建立跨宗教彼此了解的先例（就算還稱不上世界宗教，至少也是世界社群）。以上所有這些禮物的承諾尚未完全實現，而歷史是一本奇書，往往人們要有堅定不移的期盼才能看到下一章的內容。

我們的下一章會轉向佛教史最晚近的發展。千餘年來第一次，蓮花展開新的一瓣。

你不能不知道

● 佛法對全亞洲來說是共通的，透過不斷成長的宗教社團——僧團而持續繁榮。

● 佛教適應各地不同的文化，但所有不同的形式都有個基本精髓——解脫味。

● 佛教發展出兩大支派或學派：上座部佛教與大乘佛教。西方上座部佛教最流行的展現是「毘婆舍那」（觀禪），而大乘佛教最受歡迎的是禪與淨土，加上較爲晚近的法華宗。

● 西藏人談到佛教的三個支派：上座部、大乘、金剛乘，雖然金剛乘也被認爲是大乘佛教。

● 佛教在國家的建立中也扮演一定的角色，而佛教的興盛向來與許多國家的黃金時期同時。

● 寬容一直是佛教主要的社會特質之一。（不要想太久！你可以說出多少佛教戰爭？）

3 義大利籍佛陀看起來像什麼？——西方佛教

- 佛教與現代思想
- 促成東西交流的條件
- 西方佛教的法師、翻譯者及學者等
- 西方佛教的議題與宗旨

對亞洲而言，目前我們所見的似乎一切都順利。但佛教是否能在西方這塊往往以獲取最大的利益為至善的土地上立足呢？在一個頌揚自我的文化中主張「無我」？還是佛教比一般想像中更適合西方呢？

事實上，西元八世紀的中國在許多方面和印度也是南轅北轍，其差異之大更甚於位於中國西邊的許多鄰國，例如印度與西域諸國至少都屬於印歐語系。然而，中國接受了佛教，也因此造成文化上的轉變，而且就像今天的西方一樣，當時中國文化已相當成熟了。

著名的史學家湯恩比(Arnold Toynbee, 1869-1975)⑱晚年時，有人請他舉出當代意義最重大的事件。在他所經歷的一切中，他說：「佛教傳入西方可說是二十世紀最重要的一件大事。」的確，一千多年以來直到今天，佛法的蓮花首度綻放新的一瓣，在西方的土地上。且佛

法確實在此成功扎根，欣欣向榮。

　　我們還需要一段時間才能說西方佛教會如何去蕪存菁。在此同時，何必等待？打開電視，自己來看吧！以下是到作者截稿為止的實況報導。

整地：培育文化的沃土

　　佛法就像園藝，是生生不息的過程。讓土壤肥沃、適時播種、施肥，新生命就會發芽。多麼美好！佛教在西方的移植、轉變、繁茂，就是這樣的過程。

　　自從文藝復興以來，西方世俗主義（非神學的領域）的演進，對今日所知的哲學、社會、政治一直有決定性的影響。從一個非神學的觀點來切入，這個世俗的演化可被視為對於佛教的了解越來越有利。往前快轉到二十世紀初，我們看到現代主義把焦點從神性、固定、永恆，轉移到世俗、流動、現實的瞬息萬變，以及對於現實的許多詮釋法。現代主義同樣地催熟時機，使佛法在西方生根、開花，側身於西方文化的森林之中。

　　有四個歷史人物鬆動了對宇宙與自我的傳統觀念，為現代主義與西方佛教思想鋪路：愛因斯坦說宇宙是個過程；佛洛伊德說自我是各種因素的交相影響；達爾文反對人類是線性發展的預定目標的形象，重新定義生物轉變的理論模式；馬克思普世的唯心論，進一步解構社會與自我為相互依賴的關係。聽到佛陀的教法與這些人物的思想有對談的空間，這使得古老的教誨成為非常現代的思想。

有利於成長的季節與節氣

　　佛教在一個國家的成長，就如佛教在個人身上的成長的擴大。覺悟的種子就在所有人的內在，只是需要適當的條件與照顧，於是時間與時機就列為條件之一。

烽火連天，浴火鳳凰

戰火的餘燼讓土壤肥沃，讓和平的花朵綻放。這並非自相矛盾，因為一切事物相互依賴，和平是由非和平的因素所組成。世界第一個佛教國王阿育王，在經歷一生中最慘烈的戰役之後皈依佛教。

佛教在西方的發展，有部分可以視為浴火鳳凰。例如，學佛的猶太人為數甚多，和一般西方人口不成比例。想到這例子，就得把第二次世界大戰納入考慮。全世界有三分之一的猶太人被有計畫地集體屠殺，在許多僥倖存活者的心靈裡，深深烙下不可抹滅的傷痕。而遭屠殺的猶太人中，超過八成是猶太教的宗教領袖拉比和古老口傳宗教的老師。對許多倖存者的後代而言，佛教提供了心靈與療傷止痛的管道。

第二次世界大戰的戰場也延伸到了亞洲。大批篤信佛教的亞洲婦女嫁給西方軍人，把她們的傳統帶到西方的新家，而以前從沒拿過筷子的美國退伍軍人也受惠於「退伍軍人重整法案」㊴，獲准加入新成立的亞洲研究計畫。大戰結束後不久，克里斯瑪斯·韓福瑞(Christmas Humphreys)律師前往日本，在「國際戰爭犯罪法庭」(the International War Crimes Tribunal)服務，而菲利浦·卡普樂(Philip Kapleau)，則以記者身分到該地報導審判的過程與結果。韓福瑞日後成為西方主要的佛教傳布者，而卡普樂後來回到日本，花了十三年的時間修習禪法。他的著作《禪門三柱》(*Three Pillars of Zen*, 1965)，接引百萬以上的西方人認識「無門關」㊵的生活禪。

其他國外政局的動盪，也影響了西方佛教。例如，指導內觀禪修的葛印卡(S. N. Goenka)因1960年社會主義分子的政變而離開緬甸，此舉讓他意外地在西方吸引了一批聽眾。宣化、星雲、聖嚴等法師在中國共產黨革命取得政權後，離開中國大陸。一行禪師則由於政治因素離開祖國越南，流亡法國，這位主張和平的禪師也從未想過要成為西方的宗教師。而無數流亡中的藏傳佛教上師也來到西方，吸引大批信眾。第十四世達賴喇嘛丹增·嘉措(Tenzin Gyatso)，在西方成為民間佛教大使，這確實是無心插柳。

給和平一個機會：六〇年代以後

從戰爭的灰燼中綻放出和平的花朵。從附錄一的「大事紀」中可以看出：1960年代的種種轉變，就像蓋氏計數器靠近鈾礦一樣，滴答作響，急速飆升。主要的議題有公民權、女性主義、地球日、身心靈全人療法與有機食品、武術、大眾心理學、夸克的發現……，以及東方，佛教也包括在內。奇特的是，當中國大陸經歷文化大革命之時，西方也見證自身的文化變革。

然而，較為隱微的宗教轉變，和1960年代媒體矚目的三項特色——性、禁藥、搖滾樂——相較之下黯然失色。仔細想想，就像深層板塊位移造成地表隆起與礦脈露頭，性、禁藥、搖滾樂都可算是肇因於世界觀的板塊運動而產生的現象。例如，因為避孕藥容易買到，女性對自己的身體擁有更多自主權，同時也可支配自己的收入，因此更有能力去探索覺悟的經驗。

搖滾樂與宗教？美國青年有史以來首次搖身一變成為消費者，而搖滾樂席捲全世界。所以當1976年「披頭四」(Beatles)跟著喬治・哈里遜(George Harrison)前往印度朝聖，並宣布拜印度瑜伽大師馬赫什(Maharishi Mahesh Yogi)①為師時，一夜之間，所有跟印度有關的東西都成為時尚：香、印度薄荷香油、西塔琴、超覺靜坐，還有緩步而行的佛陀。

就像搖滾樂，禁藥也是大行其道的邊緣次文化中的一部分。根據一項調查，美國白人嬰兒潮皈依佛教者中，有一半以上曾藉由藥物入道，而現在後嬉皮族卻準備不靠迷幻藥，只憑自律來探索自己的內心世界〔迷幻藥(psychedelic)，字面意思是「心的顯現」〕。

想想看：這段期間有多少佛教禪寺成立。今天上千個香火鼎盛的寺院中，只有百分之二成立於西元1964年以前，自此以後十年間，也就是到了1975年，佛寺的數目成長了五倍。西方博物館玻璃櫃中陳列的佛像，比活生生的修行人多的情形已不復見。有關六〇年代還有最後一點值得注意：1965年廢止國別移民限額制度，這悄悄地揭開了亞

洲新移民潮的序幕，而這股移民潮一直延續到今天。讓我們從這批佛教徒開始，回顧他們為佛教在西方開疆拓土所奠立的基礎，然後再瀏覽未來幾年一些值得留意的主題。

佛教的園丁

剛移植的樹苗需要呵護照顧。以下讓我們鳥瞰若干西方佛教的園丁留下的足跡：來自東方的拓荒佛教徒，來自西方的開路先鋒，現在依然在世的法師，以及口譯員、翻譯者及學者。他們都是西方佛教園地中拓墾隊的一員。

菩提葉

哥倫布（原本預定的目的地是印度）發現新大陸以前，有幾起「發現」北美洲的事蹟，其中必須提到的是佛教僧人慧深，他早在西元499年就從中國航行到北美。他將北美洲命名為「扶桑」，這是當時龍舌蘭的中文名稱㊷。他在美洲住了四十年，長途跋涉，穿過森林，越過山嶺與沙漠，他甚至看到一座雄偉的峽谷，山壁上有彩色的岩層，谷底有條河流（是大峽谷嗎？）他是誤打誤撞登陸北美？或是東方來到此地的探險者一向不絕於途，只是名不見經傳而已？

來到西方的東方信徒

佛教修行在美國扎根的時間比在歐洲早。在宏偉的紐約火車站門口矗立著自由女神像，她對世人宣告：「歡迎來到加州旅館！」中國人稱呼美國的別名是「金山」，這是因為1848年淘金熱的緣故。1853年，他們在舊金山建立了美國第一座中國佛寺。想像一下：在遙遠的東岸，艾默生(R.W. Emerson)㊸和梭羅(H. D.Thoreau)㊹正在高談闊論自己未曾親身體驗的宗教傳統，同時卻有好幾百座中國寺院，如雨後春筍般在加州陸續出現，其中有些由佛教僧侶住持，有些則有道教的天

師或儒家學者長駐。後來在1882年，美國通過「排華法案」，拒發移民許可給任何華工。1888年此法案施行範圍擴及中國婦女，唯一例外是商人的妻子。「金山」頓時變得比埃佛勒斯峰更陡峭，難以翻越。

舊金山中國城史波福街(Spofford Street)的觀音寺入口，時當1895年至1906年的一個夏日──這已是東方宗教在西方落腳後的第二代了。（請注意看圖中有位中國紳士戴著傳統的中國帽，而其他人則炫燿著當時流行的各種不同樣式的西帽）

攝影：Arnold Genthe

　　1899年，在美國約有一萬名日本移民，其中有很多人拒絕改信基督教，此時有兩名日本僧侶來到美國45，成為日本移民中佛教徒的支柱。這兩名僧人是最早獲得美國永久居留權的佛教傳教師〔他們屬於淨土眞宗，值得一提的是，此派在第二次世界大戰後改名爲「美國佛教會」(Buddhist Churches of America)。珍珠港事件爆發後，佛教僧侶被懷疑是間諜，成爲第一批被監禁在戰俘營的日裔美國人。最後大部分日裔美人在大戰期間無端被關入平民營中，其中有一半以上是佛教徒，且絕大多數屬於淨土眞宗，有些人被禁止回到西岸，於是就在東岸建立寺院。他們的改名可說是承認其美國的身分〕。

　　1924年，美國國家移民法案限制各國移民的數目，爲該國第一代移民於1890年居留於美國人數的百分之二。這些限制於1965年放寬，又造成移民潮。例如泰國、寮國、柬埔寨的移民，在短短三十年內大約增加了一百倍。於是美國有些農人赫然發現買下好幾畝地，與他們比鄰而居的是身穿橘色僧袍的出家人。二十一世紀初，在美國約有三、四百萬佛教徒，其中有一小部分是白種人，人數約在八十萬上下。

開路先鋒：東方之旅

　　早期到東方朝聖的西方佛教徒猶如開路先鋒，他們回到營區，在營火邊跟我們講述在山脈另一頭的所見所聞。以下是幾個實例。俄國貴族海倫娜‧布拉瓦茨基夫人(Madame Helena Blavatsky, 1831-1891)與亨利‧史提爾‧奧克特上校(Colonel Henry Steel Olcott, 1832-1906)在1875年聯合創立「通靈學會」(Theosophical Society)。他們在1879至1884年間遊歷南亞與東南亞。1880年，兩人在錫蘭成為最早正式皈依上座部佛教的歐洲人。直到1966年，「華盛頓佛教精舍」(Washington Buddhist Vihara)在華盛頓特區建立，上座部佛教才在美國占有一席之地。真是好事多磨。

　　1923年，精通梵文的亞歷珊卓‧大衛—尼爾(Alexandra David-Neel, 1868-1969)是第一個進入西藏禁地拉薩市的歐洲婦女，並在西藏住了十四年。此後她所寫的幾本書，多少有助於驅散詹姆士‧希爾頓(James Hilton)[46]、泰伯‧曼迪(Talbot Mundy)、萊德‧海格(H. Rider Haggard)[47]等人的小說所營造的浪漫主義的迷思。有些人曾到西藏拜訪過她，其中恩斯特‧羅瑟‧霍夫曼(Ernst Lothar Hoffmann)成為高文達喇嘛(Lama Anagarika Govinda)，他曾住過西藏、印度、錫蘭、緬甸、錫金，後來成為西方尊崇的上師。但是又經過了半個世紀之久，藏傳佛教的上師才在西方建立自己的基地。

　　第二次世界大戰後，有些在日本的法師——例如菲利浦‧卡普樂，以及生態學家兼人類學家及詩人蓋瑞‧史耐德(Gary Snyder)[48]驚訝地發現：有白人的朝聖者到他們的寺廟來請求禪修指導。

　　在1960年代末期至1970年代初期，美國和平部隊(the U.S. Peace Corps)的退伍軍人從南亞回國，與同輩分享受到的啟發，引發了接下來一股旅遊熱，許多人長途跋涉到印度、緬甸、泰國和錫蘭。丹尼爾‧高曼(Daniel Goleman)、約瑟夫‧葛斯汀(Joseph Goldstein)、傑克‧康菲爾德(Jack Kornfield)、朗達斯(Ram Dass)、魏斯‧尼斯克爾(Wes Nisker)、莎朗‧薩爾斯堡(Sharon Salzberg)和蘇亞達斯喇嘛(Lama

Surya Das)，是第一批到東方朝聖的幾位代表人物，他們成爲西方第一代白人佛教法師。

現代法師的生活佛法

當今的法師在現代的土壤中讓佛法茁壯。直到二十世紀初，佛教在西方多半以典籍的研習爲基礎。1893年，與「芝加哥世界博覽會」一起舉辦的「世界宗教大會」(the World Parliament of Religions)是個轉捩點。這次大會中，東、西方各宗教的代表首度正式齊聚一堂，這也是全球各宗教間對話的一個里程碑（這個主題，下一章將詳細討論）。

來自錫蘭的達摩波羅(Anagarika Dharmapala)㊾是「摩訶菩提學會」(Maha Bodhi Society)的創始者，他展現出實踐中的佛教。宗演禪師㊿也有所開示，除此之外還有鈴木大拙(51)、千崎如幻、宗活禪師(52)，他們日後都成爲舉足輕重的西方佛教先驅。與會的還有日本淨土眞宗、日蓮宗、天台宗、眞言宗、印度耆那教、吠檀多等教派的代表。在此之前的抽象概念，此時才有具體的人的展現。除了佛陀與佛法，西方開始了解僧團的價值——僧團，是佛法在與我們同一時代的人身上的展現。

鈴木俊隆禪師(1904-1971)，「舊金山禪修中心」(San Francisco Zen Center)與西方第一座禪寺的創辦人，著有《禪者的初心》(*Zen Mind, Beginner's Mind*)。他可以說是讓美國接受禪修唯一最具影響力的推手，他臉上的微笑也許會慢慢告訴你個中原因。

攝影：Robert S. Boni

二十世紀來自東方的法師有三波：第一波在1920年代，代表內觀禪修在西方的興起；日本禪法蔚為風尚始於1960年代早期；藏傳佛教的風行則在1970年代。佛陀所指的「廣如虛空之心」，已在歐美寬廣的天空下復甦。此時，過去拜在東方法師座下為徒的西方人已經回來，新一代的西方求法者無需漂洋過海去受訓。此外，此時師生有共通語言。這就牽涉到「翻譯」這個有趣的問題了。我們接下來就要探討這個主題。

你肯跟這個人買二手車嗎？我絕對肯；只是他什麼也不賣（無物！）。他是羅伯‧艾特肯禪師（Robert Aitken Roshi，Roshi意指「禪師」），是西方佛教的一位祖師，而且歷久彌新。

攝影：Tom Haar

口譯員、筆譯者與學者

　　我們已提過，佛法的翻譯對佛教在整個亞洲的傳布有多麼重要了，隨之流布的不只是梵文，還有中文，甚至造成接受整個文字系統。翻譯對西方人同樣重要，尤其是西方人，如果沒有「專業訓練的外交口譯員」（也就是餐廳的服務生）就看不懂外國餐廳的菜單。

　　梭羅於1844年正式出版美國第一部佛經翻譯，在西方初轉法輪。艾德溫‧阿諾德爵士(Sir Edwin Arnold, 1832-1904)加速法輪的運轉。

他以維多利亞時期韻文的格律，重述佛陀的一生與教誨，這本著作名爲《亞洲之光》(*The Light of Asia*)，於1879年出版，再版八十次，銷售量達百萬冊，這使得佛教成爲家喻戶曉的名詞。

直到第二次世界大戰後，美國大學才將中文、梵文的密集學習列入正式課程中。有人將中文、梵文的研究所造成的影響，比喻爲希臘羅馬藝術的重新發現對歐洲文藝復興的影響。

我們也許的確正在經歷二次文藝復興的開端（或第一次文藝復興無可避免的延續）。根據一項1995年進行的調查發現，超過十一個學術機構的六七五名大學教師之中，有五十九人精通梵文，四十九人精通日文，四十三人精通巴利文，三十七人精通中文，三十三人懂藏語，兩人懂韓語。我記得當我獲得學士學位時，得知學士帽與學士袍的傳統源於十三世紀的僧侶，所以今天學院中的佛教學者，也許勉強可看作是現代西方佛教僧團的傳統（你也可稱之爲

「佛教學」)。到1997年爲止，正式入檔的博士、碩士論文中，至少有八五〇本以佛教爲主題（包括以西方佛教爲題的論文）。而目前私立學校中，也有加州整體研究中心(California Institute of Integral Studies)、西來大學(Hsi Lai University)、世界宗教研究中心(Institute for World Religions)、那洛巴研究中心(Naropa Institute)，以及美國所卡大學(Soka University)。

佛陀步行遊化，直接面對大眾傳法；而今佛法已數位化，人們藉由電腦搜尋、隨意進入入口網站，或連結到其他的資料庫，就能接觸到佛法。例如，「創新電子文化地圖網站」(the Electronic Cultural Atlas Initiative website)利用地圖作爲跳板，讓人接觸到文化遺產的各個層面，包括典籍、相片、影音檔案，這些是全球學者所有貢獻的匯集與共享。

請留意後續報導：未來幾年內值得關注的主題

佛陀的根可以遠溯至兩千五百年前，就如佛陀在林中證道時，庇蔭他的菩提樹一樣，樹根向四方延展以支撐長長的枝椏，且這些枝椏落到土中會變成樹根，長成新的菩提樹。佛教的枝椏已遍布世界五大洲。正如我們剛剛看到的，佛教在西方開花結果的條件非常有利：肥沃的土壤、樂於接受的環境以及照顧幼苗的慈愛園丁。

要預測這一切將來會如何演變，還言之過早，但西方佛教到目前爲止至少與六個有趣而鮮明的主題有關：文化融合、女性主義、平等主義、融入日常生活、種族問題、普世教聯運動（ecumenism，宗教團體之間更全面地對談與合作的運動，對西方佛教而言，指佛教內部）。根據佛教的慣例，並無獨立存在的元素，各個區塊彼此有部分重疊。

東方？西方？東、西雙方在西方的交會，東、西雙方在東方的交會

爲了繼續存在，佛教總是適應當地的情況，在傳統與轉變之間尋找中庸之道。有趣的是，傳統上上座部佛教常常是原始教理的維護

者，但在西方卻最有可能接納各個學派的教說，且在法脈的認可方面有最大的自由度。「禪」在西方容許傳統的修正，但只能漸進地、一代代慢慢地改變。淨土在西方的歷史更為悠久，到今天為止，主要以亞洲為基礎，而現在正面臨該如何繼續往前走的問題。至於藏傳佛教則是保存其傳統最完整的一支。

文化融合常常引發一個問題：西方人能適應東方的法門嗎？所以，當我們談到合而為一時，重要的是要了解：差異不可輕忽。例如，有人曾說，基本上人類以相同的方式看待相同的世界。所以另外有人著手研究，測試此說的可信度。他們做了一個熱帶水族箱，分別讓一些西方人與東方人觀察，並要求每個人都要寫下觀察所得。西方人一開始先描述魚，而東方人則從有多少水、底部鋪上什麼石頭等開始，但最後每個人都對水族箱有個完整的描述，只是描述的方法不同，各有偏重而已。

所以，西方人用東方法門是否有困難？幾乎沒問題。坦白說，我對東、西方的交界一無所知。它到底在哪個國家境內？在土耳其的安卡拉和君士坦丁堡之間？或介於匈牙利的布達與佩斯之間？在我的《美國文化遺產字典》(*American Heritage Dictionary*)可找到「業」(karma)和「老師」(guru)兩個梵文字，且現在有美國白人佛教徒——在西方佛教道場出生及成長的「佛法新生代」，對他們而言，「東方思想」並不適用於任何事物，他們認為那就是屬於西方。麥可・溫格爾(Michael Wenger)曾說，到目前為止，東方回顧過去，西方前瞻未來。他這麼說，並未預設任何刻板印象。既然今天東、西雙方交會，我們完全來到了當下此刻。因此在這美妙的一刻，我們親眼目睹有多少共通性，有多少獨特之處。

在定義歐洲佛法與新大陸佛法之時，最好自問是否有鄰居的草地看起來更嫩綠可愛的心態，是否認為芒果比蘋果更具異國風味。異國情調和對自我的執著一樣，都是幻象。而佛陀告訴我們，並無人、我之間的圍牆，也沒有自、他，沒有二元對立。所以為何佛陀不能頭戴棒球帽？或甚至戴貝雷帽？

> 「許多西方人生活中有筷子、榻榻米、插花、泡茶等，以為這些就是『禪』。這實在是一大憾事！日本人用他們自己的方式來表現禪意，而在打高爾夫、開車、慢跑中一樣可以禪味十足……我們必須讓日常生活處處是禪，而不是把外國的生活方式硬生生地移植到這裡來。可別忘了：佛陀一輩子從未用過筷子吃飯，也未用日文誦經。」
> ──希特蘇杜‧巴朗(Jitsudo Baran)與伊桑‧薩柯(Isan Sacco)

需要多少基本教義與外國的儀軌？雖然東妮‧佩克(Toni Packer)經過菲利浦‧卡普樂禪師正式授戒，繼承佛陀的法脈，她仍決定避開所有的儀軌與種種佩飾。所以，她正確地自稱是從事「禪思的探尋」，而非「禪」。另一方面，美國夏斯塔僧院(Shasta Abbey)的比丘、比丘尼是在餐桌用餐，而非坐在地上，並以英國茶取代日本茶道，也非以日文誦經，而是用喬治亞時代的風格。他們穿基督宗教的僧袍外出，但行禮遵循亞洲方式。

就歷史上而言，我們已提過，西方在「世界宗教大會」中，首次大規模地接觸到現存於世的東方宗教師。你可能以為類似的情況不會發生在東方，但西方文明的代表經常在東方集會，只是稱為商業高峰會。所以，當西方努力趕上東方的宗教思想與文明的同時，東方也試圖趕上西方的個人主義與物質生活（所以，我一直不喜歡「開發中國家」一詞，因為這要看你是以什麼為標準來斷定「開發」與否）。

足跡有來有往，是雙向進行的。想想看：梭羅受到東方的影響，而他的著作影響了甘地，甘地接著影響了馬丁路德‧金恩(Martin Luther King)博士，而世界各地一直有人研究金恩博士的演說（這一切本身都是一則則個別的故事）。所以，西方佛教有趣的一點是，佛教為適應西方所做的修正影響了東方，這是因為今天西方在世界的影響力所致。婦女，就是其中的一個例子。

女性佛陀：不必懷疑！

佛教要在西方發揮作用，必得接納西方認為屬於其文化基礎的東西，例如女權。如果你在書上讀到佛陀對於女權的議題戒慎恐懼的話，我想你看到的是經過作者根深柢固的性別歧視過濾的說法，而非佛陀的初衷，畢竟積習難改。

在佛世時，女性（還有奴隸）不准閱讀印度聖典，女人也不可獨自祈禱。佛陀不顧婆羅門的慣例而准許女性出家，最先是他的繼母，然後是他的前妻。佛陀創立的比丘尼僧團，是世界上最早的女性團體之一。今天西方比丘尼與佛教女性宗教師已有數十人，這當然是可喜的現象，卻一向是得來不易的。因為以前這種情形很少見，所以許多亞洲人都在注意佛教在西方所做的種種調適，包括女性佛教徒在亞洲四處遊說，想讓女性也有受具足戒的機會（最後一章還會再談到「女性佛陀」這個主題）。

女性似乎也對社會的失衡感覺特別敏銳，部分原因可能是她們本身在歷史上長期被排除在權力之外。比丘尼通常捨棄組織階級的模式，她們的方式比較接近團體共有的方式，讓權力下放，每個人平均分擔從中心到邊緣的角色與責任。這就跟民主的議題有關了。

櫻花與山胡桃的嫁接：佛教的民主

民主的前提是，每個人都可自由抉擇自己的生活。佛教也是建立在類似的基礎上：一切眾生本有覺悟的種子〔湯瑪斯‧傑佛遜(Thomas Jefferson)在 1776 年寫下「人人都有不可被剝奪的生存權、自由權，以及追求快樂的權力。」當時他本來寫的是「財產權」，而非「追求快樂的權力」。所以，傑佛遜說你有權學佛〕。

佛教與美國很相稱。也就是說，佛陀和美國開國的精神真的很符合，他畢竟是個自立自強的人。〔當我想到自立自強時，我腦中浮現的不只是艾默生那篇〈自立〉的文章，還有法蘭克‧辛那屈(Frank Sinatra)的話：「不要直接告訴我！──我只需要暗示。」〕佛陀實事求是，不胡說八道，勇於嘗

試，不自我設限，這些特質對美國人來說都有吸引力。基本上，佛陀說的是：「嘿！我試過這個方法，對我來說很管用。不過不要對我所說的照單全收，你得自己試試看！」這種對於獨立自主與親身體驗的重視，正是美國最珍視的理想的核心。

我們對佛教的翻譯與詮釋仍在不斷地改進之中，這不是壞事，因為佛陀跟我們一樣，可說是日新又新，不知幾十年後，佛教在西方會如何演變。例如，到時會有哪種佛教組織？佛教在聖典權威與僧團的平等之間，取得平衡。亞洲人已習慣「溫和的權威」——尊師重道，雖然有些人喜歡只面對一位老師，有些人卻可能寧願全部朝同一個方向——教學相長。覺悟的歷程不斷持續，不論在大雄寶殿或鄰居的客廳裡，這是我們下一節的主題。

> 菩提道上
>
> 「在歐洲知性比權威更重要；東方正好相反。用佛法的術語來說，歐洲人理智(panna)多於虔信(saddha)，他通常會拒絕接受他不能了解的事，即使那是真的；（亞洲人）虔信多於理智，所以他會接受任何古老的東西，即使那是假的。」
>
> ——雄智(Nanavira, 1963)[54]

融入日常生活

西方佛教的另一個重要的特徵，是以在家信眾為主，這和東方以出家僧侶為主不同。這表示很多西方的佛教團體，容許其中的成員在外另有工作、住處，加上並未持守不淫戒，所以仍然保有家庭生活，卻同時接受比丘或比丘尼完整的訓練。

這有何不可？當然，出家人的傳統可以確保穩定性，在家佛教徒的中心則缺少法師與行政人員的傳承，這可能是很多以在家人為主的佛教中心關門大吉的原因之一。在此，「新皈依的」佛教徒（歐裔美國人）要向「異族的」佛教徒（亞裔美國人）請益。亞裔美國佛教團體，在美國已邁入第二個一百年，雖然其中有很多沒有出家人的團體，但他們得以穩定維持下去的原因之一，是強調社群與延續，這點歐裔美國人還有待學習。

西方佛教強調在家眾，造成另一個結果——對「俗世」的關切。事實上，本書最後一章都是以此重要的趨勢為主軸，一般稱這個轉向為「入世佛教」（engaged Buddhism，涉入俗世），我們在此已約略談到一些相關議題，例如女權等。

兼容並蓄：雜色斑斕的織錦

佛教已登陸西方的確切表徵是多元性的覺察，就如用石蕊試紙來測酸鹼值，我們要用西方最具多元性的佛教組織「國際創價學會」為準，在該佛教團體中，也許有一、兩個白種人，其他成員由西班牙、葡萄牙、拉丁美洲、亞洲移民的後代所組成。種族問題非常重要，種族共存讓我們有機會跳出自我來思考問題（關於這點，最後一章還會再討論）。

想想「異族的」佛教。嚴格說來，社會地位相當於「再生族」的美國白人佛教徒，並未真正發現佛陀。這樣的分野，是造成亞洲最普遍的淨土法門在西方一向無法被廣為接受的部分原因。而在另一方面，淨土宗寺院正在重新檢視他們在西方的傳統，思考如何接引更多人。

韓國人並非日本人，但亞裔美國人是美國人。佛教對於某些種族

隨著佛教演變為美國的主流宗教，各種不同的開路先鋒紛紛出現。第一位非裔美國人投入印度西藏研究的學者珍·威利斯（Jan Willis），對於佛教回應多元文化的挑戰以及撫平種族創傷的良藥，都有個人獨特的洞見。她和佛陀一樣，把自己的發現和所有有需要的人分享。

攝影：Marlies Bosch

的人來說，是文化傳統的一部分，對某些種族而言則否。彼此對話溝通的管道，正在逐步建立中。只要還有任何小圈圈存在，佛教就不能說完全成功。演進中的西方佛教必須依賴各個種族、文化的佛教文化的滋養，不論是紅種人、白種人、黃種人、黑種人，甚至是紫色人種！我們的共同點是多元文化兼容並蓄。

非世俗主義：在沙拉吧的佛陀

在東方，街角的店鋪可能只賣一些電池和一塊可麗舒的肥皂；西方的超級市場則是用一整架展示七種品牌的香皂。不管結果是好是壞，這裡宗教也是同樣情況（「各位來賓請注意！黑天㊿在第九走道吹奏笛子。」「歡迎到維他命儲存桶旁試吃微生物食品！」）。在東方，宗教的多元化可能跟超級肥胖的郵差一樣難得一見，在西方這卻是佛教最有活力、最刺激的一面。內觀禪師約瑟夫‧葛斯汀稱之為「萬法歸一」。

過去在亞洲可能老死不相往來的佛教各宗派現在首次在此共處，開啟重新理解「依教奉行」的新契機。事實上，本書是這個趨勢的具體呈現（請容我如此自吹自擂），是第一本涵蓋各種主要修行法門，又深入探討的書。（誰會想到有這麼一本書呢？或為何等到現在才看到這種書？）身穿灰色僧服的韓國比丘，可能從未見過身披黃袍的斯里蘭卡比丘，更不用說透過翻譯研究其他文化的修行法門了。東、西方大異其趣。

對西方現存的宗教師而言，認同普世宗教的做法是重要的，他們本來就比較傾向於在自己的做法中包容多元的差異。就舉其中一個例子，史帝芬‧巴契勒(Stephen Batchelor)是英國人，他在亞洲住了九年學藏傳佛教，後來又學了四年韓國佛教。他回憶說，他在韓國所受到的訓練，讓他能直接深入內心，而透過藏傳不同的儀軌，增加他的廣度。他現在是夏分學院(Sharpham College)的創辦人之一，受到來自各個宗派的啟發，卻同時獨立於各個宗派之外。他為自己的教法自創一個名詞「沒有信仰的佛教(Buddhism without beliefs)」（佛教的確不是個關切教條與信仰的宗教，它關切的是眼前、當下。因此，基督宗教與猶太教要我們相信他們的教義，佛陀卻要我們實踐他所發現的方法與真理）。

總歸一句話，並沒有一個稱為「佛教」的實體，從一個文化流傳到另一個文化。佛教的洞見與價值，只有透過個人生命的體會與彼此間的溝通而傳遞。與其說我們可創造某個形式的西方佛教，不如說可塑造一則童話或神話，因為佛教代代相傳，神祕而不可預測地完成其文化表現方式，是我們之中無人可預見的。

——史帝芬・巴契勒(Stephen Batchelor)

要研究不同的教理。菩薩的四弘誓願中有一條是「法門無邊誓願學」，勸我們進入一切法門。法門雖然各個不同，卻通往同一個目的地（下一章就談這個主題）。

千年來，佛法的蓮花到今天才綻放新的一瓣。佛陀這個園丁已取得護照簽證來到西方，現在正在此處犁田整地。這真是美好的一刻！

你不能不知道

- 釋迦牟尼佛對西方的影響，相當於馬克思、愛因斯坦、達爾文、佛洛伊德。

- 西方佛教是佛教重要且極為有趣的一項演進。它注定在此生根茁壯，只是可能還要過好幾十年，我們才能確切地說它是什麼樣子。

- 西方佛教的修行人包括歐裔、亞洲移民以及其他種族，他們全都有許多可以彼此教導、學習之處。

- 西方佛教把其他一些議題搬上檯面，例如文化融合（適應）、女性主義、組織、融入日常生活、多元文化以及普世教聯運動（不同的宗派）。

4 殊途同歸——宗教聯合國

本 章 主 題

- 合而爲一（不是沒有差異）
- 佛陀與上帝、無神論、不可知論
- 佛教、印度教與道教
- 佛教與亞伯拉罕的子孫
- 佛教與其他信仰

阿育王石柱上的法敕至今猶在。我們從這些敕文中，可看到他主政時的印度是宗教無國界的典範：「每個宗教的根本都應該能夠成長……任何人要是由於過度的宗教狂熱而讚揚自己的宗教，詆毀其他宗教，這樣只會傷害自己的教派。」

他的話今天聽起來還是一樣有道理。我年輕時，所謂的「跨宗教」(interfaith)可能只是表示將《創世紀‧第十五章》與《路加福音‧第一章》作比較，將撒拉與瑪利亞⑤作比較，或更實際一點，允許基督教徒與猶太教徒通婚。今天「跨宗教」已意味著自他之間或自己內部的宗教對話。只要想到今天涵蓋各種不同文化的地球村，彼此唇齒相依的程度，我們就會發現自己都是地球村的學員。

相較於變化多端的文化（或甚至治國之術），宗教是歷史上比較穩定

的因素。所有宗教都有歷時不墜的核心思想，忽略這些核心價值觀，似乎是造成現今家庭、社會、世界病態百出的直接原因。讓我們來看看，佛教在今天的宗教聯合國中所扮演的角色。活在這時代是很棒的一件事，不論新舊，醫療與宗教資源都在蓬勃發展中，彼此提供養分，讓所謂的人性復甦。

超越排他：合而為一

你知道佛陀對賣熱狗的小販說什麼嗎？「來一份熱狗！我要加上所有的配料。」

普遍對於現存一切合而為一的重新覺醒，是相當晚近的事，有部分原因確實是由於佛教。但佛陀所發現的真理，在其他任何宗教中都找不到，真的（什麼宗教是上帝？）。那不是唯一的契約，也不是獨沽一味的減肥餐。只要你認識了佛陀，他所說的合而為一，就能讓你在自己宗教的根源看到這真理，並對於這些根源如何支持你成長，產生感恩之心。所以，在你的基督宗教、猶太教或伊斯蘭教（或其他任何宗教）的根源中，加上幾滴佛法，這會讓你如虎添翼。而如果在此之後，你覺得佛教就是你這輩子要走的路，那也很好，不論在任何一方面都很棒。

在我看來，所有宗教宣揚的都是以己度人的金科玉律，如此而已，也就是己所不欲，勿施於人。如果你仔細觀察，我想你會注意到人們是如何地以自己願意被對待的方式來對待他人，這是千真萬確的。所以，為什麼宗教不能這麼做呢？當然，

現身說法

> 如果我們覺察到政治、宗教狂熱與剷除異己所造成的苦難，就會下定決心捨離偶像崇拜或執著，不論是對任何學說、理論、意識型態，甚至是對佛法。佛法只是一種引導的方式，幫助我們學習深入觀察，並發展我們的了解與慈悲。佛法無需我們為它奮戰、殘殺或捐軀。
>
> ——互即互入原則[57]。
>
> 正念第一學處：開放。

宗教就如人類般，經過一段時間就會發展出沙文主義的性格——凡事只為自己打算，且認為自己最好。當其中任何一個想要傷害別人時，問題就來了。

　　現在我們就來做個跨宗教的基礎運算。猶太教說：「耶和華我們的神是獨一的主(Adonai echad)」；基督宗教說：「天父、聖子、聖靈三位一體，都在上帝之中」；回教說：「除了上帝之外沒有上帝」；印度教說：「梵（Brahman，宇宙的外在精髓，相當於上帝）我（Atman，內心深處的自我）一如」。這些說法不是全都歸結到同一個目的地嗎？只是透過不同的旅行社罷了（其中一條路線是從「宇宙大夢」轉機到「心靈之眼」，中途在「沉默」暫停。另一條路線讓你搭上有臥鋪的火車，帶你穿過「生命如幻的盛衰起伏」）。

　　當然你選擇前往的交通工具，加上同伴、服務人員、沿路的景色，都會讓你的旅程有不同的風貌。差異有其重要性（合而為一不是泯滅差異）。為了要欣賞差異，我們必須體驗共通性，無二元對立。否則就會如瞎子摸象般，各自堅持己見為唯一真理。

　　有些宗教領袖（佛教也不例外），可能要你不要接觸其他任何法門。我覺得這就像醫院在開刀之前問你信什麼教，有點恐怖〔我喜歡喬‧古德(Joe Gould)的回答：「夏天我是裸體主義者，冬天我是佛教徒。」〕。我問自己的問題卻是每天早上醒來的第一個念頭：「我是誰？」答案總是：「我不知道，但是我醒了。」（第二個念頭是什麼？「今天是個好日子，要開心！」）

　　我們繼續用醫療的譬喻，想想現代人求助多少種不同的醫療方式。在藥架上不難發現中藥常與西藥並列，宗教修行的情形也與此類似。當人們警告說：各種不同的宗教傳統混在一起，結果是一盤宗教沙拉，我的回答是：「沙拉有何不妥？」危險的是，什麼宗教都淺嚐即止的話，就如鑿井取水時，只在地表淺淺地鑽幾個洞一樣。要有一口井可取水喝，需要往下挖深一點。所以，不論你選什麼法門都無妨，重要的是一門深入。

對我來說，世界各宗教就像從小失散的兄弟姐妹一樣，我們在不同的社區、不同的家庭中長大，聽不同的歌及故事，接受不同的傳統與習俗。但在失散多年後，現在找到彼此，重新團聚在一起，在彼此臉上看到家族類似的特徵。我們又同在一起了，真好！

——理查·華茲法師(Rev. Richard Watts)

佛教徒必定信上帝嗎？

有關上帝的問題不包含在佛陀的教法中，因此在宗教的領域中來談佛教，是很有意思的一件事，因為在其他宗教中，上帝是中心〔佛教民俗歌手蘇珊·薇格(Suzanne Vega)曾經問道：「你有沒有聽過有一個具有閱讀障礙，又飽受失眠之苦的不可知論者，他晚上睡不著，心裡一直在想：狗到底存不存在？」〕⑱

佛教並不要求信仰。它對真理的判斷不是理論，而是實證與可用性。真理是你可以在自己的生活中觀察、體驗與測試的，這可能是今天佛教如此受歡迎的原因之一。佛陀所有的教誨中，網路上最常被查閱的一則是他與羯臘摩人(Kalamas)的談話。他告訴他們：事實上，

> 不要因為從眾人公認的聖者口中聽到，或在眾人所謂的聖典中讀到，或因為你所有的親朋好友都相信某一條教理，你就信以為真。但只要你經過自己的觀察、分析，認為是合理的、好的道理，這時你再信受奉行。

佛陀和聖經都說：「啊！親自嚐嚐看！」這符合上個世紀末以來的一個公開的祕密，那就是人們發起的群眾運動，他們以種種實踐方式來實現他們與神的關係，而非一再地重複死記學來的東西。

的確，佛教可能不僅僅是因為它並不嚴格要求人要相信任何事而風行全世界。對很多人來說，這並不容易。但佛陀教誨的諸多細節，可濃縮為只有一則教理：親自了解人類的處境——人為何受苦與如何解脫。

帶著這個佛教的實踐，你可以信仰上帝，信仰諸神，或做個無神論者或不可知論者。這樣的實踐，並非依賴這其中任何一項條件而定。沒有神創造宇宙的故事，也沒有上天派來的使者。如果想要的話，你可以提出自己的說法。

至於我呢，就我記憶所及，我一直抱持佛教的觀點。所以，當一個曾經和我一起研讀的可親拉比稱上帝為「至高無上」時，我對此並無異議，把它當成一個地點的標示，意指任何人在覺察力達到巔峰時，能想像得到的最高點（這對我有效）。如果你實踐佛教的經驗，使你肯定對某個神聖之物的信仰的話，那很好。佛教的禪定，讓你接觸到萬物之心，至於那是否等同於你的創造主之心，就取決於你自己了。

根源：佛陀生而為印度教徒

佛陀的祖國是印度。印度文化就如身為猶太人或義大利人，要改變這身分猶如斑馬要改變身上的條紋般困難。所以，佛陀的教法很自然地和源遠流長的印度文化有深刻而密切的關係。例如，我們知道佛陀在證悟的過程中修行瑜伽（瑜伽不只是各種姿勢與道德，還包括禪修），但要到好幾世紀後，帕坦伽利(Patanjali)才將瑜伽各支派正式系統化。

所以，今天無人能斷言瑜伽有哪些成分取自佛教，佛教又有哪些成分取自瑜伽。當我們將佛教與印度思想，當作同樣的土壤所孕育的相鄰兩棵樹而加以回顧時，讓我們比較彼此之間的同異，以便更加了解兩者。

印度母體

道德，以及對於無常與人生不必要的苦難的強烈感受，這些是佛法自然承襲的印度文化的兩個層面。的確，佛陀和印度的宗教有共同的層面：「法」、真理、宇宙自然運行之道、實相（例如因果業報、生命的輪迴，以及生命間的相互連結）。「業」(karma)是一種道德上的因果關係，我們所做的任何事（所說的，或甚至所想的）都有其效應，接著會引

起另一件事，而一切都綁縛在一張彼此互動的網上，但不要以為這是宿命論。如果有人說你是你過去（包括過去世）造的所有業的產物，而同時你卻連早餐吃什麼都想不起來，那麼也許那大有可能是你的過去世〔你可能因此談到「再生」(rebirth)──不斷地蛻變，而非「投胎轉世」(reincarnation)，這指明一個獲得再生的自我〕。佛陀教導的重點是，每個人要為自己的命運負責，我們所面對的現實是自己的業果。種瓜得瓜，種豆得豆。

印度文化另一個影響佛陀的重要觀念是生命的循環。典型的西方進路是線性思考──「1-2-3」，因此自然地偏向機械性的思考：「把大腳趾插入 B 槽中，然後旋轉」等⑲。西方最初象徵生命的有行列、梯子、鎖鏈，還有下個月的信用卡帳單。在印度，輪子是生命象徵的原型，這反映出環狀而非線性的思考。種子變成花朵，花朵腐爛後變成護根，以提供新的種子養分。我們不斷地循環，就如旋轉木馬或打轉的陀螺，而這促成了遊樂的思考方式。

西方傳統將宇宙看成是可以衡量的東西──上帝的作品，右下角有祂的簽名，而在印度文化中，宇宙卻是一場遊戲。例如濕婆神⑳常被描繪成在一場舞會中，這場舞會能同時創造、維持整個宇宙，也能毀滅整個宇宙，祂施恩於虔誠的信徒，且同時隱蔽、展現這一切。人生是座舞廳，我們與周遭的一切都是永無止息的宇宙能（我們稱之為「眾神」）的盛典的一部分，眾神和我們混雜在一起歡樂起舞。這是場有著燈光秀的大型方塊舞，舞者手挽著手旋轉跳舞，不停交換舞伴；還有捉迷藏──「嗨！看到你了！」就某種意義而言，猶如聖經中無限且不可區分的上帝，創造出宇宙與人類，以便能在我們身上了解祂自己（並偶爾有隻字片語來自我們的教父……）。除了一旦我們看穿幻象之舞，直探不變的真理，我們和祂在整個永恆中，一直是合而為一的。

這樣的宇宙觀，促成彼此的關連性，就如印度教「不二」思想的格言中所顯示的：「汝即是彼(Thou Art That)。」這個簡短有力又親切的觀念，能讓人深思。我們都是宇宙諸神的舞蹈或夢境中的一部分，因此觸目所及的每件事，都不過是構成我們的同一個廣大海洋的泡沫

與浪濤。雖然我們認同這場動盪不已的盛典（或連續劇，我們稱之為「人生」）中的諸多面具與角色，但我們也是更為廣闊的宇宙所開展的一部分，那是個和自己玩躲貓貓的宇宙。這個要旨突然出現，連帶出現的念頭是：我們都是佛陀，只是我們還不知道而已（我們人類真是大笨蛋！），直到覺悟到自己在真理過程中的地位。另一個你將聽到的不同說法是：日常生活的現實反映宇宙的現實；一條小紅蘿蔔就是整個宇宙的展現，你也是如此。

佛陀強調的獨特重點

如同第二章特別提到的，今天所謂的印度教最終挪用、兼併了相當多佛陀的影響，反之亦然（特別是藏傳佛教），所以要把兩者分開的想法，猶如一對結褵六十年的夫妻要訴請離婚一樣。但看看佛陀獨特的轉折倒是有益的，例如佛世時的印度宗教可說專務不切實際的玄想，而佛陀把印度教的唯心論拉回現實人生。不執著是很好，但如果這意味著要跟我的身體與欲望說再見，那麼我就敬謝不敏了。

再者，佛法是對種姓制度的一項顯著的宗教反動。根據傳統，種姓是上帝的計畫。如果你生於低下階級，那是由於前世的惡業未消（然而，這並未解釋為何菁英階級可將他們的種姓傳給子女）。當悉達多剃除鬚髮出家時，他不但放棄自己的種姓，也棄絕整個種姓制度。正如他後來所發現的，每個人天生就有覺悟的種子，他所經歷的，每個人都能經歷到，透過自律而非外在的儀式。當佛陀批評婆羅門殺生祭祀的習俗是迷信與浪費珍貴的生命時，那同樣是宗教的反動。佛陀說，「一切」生命皆珍貴。所以他會對信眾讀誦「吠陀」，而非創立一個排除異己的學派。但他所讀誦的「吠陀」是具有啟發性的詩篇，並非必須根據婆羅門階級斷定的唯一的詮釋來研讀的東西。

此外，佛陀對於究竟象徵的追尋，給予一番特別的轉折。印度教的修行之道在尋求體證個人的核心或內在的自我（我）與超我——超越性別，不受時限的大我（梵），也就是實相無上的源頭與精髓——內在的結合（瑜伽）。正如迪帕克・裘普拉醫生(Dr. Deepak Chopra)可能會說

的，大我就如宇宙，把你當作是它神經系統的一部分。只有大我才能體證它自己，因爲它是存在的一切。然而，佛陀卻斷言「無我」（an-atman，梵文的詞首 an，相當於英文的 un 或 non）──沒有永恆的自我。從跨宗教的觀點來看，佛陀針對自我本質是虛妄的教理，在思想史上其實是獨一無二的。而且如果他拒絕承認「我」，當然也就不會鼓吹「梵」或任何創造神。

但就如我們已看到的，他的根深植於印度，他與瑜伽共有的洞見是：小我（「我！我！我！」）是見到真實的障礙。這個「我」是虛構的，稱爲「自我」，是我們陷入人生連續劇中的某一刻，並加以認同的產物。我們已對這場戲上癮了。（「別碰選台器！我們下週將呈現全新單元劇的戲碼，主角就是『你』！」）把它放下吧！

在實際的層次上，在西方你可能會發現修練瑜伽的人，悄悄地穿過大堂到佛教禪修工作坊，打開他們的慧眼（也就是深入觀察了解），而且許多佛教徒練各種「瑜伽姿勢(asana)」作爲禪修的暖身運動。畢竟當我們看到佛陀的蓮花坐姿㉛時，那是瑜伽的一種基本姿勢（蓮花式）。而就像瑜伽提供「觀呼吸」一樣，佛陀也有部經典專門討論呼吸（有誰是以呼吸爲信仰的？）。

中國 1.0 版：佛教＋道教

《道德經》（意即「至道之書」），是認識普世宗教或跨宗教的根本原理，只有短短五千字。這是一本簡單又深奧的書，解說如何在任何時刻發生的一萬件事情當中，與不變之道和諧共處（那一向如此。就像這樣──只是如此）。就如我們曾提過的，「道」與「禪」有基本的關連，猶如「禪」是印度的哲理說與中國的實踐結合之後的產物；兩者都充滿著剛出生的小貓般，自然不造作與頑皮戲謔、在黑暗中找到電燈開關的直覺智慧；一杯白開水的平凡簡單；以及一口吞下整個世界的完整性。

道教一如佛教，說每個人透過個人天生的特質，被鑲嵌在究竟的實相之中，這究竟的實相（稱之爲「道」）超越偶然性的有形世界。體悟

我們與「道」連結的一個方法是「坐忘」——心中空無一物地坐著，忘掉瞬息萬變的自我，並發現「心宗」——內心中的內心、心智中的心智、轉動世界中的靜止處，也是宇宙進程中我們的意識基礎。這和透過無我以圓滿自我——印度教的「梵我一如」——的觀念有相似之處，而其實際的技巧也與佛教以禪坐來豐富我們天生的「佛性」十分類似。

「道」一如「禪」，不可言喻，想要對它加以分類就是未掌握到要點，說「道」即非「道」⑫，或者如路易斯·阿姆斯壯(Louis Armstrong)⑬談爵士樂：「如果你要問的話，你就永遠掌握不到。」然而，它有個具啟發性的象徵——太極陰陽，那是道教的中道圖。

這個萬物究竟原理的中國象徵（通常稱為「陰陽」或太極圖），看起來好像兩條魚彼此企圖用嘴巴咬住對方的尾巴（人生不就像這樣嗎？）。它們代表所有的兩極對立，而且彼此將對方包含在自己的中心。

此處我們看到所有兩極對立的起源——雌雄、明暗、內外、自他、冷熱、巧克力冰淇淋與香草冰淇淋——與融合。雖然兩者之間清晰可辨，但它們也很明顯地彼此依存，彼此定義。沒有賣就沒有買，沒有買就沒有賣；沒有你就沒有我，而本書就是證明——沒有讀者就沒有作者。我的立場越極端，就把我最大的勁敵包含在內。我越想控制一切，貼上標籤，一切事物就變得越不可捉摸；越讓一切順其自然，一切事物就越能顯出一種不可思議的內在秩序。就像「混沌理論」⑭

發現的，海岸線圖案的碎形公式和一朵雲輪廓的碎形公式相符合。

「中道」不是統計學上的平均值，而是個動態的過程。在黑暗的中心有個光點，反之亦然。但兩點間最直接的路徑，未必是直線（那是非線性的）。如果你試著經由任何一條「筆直而狹窄的路徑」穿越這張太極圖，你會平均地踩過黑白兩區。這兩個對半的相接不是固定或靜態的（如籬笆或文字），而是流動不定的（如舞蹈或河流）。

佛教與基督教的世界觀，以及東方與西方的心態有個基本的差異：西方的心態是典型的「二元論」，自我與世界截然斷開（以便蓋個停車場什麼的），身體與靈魂分開，自我與宇宙分開，人類與上帝分開；相對的，東方的心態把人和宇宙視為彼此相關交織（參見第三部第四章複製的牧溪山水畫，以為例證）。

但如果你說陰陽象徵兩件事物，那你就錯了，因為太極陰陽是一張圖；如果你說那是一張圖，那你又錯了，因為它清楚地顯示兩個不同的東西。佛教認為頭、尾是一體兩面，不執取一體，也不執取兩面；禪宗說：「非一非二。」所以在此我們再次達到「唯一」(the One)，只是這次用的是另一張路線圖。

菩提葉

誰可以判定善惡呢？有一則道教的故事說：有個農夫的馬走失了，跑到鄰國去。鄰人都說這真是糟糕，但農夫聳聳肩說：「也許是，也許不是。」後來那匹馬帶著另一匹外國的良馬回來，鄰人都說這真是太好了，但農夫聳聳肩說：「也許是，也許不是。」兩匹馬經過交配，最後這農夫變成一個富有的馬販。有一天，他的獨子騎馬時，從馬背上摔下來，跌斷了骨盆。鄰人都說這真是太可怕了，但農夫聳聳肩說：「也許是，也許不是。」隔年有外族入侵，所有身強體壯的年輕人都被徵召入伍，且幾乎全部戰死沙場。軍隊奪走農夫所有的馬，但他的兒子因骨盆跌斷所以倖免於難。[65]

班奈狄克派修士(Benedictine)⑥佛教徒；禪修的猶太教徒；伊斯蘭教蘇非派(Sufi)⑥的瑜伽修行者

在上一章我們提到，大部分的美國佛教徒是亞裔，而新加入者，例如來自猶太、基督教或伊斯蘭教傳承的人，通常期望佛教能提供下列兩者之一：新的根源，因為他們已很難親近父母的宗教傳統了；或他們生長在一個積極有活力的宗教傳統中，佛教進一步活化與強化這個宗教傳統。對這兩者中的任何一個來說，佛教都很適合。

基督教的修道者：前進！

耶穌基督信什麼教？（他是基督徒嗎？）釋迦牟尼信什麼教？（他是佛教徒嗎？）如果耶穌和釋迦牟尼曾經相遇，我知道他們兩人會成為好朋友。有人甚至說，來自絲路的佛教徒，於耶穌在世時出現在加利利(Galilee)⑥，所以他們的心靈可能曾經相遇。佛陀和耶穌至今仍在對話中，而這段進行中的對話，有助於許多善良的心靈。阿門！

耶穌說：「我即是道。」佛陀說：「道在此處。」為了怕我們忘記，他們兩人都要我們親身仿效他們的教誨，在生活中實踐其意義──讓我們自己成為「道」──而非像個律師般鑽研他們所說的話，卻失去自己的道。然而有趣的是，用宗教複式簿記的方式將兩人的教理並列比較，可發現他們的相似度有多高。佛陀說，如果你尋找，就會發現；耶穌說，凡是希求者可能達到顛峰，但他必須渴慕向學。另外，耶穌曾說：「看著田裡的百合。」而佛陀曾在一次說法中拈花不語。

研究「偽經」(apocrypha)⑥的學生，已提出《馬太福音》中的耶穌如何以虛幻與覺悟的角度來講道，而非罪與救贖。學者伊蓮·帕格斯(Elaine Pagels)⑦提出，在這份文獻中，「耶穌以嚮導的身分出現，他開啟通往心靈領悟的通道。但當一個門徒達到覺悟時，耶穌就不再當他的心靈導師，因為兩人已經平等，甚至變成一模一樣了。」佛教與基督教相應的清單有一長串，雖然兩者真正的交會處不在書本，而在活著的心靈與心智中。

佛教一本通

不同的路徑可通往
相同的目的地。在
此的佛像與耶穌像
看似出自同一人的
手筆，其實其中之
一為西藏畫家所
繪，而另一幅則由
俄羅斯畫家繪製。
從 1981 至 1992
年，這兩幅畫像就
掛在紐約市「宗教
藝術學校」(the
School of Sacred
Arts) 外的招牌
上，佛像朝東，耶
穌像向西。

〈佛陀〉，土滇‧諾布(Tupten Norbu)繪　　〈耶穌基督〉，輔拉迪斯拉夫‧安德列夫
(Vladislav Andreyev)繪

　　就如我們看過的吠檀多的情形一樣，當代佛教跨宗教的模式是復興根源。如果你是基督徒，可能會發現自己因為在平日信仰中加入一兩滴佛法，而變成「更好的基督徒」。例如藏傳佛教有種禪修稱為「自他交換」，可以讓人真正地愛敵如己。而佛教的稱念——不論是念佛的名號，或梵語字串「唵嘛呢唄咪吽」㉑（意即「蓮花中的珠寶」），都與早期基督教祈禱的傳統相呼應。例如稱念「奇雷伊桑」(Kyrie Eleison)㉒，還有基督教東方正教徒直到今天還使用的耶穌祈禱詞(*Hesychasm*)。基督宗教與佛教兩者的念珠相似，再次提醒我們：宗教無國界。

　　現在，例如透過注意呼吸的禪修，許多基督徒重新發現聖保羅所謂無止盡的祈禱所代表的意義（《帖撒羅尼迦前書》第五章第十七節）。佛教的禪修，也類似於聖保羅所說的「倒空」(kenosis)——主動承認上帝絕對的奧祕。基督宗教中被稱為「不知之雲」，相當於禪修的「不知的心」。對身為研究佛教的猶太天主教徒西蒙妮‧魏爾(Simone Weil)㉓而言，祈禱不外乎專注（當我們靜靜聆聽上帝，我們聽見上帝也在靜靜聆聽）。榮譽天主教菩薩聖方濟(St. Francis)㉔說：「時時刻刻傳福音，如有必要才用語言。」

「你們要安靜,要知道我是上帝。」(《詩篇》46)「安靜」意指變得祥
和、專注,佛教術語是奢摩他(samatha,靜止、寧靜);「知道」意指獲得
智慧或了解,佛教術語是毘婆舍那(vipassana,洞見或深觀)。當我們安靜,
深觀,且碰觸到真實智慧的源頭時,就碰觸到存在自己與所遇的每個人心中
那活生生的佛與活生生的基督。

—— 一行禪師

個人的註記

跨宗教的對談打破隔離。就我個人的體驗,我生長在猶太家庭,
而與基督宗教保持距離。當我的希伯來學校舉辦到對街的天主教教堂
實地參訪時,唉!其中大部分像是一堂禮儀課。有趣的是,對我而
言,我是透過佛教才終於深切地了解並欣賞耶穌。

佛陀教導我們苦難是不可避免的,也教導如何運用這點,以尋求
真正的幸福。當我了解他這段教導時,便開始了解基督徒何以能崇拜
一個釘在十字架上受如此劇烈苦痛的人的形象,那是最高的犧牲與普
世的救贖。佛陀和耶穌都在投入人間的苦難後,出於對人類處境的慈
悲,而傳達愛的訊息(若有人指出釘在十字架上身體的劇痛,與離開自己妻兒
的心理煎熬有所不同,那麼此人沒有掌握我所說的要點)。

當我被要求自己扛起耶穌基督的十字架時,我很感動地承認自己
的悲痛,將悲痛轉化為內心平靜之花的肥料,同時親眼目睹其他人不
必要的苦難。在菩薩的理想中,痛苦是藉由為他人以及與他人共同承
擔而超越。誓願救度一切眾生(若有人吹毛求疵舉出覺悟與救世的微細差
異,那麼此人並未掌握我所說的要點)。

當我透過佛教的實踐,親自接觸到「超越理解範圍的平靜」,並
體驗到那是無時無刻都可以為我所用時,我才了解天國是人人都能到
達的。覺悟生命的種子存在於每個人的內在,基督教貴格會教徒(the
Quakers)[75]問道:「你不轉向內在之光,還要轉向何處呢?」

猶太佛教(JuBus)：西奈山⑯與須彌山⑰的交會處

今天有猶太人把佛教帶入猶太教的實踐中，也有父母親是猶太人的全職佛教徒。不論你如何劃分，就比例而言，在佛道上修行的猶太教徒人數比基督徒多。以美國為例，猶太人占全國人口不到百分之三，但在非亞裔佛教徒中卻至少占百分之十五。當然這反映出強烈的宗教虔誠。

佛教與猶太教有許多共同點：兩者都重現世而非來生，所以皆以當下此刻為立足點；伊甸園隨時都在我們身邊；為了重新連結這個事實，猶太人傳統上每週會花一天參加宗教靜修（安息日），而佛教徒可能會稱之為「正念日」。

> 菩提葉
>
> 有位猶太母親長途跋涉到尼泊爾請求覲見一位上師。到達僧院時，她被告知可以見上師，不過訪客只能跟上師說五個字。於是她穿過外門，進入密室。她走近上師，放下袋子，然後說了五個字：「薛爾登，回家！」

一神教的猶太教是統一之道，作為猶太人就是要與萬物的源頭合而為一，並將一天之中的各種遭遇，都視為體悟這個一體性的機會。《聖經》說我們的墮落就是脫離伊甸園，脫離一體性。對佛陀來說，認同個別獨立自我，就是把我們從一體性一刀斷開，這是我們苦難的起源。

此外，猶太教也一如佛教，沒有最高的宗教組織，所以也有傳統與適應的相互激盪。就像佛教或其他宗教修行道一樣，猶太教不是架上的物品，而是有生命的傳統，這個不斷的更新過程被固定為猶太教世界觀的一部分。在現代，佛教已提供動力與資糧給重要的猶太復興運動，那和我們先前所見的模式相同。所以，當猶太教的聖者，如查爾曼・夏特(Rabbi Zalman Schachter)與史羅莫・卡勒巴(Shlomo Carlebach)拉比，在1960年代看到猶太小孩成群結隊地湧向印度教與佛教時，他們了解猶太教的冥想修道需要更新，這是由一個稱為「猶

太革新運動」(Jewish Renewal)所提出的需求。獲准進入猶太教的冥想傳承的傳統門檻一向很高——人在四十歲之前，對這個話題根本隻字不提，且不開放給女性。而現在佛法的雨水已滋潤猶太教蟄伏已久的神祕冥想傳統，且讓所有的人都可以運用。

就像印度教中的佛教、伊斯蘭教中的蘇非教派，哈西德教派(Hasidism)⑱的革新運動也強調在日常生活中，每個人天生就有直接進入神聖的力量。哈西德猶太教徒毫不懷疑明天救世主可能騎驢進城來，而他們絕對的宗教熱誠可與佛教淨土宗產生共鳴。

近年來，人們也重新發現，在靜默中與上帝溝通、結合的猶太教禪修(hithodedut)，與禪宗的「只管打坐」頗為類似。在猶太教的神祕主義中有個傳統，藉由參與宇宙的共同創造而恢復世界一體(tikkun ha'olam)，這和菩薩道並無差別。此外，與猶太教智慧傳統「淨空自我」並存的是，事物與空無一物之間的交互作用，類似於佛教的「色（現象）即是空（本質是空）」。畢竟神的創造，是從空無一物中製造事物的。（這筆買賣真划算！）

猶太教在世界各地的流浪旅途中，一直不斷地在對話。有趣的是，當猶太教最偉大的註釋家與哲學家摩西·麥摩納迪斯(Moses Maimonides, 1138-1204)㉑的兒子亞伯拉罕·麥摩納迪斯(Abraham Maimonides)開始研究伊斯蘭教的神祕教派蘇非教時，摩西寫道：任何

一個這樣做的猶太教徒，無需經過正式的儀式回歸教會，因為這兩個宗教都是一神教，彼此並不陌生（而在此之前，摩西自己對亞里斯多德的認識，有一大部分是透過阿拉伯文的資料來源）。

交流從來都不是單方面的。（絲路是向兩個方向延伸的，記得嗎？）例如在1990年達賴喇嘛邀請八個猶太學者與拉比，參加一場西藏與猶太教的對談。在這整個宗教高峰會期間，關鍵的問題是：「猶太教在流亡中的生存祕訣」。正如一位當時應邀的猶太學者後來回憶的，那是一個「合理的問題，雖然這是第一次有人問我們這個問題。」

查爾曼·夏特·夏洛米拉比(Rabbi Zalman Schachter Shalomi)回答達賴喇嘛提出有關天使的問題。

攝影：Rodger Kamenetz

留個位子給魯米(Rumi)⑧

無疑的，伊斯蘭教的教徒（穆斯林）很樂意與世界其他各地的人對話，且是在長久以來產生這麼多誤解與誤傳之後，而我們都可在過程中學習。事實上，佛教與伊斯蘭教之間的對話歷史源遠流長。例如東南亞國家的爪哇主要是伊斯蘭教，而當地有個有力的宗教傳統稱為Kejawen（意即「身為爪哇人」），這傳統融合了佛教、印度教，以及受到蘇非神祕主義影響的伊斯蘭教。爪哇也是婆羅浮屠(Borodubur)⑧的所在地，這座佛寺是世界奇景之一，當地的耶穌會修士運用寺中的壁雕，作為跨宗教對談的主題。

在西南亞，西元八世紀伊斯蘭教國王以巴格達為國都，當時來自印度的建築師協助興建國都。佛教與印度教的翻譯，也隨同前來在此處修行，他們也學習當地的語言，除了伊斯蘭教徒之外，他們也和當地的基督教徒、祆教徒、猶太教徒有往來。所以，聽到佛教淨土宗繼承了部分波斯（今伊朗）的影響的說法，也就不足為奇了。

本土宗教：萬物原是一家人

佛道與原住民的宗教，可混合成具有強烈療效的良藥。這兩者有個共同的主旨：欣賞我們在世界中的地位，並尊重一切生命型態。有些佛教徒說，菩薩與一切眾生及為一切眾生覺悟的誓願，不只包含人類與動植物，而是涵蓋一切。正如一位美國原住民巫師所說的，「存在的萬物都是有生命的。」或如舊金山美國原住民心理學家列斯李‧葛雷(Leslie Gray)最近對我所說的：「佛陀難道不是靠一棵『樹』證悟的嗎？」

佛教與本土宗教共有的智慧，還包括對萬物的相互關連性與無常性的洞察。許多人熟知索瓜米希族(Suquamish)[84]的西雅圖酋長(Chief Seattle)[85]1854年的演說，他在那篇演說中，肯定萬物皆為生命之網的一部分，我們只不過是其中的一條線而已。「無論我們對這張生命網做了什麼，必然會報應在我們自己身上，萬物都是相互連結、繫屬在一起的。」而為了生存下去，萬物必然改變。

奧格拉拉蘇族(Oglala Sioux)[86]的飛鷹酋長(Chief Flying Hawk)也表示：「如果偉大的神靈要人們停在一個地方，祂會整個世界靜止；但祂讓世界不斷變化，所以飛禽走獸可以遷移，且永遠都有如茵的綠草

佛教一本通

與成熟的漿果，有陽光可以工作、遊戲，有夜晚可以休憩。一切無時無刻不在變換中；萬物都是有益的，沒有什麼是一無是處的。」

據我所知，佛陀尚未被譯成斯瓦希里語(Kiswahili)⑧或克里歐語(Creole)⑧，但我已看出佛教與非洲宗教間可能成立的相似處。但我已談太多佛教，有關其他一切卻談得太少。（還是剛好相反？）

這部分讓我們腳踏實地來認識佛陀——他的一生、佛教的弘傳，以及佛教與其他教理的關係。可是，請等一等！佛教的教義到底是什麼？當我們繼續往前（接著開始）到第二部分時，會運用我們已了解的去發掘佛陀當年的教導，事實上，他現在還持續在教導「法」——在每一刻、每一個原子中。

你不能不知道

- 跨宗教對談是當代最關鍵的主題之一，而佛教與其他所有信仰都有良好的溝通。
- 佛陀是他那個時代與地方文化的一部分，所以印度的修行法門，例如瑜伽，自然也是他承繼的文化遺產的一部分。
- 佛教傳入中國時，因為有道教，所以面臨的對抗較少，而道教繼而影響了禪。
- 歐洲人通常帶著猶太教、基督宗教的背景來面對佛教。佛教與這兩者的對話都是彼此互惠的，與伊斯蘭教間的對話也是如此。
- 宗教間的交流對彼此都有好處。例如，佛教影響猶太教與基督宗教，猶太教與基督宗教也影響佛教。

第二部

佛法——
真理與真理之道

佛陀傳法四十五年，然而他的教法總攝為一法，一則真理，一份大愛，一種法味——解脫之味。其中有解脫束縛，也有解脫而成就：從不必要的苦難中解脫；從生死輪轉中解脫；解脫而達到至真，解脫而貼近生命，圓滿生命。

佛陀告訴我們：覺悟解脫的種子是我們內在本具的。那是我們與生俱來的能力與權利，我們只需要覺醒，感覺到它的存在。（如果你見到自性中覺悟的種子，就會體認到真理，不是嗎？）

無需死記些什麼，也不用訴諸信仰，而是自己親身體驗、實踐。以下是佛陀對於人生教誨的精要：佛法、佛道……。

1 寶藏與佛法
——皈依三寶與轉凡成聖的真理

本章主題

● 三寶

● 皈依的本質

● 四聖諦

● 解脫苦難

重要的是什麼？

　　史前時期人類的生活與宇宙協調、融合。我們的遠祖可能把宇宙描繪成一頭大水牛，如果水牛提供當時的人類皮革以製衣或搭蓋遮蔽處，提供肉以為食物，提供骨以製造工具的話。史前人類懂得只取所需。然而，今天水牛已瀕臨絕種，而人之所以存活於世的單純意義也不可復得。現代生活的特徵是失衡、破碎、混亂（要聽其他選項，請按「5」），有時除了一日三餐之外，很難找到任何生存的意義。

　　佛陀可曾留給我們什麼答案呢？有！只是他刻意不留下任何核心宗教組織，且未寫下隻字片語。他相信每個人都有自主權來聽他的教導，然後自行選擇、測試、實踐真理。既然這會造成各種不同的學派，以及因應不同文化所做的種種調適，所以我們可能還是要問：佛

教有沒有任何核心教義？

　　答案依然是「有」，且佛法的核心確實相當簡單。

三寶

　　本書前三部分以三個要素為架構（第四部分縱覽佛法在世界中各種不同的應用）。讓我們再次回顧這三個要素，它們通稱「三寶」或「三個皈依處」：

- **佛陀(Buddha)**：源於梵文字根budh，意即「覺醒」。這稱謂是指悉達多太子，因他已證悟。更廣義地說，可用於任何自己體證的眾生。

- **佛法(Dharma)**：梵文原意為美德、法則、宇宙秩序、規律、實相或真理，在此所指的是佛陀的教誨。更廣義地說，可以指與真理有關的教導或一切導向真理的事物，例如教示無常的一片落葉。

- **僧團(Sangha)**：梵文原意為分子的聚合體、聚集、集會，在此意指佛陀所成立的僧團，加上在家信眾——佛教修行團體。這也連帶表示佛道的實踐。

　　我們已描繪這三個字的歷史起源。語言文字也許無法充分表現當年鹿野苑的五比丘，乍見在菩提樹下剛證悟不久的佛陀時所受到的影響，甚至是佛陀所散發出的光芒。他的步履平和輕盈，目光含容一切，周身散發恢弘、單純而耀眼的氣質。他對五比丘說法之後，他們

語詞解釋

藏語中沒有相當於「佛教徒」的詞彙，而是用「囊巴」(nangpha)表示，意思大概是指向內觀看的人①。事實上，在亞洲不用「佛教」一詞，最接近的用字是「佛法」，大概的意思是「證悟的生命的真相」、「覺悟的生命真理」。那是佛陀所指出的實相的本質，就在當下我們的腳邊。

都自稱為「僧伽」——一個共住的團體，一個在佛道上追尋真理，教導真理的團體。「佛法」，是他們用以指稱佛道本身的語彙；「佛陀」，則代表發現並指出佛道的人，他成為其他人遵循的典範。

為何稱為「寶」呢？今天的寶藏，已不再像兩千六百年前那樣有價值了（世事無常）。但我們所談的不是人工鑽石或具有療效的水晶，其意義也超越美麗的飾品（珠寶本來是裝飾品），它涵蓋的意思是稀有、無價、無瑕。三寶就像以前的黃金般，是試金石，是檢驗價值的標準；它們不像股市，其價值永遠不會震盪起伏。

寶藏俗稱「寶石」，在此隱含的意義是堅若磐石，這是飄泊不定的人生所欠缺的。三寶是佛教的寶石，是潛藏在煤塊中的鑽石，是萬物的基石。獲得稀世珍寶也許能讓我們脫離物質上的匱乏，同樣的，三寶能讓我們在心靈上得以解脫。有人想到的是魔法石，一種可以滿足人們內心最深處渴望的寶石。

許願和其他的好事都不過三，所以在此三寶就足夠了。你只要深入其中之一，就能三者盡皆通達，唯一的真理，唯一的心靈，唯一的心智。

下一個問題是，三寶跟你我有何關係？

> **現身說法**
>
> 我給佛法取了另外一個名稱。我不稱它為佛教，我稱它什麼呢？我稱它為「人教」（人的宗教）。為什麼？因為佛由人成。不是佛變成人，而是人可以變成佛。所以，佛教可以稱為「人教」。
>
> ——三藏法師宣化上人

避風港：皈依

三寶是佛教徒皈依之處，「皈依」是指確定一個人對這三者的贊同與信賴。以治療為比喻，三寶就像醫師的「醫護」，光有一些藥品、醫生、醫院，不能保證你健康無病。也就是說，如果醫師開藥給你，可是你還未服藥，就是還未皈依他的醫療照顧。皈依三寶表示你已評估過三寶，並確定它們有很好的療效。佛陀就像醫生，佛法是他所開的藥方，僧伽則是醫院中的工作人員，你可把生命交託在他們手中。

皈依有很多種形式：汽車駕駛有時在車子的儀表板上放一張佛菩薩像；如果你在海上航行迷失了方向，又遭逢暴風雨，三寶發出的光芒就是指引你航行的北極星；當我們還只是個胚胎時，母親的子宮就是我們的皈依處。皈依處是我們真正的家。

在日常生活中

你可以在日常生活中肯定「佛陀」與「佛性」的重要性，無需正式的皈依儀式。例如禪修，這是親近佛陀的一種管道，隨著練習而日益深入。第三部分會詳細探討禪修，不過現在先介紹一種禪修。教師作家法蘭茲·麥特卡夫(Franz Metcalf)想出一段絕妙的「心咒」（所謂「心咒」，是念給自己聽的一段話，目的是要把心力集中在一個正面的能量上），他看到有本書名叫《耶穌會怎麼做？》(*What Would Jesus Do?*)，然後他決定自己來寫一本《佛陀會怎麼做？》(*What Would the Buddha Do?*)這是個你隨時都可以自問的問題，不論何時，面臨危機也好，平靜無事時也罷。「佛陀會怎麼做？」你越常想起佛陀，跟佛陀的關聯以及對你自己的了解就會越深刻；你越常想到佛陀，你的想法就會越來越像佛陀。

同樣的，你無需正式皈依，也能在日常生活中肯定「佛法」的存在。無論何時我發現了「法」，我就皈依「法」，那可能不是專指佛教的「法」——佛陀明確的教示，但你怎麼知道那不是佛法呢？佛陀從未搭過公車，但他的大車子(Great Vehicle)②卻承載我們所有人。事實上，昨天我在公車站等車，當時是下班尖峰時刻，公車嚴重誤點，站

現身說法

結交有智慧與慈悲的人，有助於持續的實踐。思考過去、現在、未來的僧伽，可以給我們進一步的啟發，日益肯定這個促成慈愛生活的廣大團體。僧伽沒有特定的宗教信仰，沒有獨斷的立場，也沒有特定教派或宗派的味道。在宗教內外都有僧伽；有智慧與慈悲之處，就有僧伽的存在。

——克里斯多夫·提特馬斯(Christopher Titmuss)

牌聚集了一大群人，焦躁緊張的氣氛節節高漲。當公車終於來了時，卻已像沙丁魚罐頭一樣，擠滿了在前幾站等了很久而累積的人潮。

在這群顯然是很不舒服的人群前面，我看到一位女士，她的腰圍相當粗。我的意思是，我們現在談的是身材，她的身材非常壯碩。毫無疑問的，她這一天已經歷過生活中的不愉快，包括搭上擁擠的公車。此時已嚴重脫班的這輛公車的司機打開車門，極為不耐地對所有的人大吼：「快點上車！快點！快點！往車廂後面移動！」但那位女士就站在那兒等著，沒人能越過她，因為她就站在打開的車門前，所以大家都在等。最後司機察覺到公車外有事發生，於是轉頭看到她站在那兒。當兩人終於四目交接時，她只對他說了一件事：「拜託！拜託不要讓我對你發脾氣，否則到時我們很可能說出或做出兩個人都會後悔的事。」司機從方向盤舉起雙手，低頭道歉，每個人都冷靜了下來，不論在公車上或公車外。人們很和善地挪出空位給我們，這趟車程自此也一路平靜無事。

這個故事顯示什麼佛法？

- 要兩個人才能激起怒火，以怒氣對抗怒氣只會產生更多怒氣。如果有個人克制的話，另一方也可能會克制。
- 心的覺悟可能在任何地方發生，不只是在寺院中。佛法就在你發現它的那個地方，法師也不必帶念珠或穿僧袍。佛陀的法音一直清晰可聞，只要你有耳朵去聽。
- 曾經有個等公車的佛陀，傳法給生活中尖峰時間的僧伽。而僧伽也在你發現它的那個地方。此刻，你就是「完全入門僧伽」(The Complete Idiot's Sangha)的一分子——你、我，還有這本書過去、現在及未來的所有讀者。謝謝你！

事實上，我們透過骨骼中的土、肺臟中的風、血流和細胞中的海洋、新陳代謝中的火，體現宇宙僧伽。當我禪坐時，整個宇宙與我同在，而全宇宙禪坐時，我也參與其中。

我們皈依佛，因為他是我們的老師；我們皈依法，因為它是良藥；
我們皈依僧，因為那是由善友組合而成。

——道元禪師(1200-1253)③

體悟根本本質的核心是皈依佛；培育體悟的樂園是皈依法；分享樂園的果實
是皈依僧。

——羅伯·艾特肯禪師

不同的學派，不同的說法

佛教內部幾股主要的趨勢，在強調三寶的方式上彼此互補，互相
增強。傳統上，上座部佛教中的「佛陀」是指歷史上的佛陀；「佛法」
是指巴利三藏——佛陀教理的文獻紀錄；「僧伽」是指證悟者，廣義
來說則指僧團，還有範圍更大的在家修行人團體。

大乘觀點的獨特處是詮釋與創新。例如，如果你喜歡的話，你可
以說佛陀是體悟，佛法是真理，僧伽是和諧的狀態。「謀求和平的禪
宗僧團」(Zen Peacemaker Order)成員皈依的是：

- **佛陀**：眾生覺悟的本性
- **佛法**：智慧與慈悲之海
- **僧伽**：與一切諸佛、一切佛法和諧共處之人所組成的團體

在具足三寶的情況下，大乘佛教徒通常皈依菩薩道，誓願解脫一
切不必要的苦難。在具足三寶的情況下，藏傳佛教另有一組三皈依
（稱為「皈依樹」），包括「喇嘛」（「上師」——老師，是佛陀的活化身）、「本
尊」（個人所修的神，是一個覺悟的眾生，其成就是我們想要仿效的對象），以
及「護法」（類似守護神）。

我們這本《佛教一本通》的簡單說法是：三寶就是我們和自己、
宇宙之間堅定而基本的握手禮——當我們在二十一世紀的今天，開始
肯定、了解，並遵循佛道的生活時。

從究竟的層面來看

　　我會說：「佛教徒都同意的一件事是三寶。」雖然這「一件事」看來似乎有三件。這並不矛盾，就如基督教的「三位一體」，三寶形成一個整體。的確，早期西方對三寶的詮釋，反映出基督教傳教士的詮釋——佛陀被稱為「救世主」；佛法被稱為「聖經」；而僧伽被稱為「教會」。但不論是否有基督教的鍍金外殼，三寶緊密連結而為一體，且每個都包含其餘兩者。

　　佛陀是他本身的教理——佛法，畢竟佛法使佛陀得以成佛，因此佛法是佛陀的精髓。僧伽依賴佛陀與佛法以引導世人；反過來說，如果佛陀沒有建立僧伽，佛法就無法保存，也無法傳世久遠，所以佛陀與佛法依賴僧伽而具體化。如果沒有人，就沒有佛教。

　　所以佛陀、佛法和僧伽在究竟的層面來說，是一體的——唯一的愛。

佛法：四聖諦

　　三寶是佛教的基本架構。佛陀的根本教理——他所轉的法輪，稱為「四聖諦」：

一、苦(*duhkha*)　　　　三、涅槃(*nirvana*)
二、貪著(*trishna*)　　　四、道(*marga*)

　　佛陀說他要教導的只有一件事：苦的本質與苦的解脫。以下就是他的教誨。

　　最多用二十五個字來說：（一）「有苦的事實。」（二）「有苦的起因。」（三）「有苦的

> **語詞解釋**
>
> 梵文 *trishna* 可譯為「渴望」，是英文「口渴」(thirst)一詞的詞根。渴望就如人獨自在沙漠中所感受到的口渴，那似乎是無法抑制的。這個字也可譯為「執著」。在這段文脈中另一個很好的譯詞是「黏著」或「執取」，現代口語的說法是「過分在意」或「莫名的掛慮」。

終止。」（四）「有滅苦之道。」

你來算算看，不必絕頂聰明也能看出：把這四個命題放在意識的中心，了解它們的意義，並測試它們，你就能改變你的人生，使它更好。佛陀所有其他教法，都可視為這根本教理的詳細說明。這四個環環相扣的格言，可以教導我們掌握人類生死之謎，辨認人類苦難的起源與醫治之道，並醒悟、了解生命至高無上的圓滿。

這是生命的四個真相。「真理」（諦）就如在宣言中所說的，「我們認為這些真理不證自明。」「聖」，因為它們能讓我們轉凡成聖，顯示出何謂生而為人的尊貴。這四項真理，中文稱為「四聖諦」，或可譯為「四項卓越的假設」(Four Worthy Hypotheses)。

如果硬要塞在七十五個字之內（譯按：英文字數）的話，這條教理是：（一）我們無可避免地會走到大嘆「人生糟透了！」的地步。為什麼？因為（二）渴求事物或執取念頭，而這些源於對生命不切實際的意象，永遠無法感到滿足。生命原本無常且彼此相連，我們卻企圖證明它並非如此。然而，（三）人人都能自無盡的失望中解脫。怎麼做？藉由（四）承認我們拒絕面對的生命真理，且在日常生活中一步步的親自了解，並實現這個生命真理。好！現在讓我們更深入探究。

菩提葉

證悟之後，佛陀適度調整教法以配合聽講者的程度。因此，據說在大約五十年的遊化中，他以八萬四千種不同的方式說法，以致有「八萬四千法門」之說，意即到達真理有八萬四千條路徑（或門徑）（我們這本淺陋的入門書只不過是其中之一）。

現在假設雨滴可以分類，且總數有八萬四千滴，同時平均地落下，但大樹吸收較多水分，枯樹根本吸不到什麼水。所以有八萬四千種樹，每種吸收雨水的情況都不相同。同樣的，有種種不同的人，大家都接受佛法。佛教因應各種不同的需求加以調整而產生各種不同的教派。由此我們看到「究竟的層面」(ultimate dimension)如何反映出「相對的層面」(relative dimension)；反過來說，「相對的層面」也反映出「究竟的層面」④。

生命的第一個真相

　　事情的開始是，年輕的王子面對人生的眞相：老、病、死。沒有人能毫無痛苦的逃脫。啊！你可能很幸運：也許當健康亮起紅燈時，身體並未發出痛苦的信號，可以頤養天年，並在無預警的情況下壽終正寢。即使如此，讓我們面對它吧！因爲你的壽命終究有限，永遠無法想要什麼就有什麼（而且就算眞能如願，你哪裡找得到足夠的空間放想要的東西啊？）。所以，你一定會感到失望，會嘗試表面上看來可行的解決方法，而事實上只是讓苦難不斷延續下去而已（除非你覺醒，了解生命的眞理）。你可以將之稱爲第一個眞相：

　　人生永遠是一條崎嶇不平的路。

生命的第二個真相

　　處理問題最難的是看出問題之所在，這是老生常談。痛苦固然無可避免，但無需經歷不必要的苦難，我們可找出苦難的根源。

　　生命無常，變動不居；企圖握緊生命，這是不必要的苦難的來源，就好比想要抓住風一般。且既然我們就是生命，企圖握緊生命就像努力咬緊牙關一樣（【練習】：深呼吸，然後閉氣。注意！這麼一來，焦慮是如何生起的，還有你是如何被阻隔在自然的過程之外的。這就是個問題）。就算是愉快的事，如果我們企圖抓著它不放的話，也會引起苦難。

　　當佛陀發現中道時，他的理解力大爲提高。苦行是不夠的，那只是另一種執著。他對自我的憎惡與愛著，是「我執」的兩個名稱。自我是什麼？它是我們爲避免苦難而自己建構出來的，這建構把我們的經驗與生命的一體隔離開來，我們只看到波浪，卻看不到海洋。

　　佛陀放下執著。他吃下食物，恢復健康，於是能再度清晰地觀察與思考。他不再虐待自己，這使得他對自己產生了一些慈悲心，也對所有眾生生起慈悲心。

　　神祕主義詩人威廉・布雷克(William Blake)⑤的一句話，濃縮了佛教對執著的定義：「自縛於喜樂之人，讓生命折翼。」他接著說：

「然而，吻別喜樂者，長居永恆之曦。」

　　接受佛陀提出的第二個生命的真相，可以闡明第一個真相。人生的確是苦，正因為我們極力地逃脫苦難不可避免的狀態。我們千方百計地與生命的脆弱、無常討價還價，結果必然徒勞無功，並帶給自己更多的苦難，就如企圖屏息不呼吸一般。我們尋找其他的假象，只是為同樣的建構安上不同的名稱，而不願放下錯誤的見解。

　　第二個真相找出苦因是在「貪著」──所謂貪著，也許是以錯誤的手段想要獲得正當的東西，或奢望遙不可及之物──一種貪愛錯置的價值觀。既然我們無法改變人生，但卻「可以」改變自己的價值觀，改變為人處世的方式。何不與生命合而為一，而非企圖抓緊生命呢？

這個詭異的生物稱為「餓鬼」（梵文 *preta*，中文「魑魅」⑥）。這個圖像是日本的「餓鬼」，因為饑餓貪吃，所以腹大如斗，但喉嚨卻只有吸管一般大小，有時甚至只有針孔那麼點大。因為無法獲得足夠的食物以滋養身體──遑論要填飽那麼大的胃口──所以它形容憔悴。它是人類過分貪求的象徵。（你上次感到處於類似的狀態是在什麼時候？）

繪製：Gary Gach

生命的第三個真相

　　第三個真相更深入的觀察，朝向整件事的終點。既然是自尋苦痛，我們可以停止如此做。讓我們進入如此催眠狀態的蠟燭就在自己手上，我們可以吹熄它，走入陽光普照中。此事由我們自己選擇，如此而已，其餘不過是主旋律與變奏曲。我們可以停下來，不再試圖抓取，好像生命或快樂是個實體似的，好像快樂就在架上的盒子裡，用

紅絲帶紮個蝴蝶結綁著，可以付錢買走，如果得不到就會不快樂。我們能停止這樣的迷惑妄想。

我們無法讓老、病、死終止，但可以不再向下沉淪，可以停止對它們投注不切實際的想法，面對無法長生不老的事實，當臨終必須將一切還諸大地時，累積再多的事物，也無法避免那一天的到來。（如果可以不死，想想看我們信用卡的帳單會有多長！）

我們所擁有的唯一生存之處是「現在」，此刻是唯一隨時伸手可及的地方；如果我們放下，充分地活在此刻，當下這一刻就包括萬物。現實直視著我們的臉，只是我們急於追逐天邊的彩虹，沒有看到它。

在此，我們可以澄清兩個對佛教的刻板印象：

- 佛陀並未說生命的全部是苦。（果真如此的話，生命會是多麼大的一個累贅啊！）相反的，他以這樣的方式指出苦難不可避免，任何人真正了解這點，就能從苦難中解脫。
- 佛陀並未說人都應該停止欲求。身為生物，我們永遠都會想要有水、空氣、舒適、仁慈。他說的是，不要執著於欲望，而因此作繭自縛。相反的，要充分地生活，然後發現什麼是重要的，並順其自然。

佛陀教我們一條簡單的真理，但那未必容易為人所接受。我們就如蜘蛛陷在自己所結的網中。佛陀說，我們可以認出「三毒」──貪（執著的欲望）、瞋（橫遭攔阻的欲望）、癡（對事實真相的無知，這是前兩者的基礎，且導致恐懼）。我們在自己製造的老鼠籠裡打轉，三毒對此困境無異火上加油。也許最根本的愚癡是，以為幸福是身外之物，好像我們與生命的一體分隔開來。當我們體認並了解這些是執取的毒藥而退到一旁時，就會發現籠子的門是開啓的。解脫不過一步之遙。

還記得翅舍瞿曇彌嗎？那個把死去的女兒緊抱在懷裡，以為她能復生的母親。我們也是如此，把自己的痛苦緊摟在胸前，好像那是真正的自己，而不是醒悟察覺那不生不滅、真正的本性。

佛陀將我們的愚癡比喻成火災發生時，獨自在屋裡玩玩具的小

可憐的傢伙！看來他就是學不會。他努力不懈，和常人一樣誤以為佛教意指去除欲望，但欲望是活著很自然的一部分。佛陀說：「不要執取欲望，而因此作繭自縛。」此時，這個可憐的笨蛋，卻企圖藉著重複寫這些字來認識這個真相，而不親自去了解其真正的意義，並以此為準則而生活。（你上次何時感到處於類似的狀態？）

繪製：Robert Crumb

孩。他要我們停下來探看火源，加以撲滅，而不是因為執著而火上加油。吹熄對虛妄不實的概念執著不放的燭火，直接看到真相，這就叫做「涅槃」（*nirvana*）。

語詞解釋

「涅槃」代表究竟圓滿的狀態，超越二元對立，非語言文字可以形容。梵文原文本義是「熄滅」──苦、困難、痛苦的止息；貪、瞋、癡三火（或三毒）的止息；「輪迴」──基於行為的業而不斷再生──的解脫；無知與迷惑的終止。有時也稱為「彼岸」，那是可以到達的，就在當下此刻。

不是玩堆沙堡或玩具屋，我們可以面對自己的痛苦，了解那其實是不必要的，並原諒自己長久以來對它的執著。然後，繼續往前走。這需要努力，而我們只能在有生之年，重新發掘活著的每一刻其實是多麼珍貴。現在，以一個負責任成人的成熟，用新生兒新鮮而好奇的

眼光看世界。這是多麼美妙的機會啊！

我們夠成熟，知道真正的快樂不在工作的頭銜，也不在婚後所冠的姓氏。我們可也不是無名小卒，而是獨一無二的十字路口，發生在我們內在、外在的一切在此處交會，只是當我們認同個人的心理障礙時，對此一無所知。當我們整個被纏縛在「自我」之中時，就變成了一個小包裹。一旦醒悟我們真正的本性，便會發現實際上自己是多麼的光芒萬丈。與生俱來的佛性是一切眾生天生就有的，是我們生下來就有的權力。第三個聖諦——醒悟、覺悟是可能的；第四個聖諦——覺悟之道（梵文 *marga*，「道路」）是存在的。

> **現身說法**
>
> 生命的本質是：一切眾生都得面對困難；一個人透過覺悟的生活就能超越這些困境，最後達到快樂滿足與解脫。……實現這樣的覺悟與解脫的方法，就是過著戒、定、慧的慈悲生活。這三個精神上的訓練，構成佛法中的八正道。
>
> ——蘇亞達斯喇嘛

生命的第四個真相

我們都可以享受真正的快樂，它的名字叫「解脫」，它就在我們的存在本身。但不知怎麼的，我們在半途遺忘了——其實是我們選擇去遺忘這件事。佛陀的出現是要提醒我們，為我們指路。

我住的那條街是單行道，有時車子會轉進這條街，逆向行駛。這是第一項真理「苦諦」的最佳寫照。然後，當他們看到所有車輛都朝相對方向行駛，有時甚至就在另一輛車朝他們正面駛來之前，我看到他們掉轉車頭。這一掉頭，也就是心智的覺醒，就像第四項真理是佛道的起點。如果佛陀是路標，標語就是：「停！掉頭！改變心念！」第四項，也是最後一個聖諦是和諧與愛的道路的導覽——佛道。

佛陀為我們作開路先鋒，而第四聖諦為我們指出佛陀所開闢的路（這條路的路線圖是下一章整章的主題）。對某些人來說，乍看之下這是一項大工程。冒險走上解脫之路，可能像從一萬英呎高的柱子一步步走下來。有人可能會說，只有超級白癡才會這麼做；但其他人也可以反

唇相譏：只有超級白癡才會在一開始就爬上那根柱子。

第四聖諦讓我們想起悉達多在目睹現實人生的病、老、死之後，所遇到的僧人。他並未對悉達多講任何話，但對悉達多來說，僧人好像在告訴他：「在真理的追尋上，你不孤單。你來看看，這裡有一條路。」（的確，在尋求覺悟的路上沒有人踽踽獨行；整個宇宙都嚮往覺悟）

佛陀最後終於發現那條不同的道路，那不是神祕之道，而是人人可以走的路。這條路上，沒有苦行主義的嚴苛之苦，只有身、心、靈的自律。他告訴我們：「經過嘗試和錯誤，這就是我發現的道路。聽我說！這條路是正確的，而且從頭到尾都是有益的。請自己來嘗試看看！」

這要由我們每個人自己決定。你必須自己來走這條路，才能真正看到它是什麼樣子。經過一段時間後，你自己甚至可能就是「道」。

主旋律與變奏

這四個生命的真相，並非每個人從小就知道的。四聖諦是要喚醒我們生命的尊貴，以下是體認其意義的一些其他方法，如此一來，你可以開始了解，並把它們應用在日常生活中（這一節也是個範例，讓你可據此針對全書提到的其他教義加以補充發揮）。

就像一位良醫一樣，客觀、科學、慈悲的佛陀開出下面這張精簡的藥單：

一、症狀：苦
二、診斷：愚癡、貪著
三、預後症狀：有希望解脫
四、處方：八正道

簡單扼要，就如醫生在小小的處方箋上草草記下的內容般，只是它無需任何外在的東西，譬如藥物，而是讓我們帶回家研究、使用，以培養我們自身自然的療癒力。

我們把僧伽比喻成診所，在那裡佛陀醫生開立藥方（佛法）。其

中，四聖諦（八正道）指定整體療程，和醫生建議的均衡飲食、充分運動以及要有足夠的休息，並無差別。如果不是這樣，開的藥或手術可能沒有持久的療效。

把佛陀融入我們生活中的另一個方法是，以動態動詞而非靜態名詞的角度來思考佛法（事實上，梵文字詞可當名詞用，也可當動詞用）。「佛陀」當動詞，意為「覺悟」；「佛法」意指與存在的一切和諧共處；「僧伽」是共修佛道之意。

還有另一個可行的方法是，將四聖諦改成問句。如果你對當代的神祕主義者拜倫‧凱蒂(Byron Katie)不陌生的話，你會發現改成問句的四聖諦，和她所教導的「澄心作業」(the Work)⑦有異曲同工之妙。

實際上，問題正是另一種探尋的方式。我們一旦長大，就忘了在孩提時代問問題對我們來說是多麼真實的一件事。我們認識到，那份真實有部分是無益的貪求：「我可以要那輛紅色的車車嗎？」「我可不可以只吃甜點？」這些問題就如佛陀不願回答的形上學問題，因為它們沒有任何助益。但其他的童言童語真的很有深度，例如：「那是什麼？」「是誰說的？」問問題是個很好的方法，能讓我們發現被忽略的地方，而增強真正有價值的東西，還可以引出我們內在本有的答案。除了「自我覺悟」之外，佛道的另一個同義詞的確是「自我詢問」（相同的差異）。問問你自己以下的問題：

> 語詞解釋
>
> 梵文「苦」（*duhkha*，讀如「度卡」），意指與轂格格不入的輪軸，通常譯為「苦難」，但也可作「崎嶇的路」，或乖戾、不愉快、不滿意，還有困難、痛苦、挫折、受困的情緒、壓力、焦慮、苦楚、焦躁不安等。哎唷！（最後這個是額外加上去的）

我正在受苦嗎？在什麼情況下？（要簡單扼要）

什麼事讓我不快樂？對我的痛苦，我執著什麼？我以什麼方式認同這個東西？它真的存在嗎？它本身有生命嗎？它當下

此刻具體存在嗎？它在我心中嗎？它是恆常不變的嗎？

如果我放手，不再執著那個並非立即存在之物，不再執著我
對那個情況所認同的自我形象，那會如何？我會快樂嗎？

我要如何培養更好的生活方式，以免我再度掉入同一個陷阱中？

「自我詢問」是躬身實踐佛法的必要方法。試著把你的答案寫下
來，在自己的內心中實際處理這些答案，而且要樂在其中。有個方法
很好玩，叫做「內心自動點唱機」(Jukebox Mind)。想想與四聖諦呼應
的歌詞。總是無法心滿意足嗎？（「苦」通常譯為「不滿意」）？你是否一
試再試（除非你直探根源，否則不滿意會不時冒出來）？你無法永遠要什麼
有什麼（對事物的渴求），但如果你嘗試（記得佛法，並在生活中加以測

為什麼這兩個人在微笑呢？可能蒙娜麗莎在佛陀面前自然地展露出笑容。兩人似乎都已深入觀察到生命的核心，並
邀請我們也同樣這麼做。兩人都用自己的方式提醒我們：「我們都了解苦難。真正的快樂是目標，那是真實的成
就。去發現它！」

〈蒙娜麗莎〉，達文西作，巴黎羅浮宮。〈禪坐中的佛陀〉，單縣樣式，石灰岩，北魏（386-535年），高95.3公分，檀香
山藝術學院(Honolulu Academy of Arts)，1930年老畫爾斯·庫克夫人(Mrs. Charles M. Cooke, Sr.)捐贈 [3468]。

試），你就能獲得所需（涅槃）⑧。此外，還可以開玩笑（【問題】：爲什麼佛教徒打掃時，不吸角落的灰塵？【答案】：因爲他們連一點執著也沒有）。不論用什麼方法，只要能具體實現在生活中即可。

就如摩訶果裟難陀法師(Venerable Maha Ghosananda)所說，慢慢的，慢慢的，一步一腳印。就像我祖母可能會說的：「出發，然後堅持到底。」

你不能不知道

- 絕大多數的佛教徒都認可三寶與四聖諦的核心價值。
- 三寶是佛教的基本架構，四聖諦是佛教的基本教理。
- 三寶是佛、法、僧。
- 三寶既珍貴又穩固，既切合時宜又眞實，所以我們可以皈依三寶。
- 四聖諦談的是：（一）苦的存在；（二）苦的起源；（三）苦的止息；（四）離苦之道。

2 成佛之道——八正道

本章主題

- 將佛教視爲一條道路——中道，逐步遊覽
- 把理論付諸實現，以獲得覺察力、快樂及幸福
- 透過戒、定、慧，整合身、心、靈
- 了解並實踐八種正道

整個佛法的法輪（整塊比薩）總結爲四聖諦與八正道，四聖諦鋪陳佛陀的教理以讓你理解，八正道勾勒佛陀的訓練以讓你實踐。

佛陀巧妙地將最後一個聖諦連結到八正道的第一步，讓理論與實踐彼此啓發與澄清。以下是一條我們此刻就能走的道路，所以接著我們轉向佛陀對於實踐的看法——我們可以親自實踐，可以由做中學習，可以應用這些眞知灼見。這條道路所教的簡單覺察力，能讓我們人人成佛。

佛道

有時一趟一萬英哩的旅程，是從一個漏氣的輪胎或故障的風扇皮帶開始的，有時就從一步開始。佛道有八個層面，每個層面都是形成

整體不可或缺的一部分，且都導向其他層面，慢慢的、慢慢的，一步一腳印。

佛道包含：

一、正見

二、正思維

三、正語

四、正業

五、正命⑩

六、正精進

七、正念

八、正定

「正」是傳統對梵語原意為「完美」一詞的翻譯，但為了鼓勵你自己來感受這八點，我在本章各節的標題中改變了這個詮釋。在此，「正」並非暗示同時有個「不正」。佛教沒有那麼熱中批判，沒有二元對立，記得嗎？善、惡還是適用的，但是佛教也用「善巧」與「不善巧」這樣的字眼，意思是其本身有助於證悟的「善巧方便」。例如想想當翅舍瞿曇彌抱著死去的孩子前來求助時，佛陀是如何善巧地教導她的。無懈可擊，完全正確。

我一直喜歡把「正」當作動詞來用，如「扶正」（這約略近似某個我以前認識的作家，當有人問他寫些什麼時，他回答：「我矯正錯誤。」）。除了動詞以外，你還可將這八個步驟改為問句：「我的見解是否正確？佛陀會怎麼看待（某個情況）？」不論你如何解讀它們，它們由你來主張、擁有，並實踐。

這可能是佛陀唯一曾寫下來的教導，當時他可能用一根棍子和八塊小石頭在沙地上畫草圖。輪子是繼續旅程的一個很善巧的工具，我們可用直線順序記憶車輪上的輻條，但車輪是圓形，沒有頭尾，沒有開頭、中間及結尾。要在整個旅程中駕駛，八個輻條缺一不可。

同樣的，你可以把這些步驟寫下來作為個人的備忘錄。把它們背起來，就八個字而已。

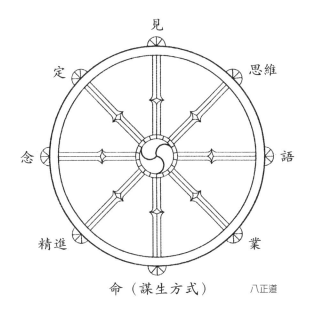

見

定　　　　　　　思維

念　　　　　　　　　語

精進　　　　　　　業

命（謀生方式）　八正道

【練習】：拿一張白紙，摺成八等份（對摺，轉個方向再對摺，再對摺一次，就好啦）。將紙攤開，上面有八個小方塊，把佛道八個步驟的名稱——填入每個方塊中，然後再把紙摺好，放入皮包或皮夾裡。在一整天中，不論何時你發現自己處於任何一個步驟下的情況時，就寫下一個關鍵字，不論是障礙或幫助，習慣或目標。例如在「語」之下，你可能記下「說人是非」，在「定」之下，可能寫著「專注一境：追根究柢」。你很快就會在日常生活中看到全部八個面向了。

【訣竅】：與其說佛道的每個面向是「在外面」某處的目的地，以便讓我們能瞄準前進，不如說它們是天生有待開發的能力，早已存在於我們的內在。

【訣竅】：你會注意到插圖中圓形的中心點再細分為三部分，佛道整合身、心、靈為一體。所以，它可以大概分為：「慧」（見、思）、「戒」（語、業、命）、「定」（精進、念、定）。

把點連成線

剛出發時，為了便於記憶，這條道路被當作一連串相續的步驟。

首先，在四聖諦中已有八正道的介紹：「覺悟之道是存在的。」就如門口或門上的樞紐，第四個聖諦引出八正道；反過來說，八正道的第一步「正見」是四聖諦的回顧——我們已理解四聖諦了嗎（「見」也可譯為「理解」）？四聖諦簡單明瞭，但我們越深入研讀，越能在其中看出更多佛陀智慧的層面。

此刻，我們還未將它們付諸實現，以改變在世間的行為與認知，但可從智性上來了解四聖諦。所以，我們也要有實際踏上旅程的意願和承諾。這環節稱為「思」，它與其說是智性的行為，不如說是有意識的意欲（這是智慧之道的第一個環節）。

接下來是什麼呢？為了要在生活中實踐智慧，我們必須要好好做人。以最好的見解與意欲開始，卻還「說」著一些和我們想追求的智慧相違背的話，這是扯自己的後腿。同樣的，如果能圓滿地表達我們的智慧，卻「做」不到自己所說的話，這也是不善巧的。所以「語」和「業」都是重要的步驟。此外，到頭來，如何找到頭頂上的屋瓦、餐桌上的麵包是很重要的。身為修道者，我們的職責是透過工作持續修行，就如一般人所說的「維持生計」（這個環節的焦點是「戒」，或有意識的行為）。

好！但路是人走出來的，所以需要努力不懈才能持續下去。我祖母以前總是說這是「吃力的工作」。有這樣的「精進」，我們才能透過自己的禪修——不論是內觀或禪宗、淨土宗或密宗，以及各種傳承的大雜燴或無名的學派——進入內心深處的佛法。所以，「定」——不費力的精進，是指捲起袖子，持續手邊的工作，即使那是一份你心甘情願要做的苦差事。「定」也是種平衡，「定」與「念」的平衡，這兩者就像透鏡與光束。止與觀的平衡帶來平靜與滿足，同時讓我們看得清楚而深入。

就這樣我們繞完一圈，回到原點。「定」讓我們從經驗中獲得的智慧得以穩固，而這樣的智慧影響我們的行為，如此周而復始地讓輪子不斷轉動。

【訣竅】：按照你的速度慢慢來。慢慢的，慢慢的，一步一腳

印。不要覺得自己必須一頭栽入，奉行一日八小時制的修行，每一步花一小時。如果你的醫生建議你用八種方式來改變飲食，例如無鹽、低咖啡因、不吃油炸食物、少紅肉等，你應該是逐步調整飲食，以免讓新陳代謝系統因為驟

「全人醫療保健」(holistic health)，治療的是整個人——身、心、靈。全人醫療觀點著重彼此互動以形成整體的模式，而不是把一切分解成部分，然後個別研究每個部分（這是機械觀點）。「全人醫療」(holistic)和「健壯」(hale)、「醫療」(heal)、「健康」(health)、「神聖」(holy)及「整體」(whole)都是源自同一個古英語的詞根。

然變動而突然無法反應（精神以及生理的密集訓練，起初可能會造成腎上腺素急速增加，但並無持久的好處）。相反的，藉由逐步地調整，最後所有的步驟都會整合成一體，變成你天性的一部分。

佛陀的醫療模式是「全人醫療法」(holistic)，這將在第四部第六章中進一步探討，但目前我們可以提到，在醫療方面，藥物或手術可能會讓症狀消失，但未必能除去病根。「全人醫療法」看的是病根，而現在已發現，在降低壓力、運動、飲食控制、禪定、用藥等均衡的情況下，在此的每一項都有「增效作用」(synergistic effect)。「增效作用」意指在共同作用中，每個成分發揮的效力比單獨作用時更大。

「慧」（左邊是楷書，右邊為行草）這個中文字，有個解讀方式是把最上端的字形看作掃帚，中間是一隻手，握著上面那把掃帚，清掃下面那顆心。從這觀點看來，理解力或智慧不是知識的累積，而是掃除無明。清掃並打掃乾淨，心智開明。

書法：棚橋一晃⑪

當我們在前一章思考三寶如何相互映照時，曾經看過佛教對全人醫療的觀點。所以，就算你只有完全實踐八正道中的一步，最後也可以實踐其他七步。現在就讓我們對每一步做更深一層的觀察。

這個字在中文及日文中都指「心臟」，它描摹人類的心臟，有心室和主動脈；它也代表「心智」。所以，在此我們看到身心合一。此字在藏文中的對應語也有相同的意涵。（左邊為楷書，右邊寫法近於行草。兩者都直接發自內心。）

書法：栅橋一晃

完美的見解：你看見了嗎？

在這個步驟及下一個步驟中都有「心」的意涵，而在整個佛教中，這個字都需要稍作解釋。當佛陀談到「心」時，並非指智力。就如上頭的中文字所傳達的，我們的心智與心臟合而爲一。當你經歷到情緒從惡劣轉爲輕快，而自問轉變的是什麼時，我想你可能會同意這是心理的轉變。

法國作家馬歇·普魯斯特(Marcel Proust)⑫寫道：「眞正的發現之旅不在於尋找新的風景，而是擁有新的眼光。」梭羅與之唱和，他說：「只有在破曉時分，我們才醒覺。」⑬我們只是走馬看花，還是注意地看呢？我們的心是醒悟的嗎？我們的「見解」是什麼？恰如其分地看待我們本身以及自己在這世界中的影響，對生命有適當的觀

> **現身說法**
>
> 心是行動的先驅，行為的發端。萬物都是由心構成的：如果你的心受到污染，痛苦就會接踵而至，就像車輪跟在牛的腳跟後走一樣……如果你的心是清淨的，快樂就會隨之而來，就像你走到哪裡，影子就會跟到哪裡一樣。
>
> ——佛陀

點，這就意味著看見萬物的本來面目。不是按照我們可能的期望，把自己的情況與投射加諸其上，而是無條件的，不執著於概念或成見的觀看。一開始，就在門口，佛陀向我們介紹四聖諦，但我們了解嗎？

四聖諦能清除無明，讓我們能體驗存在事物的真貌。只要在此刻，注意！四聖諦打開我們的雙眼，八正道訓練我們的眼力——使我們在觀看時有賢聖的智慧、慈愛的祖父母的慈悲，以及孩童的好奇。如果我們了解並保持一種健康的觀點，就會有完美的見解。屋子裡不論哪個位子都是最好的。

菩提道上

拿一張白紙，在上面用工整的大字寫下「你確定嗎？」把它釘在你經常看到的牆上，例如工作地點。如果你的電話鈴聲像警鈴一樣作響，那麼你可能會慌張地接起電話。你真的確定那是個警訊嗎？一而再、再而三地檢視你的態度，以避免不必要的焦慮和痛苦，壓力就會減少。

完美的思維：思想造就個人

此處「思維」帶有動機、意圖、態度、心態及心力投注的意味，我們如何思考自己的道路，便會為這旅程染上不同的色彩（在你走上佛道之前，請在門口報到，檢查心理行李）。

例如，請將腦部想像成既是發射器也是接收器，它過濾並解讀有關世界的感官資料，還調節我們在世間的行動，這些行動繼而幫助腦部的形成，這就造成了一個回饋環。正如電腦程式設計師所說的：「輸入垃圾；輸出垃圾。」相反的，正面的觀點使生命中的善加倍。

從事證券交易的人明白這一點，因為證券交易依賴人們的認知。事件造成認知，而認知使人反應並創造新事件。舉個真實的反面實例，想想偏執狂。就像自己應驗的預言一樣，如果我帶著懷疑的眼光四處走動，人們肯定會挑起眉毛，懷疑地斜睨著我，於是我會開始低聲自我抱怨，這舉動讓人在我背後竊竊私語。你看！這就是不必要地

自找麻煩。的確，我們全都相互關聯，而偏執狂用拿反了的望遠鏡來看這件事。同樣情形也適用於害怕、憤怒、嫉妒，以及在我們實踐的道路上一切可能的障礙。

我們受苦，因為以為擁有渴求的東西便會快樂，但這些東西只會造成更多的不滿，它們絕不會改變我們已受誤導的思考模式。傳統上，應該避免的思維是貪欲（想要！想要！想要！）、惡欲（瞋）和害怕（無明），那完全是毒藥。同樣的，如果以為佛教會提供我們一個逃離承諾的出口，或一顆特效藥，或報復父母的方法，那就別癡心妄想了。我們都各自帶著殘存的痛苦來到這條路上，要熄滅苦痛的火焰與餘燼，需要不斷自我省察。為了解脫，我們要常常檢查自己的心態，重新評估自己的動機，並看看什麼方法有效。這是有智慧的成長模式。

思想即態度。你幾乎可以聽到這座羅丹雕像中的沉思之聲，用從頭到腳的每條肌肉、每根纖維組織思考。這座佛像或菩薩像則端身正坐，享受呼吸，無論什麼念頭出現都樂於接受，就像聽著鳥兒快樂的啁啾一樣。

〈沉思者〉，奧古斯特‧羅丹(Auguste Rodin)作(1880)，79英吋×51 1/4英吋×55 1/4英吋，費城，羅丹美術館，朱利‧馬松(Jules E. Masthaum)捐贈。〈彌勒菩薩沉思像〉，漢城，韓國國家美術館，新羅王朝，西元七世紀初，鍍金銅製，90.8公分。

【訣竅】：偶爾，我們停下來並回歸了解自己學佛動機的基本智慧。我們可能會逮到自己「正在尋求覺悟」，這個態度會造成墮落，也就是概念上將「自我」與「覺悟」區隔開來的二元論，好像我們本

來就沒有天生的佛性一樣。

態度即是一切。雖然我最終的目的是覺悟，但證悟只能藉由去除自己對概念、制約的行為，還有欲望的認同，不要執著它們，覺悟才會自己出現。也就是說，我不能讓自己證悟，就像我不能讓自己吃驚一樣。但透過修道的訓練，我正奠下堅實的基礎，有很大的空間與有益的條件，好讓覺悟的機會出現。只有在那時我才能發現自己早已到達了。

正確的行動：善業

「正確的行動」（正業）的傳統定義是一連串的路標，傳統上稱為「戒」，我們會在下一章深入探討。「正確的行動」意指出於愛而行動，而非因為行為而造成痛苦。目前，有關行動我們可以觀察三點。

首先，佛教的行為價值觀，並非以任何天上傳下來的法規為基礎，我們也不是在接受來自天國之主的審判。相對的，在此的「道德」涉及的是，能善巧地促成心靈的覺悟及促成心門的開啟是什麼，而無法做到這一點的是什麼。這個意義的核心是道德上的因果觀念，稱為「業」——個人的責任。你的昨天會影響今天，而你今天的作為會影響明天。業除了行為，也包括語言，甚至思想與感覺。科學家已全心研究思想物理學到極為精細的地步，以致能臨時拼湊出一條純粹由思想操控的義肢。思想等於行動，不論我們是否將思想付諸行動。

其次，我們有行動的自由，但沒有資格獲得行動的結果。換句話說，如果我們在當前這一刻真的與自己，還有自己眼前的一切同在的話，我們會圓滿地做每一件事，不執著任何結果。一槌就把每根釘子敲進腦袋，咚！然後繼續往前。

還有第三點，從覺悟的行動這個角度思考，比將覺悟當成任何具體的事物來思考更有用。每件事永遠都是過程，是未完成的作品。所以，行為和定、慧一樣是覺悟的因素。

完美的辭令：話一出口就有效果

正如前面提過的，「語言」也被視為一種行動。佛陀要我們在說

話時專心聆聽。傳統上，要注意並學習克制的習慣包括：

- 謊言
- 誹謗
- 惡語
- 言不及義的閒話

我們透過語言批評別人，讓人退避三舍或耽誤別人的頻率有多高？我們對自己沒有第一手證據的事講閒話的次數有多頻繁？我相信語言會造成大雷雨和地震，也能帶來涼風及明媚的夏日（只要講一句話）。我們會在下一章更深入探討語言。

有益的職業：不只是份工作

人藉由「工作」賺錢餬口。我們可以成為比丘或比丘尼，並學習讓其他人的錢流通，或賺取自己的三餐。傳統上認為不適合佛教徒的職業，包括販賣以下的物品：

- 武器
- 人口（奴隸、妓女）
- 有血有肉的生物（飼養屠宰用的動物）
- 酒類、麻醉品和毒藥

今天我們可能會說：「不要傷害生態系統，不要剝削自然或人類。」但現代的選擇並未絲毫變得更容易。例如，當飼養動物被用來做醫學實驗，而這些實驗可能救活其他生命時，這算不算飼養屠宰用的動物？當代買賣交易如此複雜，可能會讓我們更注意到傳統的價值觀（下一章與第四部第三章針對職業有更詳細的討論）。

適當的精進：只管去做

以法輪的圖形展示時，「精進」在「思維」的正對面。在那樣的情況下，意圖是我們的出發點，而精進是目的地。那是我們的目標或北極星——要跟著它繼續向前走。僧伽和老師確實重要，但精進要靠我們自己。

我看過在修行一年半後放棄的人，他們說：「請別見怪，不過什麼事也沒發生。」光靠幾條根抓在岩石上，這樣植物是無法生長的。除了正確的環境之外，還需要精進與完整的後續動作，有時這需要積極的直覺，所以看起來像是不費吹灰之力的精進。舉個明顯的例子：馬丁妮‧巴契勒(Martine Bachelor)現在是「夏樸罕佛教與當代研究學院」(Sharpham College of Buddhist Studies and Contemporary Enquiry)的創辦老師之一，在此之前她曾在韓國一座佛寺求學十年。當她一如以往地拜見某位偉大的禪師，並請教他如何修行才是最好時，他說：「我想妳早已知道。」好了，這個什麼也沒回答的答案，根本不是她想要的。但當她回到寮房禪坐時，她明白自己的確知道怎麼做最好，她知道必須去做，且堅持到底。

　　就像贏得巨額彩金的樂透獎，佛教有些故事說有人一聽到椰子掉到地上「咚！」的一聲，就大徹大悟，且通常不在寺院裡，而在外面的世界中，但這往往需要準備工夫。佛陀在荒郊野外禪坐了六年，放棄自我折磨，並非暗示精神上的怠惰。記得嗎？佛陀的遺言中有一句：「你們要精進，自求證悟。」(意思是：「你也可以做到，所以加緊用功吧！」)如果佛陀今天還在世，他會是那個坐在禪堂東單或西單偏後某個位置上禪修的人……依然在禪坐，修行……

完全的正念：心智機警敏銳

　　覺察力是區別人類與其他動物的主要特徵：當暖和時，察覺自己是暖和的，饑餓時知道自己餓了，性欲生起時會有所覺察等。在生物從軟體動物到蠕蟲到猴子的進化中，你可以將覺察力想像成錦上添花，是大自然拋進人類構造中的塗鴉或金銀線細工，一種爵士樂風附加的共鳴。正如聖哲作家亞倫‧華茲(Alan Watts)⑭曾指出的，就如淋浴時引吭高歌，聽到自己的聲音迴盪在潮濕的壁磚之間，雖然可能無法達到什麼實際的目的，但無論如何仍樂趣無窮。然而察覺到我們自身的覺察力是進化上重要的一大步，正如禪師作家魏斯‧尼斯克爾活潑有力的說法，「正念是能和其他手指相扣的意識大拇指。」也就是

x

說，我們可以將覺察力（與進化）導向某個方向，然後改變行程。我們智性上的自覺，構成佛陀所謂的「正念」。

當佛陀放棄斷食，開始以更清晰的洞察力觀察自己與環境的關係時，他將焦點放在每個自然的活動上，例如呼吸，並保持正念。呼吸時，他將心力集中在呼吸上，心無旁騖；就如瑜伽一樣，並未試圖改變呼吸，只是觀察。當

「正念」，梵文 *smriti*，意思是「記得」。當記得要有所察覺，要活在當下此刻時，我們就親近生命。正念是完全注意到萬物的本來面目——就是萬物本身，無論什麼時刻。如果這種覺察力感覺起來很棒，甚至像奇蹟一般，記住：那是你與生俱來的權利。

他如此做時，他覺察到構成「呼吸」的許多細微過程中更精微的細節，也看到自己的執著如何造成苦（你試著屏住呼吸看看）。他放手，任由呼吸自然進出，這讓他看到呼吸本身是如何的圓滿具足，那就是涅槃。而他一直被密不透風的自我緊緊纏縛，以致未能注意到。

我們都有程度不同的覺察力，「正念」是指我們的心完全專注在身邊的事物上。就像現在如果我停止寫作，就更能察覺到自己的姿勢、所穿的衣服、窗外的聲音、呼吸、起伏的思緒等（我只能想像背後我的編輯那雙鷹眼，或讀者可能長什麼樣子）。如果我只把注意力集中在某一件事上，例如聲音，那麼在每一刻，都能察覺到生命自然但未被注意到的原聲帶中，不斷流瀉出動人且富律動的交響樂，於是我感覺到自己天生的覺察力。我也可能注意到自己如何被某些聲音吸引，並對其他聲音反感。「鳥，好；垃圾車，不好。」（事實上，這兩者都相當有趣）或者並未聽到另外一些聲音，因為我把它們標示為不好不壞，例如房間裡的嗡嗡聲。在如此做的同時，我也注意到自己的心，且運用四聖諦更深入的觀察，看心如何做自動反射式的判斷，並因此讓我的世界染上不同的色彩。我們會在第三部第三章，再回過頭來詳談這種觀察的技巧，但下面要多談一點基礎的東西。

佛陀在《念處經》(*Satipatthana*)中，曾教導一種建立穩固禪修的方法，他要我們把正念之光投向以下四個方向：

一、身　　　　　　　　三、心
二、受　　　　　　　　四、法（心的對象）

不論在何時或做何事，我們可以「不帶批判的」覺察身體（舒服或不舒服，行動或靜止，出入息的性質），作為實踐的基礎、中心點。我們可以覺察感官的印象與感受（愉快、不愉快、快樂、悲傷、憤怒、喜悅），不再被這些感受的浪潮沖走，而是坐在岸邊，看著它們漂流出海。另外，可作為警覺焦點的，還有自己的心（注意內心是平靜或渴求「事物」；充滿關愛或憤怒；固執己見或心胸開闊），以及與內心相連的諸法（例如關切或渴求、評斷或開放的對象）。覺察到單純的覺察狀態，是涅槃的滋味。

菩提葉

> 有個陌生人路過森林，遇到幾位佛教比丘，他問他們在做什麼。有個比丘停下來解釋說他們是佛教徒，他和同行的比丘在砍柴。「等等！我也要砍柴生火，」陌生人說，「我看不出這有什麼特別。」「這個嘛，這位先生，」比丘回答，「當我們砍柴時，知道我們在砍柴。我們不是為了生火而砍柴；而是為了砍柴而砍柴。」比丘面帶微笑，又說：「如果我們不砍柴，怎麼能生火呢？」然後，他回去砍柴，陌生人則繼續他的旅程。

全神貫注：一針見血

就像智慧是態度與理解的平衡，禪定是正念與專注通力合作中的平衡。專注就如有強光照射的透鏡，正念則是以透鏡來觀察一個對象，也就是注意與察覺。

對西方人來說，專注通常意味著羅丹的沉思者：雙眉緊皺，汗珠順著鼻樑滑落等。佛教的全神貫注，則是不帶二元對立的覺察。修行人剛開始可能將心力專注於一個對象，就如穿針引線般，但對象與心（還有專注）逐漸融合於一個共同的中心──單獨的一點。

專注與正念在禪修中攜手並進：正念引導專注的力量……專注讓正念有穿透心靈最深層的力量……過度的覺察若無專注來平衡，會導致類似濫用迷幻藥的極度敏感狀態；過度的專注若無一定程度的覺察來平衡，則造成「石佛」(Stone Buddha)症候群。

——德寶法師(Venerable Henepola Gunaratana)

　　佛教的專注，通常被描寫爲「專一的」。就如槌子把釘子釘在頭頂一針見血，這種專一的注意力並非定於槌子上或釘子上，而是在那專注而全力的一擊，「咚！」一槌敲入。相反的，邊釘釘子邊想著晚餐，結果得到的可能是腫脹的大拇指。「專注」的梵文 *samadhi* 蘊含的意義不只是集中注意力，還包括正念，那是一種穩定與寧靜，也可說是「平靜」。

　　佛道正等著你；你就是道。

　　只要在道上跨出一步，在身邊或內心的任何一處都可上路。好好享受這趟旅程吧！

你不能不知道

- 佛教的實踐（八正道）與理論（四聖諦）相輔相成。

- 佛道的八個步驟很容易記，且可以分爲三組：「慧」——正見（或理解）、正思維（或意欲、動機）；「戒」——正語、正業、正命；「定」——正勤、正念、正定。

- 定學只是佛教實踐的一部分，除此之外還有慧學與戒學，三者彼此相輔相成。

- 你無需按照任何順序實踐這八個步驟，也不必八項同步實踐。一項項逐步實踐，但要持之以恆。

- 每個步驟本身就是一項目標。的確，無論你做什麼事，去做就是了——百分之百清楚自己正在做什麼，僅此而已。要樂在其中哦！

3 有意識的行為
——為了慈悲之道的戒律

- 尊重生命
- 值得信賴與慷慨
- 性的尊重
- 愛語與深入傾聽
- 飲食知節制
- 你個人的戒律

爲了隨時全心注意過著佛陀慈愛的中道生活，你是否願意擁有在這世上不斷實踐的指南呢？早期的佛教徒基於各自的經驗，爲日常主動的陶冶制定了一套指南——戒律。戒律顯示出我們與環境緊密交織的關係，作爲一個道德的架構，它引導我們走向覺悟——走向覺悟的生活方式。

正如剛才所見，禪定與智慧能改變我們的處世之道。有意識的行爲，可以接著更進一步啓發我們所獲得的禪定與智慧，並提供這兩者堅實的經驗基礎。從佛世時起，戒律一直保存著僧伽的延續性與活力。的確，在很多佛教僧團中，要成爲其中的一份子，正式的儀式都是以傳戒開始的。你除了皈依三寶，也皈依戒律，且不用一下子照單

全收，只要持守覺得自在的幾條戒即可。無論如何，只要深入守持一條戒，最後終會引導你到其他一切戒律的。

事實上，對出家人來說，戒律有二百五十四條。有些部派爲所有的人制定五十八條戒，有些是十六條。所以，這塊道德的大餅有不同的切法，你可以將它們濃縮摘要成一條金科玉律。這些戒律都是從同一塊金子鑄造而成，它們背後的原則與任何一個宗教的戒律相呼應，但你可能注意到不同的強調重點，可將這些重點應用在自己的根源宗教上。學戒、持戒並思維戒，然後親身實踐。戒律是立志向道的基礎。

不殺：尊重生命

這條戒不只是用於其他人類，也適用於一切生命。這種對生命的尊重——展現在無數的生命體上，並非佛教所特有。例如美洲原住民信仰，它那以土狼、水獺、蜘蛛、鮭魚、老鷹、熊及兩足動物爲主角的傳奇故事的寶藏，就是一個例證。藉由拓展視野，含括所有生物，「不殺」的否定語意巧妙地轉變爲肯定的意義，也就是駐守在非洲的傳教士醫生艾柏特・史懷哲(Albert Schweitzer)所說的「尊重生命」。

語詞解釋

> 佛教、印度教與耆那教的核心是「不害」(*ahimsa*，意思是不傷害、尊重生命) 的觀念。耆那教徒竭盡一切所能奉行「不害」的觀念：僧侶將飲水過濾，以免喝下微生物；臉上帶著白紗面罩，以免吸入昆蟲；不在夜間步行，以免踩到蠕蟲。

每項「不應做」都有相對應的「應該做」

看到「不殺」被重新措辭爲「尊重生命」，我們可以停下來想想看所有戒律的潛在範圍有多廣。戒律對於人類的處境，提供否定與肯定的回應：「應該做的」和「不應該做的」。戒律之所以用限制行爲

看！一頭獅子與一隻羔羊、一頭豹和一頭牛，如此和平地生活在一起。這是描繪《以賽亞書》（十一章第六至九節），預言和平國度的許多幅繪畫中的第一幅，繪製者是一位有天份的貴格教派牧師兼先知愛德華·希克斯（Edward Hicks, 1780-1849年）。這是他許多相同主題畫作中的第一幅，這幅畫中的生物最為活潑，天空最為明亮。

〈和平的國度〉，美國人愛德華·希克斯作，油畫，47.6 × 59.7公分，克里夫蘭美術館收藏，2001年。漢那基金會(the Hanna Fund)捐贈，1945.38。

的措辭方式，原因之一是承認人類易於養成惡習，且已積習甚深了。雖然戒律聽起來像是種種限制，但它們促進自由，並導致正向的結果。如果我克制有害的行為，每個人都會更加快樂，包括自己在內。

去除否定語嗎？凸顯肯定語嗎？含容中道的模糊中間地帶吧！佛道始於我們運用天生的能力來警覺。雖然每項「不應做」的行為都有其相對應的「應該做」的行為，但並無預先印好的地圖，每項都由你自己來決定。

素食主義

食物是如此的重要，以致這本聰明人的指南中特闢專章討論。目前我們只說一點：佛教徒通常是因為道德的理由（尊重生命）而成為素食主義者。如果你吃東西時保持正念，例如與甜菜或蘿蔔密談，它會告訴你在黑暗的大地中，長成如此結實甜美多汁的意義；它還會告訴你，如果你吃掉它的話，它是沒有爸爸或媽媽會想念它的。

但我們在吃肉時可能無法用一貫的原則保持正念，除非你有健康上的需求（在這樣的情況下，你可能要考慮吃魚或雞肉）。也許你能讓事情慢慢改變，方法是選擇最健康的肉——可以自由放牧吃草的牛隻，而

不是灌滿化學藥劑、圈養在圍欄裡，專門供應超級市場的牛隻；以及用人道方式宰殺，而不是被拴在屠宰區的生產線上，知道自己的命運，讓血液中充滿了因恐懼而分泌的腎上腺素。在這麼做的同時，你可以閱讀約翰‧羅賓斯(John Robins)⑮或者艾瑞克‧西洛瑟(Eric Schlosser)⑯的書，了解今天動物是如何被飼養、宰殺、加工處理，讓你重新思考這整件事。

墮胎

在第一條戒律的廣泛討論中，「墮胎」的議題遲早會出現。佛法可以慈悲地從任何角度來看待這個痛苦。日本佛教逐漸發展出一種相當有意思且獨特的做法：很多日本佛寺會爲被墮掉的胎兒或死胎（日文稱爲「水子」）舉行法會。羅伯‧艾特肯禪師提到：「它會獲得一個死後的法名，因此被當成是個人，不論它有多麼不完整，好讓我們可以跟它說再見。因爲這個法會，那個女人在生死通過她的生活時，接觸到生與死，並且發現這樣的基本變化是不生不滅的眞性大海上相對的波浪。」

「地藏」是日本佛教中兒童與旅人的守護神。這些位於日本秩父市的地藏石像，帶著傘、圍巾和玩具，表達對死去以及未出生孩子的慈悲，同時也為他們在另一個世界祈福。

攝影：威廉‧拉福樂(William R. LaFleur)，取自《流動的生命：日本的墮胎與佛教》(*Liquid Life: Abortion and Buddhism in Japan*, Princeton University Press，1992年)。

不偷盜：值得信賴與慷慨

這條戒也非常簡單且直接了當，我們也可在許多以前從未思考過的事情上覺察到這條戒，並重新加以思考。

你不必是小偷，也可以在生活中思考這條戒。想像你正在機場為好友送行，所有的航班都誤點，你坐著等待的那一帶擠滿了人，稍後人走光了，然後又擠滿了人。你注意到有人放在你身旁座位的一口鋁製的行李箱還在那兒，但箱子的主人一直沒回來。好了，你的朋友很好奇，而箱子的銅扣似乎也沒上鎖。

想像你打開箱子，看到整箱都是一疊疊堆得很整齊的百元美鈔時的驚訝。你趕緊關上箱子，四下張望是否有其他人看到。當然，這是個完美的懸疑驚悚劇情節，但如果真的碰到這種事，你會怎麼做？當場在機場把整個箱子送出去？把它送到失物招領處，讓那裡的人去面對誘惑？

或者，你發現那不是假鈔，你會不會跟你的朋友平分？你還會想到這件事的業報嗎？可能這是黑市交易要付的款項，可能是勒索、贖金或賄賂。要是你和朋友決定把錢分成三份，其中一份捐給慈善機構呢？哪個慈善機構呢？你們兩人之中誰有慈善的動機？你是否經過詳細審查，找到一個會把你的捐款用在正途的慈善機構，而不是拿它來在官僚體系打通關，或讓某人中飽私囊呢？就這樣，懷疑的範圍更形擴大，而那筆錢依舊擺在那兒，就像具有放射性的鐳一樣。（找個律師來，會不會是個解決之道呢？）

這是虛構、瞎掰的，但我們每天不是會碰到類似的情況嗎？不假

思索地涉入一個財產與貧窮、賒帳與現金的無形網絡中。為了凸顯要點，下面再舉一個例子。當我在寫作時，桌上有顆蘋果，因為我有這顆蘋果，所以你沒有。非常簡單。

但可能你現在碰巧有顆蘋果。然後怎樣？一定有其他人沒有你、我手中的蘋果——事實上是全世界。所以，就像我講的，如果你有蘋果，我就沒有。突然間，全世界的饑民都直盯著我們看。我們有蘋果，他們沒有。問題很簡單：窮人有所匱乏，富人擁有的超過所需。有意思的是，錢和財產是如何讓萬物的休戚相關更生動地呈現在我們的想像中。如果察覺到這一點，要面臨的挑戰，就是過簡單一點的生活，減少不必要的消費，珍惜已經擁有的，且樂善好施。

我知道，這一切可能暗示每個人都應該馬上把財產捐給窮人。這可能是真的，但如果我們捐出一切所有，那麼窮人就會擁有其他所有人不再擁有的東西，而貧窮的循環仍無法打破，這會違反和諧與平衡的中道。所以，我們學習不取超過自己所需之物，不取不義之財，在不使自己匱乏的情況下，與缺乏的人分享我們所擁有的。

這個標誌表示「回收站」或「回收品」，這三個箭頭代表回收、再利用以及減少垃圾。

這些是歷久彌新的真理，但這個世界現在似乎得了失憶症。在此，佛教的強調重點在於：

- 慈悲的察覺到財產可能引起痛苦或快樂。
- 思考事物的運用方式所造成的業。
- 一切行為的相互關連性。

佛教一本通

重要的是權衡利弊得失，並發現自己的中道。舉例來說，如果我們停下來想想買的所有東西，它們潛在的政治正確性或不正確性，那麼似乎除了待在家裡數手指頭之外，很難做什麼事。但正如我們看過的，思想就是行為，一個意識可帶起另一個意識，那是造成業報的天平傾動的下一步。例如，當我使用電腦時，很清楚電腦裡神奇的晶片，通常是在極為嚴酷的環境下被製造出來的，通常出自移民婦女之手，而且會造成有毒的廢棄副產品。我能怎麼辦呢？我不能原諒這種苦難或坐視潛在的環境惡化，但我警覺到這苦難依然是我處境的一部分，而現在你也知道了（我們談到最後一條戒律時，會對這些問題再多做說明）。

節制性欲：尊重、親密、信任與責任

　　所有的宗教組織，都容易因為人性弱點而受到傷害，因此才有戒律的存在。我們談到的一個人性弱點，通常在所有宗教組織中會造成醜聞、遮掩以及進一步的醜聞，那就是不負責任的性行為。如果考慮到神職人員的權力、皈依時的信賴、禪修時的親近以及宗教團體的和樂友善，關切濫用的性行為有什麼令人訝異的呢？也就是說，不當的性行為發生在這樣的情況下，一樣讓人難以苟同，而且那對整個團體所造成的傷口，要花上好幾代的時間才能癒合。

　　抱歉！我說不敬神的話，但在現代人的用語中，「不可以」(Thou Shalt Not)在此表示不要濫交——不要陷入造就我們，且仍在我們體內悸動的一時激情。那是一股基本的動力，好比陰陽的交纏。每天我們用各種「性」的方式（雖然我們通常不會稱之為「性」），和生理現實與能量磁場互動。那麼，這條戒律承認雌雄基本的陰陽之舞，並要我們將覺察力放在這點上，以使那股能量善巧地流動。

　　我們的社會整天只關心性事，這點你翻翻超市結帳櫃台架上的小報就可看出。同樣看看今天的廣告，在消費者文化中，「性」很暢銷——從面霜到汽車。因為從未聽過廣告商雇用長得像我住在紐澤西的艾達姑媽的模特兒，所以有些美國婦女讓自己挨餓，愚蠢地想仿效瘦

得像幽靈般的模特兒。而且有時身為先生或妻子的，看到躺在床上的另一半不像自己的夢中偶像，也會轉過身去，舔舐著受苦的自我傷口。也許隔天他們會外出，去做無關緊要的投資，以填補那個空缺。事實的真相是，膚淺的社會慣例，無法完全處理生命的複雜性，所以苦難無可避免地會持續下去。

……我們的社會觀念一向設法提供各種避難所，因為既然它有意將戀愛生活當作一種欲樂，它也就得給戀愛一種容易的形式，正如大眾欲樂般的廉價、安全、確定……要讓一個人愛上另外一個人，這可能是我們所有任務中最困難的一樁，是最後的考驗與證明，所有其他的工作只不過為此做準備。

——里爾克(Rainer Maria Rilke)[18]

愛不是玩具，尊重是關鍵，同等尊重自己與他人，沒有二元對立。有了那樣的基礎，真正的親密才會出現，這是佛教中的最重要經驗。如果我們尊重生命——所有生命形式——我們進入萬物的心，享受與生命更親近的關係。當兩個人對彼此有長久的承諾，肉體的親密可能成為人類生命中最深刻的經驗。

不說謊：深入傾聽與愛語

摩西十誡沒有直接談到說謊本身，提到的是做偽證，但那是包含在其中的。《猶太法典》（註釋聖經的希伯來典籍）說：「人不應嘴裡講一套，心裡想的是另外一套。」這條戒很普遍，所以聽起來幾乎和其他宗教並無差別，譬如道教說：「不要口是心非。」

說謊是對每件事不自覺的不誠實——對真相毫不在乎。佛陀對這點很清楚。（準備好了嗎？）他說：「人天生嘴裡帶把斧頭，口出無益之言的人，用斧頭砍傷自己。」講到出口傷人、貶損他人就是貶損自己；相反的情形也是真的，當我們誠心誠意地說「愛」，我們的確把

愛帶入世間。

　　佛教的確察覺到，語言文字無法描述我們存在的真相，但從非二
元對立的進路，我們可以發現言語與沉默之間的中道。我已經同時以
傾聽與說話兩個角度來表達這第三條戒。所以，如果有人說傻話，你
可以說他們忘記如何傾聽——不論是對自己或他人。你是個善於傾聽
的人嗎？透過中文的「聽」這個字，仔細思考真正隱含在積極投入
「聽」這個行動中的深度，這個字由四個部分組成——眼與耳，加上專
一的注意力與心。你聽！

做見證

　　寫作這門技術沒有秘訣：它既是閱讀，也是寫作。我是從閱讀其
他人的著作開始的，以便感覺到自己的聲音。現在重看自己過去的作
品，並改寫聽起來不對勁的部分，然後拿給其他讀者閱讀，看看他們
的反應，再交給編輯等人。所以，語言文字永遠暗示兩種活動——寫
作與閱讀，傾聽與說話；再加上一群聽眾〔「聽眾」(audience)源於「聽」
(audio)這個字〕。

　　另一個訣竅是，知道在寫作過程中意圖會改變，所以保持開放的
態度傾聽這種轉變的發生。這或許可以用另一個詞來表達：「做見證」
(bearing witness)——寫作的目的，不是告訴某人你已知道的事，而是
藉此看到你的看法。

　　「做見證」是一種
深入傾聽的形式，放下
成見或期望。你自己也
使用語言文字，你可能
察覺到自己內心中有個
法官，對吧？你知道，
就是那個說「這個傢伙
是誰呀？他在跟『我』
要求什麼？老天！讓我

語詞
解釋

　　當你「做見證」時，那表示你對自
己即將看到或即將發生的事，並無預設的
觀念……「做見證」意味著建立一種關係
……由於「做見證」的關係，健康就會回
復。至於以什麼形式，透過什麼樣的活動
或事件，經由什麼人，我就不知道了。

　　——柏尼・葛拉斯門(Bernie Glassman)

們繼續看表演」的人。這個聲音對每件事下判斷，列出好惡的清單，而且牢牢記住。在此同時，生命無條件地在等著我們。

要降低你心中吉米法官或茱蒂法官的聲量，你只需覺察那個內心的配樂，頭頂中的喋喋不休。你不斷地過濾自己的經驗（我們大家都是這樣），就像影評在戲院中自言自語地下評斷（「很棒！我喜歡。」「為什麼會發生這種事？那根本不對。」還有「噢—噢！無聊的戲碼上演了。」）。批評的不是過去就是未來，不是回顧就是預演，永遠都不是當下的經驗。

有個活在當下且不帶任何批判的方法是單純的旁觀。現在我停下來看著窗外，親眼目睹晨霧如何使建築物看來更生動，親眼目睹躲在窗外樹上的鳥兒，牠的歌聲與早晨的氣氛，都和我的心境相似。我為生命做見證，你也來試試看，任何時間都可以。停下來聽聽看你正在過的生活，把它當作生命的全部，就是現在。內心的旁白，讓我們無法全方位地去覺察，只有把注意力從自己的故事中的每件事，轉移到更廣大的、看似無限的存在真相——萬物的本來面目，這個旁白的聲音才會漸漸淡去。

有時當我無意中聽到兩個人在說話時，我會有個印象，以為他們在打語言網球。球賽規則是：甲說三分鐘，然後乙開始說三分鐘，然後又輪到甲說話。彼此對談時，他們用嘴巴在聽，而不用心。我曾經參加過一個短期課程，課程中瓊安・哈利福克斯禪師(Joan Halifax Roshi)介紹一種健康有效的見證練習。我們兩兩一組，面對面坐著，我要做的是儘可能讓自己透明，拋開所有的面具，對同伴展現出我最深刻、真實的本性。當我如此做時，同伴也對我做同樣的事。在靜默中，我們凝視彼此不帶矯飾的臉，全神貫注在感受到的佛性上。然後，我們以同樣的覺知，輪流告訴對方自己的感受，接著輪流與整個團體分享，並傾聽其他每個人的感受，那時有股慈悲與相互扶持的共同感覺。

據說體現慈悲的觀音菩薩能「看見」人類苦難的聲音，「觀音」的中文有兩個字：「觀」（觀看）與「音」（聲音）。據說她是透過聽力覺悟的。

佛教一本通

如果你信上帝，找個時間試著想像自己是天堂派來的間諜，作為上帝的耳目。有些基督教派認為，我們所認識到的生命是創造主凝視著我們時，所看到的一切。假如宇宙的開始是「上帝的話」(the Word)，別為這個措辭而爭辯，我們也許能開始聽到「上帝所說的話」(It)──不論那碰巧是什麼，就在當下，如鐘聲般清澈（那個字就是──愛）。

愛語

言語引發傾聽，這兩個行為都會造業。我想到一個例子：越戰時期美國直升機聯隊的指揮官克勞德‧湯瑪斯(Claude Anshin Thomas)，和他所造的業。現在是日本禪師的他，在1998年開始一趟以步行橫越美國的和平朝聖之旅。在某些城市，他和同伴正要被攆出城時才開始有對話，然後他們反而應邀用餐。在旅途中，有個媒體攝影師走近他身邊問道：「如果你不介意，我想請你站在那棵樹旁，我才好替你拍照。」克勞德不發一語地走開。我希望那名攝影師最後在自己內心深處，聽到克勞德為什麼這麼做〔謎題的答案是「拍照」(shoot) ⑲〕。

停下來注意我們的遣詞用字隱含著何種價值觀，又如何影響自己的觀點，這是很有意思的一件事。當對自己背負的一切包袱有所警覺時，對這些假定一笑置之，並了解它們在這趟旅程中一直跟著我們，這麼做也很有用。這就是實踐正見。

在我自己的行業中，我會停下來，試圖把「最後期限」〔deadline，亦作死亡線，美國內戰時期，在安德森維爾(Andersonville)有一條界線，如果戰犯企圖逃越就會遭到射殺〕⑳一詞換成「到期日」(due date)；我也不希望我的作品讓觀眾如癡如醉㉑（我寧可讀者只是偶爾心感雀躍就好）。

另外，我這一行很容易受到一種言語的誘惑：閒言閒語──誰升官，誰下台，誰把誰革職等，也許你也沉迷其中。閒言閒語是一支常見的紅旗，表示缺乏愛語。我的字典把「閒言閒語」定義為「無關緊要的『謠言』」，即使是正面的閒言閒語也可能是二手資訊，且通常和不在場的某人有關。愛語則在當下此刻，不在其他任何地方，這使得和善的言詞像所有的戒律般，變成一種禪修（不費力的精進；專心一意；

3

有意識的行為

139

正念），這樣的機會每天都有。但最近一項調查發現，（天哪！）有工作的夫妻每天花四分鐘專心交談，一般親子間有意義的對話每週只有二十分鐘。

語言是人類科技最古老的形式，並顯露我們與整個宇宙的關連。言語可以是一種很棒的禪修──傾聽，並·用·愛·說出·每個·字。

正念分明的飲食：適當飲食，以便轉化

從嚴格的上座部佛教的意義來說，這條戒是指不飲酒，如此而已。酒不僅可能矇蔽心智，讓自制力鬆懈而影響修行，它也可能讓修行人接著違反其他所有戒律──不殺、不邪淫等。

這條戒的中道在哪裡呢？在一方面，克制就是放棄欲樂，但在另一方面這也禁絕受傷的可能性，因此對可能造成的業果有所警覺。如果我在晚宴中只喝一小杯酒，我可能起帶頭作用，而其他有些人可能無法淺嘗即止，或可能醉倒。這和佛陀放棄苦行後，首度食用的一小口食物正好相反，此處這一小杯酒無法提供養分，反而帶來毀滅。

狀態改變？或人格特質改變？

在1960年代中期的舊金山，在海特·艾許伯里區(Haight-Ashbury)[22]總是有吃迷幻藥精神亢奮的人，以為自己已經證得「開悟」──禪的悟境，因此辛苦地走到附近剛成立的禪寺，敲門要求參見住持，試圖與住持進行禪宗著名的機鋒答辯（例如，「萬法歸一。那麼一歸於何處？」）。後來的調查發現，白人嬰兒潮佛教徒中，有半數以上是在經過化學藥品實驗之後才來學佛的。此時，這些經歷過嬉皮時代的人準備要自律，不依賴迷幻藥〔「迷幻藥」(psychedelic)意指「心的展現」(mind manifesting)〕，以進入自己的內心世界。即使在今天，有些人還是會攜帶娛樂性藥物[23]，去參加佛教的禪修活動。

藥物對佛教的修行是有益或有害？這問題在西方佛教僧團仍在辯論中。有人說，「不飲酒」戒的「酒」(intoxicant)專指有毒的物質。

有關這點，區分「狀態改變」與「人格特質改變」會很有幫助。也就是說，就算一種藥物可能從外在引發覺悟的狀態，這樣的狀態會逐漸消失（而這種退墮的情形，長期下來可能會有不良的影響）。就像有人參加週末的禪修活動，回來時換個新髮型、新名字，宣稱自己完全改頭換面。只有時間能證明一切，自我轉變需要每天的自律，那是個過程，不是像一顆藥丸般的東西；那是整體的一部分，不是外在的；那也是自發性的，不是率性而為的。

八正道配合戒酒的十二步計畫

酗酒是上癮的一種，不像我們曾認為的是一種疾病。有關酗酒造成的損害，概略說來，上個世紀末光是一年內，美國就花費約一千五百億美元在酗酒所造成的疾病、夭折、車禍與犯罪上。

不論酗酒呈現了什麼人生被毀的故事，那都只是深層原因的展現，它只是一個症狀而已。雖然不能替代正規醫療，但佛教當然是有助益的。戒律、正念或淨土修行方法都能提供健康的替代品，以取代苦難。有些人受不了上帝、一般的權威（「匿名戒酒協會」㉔戒酒計畫的第十一個步驟），或特別是動不動就道德勸說的父權心態。對這些人來說，佛教提供的方法讓人欣然接受，如釋重負，因為它用慈悲原諒自己，而非玩羞愧與罪惡感的遊戲。

上癮造成孤立的自我，認同自我的貪欲，也就是佛教所談的否定或迷惑──否定我們彼此間的融合；否定我們與天地的融合；否定我們與當下圓滿的融合。和貪欲一樣，愚癡是三毒之一（亦稱三火），如此具體生動地展現上癮的貪欲。【訣竅】：正如復原運動是導離「自助」這個詞，佛教也不應被視為是自助，或暫時快速的解決之道。把佛教當作一種治療系統，有窄化其無限本質的風險，那麼即使是佛教，也可能變成一種上癮。

那麼「你」對什麼上癮？（持戒即禪修）

戒律需要個人的慎思。例如，如果你抽菸，怎麼辦？在佛世時，

人們知道駱駝，可從沒抽過「駱駝」㉕。戒律中並未提到菸草，但我們知道菸草有毒，所以抽菸也適用於第五條「不飲酒」戒。

更廣泛而言，我們可能承認自己生活在一個上癮的社會中。任何時候你可以把一屋子的人分為兩部分：戒癮中的人，以及否認自己上癮的人〔「否認」(denial)不只是埃及的一條河〕㉖。大吃大喝、賭博、大肆採購、噪音——你對什麼上癮？你患有什麼強迫症？每個人都有自己的戒癮團體（因此才有諸如「工作狂」這種詞）。不論是上癮或強迫性行為，其根源都是貪著（一定、一定、一定要擁有它），雖然結果是痛苦，仍然持續不斷地貪著。此處你的禪修是思考自己的強迫性行為、癮頭，以及可能的負面後果。

體認苦難是轉變的開始，且是一輩子的過程。你對何種行動和念頭上癮呢？根據定義，上癮是讓自我永存。從佛教的觀點，它讓一個不實的自我永存。當我們了解這一點時，終究會看到佛陀的四聖諦其實是一體的。了解苦難的本質、根源、生起，就看到離苦之道。

媒體飲食：我們也攝食文字與影像

把媒體視為飲食的一種：電視節目、雜誌、書籍、電影、CD、網站。佛教徒說，當我們攝食媒體，它們也會變成我們構造的一部分。媒體的憤世嫉俗與暴力影響我們的意識，毒素造成傷害。

我懺悔：我是媒體正式認可的成員之一（現正在戒癮中）。當然今日媒體報導有用的資訊，如日期、天氣和潮汐（還有今天的犯案、醜聞，以及其他聳動的新聞），每天新聞報導發生的三百萬個事件中，很少有好消息。但金科玉律是：「有金子的人是統治者。」因此，為了刺激銷售量以及取悅股東，有一則常見的格言是（除了「性很暢銷」以外）：「只要血腥，就能領先。」（領先，也就是上頭條新聞）。就這樣，我們無法擺脫這個特大號的媒體科學怪人。碰！轟！（啪！）

辨認出這是如何被制約的，是很有意思的一件事。十四世達賴喇嘛有次在美國時，曾待在一個有電視的房間。他看了電視螢幕一眼，看到一幅美麗的畫面，像是孩子們在開滿花的田野中跳舞。他移開視

線，但不久回頭再看電視時，卻看到恐怖的一幕，像是一個男人拿著手提電動鏈鋸威脅女人之類的。他發現先是正面的影像，然後是負面的影像，如此周而復始直到晚上。他的結論是：看電視一定把美國人弄得精疲力竭。

當然，我們沒有注意到，一直以來自己是如何地被操縱的——那是協議的一部分。對於這樣的緊張，我們不是產生抗體，就是已經麻木。但是，仔細想想：一般美國人到了十八歲就已經看過一萬六千件虛擬的謀殺案，外加二十萬件暴力行為。（是否得一再提醒你自己或你的小孩：「那只是電影而已。」？）

我並不是提議禁止或掃蕩的運動。開關在我們自己手裡，開或關。要不然你以為我們為何要把電視稱之為「插電的禁藥」？（「不要轉台，我們馬上回來！」「你在跟『我』講話嗎？」）捫心自問：它真的讓我快樂嗎？什麼東西能讓你真正快樂？

持戒

正如星雲大師指出的，對於持戒，我們可能朝三個方面思考——形式、實踐及精神。「形式」指的是理解觀念，一旦了解字面上的意義，你就必須躬身奉行。然後你會看到戒律內在的精神，且把戒律內化為自己的一部分，接著看到戒律是如何的與智慧、禪定形成一個整體。

一步步來，只要皈依讓你覺得自在的戒律。這和佛教要人根據自己的生活經驗，權衡萬事的教理一致。用你的直覺，傾聽內在的聲音。且如前所述，深入接觸一條戒，就等於接觸到其他的戒律。說謊（否認）可能導致上癮，例如陷入性慾不可自拔，耽溺性慾又可能導致暴力，暴力導致貪慾，貪慾導致對生命的不尊重，而這一切導致不幸。對生命的尊重，則能對他人慷慨體貼，繼而造就了快樂的關係與和平。

要守持「所有」戒律似乎需要出家，其實你可邊持戒邊過著規律付房租的日常生活。注意到這個看似不可能的事，是很重要的，這是

另一則佛教教理的一面：它要我們仔細思考表面上看來不可能的事——火中白雪；隻手之聲；萬法歸一，一歸何處（如果這聽起來「不合邏輯」，這只是對我們二元對立的心態而言罷了）。這就是禪的進路。

禪宗認為戒律有三個層次。第一個層次是「直接了當的」：不要做有害之事，例如殺戮。第二個層次要我們體認自己「時時刻刻」都在殺戮（踩死微生物，熄滅火焰，食用蔬菜等），察覺這一點讓我們避免過於「自以為是」。第三個層次要我們體認殺戮是「不可能的」，物質不生不滅，在此處毀滅某個東西，它會在其他地方以另一種形體出現。這個帶有三個層次的進路適用於所有戒律。

戒律：一種正念禪

在我個人經驗中，戒律增強我的正念，而正念啟發我對戒律的了解，這是個美妙的共存。當你一次只做一件事，並對它保持正念時，便會發現在你的平常心中有佛心。這需要紀律才能達到，同時這也會進一步啟發紀律，戒律培養助成這個目標的條件。那並非來自外界的一種強制，而是一種手段，讓你體認到除了自己沒有其他人擁有你的心，這是個機會，讓你學會如何好好地活出那份自在。

以作家兼內觀老師傑克‧康菲爾德所教的觀禪練習為基礎，我想（用自己的話）轉述他絕佳的邀請詞，請你一起來讓這個月變成「戒律正念月」（事實上，這個月包含五個星期）。用一週的時間專門注意第一條戒在你生活中的影響，誓願在語言、行為、思想方面都「不傷害」任何生靈，包括你自己在內，注意在你的世界中可能會忽略的所有生靈——人行道上探出頭來的野草、昆蟲、鳥兒，培養出對它們關切與尊重的感覺，盆栽、石頭也都是佛。

第二週，觀察你日常生活中的「物質」，包括金錢。如何處理碰巧在你生活中的物品——你的東西和他人的東西？你是否廢物利用？你淋浴時是否浪費水？你是否節約能源？你受到不屬於自己的東西的引誘嗎？你也可以隨意地、自發性地對人仁慈，憑著自己善意的、與人為善的衝動來行動。在一週結束時，衡量你非物質的財富有多少。

你看過多少次日落與晨曦？你有幾次跟小朋友玩？你是否常微笑？

第三週，注意「性」在你意識中出現的頻率。每次出現時，問自己：這個念頭和什麼有關？權力？寂寞？憐憫？緊張？自尊？壓力？樂趣？你可能會很驚訝。你可以再延長一週，觀察自己的性欲，感受各個感官，並看看什麼東西吸引你。接下來再一週可以完全以人際關係為主：你是否將其他人看成物品？你在什麼地方堅持或讓步？在什麼地方與人平起平坐？

現身說法

> 一開始，戒律是一種實踐，然後變成一種需要，最後則是一種喜悅。當心覺悟時，自然會照亮我們在這世間的路。這就稱為「耀眼的德行」(Shining Virtue)。人若說實話，時常以慈悲對待眾生，就算在極困頓中也是如此，這樣的人身上散發的光芒，四周的人都看得到。那比香水還芬芳，其香氣直達諸神。
>
> ——傑克·康菲爾德

接下來，花一週時間「深入傾聽」與「愛語」。仔細傾聽，看看你能否從頭聽到尾，不帶成見與批判，心胸開闊地傾聽。你是否努力表現出一個好的傾聽者的樣子？在話出口前是否先想想？說話時要自我傾聽。你是否了解自己所說的每個字，每個字能否精準地表達出你的意思？試著透過心靈之眼想像每個名詞、動詞、形容詞。注意自己做出言不及義、憤世嫉俗及負面的批評有多頻繁，談論非親眼見聞之事又有多頻繁？

最後，花一週時間觀察自己「攝取」些什麼。你是否只攝取有助健康的東西？當你有股衝動想要吃一點毒藥時，看看造成你衝動的動機是什麼。克制自己，不抽菸、不飲酒、不使用任何禁藥，還要看看你攝取多少咖啡因和糖。注意會讓你上癮的事物，並觀察它們滿足了什麼信念。記住：習慣會讓你無法自拔。

讓戒律符合你個人的需求

如果你已跟著一個僧團修行，那麼你就有這個僧團的一套戒律可以遵循。有些人根據個人情形調整戒律，這並不表示你自創戒律。別像你的辯護律師一樣，而應該聽到內心深處的戒律，把它們當作值得你用正念行為所引發出的天性。例如，一行禪師的龐大僧團「正念生活團」(the Community of Mindful Living)，把戒律稱為「正念的訓練」，因為「戒律」一詞可能聽起來讓人卻步，且有道德教訓的意味。

接受戒律的程度看個人而定：要持守多少戒，要多慢或多快。而且要把持戒視為種種機會，讓我們可以接觸自己已有的正向內在衝動，而不是順從地把它們看成沉重的職責。戒律是有意識行為的指南、正念的訓練以及快樂的藍圖。它們反映出我們天生就有能力遵守自己與生命的約定。

你不能不知道

- 戒律與禪定、智慧相輔相成，是佛道至為重要的一面。戒律是佛道上有意識行為的道德指南。戒律不是限制，而是一個架構，讓人能生活在和諧與平靜、穩定與喜悅之中。
- 「不傷害」意味著對所有生命體的尊重；「不偷盜」意味著慷慨與寬宏大量；「不說謊」意味著深入傾聽與愛語。
- 「節制性欲」意味著親密關係中的尊重、親密、信賴與責任。
- 「不飲酒」意味著心智清楚，以及免於上癮的自由，還有身、心所需的飲食都要知所節制。
- 戒律與你自己的經驗有關，注意聽聽這些戒律與自己生活的共鳴。
- 選擇你覺得自在的戒律。只持一條戒到圓滿的地步，最後就會導向其他所有的戒律。

4 關鍵概念
──接受業，創造佛法

現在要談的是我們這趟佛法之旅的最後一站：一些關鍵性的概念。這些概念既是你剛剛學到的基本佛法的基礎，也是從基本佛法發展出來的。既然你已知道如何操縱方向盤以避開老人愁苦之道，你或許可將此章稱爲引擎蓋的內部圖解與地勢圖的組合（第三部就像在最流行的酒吧做實地駕駛訓練，至於本書的最後一部分──整個後半部──則瀏覽佛道上日常生活關切的焦點）。

你將會發現佛陀絕非不理性或語焉不詳。他並未宣揚某種模糊籠統、神祕莫測的信仰；相反的，佛法完全是細微而實際的，不僅是完美得令人驚嘆的覺悟生活的綱領，也是精確得無懈可擊的一套思想體系。佛法也是多面向的，可以無窮盡地詮釋與應用。因此，請準備以

新的眼光來看這個世界——新的世界。要記得：這不是從架上瓶瓶罐罐裡拿出來的觀念，而是可以在自己生活的世界中測試的實相。所以，不要以為自己得在一天之內將這一切全都消化完畢，你有一輩子的時間可以用（誰知道呢？一輩子可能比永恆更長久）。

一件事導致另一件事：業

佛教關鍵性的概念都相當簡單，卻微妙地交織在一起，組成一個美麗錯綜複雜且有效的系統或整體（佛法）。讓我們回到「業」，以此作為一個好的出發點。這一點會連結到另外兩個佛法的關鍵——相互依存與無常；接著無常會把我們帶到「三法印」；然後是本來無一物的某物與如是；我們最後以禪修做結束。

正如我們提過的，「業」非常簡單明瞭：無論你想什麼、說什麼、做什麼、有什麼感覺，全都會有效應，如此而已。我們要為發生在自己身上的一切負責。當然，不可避免地，有些事並非我們所能掌控。但是生命不是事先注定的，恰恰相反，我們自己手中就握有改變的權力。

在討論八正道的正思維時，我們談過思想如何影響「業」——即使我並未將思想付諸行動，惡意與有罪的良心必然會影響行動，也影響其他人；善意和清白的良心也是如此。如果你觀察一個慷慨、仁慈又有智慧的人，我想你會看到他吸引善友到他身邊；如果觀察的是一個動輒發怒、愛爭吵喧鬧又粗暴的人，你會看到憤怒的情緒、思想、言詞以及行為如何造就一個人人避之唯恐不及的人。「業」就好比說是共同創造了我們的世界。

一旦你開始思考這點，你會發現這是極端科學且包羅一切的。換句話說，我們所有的言語、行為、思想、感覺會造成漣漪，這些漣漪向外擴散，進而形成一圈又一圈的漣漪。「業」是我們每一刻所做、所想、所感及所說的一切中固有的，以至於必須把「業」的網絡，想成比任何超級電腦可想像地更為精確複雜。單是與陌生人擦肩而過，

也是「業」的緣故。

我們可透過四種「業」感覺到其複雜性：

一、共業與別業
二、主要的業與次要的業
三、定業與不定業
四、同時的業

「別業」是業報最典型的概念。想像一下：例如我志願從軍，然後在戰爭中殺害無辜的人或使他們殘廢，不管理由多麼正當或不正當，這是我的「別業」。「共業」是集體的，如家庭或國民所共有的，例如我反對不義之戰，卻享受戰爭帶給我國家的經濟利益，這是我的「共業」。

接著是「主要的業與次要的業」。以園藝爲例，「主要的業」如種子，「次要的業」包含種種條件，如陽光、土壤、溼度、肥料以及對著植物歌唱。條件相當重要，如果我對即將發芽的種子選擇不澆水，就能藉由影響條件來改變植物的生長過程。

「業」是「不定的」。如果我陶冶品德且行善，這可能有助於減少我因爲過去的惡行（如情緒激動的不經意行爲，或不經大腦的一時衝動）所欠下的業債。「定業」是涉及身體、語言與心理的行爲所造成的，例如預謀殺人。諸如生爲哪一種眾生，或生在什麼家庭也是定業。

「業」也可能是「同時的」。雖然乍聽之下可能覺得不可思議，不過結果可能是原因，原因也可能是結果。當我以一粒種子栽種蘋果時，我通常會以爲蘋果是結果，種子是原因。但我的蘋果（結果）會產生種子（原因）。同樣的，悉達多是一個人（原因），他變成了佛陀（結果），而佛陀後來影響了其他人（原因）。

「業」還有其他分類，不過你已有個概念了。「業」的網絡既深且廣，且這門學問（佛法）非常徹底。繼續向前走，讓我們接著看看這張網上的另一點，這點叫做「相互依存」。它有點像是……

有此故有彼：互即互入

請允許我以個人親身經驗來介紹下面這個概念，當我還是個小男孩時，這概念是以一個影像出現在我眼前。事情發生時，我是一年級生，老師在午餐鈴響之前，一下要我們舉右手，一下舉左手，讓我們做一些「忙碌不堪的事」，但我的心思不在那兒。

我看著窗外，對街有群工人正在敲敲打打釘一個木架，日後這木架就會變成一棟兩層樓的房子。那天的天氣是舊金山素來聞名的天氣──溫暖而乾燥，整個街景籠罩在黃褐色的光線中〔艾倫‧史密斯(H. Allen Smith)曾打趣說，加州是個居住的好地方，如果你正好是一顆橘子的話。那天就是這種天氣〕。聽著鐵鎚敲打的節奏，看著陽光灑在林蔭的街道上，我的心突然即興重複著一段樂章。

一切就在一瞬間發生在我身上。要描述一遍的話，整件事是這樣的：有一棟房子逐漸成形，那是木屋；木頭來自樹木，就像街道兩旁的樹；樹由陽光滋養，就像這一天的陽光；陽光也幫忙製造工人來到工地前所吃的穀物類早餐。我可以看到工頭拿著設計圖，那張圖畫在紙上，而紙是用木頭製作的；設計圖是某個人畫的，這個人也吃了穀物類的早餐。「一切」都被陽光滋養──這個人、他的構想、那張設計圖、那些木頭、那棟建築物（咚！咚！）。喔！看出這一切的圖案了嗎？（咚！咚！咚！）葉綠素、太陽能、人類的精力、設計圖；而且既然有設計圖──一張圖案，還有內部的圖案，以及圖案中的圖案──那麼一定有某張大圖涵蓋這一切的圖案，一張設計總圖。

啊哈！親眼目睹這一切是一種覺悟、啓蒙，就像看見上帝的廬山眞面目（或至少碰到祂的面罩）。我想每個人在某個時候都有過這種體認──看到個人的小我是生命之流的一部分，感覺到自己從那兒來，也將回到那兒去。

這經驗大體是感覺到自己屬於某個更廣大的東西，是波浪察覺到本身屬於名爲「海洋」的某個東西，即使這只是驚鴻一瞥。我們不常想到這些事，例如食物從農田到我們的餐盤中，其間所需花費的八十

四道步驟，或數據機與人造衛星的瞬間接駁傳輸，以便處理外幣交易。然而，許多人仍然每天做資源回收，我們也說亞馬遜雨林中一隻蝴蝶翅膀的震動，可以影響我們後院的天氣，因為那是生命之網的一部分。

這種看事情的方式，有點像我們在同時的業報那部分約略提過的連續互動。花朵會枯萎，以化為護花的春泥；飄蕩的雲會消散，只為變成燦爛的彩虹，以及滋潤樹木的雨水；樹木可能變成書中的一頁，裡面有對你很重要的訊息。就在此刻，生命在每個地方同時發生。

無論如何，我把這段影像埋藏起來，就好像藏在口袋最深處的金塊一般。當我年歲漸長接觸了佛教之後，我發現對我這段景象的確切描述，一行禪師稱之為「互

> **現身說法**
>
> 我曾是沙場上的將領……我曾是手中的劍……我曾是橫跨六十條河流的橋……我被施以魔咒，變成海上的泡沫……我曾是一顆星……我曾是一盞燈……我曾是一棵樹……我曾是書中的一個字……
> ──泰利森（Taliesin，西元六世紀，威爾斯）[27]

即互入」（interbeing，你聽過這個詞嗎？）。如果你深入觀察，便會在這一頁的紋理中看到那朵化為雨水的雲，也可看到那雨水滋潤的樹。在這一頁中有雲、陽光、雨水、樹木，它們相互依存。

不同的心態，不同的世界觀

佛陀曾經只以拈花示教（若是他在某個常春藤名校擔任客座講師時這麼做的話，想想看會怎樣）。但當我們停止匆促、孤立的觀看方式，帶著正念的覺知面對一朵花時，我們可以「看見」一個來自全宇宙、具備一切的信差：「水」的循環；引發種子的「火」與滋養葉子的「陽光」；吐出新鮮的「氧氣」；還有支持它生長的「土地」。一朵花就是一尊佛，教示佛法，且如此美麗！

《華嚴經》闡釋「因陀羅網」的概念。印度神因陀羅創造一張網（也許是要逗祂女兒開心的），這張網的大小無可限量（也許我們的宇宙只不過是其中一部分而已），而且在每個網眼上都有一顆寶石。只要仔細看其中一顆寶石，就可以在它的表面，看到這張無限大的網上所有寶石的映像，而在這顆寶石表面反射出的任何一顆寶石上，也都有其他所有寶石的映像，如此相續無窮盡。

佛教哲學的一個學派，詳盡地探討萬物彼此交融無礙的主題，這一派稱為「華嚴宗」，以佛教經典中篇幅最長的《華嚴經》為基礎。它的格言應該是「一即一切，一切即一」。表現出彼此的相同性（一致），以及彼此的互為因果（普遍的相互依存）。一滴水包含一切的海洋，頃刻包含一切時間。

同時，萬物是一體，同屬一體。特拉比斯(Trappist)隱修會修士湯瑪斯‧牟敦(Thomas Merton)㉘說：「在可見的一切事物中……隱藏著一個整體。」上帝並未對我們隱藏這個整體，是我們的視野無法超越自我，是我們認同作家亞倫‧華茲常常說的「壓縮在皮囊中的自我」，所以它才隱而未顯。我們和宇宙是不可分割的一體，我們相互依存。

不要為佛教術語傷腦筋

就像「業」一樣，佛陀和弟子們以高度的好奇心與徹底的科學技術觀察，並表達出宇宙相互關連的過程。印度文化擅長這種思想，而梵文可極為精確地表達。所以，當你在其他地方看到佛教的專業探討時，不要被嚇跑（「專業探討讓我們每個人都變成百分之百的白癡」）。現在這些術語正逐漸轉變，被翻譯成當前的慣用語。

佛教有個詰屈聱牙的詞——「緣起」，意思是相互關連，就像有「陰」就有「陽」一樣。萬物皆彼此相互關連，一行禪師稱之為「互即互入」（你聽過這個詞嗎？）。有些公立學校已在教這個詞了，有天應會收錄在字典中。

他指出，當我們在這一頁看到陽光和雲，「互即互入」就是描述這種狀態、這種情況的字眼，這是一件事物輾轉依賴另一件事物的普遍情況（這一頁依賴一棵樹，這棵樹依賴土地、雨雲與陽光）。書頁、樹木、土地、雲與陽光相互依存。在我童年的神祕經驗中，我「看到」互即互入，而當時我唯一懂得的字眼是「上帝」。馬丁路德‧金恩博士對「互即互入」印象極為深刻，他的說法非常動人：「我們都涉入一張不可逃脫的相互關係的網絡中。」

此時，「互即互入」開啟了幾道有趣的門。例如，仔細想想「業」與「互即互入」：「業」之於「互即互入」，就如烹飪之於食物。如果「業」將我們彼此連結在一起，「互即互入」就是這一切——還有其他更多——連結所構成的網絡。「互即互入」不僅幫助人更了解「業」，且引導我們更深入萬物的本來面目。「互即互入」幫助我們欣賞變化永無止盡地運作，以及領悟這同一性究竟無限的且透明的本質。首先，讓我們看看不斷的變化。（【問題】：「你知道比丘尼在美容院做什麼嗎？」【答案】：「不燙頭髮，也就是無常！」㉙）

三法印：實相的印記

現在我們談到本書書末參照表中的一個項目，稱為「三個存在的標誌」(The Three Marks of Existence)——無常、無我、涅槃。它們也稱為「三法印」，因為這三者出現在一切教法中。

過去是彼，現在是此：無常

除了走出王宮時看見的四種相之外，悉達多王子還看見其他的提示。例如，有天清晨，他看到花園裡所有的葉子上都布滿燦爛清澈的小寶石，這些寶石在晨曦中閃閃發光。但當他下午回來想再欣賞這些珠寶時，這些神奇的小寶石全部不見了。他的忠僕向他解釋，那是露珠，萬物就像露珠般自然會消失。那是一切存在的標誌。

我在寫作中途停下來，看看這是否適用於此刻自己的生活。櫻花

已盛開，而在中國城這兒，我和鄰居屋裡都有櫻花數枝，就插在客廳的大花瓶裡。據說，在所有植物中，櫻花和梅花教我們認識生命流動、片斷的脆弱性。屋裡有言語無法形容的香氣，當這些花開始凋零，不久前繁花怒放的枝頭只剩數點紅蕊時，我還會把它們多留在屋裡一、兩天。對我而言，這也是它們教示的一部分。

萬物擁有相同的本質，所以我們都一樣有受苦的可能，也同樣有覺悟的可能。一隻即將死於蒼蠅拍下的蒼蠅，牠跪下雙膝與祈禱合十的雙手，和我的並無差別。一如悉達多，我們都沉迷於變化的運作，而當最終體認萬物都會消逝時，妄想也就破滅了。

四聖諦教導我們如何看透表面上無常對我們所造成的痛苦。佛陀說：如果你真正了解「苦」，你同時會了解他所說的四聖諦，亦即你會同時了解苦的存在、苦的原因與生起的本質、苦的止息，以及如何從傷害你的苦中解脫的方法。我們將它定義為「苦」；另一個略為抽象的定義是「無常」。

有位希臘哲學家曾說過：你不能踏入同樣的河水兩次（其實你甚至連一次都無法踏入相同的河水）。第二個聖諦警告我們，別試圖催促河水的流動，也別抓著河水不放，否則我們就會啟動如影隨形的痛苦之輪。變化是生命之所需，因此要生存下去，就得適應變化。

醫生詩人威廉‧卡洛斯‧威廉斯(Dr. William Carlos Williams)提醒我們：「不變的是想改變的意願。」邱陽‧創巴(Chögyam Trungpa)仁

波切肯定地說：「無常是不可摧毀的。」一行禪師更進一步歡呼：「無常萬歲！」為什麼？沒有無常，花不會綻放，海浪不會拍擊岩石，這週的《星報》(Star)週刊不會被下週全新的、前所未聞的、聳動的、鬧得沸沸揚揚的新聞取代。我們的心臟不會跳動，肺臟無法運作，就會像雕像一般。這才叫可怕！

同樣的，我們追求自以為不變且會帶來幸福的目標，直到發現這些目標也和其他一切事物般無常。因此，一如我們自己，萬物皆無常。想在無常的事物中尋求快樂，猶如企圖用煤油滅火，轟！反而讓房子的火不斷延燒。但是當我們在一個美妙的當下，接受事物本來如是的單純事實時，讓它走，隨它去，啊哈！痛苦也離開了。簡單吧！

在這個紊亂、如朝露般瞬息萬變的世界中，我們也許和無常靠得太近，以致無法實實在在地看到它。或許我們就像一隻毛毛蟲，抬眼看到頭頂飛過一隻大蝴蝶，就用手肘輕推身邊另一隻毛毛蟲，低聲說：「你永遠無法把我打扮成天上飛的那個東西的模樣。」佛道卻讓我們看清無常，面對無常，克服面對不可避免的無常所產生的問題，且欣然接受它的不可避免。

現身說法

三首俳句

山茶飄落，大雨傾盆。

春日有限，百靈鳥無法盡情歡唱。

路邊的芙蓉……我的馬吃掉了。

——芭蕉[30]作

非此亦非彼：無我

無常很自然地導出下一個存在的標誌。當我們因萬物的消逝而恐懼時，便會執取無窮的欲望，並變得貪婪，什麼都想要。在我們面對無常這普遍的實相之前，我們建築一座名叫「自我」的沙堡（周圍有完整的護城河，堡頂插著幾根小羽毛以及幾片浮木），假裝這座沙堡恆常不變。但我們到底是誰？現在的你和昨天的你是同一個人嗎？除了骨頭以外，你的每個細胞每七年就會全部更新一次。因此，這第二個體認就是：沒有任何東西擁有恆常不變的主體性，或具有任何「獨立」主體性

或自我，包括我們自己在內。我們都是整體的一部分，彼此依存。你（或其他任何東西）在什麼地方結束，而身外的世界又從什麼地方開始呢？

現身說法

許多人不斷告訴自己，並執著不放的故事是什麼呢？這故事大概是如此說的：我在這裡，你在那裡，我和你的生命區隔開來，我覺察的對象是我身外之物。這故事幾乎是不假思索地產生，它一旦出現，人們幾乎都信以為真。把它當真而執著不放，這就是我們痛苦的根源。因為有這個故事，我們充滿各種焦慮，卻無足夠的配備來面對焦慮。所以，我們展開一段企圖逃避焦慮且將之怪罪給別人的生涯。

——瑞柏‧安德生(Reb Anderson)

以我的鉛筆為例（等一下！讓我把這句寫完。好了，現在，把我的鉛筆拿去）。它真的有任何獨立的主體性嗎？製造這枝鉛筆的人給它一個名稱——2號馬伯樂鉛筆。當我們深入觀察時，可看到它並非由任何所謂的「鉛筆」所組成，而是不同成分的組合物，其中沒有一個是鉛筆，所有成分相互依存組成一枝2號馬伯樂鉛筆。它的石墨筆芯來自斯里蘭卡（錫蘭）；木製的筆桿來自北加州的西洋杉森林；它的標籤來自炭黑㉛；它的亮漆來自染成黃色的蓖麻子的產品；頂端的金屬環是黃銅製的，黃銅本身是銅、鋅的化合物；銅環上的橡皮擦（當橡皮擦修正我的錯誤時，把它自己也磨掉了），它是油菜子油（來自荷屬東印度群島）混合氯化硫和義大利浮石，用橡膠凝固在一起，並以硫化鎘上色。再接著想想看：這裡每個成分來自何處？在什麼情況下如何聚合在一起？例如這些繩子的來源、工人們的咖啡等。

當然它的標籤說這是一枝鉛筆。但什麼是主體性？有任何恆常不變、獨立的主體性存在於什麼地方嗎？沒有。佛陀如是說，鉛筆也如是說（隨著我的手稿數量的增加，我的鉛筆也越來越短）。讓我看看主體性在哪裡。如果我把橡皮擦拿掉，它還是一枝鉛筆嗎？如果我去掉外皮呢？去掉筆芯呢？主體性從哪一點開始，在哪一點結束？我的鉛筆無

法與它的成分區隔開來。一輛汽車、一朵花、一個人，還有我們的思想、欲望也是如此，一切都是偶然的、依賴種種條件而存在的、相互交織的，有此故有彼。現在，這枝鉛筆本有的——非鉛筆性，是某件事物的一個實例，這事物會在禪修中實際經驗到。你日常一般的意識流、內心的獨白，就如這枝鉛筆相互依賴的種種成分，並不具有任何持久或獨立的主體性。

再想想佛陀的一生。當他離開那座名為「自我沉溺、唯我獨尊」的王宮碉堡時，他開始覺悟。然後，當看見自己的苦修不過是另一種對自我的執著時，他發現了中道。這跟當時的宗教不同，他已試著將「內在的自我」從「肉體的枷鎖」中解放出來，重新與「大我」合而為一。但他發現：嘿！肉體未必是鞭策奴隸的工頭，問題真正的根源是，一個圍繞著「自我」假象所建構的碉堡。只要從那假象中解脫，你是否在更高階的超意識狀態中尋求神性，這已無關緊要了。這條道路是要解開自我的束縛，然後看到實相。

所以，我們把這個稱為「無我」。佛世時的婆羅門教說：「我」（*atman*，個人的主體性）即是「梵」（*Brahman*，究竟的主體性），對於這一點，佛陀卻說：「沒有自我的存在。」（梵文 *anatman*，意義近似「非我」）。你可以稱之為「無我」。

執著並認同一個持久而獨立的自我是痛苦的根源，但無需憂慮，你如此熟悉的這個自我，不會在一夜之間辭職消失，佛教徒仍然擁有「駕照」。而讓你一想到即將失去就可能心生害怕的自我，到底是什麼（這問題可在禪修時深思）？它是相互依存或無常的另一種形式。「無我」幾乎是空間性的，而「無常」則是時間性的。你曾是個小孩，當時只能想像長大成人是什麼情況（那個小孩現在在哪裡）。身為一個實踐佛教的初學者（一如其他人），你現在只能想像覺悟是什麼樣子。最好由「我不知道。讓我們看看吧！」開始，而非努力去達到你現在只能想像的某個東西，或不斷製造自我的假象（你將發現沒什麼可達到的；只要存在，你就已是大海的一部分，只是你還未有體會而已，接下來我們就會到那片涅槃的大海）。

> 一個人越覺得自己是個自我，越試圖強化它，以達到不可能達到的
> 完美，這個人就越徹底地離開存在的中心——此時存在已不是他的中心
> 了——讓自己與這個中心的距離越拉越遠。
>
> ——尤金・赫立格(Eugen Herrigel)

> 無我，不是過去存在的某個東西變不見了，而是這種「自我」從未存在過。
> 我們所需要的是，確認某個一直不存在的東西為不存在。
>
> ——達賴喇嘛

你就是「它」：「當下」涅槃

　　如果沒有自我，就沒有問題，那就解脫了。第三個超越時空限制
的存在標誌是涅槃——不可思議的平靜，在究竟的層次體認到自我與
宇宙不可分割，與萬物合而爲一。

　　這既是解脫束縛，也是解脫而成就：從無知與恐懼中解脫，從孤
立與痛苦中解脫；解脫而達到平靜與慈愛，解脫成就慈悲與智慧。這
是眞正的快樂，合而爲一。沒有任何波浪，非得要達到「水性」；也
沒有任何自我，非得要達到廣闊無垠的「涅槃」解脫海。我們已「是」
涅槃，它是我們眞正的家。

　　我們是海洋，而以浪花的形式出現，然後想像自己是獨立而恆常
不變的。（哈！哈！哈！嘩啦！）當生命不再透過「我」這片透鏡展現
時，當「我」與「非我」的二元對立消失時，就沒有一個達到覺悟的
「我」，只有不經過濾、直接覺知到無限存在。（而且全都沒有分機！）

　　以下是這條無路之道上一些其他的地標：

- 「涅槃」一詞意指「火的熄滅」。爲避免將古印度物理學比擬爲
  今天的物理學，也可稱之爲「解放」（從不必要的痛苦中解放）。
- 涅槃通常被比喻爲「彼岸」，而善巧方便就如渡河的木筏（但木
  筏不是彼岸，就如指著月亮的手指並非月亮一樣）。

> 處處皆是涅槃，涅槃不住在任何特定的地方，而是在心中，只能在此刻被發現⋯⋯涅槃是空，沒有任何概念，不是由任何東西組成的。涅槃超越因果，是至高無上的幸福，是絕對的平靜。世間的平靜依賴種種條件，但涅槃的平靜是不變的⋯⋯痛苦是通往涅槃之路，當我們真正了解涅槃時，我們就解脫了。
>
> ——摩訶果裟難陀法師

- 涅槃原意指「痛苦的止息」，現在則指「完全的覺悟」。它聽起來比較像是一個名詞或一種狀態，而不是覺悟。覺悟是個過程，而非成果。

到目前我們已經走了好長一段路了，從「業」到「互即互入」，再到「三法印」。其他還有什麼要說的嗎？嗯！其實是「無」。

既是且非：空性（無限開闊）

超越了自我，我們就可用新的眼光來看中道。中道處於浮華虛飾的自我王宮與瀕臨毀滅的自我克制的森林之間，在存在與不存在之間，在生與死之間。

的確，最後談到的這項佛教教理，誘導並影響我們到目前為止所學到的一切。仔細想想彩虹，當作它的象徵或代表圖案。彩虹是環境的「業」所造成的，它完全是無常的，且構成它的所有要素相互依存。有陽光而無雨，就沒有彩虹；有雨而無陽光，也沒有彩虹。但把它們聚合在一起——啊哈！或者，如果你正好是個夜貓子，可觀察水中月。在晴朗無雲的月圓之夜，你可看見月亮在池塘、在茶杯裡或甚至在露珠上泛起漣漪、舞動、翻筋斗。

彩虹和露珠上的月亮，都是佛教徒所謂「空性」（虛空、空的狀態）的絕佳譬喻。因為它們本身沒有任何恆久、堅實、獨立的存在，所以它們象徵「空性」。不要被這個術語給嚇跑了，在佛教中「空」只是

「欠缺任何獨立、恆久、實體的存在」的簡稱。

　　嚴格說來，空性並非「無」。一如無常，空性實際上是個肯定的觀念，只是（一）在文字上以否定詞來表達，加上（二）需要解釋空性是意指欠缺何物（欠缺恆久、實體、獨立的存在）。這是個具有無限可能的領域，所以更沒有理由讓文字成為它的障礙。如果「無界限」看起來比「空」更好，就試試「無界限」——無量、空的本質、無限、無窮的整體、開闊、透明、廣袤及豐饒的虛空。

　　因為萬物都是依種種條件而定的——不斷的與其他的一切互動、相互作用、彼此關連——所以只要有一個事物有自己獨立、密不透風、恆久的主體性、沒有任何外在成分或條件作用的百分之百純粹，而且永遠都是如此，那麼根本不會有任何事物產生。

　　正如我們可以說：「無常萬歲！」我們也可以感謝空性。無常讓事件不斷地發生；空性讓存在相互依存，並創造存在。車輪的輻條依賴且繞著輪軸的空性旋轉；陶匠是以空為中心，繞著這個空而製造出一只碗的。若無這個豐饒的虛空，事物無法存在（請將它視為宇宙的豐饒角㉜）。現在，存在的有這本書，還有除了這本書之外其他的一切——從這本書的邊緣直到宇宙最遠端，是空性豐饒角，而這本書來自於空性，最後也將回歸於此空性。佛教學者愛德華‧孔茲（Edward Conze）㉝曾說：「空性不是理論，而是通往無限的階梯。階梯不是放在那兒被討論的，而是用來攀爬的。」就如階梯般，它不僅實用，且揭露一層層的意義。

　　「第十九號誤解」：我認為佛教一直受到負面的批評，都是因為所有用否定詞表達的梵文術語——無常、無執、無我。「苦」也常遭到曲解，而誤以為佛教是悲觀的，且相信苦是永恆的，這就猶如誤以為一扇緊閉的門，是讓門得以存在的那堵牆一樣。同樣的，涅槃其實就在當下此刻，不在此岸和彼岸。無苦顯示本質的善，所以空也不是虛無主義（「什麼事都不重要」）。如果銀行發生錯誤，在你的帳戶中多加了幾個零，那會是無關緊要的事嗎？而且空性連毫釐之差的個體獨特性都不否認，這點我們將在下面談到。

空性，獨特而圓滿：如性

　　猜猜看！如果佛教的空性是唱片的A面，那B面會是什麼？或者說與空性成對出現的是什麼？不是「個別的主體性」，因為空性顯示出沒有這種動物的存在。「某物的存在」還比較接近正確答案。就像陰陽相生一樣，真正與空性搭配得天衣無縫的是「如性」（suchness，梵文 *tathata*），也可譯為「如是」(thus-ness)。

　　我們都經歷過如性。只要想想過去一個——呃，筆墨無法形容的確切時刻。你只能說：「你一定在那兒。」貓咪從冰箱跳到流理台，一隻腳卡在空的果醬罐裡的樣子；或初冬時分，當你感到一股寧靜與空氣中一絲新的寒意，然後突然下起雨來的那一刻；再想想一團剛從盒子裡拿出來還未用過的麻繩。

　　就像旋轉不停的摩天輪，豐饒的虛空不斷地產生無常萬物無法重來的相互交涉（將這段話快速唸八遍），每次就只是「如是」而已——一團麻繩、小貓咪的跳躍、密布的烏雲、紅色獨輪推車旁的白雞。每件事物都沒有獨立、個別、恆久的主體性，所以每件事物皆「如是而已」，就如風鈴的種種圖案，或奶油倒入咖啡杯時形成的漩渦，又如風吹過樹梢的聲音。

菩提道上

有這麼多事物相依
一輛紅色獨輪推車
因雨水潤澤而發亮
就在白色的雞群旁
——威廉・卡洛斯・威廉斯

語詞解釋

　　學者克里斯瑪斯・韓福瑞對相當於佛性的「如性」，所做的定義是：
……萬物究竟而不受條件約束的本質……它不能被稱為「一」以別於「多」，因為它無異於任何事物。關於「如性」，沒有什麼可以否定或肯定的，因為這些都是排斥，進而製造對立的表達模式。一個人無法靠追求來得到它，也不能因與它區隔開來而失去它，只有如此體認才能了解它。然而，如性必須被發現。

我說過空性與如性共舞，就像陰陽相互作用一般。佛教有句箴言與此相近：「色即是空，空即是色。」色是物質，也是森羅萬象，是物質形成獨特形體的方式，這是如性。把形體想像成「波浪」：波浪是優美的，眼看它高漲、捲曲、巍然高聳，然後傾洩而下，沒入海中。把空性想像成「大海」：無限、生機盎然，是生命的孕育處，卻無固定的中心點。波浪＝大海，大海＝波浪；純粹存在的廣大海洋，還有它那「不斷交織的起伏海水」〔引自美國詩人查爾斯·雷茲尼可夫 (Charles Reznikoff)〕。或者如愛因斯坦的相對論公式 $E = mc^2$，能量變成物質，物質變成能量。

空無一物：空性亦是空

除了如性之外，在我們經歷捉摸不定，卻又不可或缺的空性時，還有幾個地標：

- 廣闊的空間
- 循環
- 組合
- 相續不斷
- 幻相
- 相對性

集中注意觀察呼吸，不管其他任何事物，這時我們會察覺到介於呼吸之間的「空白」。當把自己從邱陽·創巴仁波切所謂的「雜念的大塞車」中解放出來時，念頭仍不時出現，但我們也意識到念頭之間的空白——讓念頭得以出現的寬廣空間。去體驗事物的本來面目——開闊、透明、明亮、始終如是。不是住在稱為「自我」的斗室中，而像住在寬廣的空間，有一整個街區那麼寬敞。它讓人如釋重負，卻又不是拉開間隔距離。許多人將空性描述為我們真正的家，最後落葉歸根處。

我們已在「同時的業」中看過一個「循環」：結果可能變成原因，種子可以變成孕育新種子的花朵，而因與果都沒有恆久及個別的本質。「組合」的例子，包括種種要素組成的鉛筆、彩虹、水中月；或者想想前一章「慧」與「心」的中國書法，或是本章稍後會提到的

一個中國字──種種事物的組合，卻表示實際上無實體的另一個東西。究竟的意義（空性）存在於事物之間，存在於語言文字之間。

「相續不斷」一如電影，由每一小段的影片編輯而成，而影片本身又是由一格一格連續的畫面組成。我們認為電影是真實的，但它是真實的嗎？是真實的，同時也是不真實的。呼吸也是連續不斷的，在呼吸之間有空性的存在。

「第三十二號嚴重的誤解」：認為佛教徒說「一切皆幻」的人有誤解；其實應該是一切「如」幻。我們的生命並無任何恆常不變、實體、獨立的主體性，就如入睡前與甦醒前夢境在意識中交織的樣子。我是誰？我到底是誰？「蓋瑞‧賈許」是個標籤。我不是一個幻相，但我並不認為自己等同於身分證或網路密碼，啊！對了，還有我的鈔票──它提醒我在超越的本體界中，有相對的存在。就如鉛筆或彩虹，「蓋瑞‧賈許」是一連串的時刻、狀態、事件、循環，是一個組合物，而所有的組合物最後終會分解。（這就是音樂家死亡時的遭遇，你知道的──他們不再組合音符作曲，而是自己分解還原成種種元素。叭─嚐！）[34]
愛爾蘭詩人葉慈(W. B. Yeats)嘆息著表達自我的幻相（空性）：「啊！身體隨著音樂搖擺。啊！來回掃射的耀眼光芒。我們怎能分辨舞者與舞步呢？」

早在愛因斯坦提出相對論（$E = mc^2$）之前，佛陀已描述過「相對性」了。然而，多虧愛因斯坦博士，我們才能習慣佛陀的思考角度。我們說：「甲的美食是乙的毒藥。」這就是相對性，也是空性的一個例子。另一個例子是字詞，字詞的意義根據上下文而變動──修女的「修道服」(habit)不等於酒鬼的「酒癖」(habit)；又如格勞丘‧馬克斯

(Groucho Marx)㉟所說：「時光飛逝如箭，果蠅熱愛香蕉。」㊱「空性」的意義也取決於上下文，所以它本身也是「空」(欠缺任何恆久、獨特、單一的意義)，這帶領我們來到最後一項值得注意的層面。

「無」(或說「空無一物」更好——什麼也沒有，因為「無」這概念讓人想到「真空」，而「空無一物」只是一段空白，就如電影銀幕，或一張白紙)。空性本身是空，意思是不要執著有關它的任何概念。甚至說空性是不可言喻時，就已為它貼上標籤了。你不能固定住它，究竟之物無法分門別類。甚至佛陀也是空，他不是一個概念或一件東西，最好保持開放的心態。就我個人而言，我發現空性提醒我不要忘了：「我不知道。」它提醒我時時觀察，醒覺的觀察，時時注意。

所以，除了詳細描述一段軼事之外，對於不可說之事我就不再多說什麼了。有天來自西敏寺(Westminster Abbey)㊲的幾位教士與修士，首次來到一座日本禪寺參訪，他們在一幅巨型裝裱好的書法作品前停了下來，這幅俊秀的作品寫的是個「無」字。他們問這幅作品寫什麼，引導的禪師並未像你在這兒看到的一樣長篇大論地解釋，只說：「上帝。」然後，他們繼續往前走。

左邊的中國象形字表示森林中一塊空地，好像一場森林大火所造成的一樣；它右邊的象形字顯示火正在燃燒。兩個字加起來代表「無」。

書法：洪忠良

實踐：流動世界中的禪修

我們已探討八個佛教的概念：業、互即互入、無常、無我、涅槃、空性(開闊)與如性。這些都是關鍵概念，猶如用來開門的鑰匙一樣。如果你只以理智來了解佛陀的教誨而不加以實踐的話，那麼佛教就只是書本與網站(木工手冊並非居住指南)。以下是一些提示，目的是

讓你在日常生活中積極主動地看到業、互即互入、無常、無我、空性與如性。就如佛陀，走出定義明確的實相城牆，以開放的態度尋找你前所未見的標示。

花幾天時間注意「業」，包括你自己的和其他人的。注意什麼人似乎吸引物質性的東西，觀察他們是否真正快樂，觀察你自己的這種潛力。當你注意到憤怒時，不管在你自己或他人身上，看看它如何製造更多憤怒或混亂；當你注意到平靜時，看看它如何引來更多的平靜。

花幾天時間去注意「互即互入」的例子。想想看事物如何產生在眼前，要有多少成分及步驟，才會造成你碰到的每件事物，然後以新的眼光──互即互入的角度，仔細觀察這件事物。

花幾天時間注意「無常」。注意單單只是一次呼吸有多麼的無常、圓滿，注意季節的變換。在你生命中「開始」是否似乎比「結束」容易？如果你意識到執著或澎湃的情緒，也把這些記錄下來。

花幾天時間注意你如何定義「自我」。你的界限在哪裡？花點時間靜靜地看著你的雙手，這時試著回想你年幼時雙手是什麼樣子，然後看看你是否能在自己的掌形中看到自己雙親的手──你指尖的形狀、指紋、手背上毛細孔的分布。看完後，雙手合掌，注意呼吸。

花幾天時間注意「空性」與「如性」的例子。拿一張白紙，貼在你可以看到的地方幾天，注意它的紋理、顏色，注意它如何吸收光線、投射陰影（它的如性），並注意如何能在這張紙上寫下任何東西（它的空性）。同時也請在這張紙上看到製造這張紙的那棵樹，還有滋潤這棵樹的雨水與雲朵（它的「互即互入」）。感覺這一切的相互關連，以使它們成為你真實生活的一部分，而不是哲學概念。

就如需要鏡子照見自己的容顏一般，我們可以用天空照見自己的內心。如果天氣許可的話，走出戶外，儘可能找個高一點的舒適地點仰望晴朗的天空，注意光線與顏色的變化，還有天際延伸到多遠的地方。對自己想像：「我就是這一切。」讓你的心慢慢變得空白、明亮，就像所看到的天空般廣闊。如果念頭出現，把它們看作是天空的飛鳥，讓它們無礙地通過。當你準備要結束這段禪修時，注意天空看

來有多麼浩瀚無際，且無一處有定點。接著維持這個「廣闊的天心」（空性）數分鐘，然後讓你的「庸碌塵勞心」（輪迴）自行找到回來的路。注意看看它是否更清晰，更平靜。

花幾天時間注意「空無一物」。注意自己是多麼自動地為事物貼標籤與分類，看著事物，就好像你從未看過它們一樣。練習對自己、他人承認：「我不知道。」

想一些可以闡明這些概念的歌詞，例如蓋西文兄弟與杜柏斯‧海渥德(Gershwin brothers and DuBoce Hayward)的〈我有許多「無」〉(I Got Plenty of Nothing)或披頭四的〈明天永不可知〉(Tomorrow Never Knows）。有關如性的歌，例如〈你今晚的模樣〉(The Way You Look Tonight)和〈我的最愛〉(My Favorite Things)，以及有關無常的浪漫離別曲。對自己，也和別人一起歡唱這些歌曲，並創作新的歌詞。

花幾天的時間只想著佛陀與他所有的教誨，把自己的心當作佛心的一部分。所有人類都是一家人，有共同的祖先，所以把佛陀當作親人般專心想著他。想到他的名字時，要想到你是召請他來到你的生命中。看看這樣是否會讓你覺得快樂一點，或讓你周遭的環境看來更愉快一些。

在你的思緒中，挪出空間來存放這些心理筆記或觀察所得，且不時加以檢閱，看看什麼有效或無效。

一旦開始，所有這些實踐就會繼續發展下去，且會改變生命。所以，好好享受吧！

佛教一本通

你不能不知道

● 「業」並不意味宿命論。我們的言語、思想、行為、感情都會招致果報，但我們能掌控自己的言語、行動等。

● 萬物皆相互依存、相互作用、相互回應、彼此互涉。這可以統稱為「互即互入」。

● 事物皆會變化。無常是苦的主因，但沒有無常就不可能有生命，所以它也是快樂的原因。

● 空性（虛空）代表沒有永恆不變的、個別的、實體的自我，沒有體認到這點，會造成痛苦與幻相（輪迴）。但就如無常一樣，空性是正面的，它讓事物得以存在，每件事物皆如是存在著（如性）。空性指出萬物無限、開闊、透明的本質，包括自我在內。

● 我們一如其他事物，並無恆常、個別、實體的身分。自我和一枝鉛筆、一道彩虹一樣，是種種稍縱即逝的偶然條件聚合而成的產物。

● 涅槃是一切存在的本質。我們無需證得涅槃，我們本身就是涅槃。涅槃就是解脫佛陀所教示的不必要的痛苦。謝謝你，佛陀！

4

關鍵概念

第三部

僧伽──入道

「僧伽」意指實踐佛法。空言不如實證，幸運的是，實踐不像跳入大海中學游泳，僧伽這個實踐的團體會讓你漂浮在海上不下沉。在僧伽中，你永遠有益友同行。所以如果你剛開始不成功，繼續實踐。

（有些人說如果佛陀今天還在世，他依然在實踐，可能是前面不遠處走到一旁去的那個安靜的人。）

介紹過禪修的基本要領之後，我們會把焦點轉向佛教在西方實踐的四個主要傳統教派。但別為各種學派傷腦筋，重要的是你如何實踐〔也許他們本來應稱之為「你自己的實踐哲學」(Youism)〕。

1 你的修行生活過得如何？——做好準備

本章主題

- 找出時間
- 騰出空間
- 儲購裝備
- 共修
- 持續的訣竅
- 提示：修道本身就是目標

對你來說，目前為止所涵蓋的大部分，不管就理智或感情而言，都完全是合情合理的。如果是這樣的話，唯一欠缺的要素就是自己去實現它，以現代的說法，就是如何將這一切付諸「修行」──讓佛法成為你日常生活的一部分，在生活中修行佛法。的確，今天親自讓神聖變為現實的人，就是以修行的角度來談的。如果你不知道何謂「神聖」的話，修行會告訴你答案。修行總是會澄清尚未十分明朗的一切。

　　把佛道稱為「修行」可能有點誤稱。「修行」一詞通常暗示一再重複練習，以便日後的表演，就如在運動或音樂方面一般，是一致且持續的，只是沒有未來的目的地。不！在此所說的修行完全與當前此

刻有關。你的確已存在於此刻，但當你評估過去或預期未來時，就忽略了現在這一刻。就如拉斯維加斯一所賭場的招牌所寫的：「你必須在現場才能贏錢。」

　　心靈的修行與身處生命的每個當下有關，如此才能過著真誠的生活。生命是一份禮物，最棒的一份禮物。下面介紹以佛教的方式欣賞生命。在此，佛道本身就是目的地：向前走、發現，並繼續走下去。

　　這條道路稱為「中道」，是包含戒、定、慧的八正道。在本章與下一章，我們將著重於禪修的技巧，這是整體不可或缺的一部分。

菩提葉

　　莎朗・薩爾斯堡曾跟著班迪達法師(U Pandita)①學佛十四年。她一週修行六天，而當她對老師描述禪修經驗時，他只說：「嗯，剛開始時可能會像這樣。」不管什麼情況，他都說同樣這段話。如此過了幾個禮拜後，她終於恍然大悟，原來老師說的是，做個初學者很好，沒有基於過去的經驗而形成的成見或預期心理的負擔。當她了解這一點，班迪達就不再說同樣的話，而繼續教她其他的東西。

開始：初學者的心

　　我要跟你透露一個公開的大祕密。也許你已看過各種名為「初階佛教」(Buddhism for Beginners)之類的書了。你知道嗎？佛教徒正是初學者。事實上，這是許多智慧之道的通例：蘇格拉底因為知道自己不懂，所以被稱為「智者」；十四世紀基督教神祕主義者梅斯特・艾克哈特(Meister Eckhart)稱之為「習得的無知」(learned ignorance)，達賴喇嘛自稱「卑微的僧侶」，禪宗有時稱之為「不知之心」或「無」；禪宗大師鈴木俊隆在西方將此觀念引介為「初學者的心」。初學者的心願意攀登最高的山峰，願意接受花生醬、果醬三明治。

　　「專家」、「專業人士」等字眼本身帶有權威般威風凜凜的特質，但他們的名望岌岌可危，所以他們變得膽小，學會喜歡戴眼罩，並一

再重複自己的專門研究，就如只會耍一套把戲的小馬一樣。相反的，「業餘人士」(amateur)則帶有一點鄙視的意味，但聽聽這個字的拉丁字根 *amare*（愛），會讓我們想起它的本義——喜歡一切事物。鈴木俊隆禪師說的好：「如果你的心是空的，它無論何時都準備接受任何事物，接受一切。在初學者的心中有無限的可能；而在專家心中的可能性微乎其微。」

　　你會在日常言談中發現「初學者的心」的例證，例如有人說：「你永遠無法知道！」或「天曉得！」或「我不知道，我才剛來這兒。」在我自己的生命歷程中，沉重地走在人行道上找份正職的經驗教會了我：沒有之前的經驗，如何可能成為一項有利的條件。你的模式並未固定，你不會說：「這不是我以前習慣的做法。」同樣的，初學者的心，對於涅槃應是什麼模樣沒有成見。初學者信賴自己的心，到時候自然會知道。

菩提葉

　　有個博學的學者到當地一座禪寺叩門。他心中有上千個問題要問，寺裡的禪師禮請他入內坐在蒲團上，邀他品嘗一壺剛摘下來的茶葉所沏的茶。當茶泡好可以飲用時，禪師先將茶注入這位飽學客人的杯子裡。他不斷倒茶，直到這位學者高聲叫道：「不要再倒了！茶都滿出來了，杯子已經滿了。」禪師放下茶壺說：「沒錯！你就像這個杯子，充滿了自己的見解與成見。除非你先把你的杯子倒乾淨，否則我怎麼能讓你認識禪呢？」

　　你有沒有看過汽車的保險桿防撞條？「心，就像降落傘，一定要打開才能發揮作用。」以下是日常生活中，另外三個初學者與心有關的例子。（一）很多人在運動或遊戲中經歷過初學者的好運，譬如高爾夫球一記無懈可擊的開球，或幸運贏得第一把賭注。（二）度假或觀光時，一切都是新的。（三）我想我們都喜歡和小孩子在一起的原因，就是他們眼前有大好的人生，他們是百分之百的初學者。

　　這些例子都反映出我們一出生時所擁有的心——初學者的心，在

層層標籤、印花、密碼的覆蓋之下，依然純淨無瑕，依然明亮，依然喜歡一切事物。回歸那樣的心就像回家一樣，重拾我們的佛性，不動的心無限清澈，我們的「無」，我們的「不知道」、空無一物，以及由此產生的解脫。

從原地出發，並堅持到底。

沒有比「當下」更恰當的時機

你已讀到這兒了，何不暫時把書放下，享受片刻的禪修呢？試試看。你只要：（一）檢查看看你是否坐得舒適安穩；（二）閉上雙眼；（三）注意呼吸；（四）不要改變任何事物；（五）只要在當下此刻，在心中為自己拍下快照。可以嗎？現在，試著做做看。

這張心裡的快照，是你在自己的道上前進時的基準點。把它放在心裡的皮夾裡，不時拿出來看看。且要記住：基本上，停下來花點時間修行，就是這麼簡單。

你安排多少時間就是你修行所需的時間

五或十分鐘只夠讓你雙腳弄濕，通常需要至少二十分鐘，才能開始體會修行的深度與清晰度。科學家最近同意，我們原始戰鬥或逃命的硬接線，大約要花這麼久的時間才能變弱，並生起更深入的覺知。一旦你嘗試過後，可能會想找出最低限度的舒適。我會建議二十分鐘，稍後你如果願意的話，可以延長。

一旦你對禪修有判斷力，就無需依賴時鐘。這段時間是用來退出任何推挽式線路②的行事曆、鐘錶與工作表，所以從頭到尾瞄著時鐘，會與整個要點背道而馳。享受對此刻美妙的覺知，此刻是超越時間性的。

此外，一旦嘗試過禪修，你會更加欣賞一息禪(one-breath meditation)永遠現前的價值。我們現在就開始一息禪。

多數人偏好的時段是早晨與晚間：早晨醒來第一件事，晚間不是

在晚餐前,或晚餐後一個小時左右,就是在上床睡覺前。飯後馬上禪修可能會分心,因為你的血糖改變,而且消化作用達到顛峰。

改變每日修行的時段,你將會知道一天中不同的時間如何產生不同的感受。在我自己的修行中,可以感覺到清晨五點第一道曙光,如何燃亮我所在地球的這一端,然而在傍晚五點時,我可以感覺太陽讓路給高貴的夜晚。同樣的,春分與秋分感覺又不同。

比何時修行以及用多久時間修行更重要的是,規律地去做,這是基礎。如果一天不能兩次的話,看看是否能一天一次,一週六天。讓它成為你日常生活中的一部分,一方面有助於消除想要成功的念頭,而開始熟悉自己內心的認知範圍與各種階段。佛陀的心並非遙不可及;相反的,它就在你的平常心中。所以,不要把自己當成外人。事實上,你可以把禪修想成就像跟你生平最好的朋友重新聯絡,這個你一向未花足夠的時間相處的知己。當你拉近距離時,將會想要每天好好花點時間來修行。

閉關一日,加深修行

在印度長達三個月泥濘不堪的雨季中,佛陀通常與弟子們到某個能遮風避雨的僧院安居共修,直到季風停止肆虐。自此以後,佛教徒的生活中開始採行一種傳統,今天整理好行囊,出發去一處閉關是稀鬆平常的事。那可能是為了提高工作生產力,可能是某個利益團體的聯歡會,或宗教的閉關,並非奇怪的修行方式。

在上座部佛教修觀禪的僧團中,仍遵循三個月的結夏安居。禪宗也有稱為「接心」(意為接觸內心、接受內心、傳達內心、集中心志)的靜修期,這可以在任何地方進行,為時一日到一週。嚴格說來,每件事都是禪修,不管是聽講或吃午餐、坐著或行走(如同次章所討論的)。

但你不必報名,就能在自己家裡享受一日禪。試試「正念日」,空出一整天,在前一天打掃屋子並採購必需品。當天拔掉電話線,盡量不使用語言文字,從醒來的那一刻到上床的那一刻,動作放慢、放輕,注意呼吸,發誓對所做的每件事都保持正念,在這天不同的時間

練習坐禪與行禪。一天的用功能啓發鼓舞整週的修行，這傳統是亞伯拉罕傳統(Abrahamic traditions)③的核心：禮拜天——基督教的安息日；禮拜六——猶太教的安息日④；禮拜五——伊斯蘭教的主麻日⑤。

任何閉關都是鞏固、釐清、加深自己修行的絕佳機會，且鼓勵你將這段時間的發現，融入日常生活中。這就引發找時間這個問題了。

有充裕的時間，讓你修行佛法

【問題】：「不要看錶，現在是幾點？」(【答案】：「現在」)可能要花點功夫習慣這個事實——時間永遠都在現在。中國人有句諺語將這點表露無遺，大意是說：「生命攤開在『時間』的大紙上，一旦結束，就永遠消逝了。」

時間如河流，同時處處存在：在瀑布、在船塢、在山間，並漂流出海——永遠都是現在式。一如以往，中道與此相關：沒有極端。動中本有靜，反之亦然。但我們的社會頌揚行動勝於存在狀態。相反的，佛陀在寧靜的內心中，發現最高的成就。就涅槃而言，沒有時間的存在，沒有過去與未來。

然而，我曾收到一些人的來信，他們認為自己一天只有五分鐘可以禪修。當然，這是個人事情優先順序的問題，但如果認為每天只能花五分鐘用在你覺得對一輩子可能是無價的事物上，那麼這件事也許不適合你，或許你最好觀察一下自己的生活。對於瘋狂工作而認為自己「沒有」時間的人，請讓我恭敬地轉述我親愛的老師魯‧威奇的聲明：「這不是個正當理由。事實上我們所擁有的只有時間。如果我們確定那是必要的，就有時間去做。」佛陀告訴我們，除了自己以外，沒有人擁有我們的心。時間也應做如是觀。

這讓我想起松尾芭蕉的俳句：「鳥兒棲息在花間歌唱，嘲笑沒有時間唱歌的人。」

佛陀在屋裡

在僧團中修行不限於每週或每月的共修處。今天早上,在天剛亮之前,我和後門外面的尤加利樹,還有附近的鳥雀一起修行。舉目四望,到處都有眾生組成的僧團。所以,現在該是談談修行地點的時候了。

挪出一點可以自在呼吸的空間

每個人都可以運用生活中實際的空間來禪修,比如說一張舒適的沙發。找個可以自在呼吸的空間。

這空間未必是單獨的一個房間,只要找個不受打擾的地方,範圍只要足夠在地板放個墊子即可。最好靠近敞開的窗戶,空氣才能流通。拉上窗簾,以免明亮的光線讓你分心,還需要相當的安靜,僅此而已,沒有其他更複雜的安排。你也可以把毯子折起來放在床上,然後坐在上面,如果你只有這些家當。

現身說法

> 團團一個尖頭屋
> 外面誰知裡面寬
> 世界大千都著了
> 尚餘閒地放蒲團
>
> ——石屋(1272-1352)⑥

只要知道那個空間可讓我心生喜悅、內心平靜,我便在那兒皈依,再次發願,然後禪修。所以我時常為自己增長佛性而慶祝,把住家附近公園裡的花,插在一只簡單的水瓶中,放在坐墊旁靠窗的地方。這是一尊小活佛,和我以及我的修行共享陽光與空氣,我們是一體的。

佛堂:內在佛與外在佛

對於成長中的諸佛,他們是那些已經找到了一個可自在呼吸的空間與時段,固定的滋養與喚起自己基本佛性的人,這是個值得慶祝的理由,不是嗎?藉由慶祝,我們未必執著於這些事實,但透過個人的儀式,使這些事實變得真實有趣。正因為如此,所以我家中的佛像很

小（如果你還未注意到，當你對某個對象鞠躬時，它會回禮。所以我的小佛像每天回我一鞠躬；超過此限我可能就會感到困擾了）。

你可能用佛堂來長養自己的佛性，增強與歷史上曾存在的佛陀與其教誨的關連。佛堂是尊敬的表示，是佛陀慈悲與智慧的再現，也是你內心的一面鏡子。它可以是擺在窗台或書架上的佛像，你也可以多放一朵花、一根蠟燭、一炷香。

對佛像行禮不是偶像崇拜。越南佛教比丘一行禪師解釋：「你站在佛陀前，不是對一尊塑像，而是對你心中的佛。知道這點很重要，否則，你就是在對一塊木頭或金屬行禮。當你內觀佛性時，你感覺到心中的平靜。你感謝佛陀，因為沒有他的教導，你不會發現這一條理解與慈愛之道。」

有些個人的佛堂可能有明確且具有象徵意義的細節，依修行與修行者而有不同，其他人的則不拘形式。有人家裡還供奉著令人懷念的修道者與開悟的祖師，或包括親戚、師長和摯友的照片，讓佛堂成為修行者可以與他們分享個人生活點滴的地方。對很多人來說，透過佛堂，可以讓家的意義變得深刻，也讓宗教有個人的色彩。

手提式的佛龕曾是佛教信仰早期的裝備，而這個慣例依然在淨土宗、藏傳佛教與日蓮宗流傳下來。

佛堂或佛壇的意義隨著時間而增廣。祈禱

菩提道上

以猶太—基督教的背景看來，佛堂可能帶有幾分偶像、偶像崇拜、異教信仰（希伯來文作 avoda zara）的味道。但在佛教內部本身也有類似或甚至相同的警告：「如果沿路看到佛陀就殺了他。」⑦不要把自己綁縛在一個形象或概念上，就像基督教貴格派所說，去尋找你內在之光。

用的肖像或藝術品，就如有人保存在皮夾裡或桌上的摯愛者的快照一樣。對我們來說，那只是另一張面孔，但對認識他，並一天看他的照片好幾回的人來說，這張像是通往愛的入口。

要記得：「汝即是『彼』。」

儲購裝備：乾淨的襪子外，還需要什麼？

在佛陀苦行期間，他裸睡在戶外的空地，要是他當時以這種方式
證悟的話，這一節就得專門探討蚊蟲咬傷和有毒植物了。不論如何，
你在禪修時應該覺得舒適，不需要束緊的錶帶或領口、有礙血液循環
的眼鏡或皮帶，以及僵硬或粗糙令人發癢的衣物。就像最適合禪修的
衣物，不會讓你注意到自己的身體，有些寺院偏好的衣服顏色是黑色
或灰色，以免讓其他人分心。藏傳佛教正好相反，偏好引發內在溫暖
光輝的鮮豔色彩。

有些人在禪坐時用毯子蓋著雙膝，因為禪修時循環會減緩，不要
著涼是很重要的一點。需要乾淨的襪子嗎？很多寺院要求進大殿禪坐
時要脫鞋。

坐禪的姿勢，通常需要讓臀部稍稍高過膝蓋與雙腳的位置，這只
需要一件捲好的毯子就行了。更正式的配備是一個枕墊，在日本有特
別為禪坐設計的坐墊，稱為「座蒲」，放在它下面的墊子日文稱為
「座蒲團」。即使在非日本派的修行中，「座蒲」與「座蒲團」也是常
見的配備⑨。

法鈴是很棒的禪修工具，耳聽鈴聲並停在鈴聲的聲波中，可讓心
智清楚，那悅耳的聲音提醒我們回歸當前此刻的圓滿。每節禪坐的時
間通常以鈴聲開始，以音調較高的鈴聲表示一節的結束——該是放腿
伸展四肢的時間了。有人在口袋或皮包中放進兩個小銅鈸，叫做

佛教
一本通

tsingsha，這是一個隨身攜帶的正念之鈴。

佛教「念珠」的梵文在字面上就是天主教念珠（*mala*，花環，玫瑰）的意思[10]。佛珠可能只有手鐲一般大小，也可如項鍊一般長，由一〇八顆念珠組成，代表傳統上內心容易產生的一〇八種無明（佛教對每件事物都有依數字編排的表）。念珠可以用來計算持咒或念佛的次數，也可用來專注於呼吸——念珠拿在手中，每呼吸一次（一呼一吸算一次）撥動一顆珠子，一顆接一顆，把心靜下來以便專注。念珠也可以只拿來把玩。

有些人點一炷好香來計算禪坐的時間（劣質的香聞起來就像濃烈的香水，可能只會讓你感到頭痛）。包括日本香、藏香、香末及盤香等種類。在熱浪來襲的期間，佛陀的弟子用檀香來幫助自己專注。當印度的佛教僧侶開始絡繹不絕踏上絲路時，他們隨身帶著香。就如佛法的馨香，到處散發不可言喻的香氣般，燃香能薰除不淨，讓身心清爽。我發現好香就如一杯新沏的綠茶，能激發醒悟與寧靜的感覺。

另外，沒有任何事物能像蠟燭一樣溫暖人心。高文達喇嘛觀察到，蠟燭溫和的光芒如何「幫助一個人憶起，並覺知每個人內在散發的覺悟之光。這道光從無始以來一直照耀著，即使受到自我構築的城牆遮蔽，而自我的城牆終必拆除。」這些都可能是善巧方便，但唯一的條件是不把它們本身當作是目標。佛法並非如一炷香般的東西，而是你從散發的香氣中領悟到的一切。別把佛道上沿途所有各種不同的路燈，誤認為真正的旅程。

加入修行的團體：佛道上的朋友

根據定義，「修行」就是你所做的某件事。個人單獨做是一回事，在團體中做又是另一回事，自己能學到的東西有限，與其他人共修是不可取代的。同樣的，本書提供許多禪修方式讓你修行，但它們都只能達到一本書所能提供的限度。讓一個老師與朋友們做給你看，如此才能展現這些方法的所有層面。

的確，這一切都靠你自己，所以你當然能試試看自己是否能單獨

達到覺悟的境界。你可能會發現這就像是教貓跳舞一樣。但即使你認為自己可以做到，你怎麼知道自己不是只在強化自我，用另一種方式在水邊蓋一座沙堡，創造一個獨自覺悟的自我幻相？

正如禪師暨學者麥可‧溫格爾的解釋，「對於改變自己以成佛的艱鉅任務，你知道可以運用自己能獲得的一切幫助。」我願意再補充一點：如果你還不能掌握這個任務的艱鉅，僧團會幫你了解這一點。

的確，佛陀在用功七年後，坐在樹下證悟了；但他在起跑點上比其他人占優勢——他天資聰穎，且在各方面受過王者的訓練，包括禪修在內。此外，在證悟當晚，他請一切眾生做見證，也就是一切眾生的僧團。此後將近五十年之久，他在佛道上同參道友的陪伴下修行，且這傳統延續下來，以適合當前的方式呈現出來。

多或少隨你高興：選擇權在你手中

你無需出家，換句話說，你不必成為比丘或比丘尼；你也無需皈依任何僧團，作為修行的開始。也許佛教的修行，會豐富一個基礎已穩固的宗教修行，在這種情況之下，你已有一起參加宗教活動的會眾組成的僧團了。但就佛教修行而言，你還是需要一個老師。你有一個選擇範圍。

明智的抉擇

如同前述，西方佛教修行涉及的宗派與宗派融合的範圍是史無前例的，當然比基督宗教的派別還多。你會是哪一派的呢？禪淨雙修？美國原住民信仰與藏傳佛教？禪宗、道教加上伊斯蘭教？沒有一個修行法門，是單一尺碼卻能滿足所有人的。正如佛教與俳句學者布萊斯(R. H. Blyth)曾說過的，「每個人都有適合他的宗教；每個宗教也有適合它的人。」阿門！這句話對佛道也適用。據說有八萬四千法門（通往佛道的入口），因為至少有八萬四千個不同的根本苦難（此處也一樣，可能在某地的某個僧院中，有個將苦難依數目排列而成的表）。但要記住：佛法

只有一味——解脫味。

有時佛道跟著老師一起出現，這情形就如你喜歡某個老師，因此自然會去了解他或她的傳承。或你可能一開始對喜歡的傳承有感覺，然後去找個適當的老師。

就如我們已看過跨宗教可以讓我們受益，一樣有益的是跨教派——熟悉佛教內部的不同派別。不時參訪其他傳承的僧團是很好的，不同的僧團會帶給你新的觀點，新的老師可能會正好適合你的療法或訊息。

> 一座僧院的老法師與一名新進比丘面談，法師問道：「你以前跟誰學法？」比丘答以「某某人」之後，法師問他學了些什麼。「我曾問老師佛教的意義是什麼，他說：『火神來要火。』」法師說：「答得好！我猜你大概不解其意。」比丘回答道：「我懂啊！如果火神來要火的話，那就像我問佛教的意義一樣，因為我已是一尊佛了。」法師搖搖頭說：「我就知道！你完全沒有抓到重點。」「好！那你會怎麼回答？」法師說：「你來問我。」於是比丘問法師：「佛教的意義是什麼？」法師答道：「火神來要火。」然後，這名比丘就恍然大悟了。

不要為各種學派傷腦筋

你對佛道中各個法門的經驗越豐富，就越能欣賞你自己的法門。當你在佛陀的領域中四處遊歷時，不要害羞。傾聽並學習淨土宗、內觀禪、藏傳佛教、禪宗、小乘、大乘、金剛乘，甚至比央達難達大師(Swami Beyondananda)⑪。

了解基本要義永遠是個好的批判工具〔criticism（批判）源於希臘文 *kroinos*，意為「選擇」〕。在接下來的幾章中，我們會逐一探討主要的修行道，但它們只是法門而已，真正的佛道就在你腳下。

學生準備好，老師就出現

美國作家歐瑪‧龐貝(Erma Bombeck)曾說過相當適合此處的幾句

1

你
的
修
行
生
活
過
得
如
何
？

181

話：絕對不要到家裡栽種的植物已枯死的醫生那兒看病。也就是說，你可能真的很喜歡一個老師，但四處看看，也反觀自己內心。如果在內心深處覺得不舒服，

菩提道上

每個修行法門所強調的師徒關係都有所不同。在藏傳佛教的修行中，上師(guru)必定值得無條件的信任，而且師徒關係往往會終其一生。在韓國，上人(sunim)輪流教導，所以比丘最後會跟著四個老師修學。

那就不適合你。不要擔心，另有其他人會出現。

一如你自己，每個老師都是獨一無二的人，有些可能會在周邊畫上粗黑的線，明確標示自己的傳承，有些可能是兼容並蓄。就如每個老師都不同，每個學生的需要也不同，因此要各取所需。一個好老師會充分運用種種情況，來幫助你個人的修行。你如何回應，有何領略，這一切都有助於組成這個奇妙不可思議的你。

語詞解釋

在泰國，一個佛教的老師稱為「阿姜」(ajahn)，源於梵文「阿闍梨」(acharya)，意為「老師」。上座部佛教的老師被視為「益友」(kalyana mitra，道友)，並扮演良師的角色。日本禪宗的老師稱為「老師」(roshi，此詞在日文中表示「年高德劭的大師」)，韓國禪宗則稱作「上人」。一如藏傳佛教的修行，在這些地方，學生除了聽從出家法師或在家禪修老師的指導外，也緊跟著老師一對一修學。藏傳佛教的老師是「上師」，分為「喇嘛」與「仁波切」兩種；「格西」(geshe)則是學者。

通常你馬上就能感到一種特別的緣分。除了你內心深處的第六感之外，以下是選擇老師時一些客觀的路標以供你檢視：

● 這個老師是否用你可以輕易了解的方式來溝通？還是你得在心裡把一堆聽起來很陌生的資訊翻譯一遍？

● 這個老師是否很冷淡？他是否面帶微笑？光是很重要的，但溫

暖也同樣重要；除了智慧，也要有慈悲。

● 這位老師與僧團看來是否相處得和諧快樂？他們是否教導並強調戒律？

● 查驗資格證明。這位老師過去和他的老師關係如何？你從認識的人那兒聽到什麼評價？避免論人是非，但要聽聽有智慧的忠告與經驗。

● 是否有一群狂熱的崇拜者圍繞著這個老師？其他學生是否模仿他或她的衣著與說話方式？

● 他們是否主張崇高的目標，還是允諾簡易快速的證悟？他們對於自己的權力是否獨裁？他們是否運用威脅恫嚇的手法？

● 你也要記得：老師只是人，而且也有怪癖與弱點。

僧團是真正安全的地方

這句話引自佛陀。他說的是：當你開始走上修行之道時，你可以獨自前進，或與整個宇宙同行。當被摩羅挑戰時，他以手觸地，請一切眾生做見證，我們修行時也可以如此做。聽著風穿過樹梢的聲音時，我們可聽到佛陀說法的聲音；站在山丘上的陽光中，可看見佛陀說法的身影。

你要愉快的跟誰一起加入呢？在我很高興收到的所有電子郵件詢問中，最常碰見的問題是，「我要到哪裡找到共修的團體？」針對可以上網的人，我在這本書的網址特別架設了一個網頁（Dharma Door, http://awakening.to/sangha.html），可以連結到「在線指引」(online directories)，還有一、兩本書。在《探索之心》(Inquiring Mind)、《香巴拉太陽》(Shambhala Sun)、《三輪》(Tricycle)等雜誌的背面也有不錯的「指引」。

提供初學者兩個訣竅：（一）為了練習在團體中靜坐不動，看看在你住處附近是否有任何基督教貴格派的團體聚會〔電話簿裡也許登記為「宗教教友派」(Religious Society of Friends)〕，可以去參訪看看。（二）想

要調整好舒適的姿勢，可以就近看看有沒有任何禪宗僧團的聚會，找出他們何時開班教授初學者。他們通常會不厭其煩，詳細介紹禪坐姿勢的細節，那是很有價值的訓練（我們將在下一章探討靜坐與姿勢）。

大多數的僧團定期聚會，例如每週一次或每月一次。僧團能加強良好的修行習慣，而且就像在一個鍋子裡煮滾彼此碰撞的馬鈴薯般，磨平粗糙的稜角。你很可能經歷過人際之間類似的心靈交流，例如作家和演員在一群觀眾前，感到一種「有生命的連結」，一種無形的團體心。你在十幾個人面前起身，跟在一千人面前起身一定會有顯著的不同。心覺知到其他的心，這種覺知在僧團中會擴大，我們都是一個巨大生命體的一部分。

僧團就如大海般可迅速恢復生機。我的修行由僧團支撐著，猶如船行水上，同時我也藉著修行支撐著僧團。僧團也是社群的資源中心，僧團成員彼此扶助。僧團是庇護所，是真正安全的地方，且能讓人療傷止痛。就在一個下雨的午後，在禪修後，我的根本僧團中一個親近的夥伴，曾告訴我們他得了末期癌症，他盡力要斷絕止痛劑。他說：「『這』，才是唯一有幫助的。」⑫

無成見的見解與不費力的精進

我們已仔細探討過修行所需要的東西。在開始基礎禪修之前，我想再傳遞一個非常普遍的訣竅（就如我們開始所講的「初學者的心」），好讓你可以塞進口袋裡，有需要就拿出來用。這是在我們的「態度」與「精進」這兩方面，更為詳細的說明。

路標：圓滿的見解始於當下

為何要禪修？

【練習】：拿出一張紙，在頂端寫下這個問題，然後好好地思考。看透表面，問你自己：「我內心深處最要緊的是什麼？我最大的渴望是什麼？我最深的願望是什麼？此外，還附帶有什麼好處？」你

可能會以動詞或形容詞說出答案，而非名詞。例如，這段引自詩人蘇瓦那(Suvanna)所寫的清單：「……練習注意……了解簡單的事物……面對不可避免的困難……在意識清楚的情況下做選擇……欣然接受我的感覺……無言的學習……打開我的心鎖……」

你寫下的東西，就如本章一開始你所拍下的內心快照，要不時溫習。你可能會發現開始修行的理由，和一開始被修行吸引的原因有所不同，且可能為了另一個理由繼續修行。

知道你現在位於何處以及想前往何處，這是件好事。為了到達那裡，最好的想法就是沒有觀點，放空任何想法。覺悟確是最終的目標，但它不能被達到，只能被發現；不是藉由執取，而是藉由放下；那段過程是掃除，而非構築。禪修暴露出一向裹覆著我們真實本性的種種幻相硬殼，且讓我們知道如何輕輕刷洗、磨亮，欣賞真性本具的光芒。是的，禪修能讓你思路清晰，提高注意力，增強第六感，加深慈悲，提升智慧，也許還能讓你具有超能力，改善你的網球成績。但你或許要把這些視為可能的附贈品，而非目標。

努力求覺悟容易造成墮落。這是個構築自我的惡性循環，只是限制了自己的視野。心的真正本質是透明且無可限量的。所以，當有限、虛幻，以及被觀念與見解矇蔽的自我，為追求無我而說出：「我想要（執取）讓自己平靜（同時相信有個恆久、獨立、實體的自我可以平靜下來，並相信那是可以開關的）。」這時，他的追求，只會強化讓痛苦延續的

虛幻自我。那就像坐在椅子上，試圖把自己撐起來一樣（別這樣做）。

除了你的僧團以外，也讓中道作為你的引導。也就是說，別以禪修來強化你的自我意識（「我可以雙盤。呀—呀！」）；也別試圖用禪修消滅你的自我（「出去！出去！該死的污點！」）。從你現在所處的位置開始，以你所擁有的來努力，對別人也對自己慈悲，與宇宙和自己為友。不要急，慢慢來！別擔心得從頭再來一遍。你以為人們為什麼把這稱為「修行」？

精進可以不費力

佛道有制衡的機制。檢視與時時複查自己的想法、態度、意圖，與此平衡的是適當的精進（堅忍、持續與作意）。例如留心語言的陷阱，那可能暴露潛藏的迷惑。舉個例子，有人可能會說：「我想讓內心平靜。」問題是：「你的心在哪裡？」那就如要求把彩虹盡頭的一罐金子拿回來一般——你越想找，它離得越遠。你會發現試圖讓心平靜，通常只會讓它更浮躁，就如野馬看到馬具一般（下一章是關於如何使心平靜）。相反的，你會發現精進可以是毫不費力的。

我們也曾看過精進意味堅忍——規律的修行，它也是持續不斷的，不只是每天，且是時時刻刻的（下一章顯示如何隨時進行觀呼吸）。的確，禪修只是八正道的一部分，但它與整個八正道密不可分。有意識的行為也是禪修，智慧也是如此。「修行」是持續不斷的，不論坐在蒲團上或車子裡，都是禪修。（一個迷路的男孩手裡拿著小提琴匣，要進地鐵時問一個剛從地鐵出來的男人：「我要怎麼到卡內基音樂廳⑬呢？」你知道那個人怎麼回答嗎？「練習！再練習！」）

你不能不知道

- 「修行」意思是發現並持續走在心靈之道上,它不像練習樂曲以便日後公開表演,而是讓你接觸當前這一刻的行為,那比較像音樂家每天練習的音階,不管他們的音樂成就如何。

- 最好的方法是抱著初學者的心態,也就是「什麼也不懂」的心,不論何時都沒有成見或判斷。

- 每個人都能在家裡找到一塊地方修行,每天修行比偶爾長時間的修行更重要。

- 佛堂可有可無。如果你禮敬佛像,那是認可、尊敬並培育內在的佛。禪修時,念珠、法鈴、香也是可有可無。

- 你可能因為對某個宗派有興趣而找老師,或反過來因為對某個老師有興趣而找宗派。選擇老師時,要做功課,並聽從自己內心的聲音。

- 要了解:禪修不是達到某個目的的手段;它既是手段,也是目的。

2 禪修——營本部

本章主題

● 姿勢與伸展運動

● 有意識的呼吸

● 放鬆的身體、寧靜的內心

● 行禪

● 常見的障礙與解決之道

你是否曾碰過這樣的事？你參加一個宗教聚會，到了該靜思冥想的時刻，你雙手合掌，每個人都閉上眼睛低下頭來。過了五秒鐘，咻！結束了（如果管風琴手在幕後隨興彈奏輕柔和絃的話，其實並不十分安靜）。那就像過去一個曾是比較大的慣例的小腳印，一個遺跡，一點線索。雖然已確立的主流宗教法門，在道德體系與智慧傳統兩方面都非常豐富，但禪修的部分卻式微了，所以在禪修方面，它們轉而向東方宗教求教。你在哪裡發現真理，真理就在那裡。

我把禪修比喻成營本部，因為我們活在一個缺乏禪修的世界中。的確，智慧或戒行可以是你的總部，每項都同等重要。但只要把戒、定、慧想像成不可分割的整體，你就會把一切視為禪修的機會；隨著每一次呼吸，你都可以禪修。

當你走在名為「生命」的宗教朝聖旅途中，清淨的禪修是正念的綠洲，在那裡你可靜止下來，重溫願景與誓願。本章與下一章將會概略說明佛教內部與其他傳統中基本的禪修。歡迎來到營本部！我們將從起點開始。

成為佛陀，坐如佛陀：姿勢

考古學家已在印度河谷挖出瑜伽禪坐姿勢的小雕像，年代至少可上溯到五千年前，這一坐可坐得夠久了。當然，當年的雕塑家也有可能是為了紀念靜坐罷工之類的事件。我們無法確定，這些雕像並未附帶解說的小冊子。但只要看著它們，你會有產生一種尊重的感覺，好像光是盤腿而坐這個姿勢，就蘊含無窮的意義了。

在禪坐的標準姿勢「全跏趺坐」中，兩腳各放在另一腿的大腿上。在「半跏趺坐」中，只有一腳放在另一腳的大腿上，另一腳貼著地面或放在另一腳的小腿上，且通常用一個枕頭來支撐這條腿的膝蓋。而在「緬甸式」中，兩腳向內曲，置於身前而不交疊，兩膝都貼著地面。

你是否嘗試過盤坐？盤腿而坐時，你的身體會接到一個訊息：你哪裡也不去。於是，所有連結到生理機能硬體部分的小警鈴——那個時時刻刻警戒環境中各種危險的警報系統逐漸變暗，然後停止不動。雙手不再操縱任何工具；沒有什麼話好說，也沒有什麼事可做，除了在當下靜坐與呼吸之外。此時有其他的東西引起注意，那就是單純的活著；平靜可以是那樣簡單、那樣堅實。

你可以雙膝微張，跪坐禪修。你可以坐在腳後跟、小板凳或直立的蒲團上，如果坐在椅子上，看看是否能不靠椅背而靠自己的力量坐正。

耳朵在肩膀上方：基本姿勢

　　基本原則數千年來一直不變。如果可以的話，就坐在地上的坐墊上，但也可以坐在椅子上（我曾聽人說過他坐在高中禮堂的椅子上時，初嘗強烈的覺悟滋味）。你跟地面的接觸，感覺應該像是穩固的三腳架，以雙膝、坐處作為三個支點。感覺你自己在身體與地面接觸而形成的這個區域中坐定，就如一座山矗立在地球上一般。讓你的尾骨與地面接觸，臀部與肛門微翹。

　　以這個三腳架為基礎，你可能覺得像座金字塔，頭在頂端，上身很挺直。背部必須挺直，氣息與能量才能順暢。想像頭頂在頭髮與頭皮接合處有個小環，且從天上垂下一個掛鉤扣住了這個小環，輕輕地把你從腰際往上提。你腰部以上所有部位都往上拉直，下背部自然向內彎，上背部則自然向外彎（雙肩外張）。你的脊椎是直立且伸展的，不是駝背或彎腰縮背。

　　坐姿要具體表現出尊嚴來。每個人都知道那種感覺，也知道如何具體表現出那種感覺，重現尊嚴，重拾尊嚴。你可以整天都在修行，心裡想著「天上垂下的掛鉤」，想著「尊嚴」。

　　雙肩外張，如此胸部才能舒適擴展。耳朵要維持在雙肩的正上方，而雙肩在臀部的正上方，鼻子與肚臍成一直線，眼睛與地面成水平，但是要收攏下顎，讓你的頭微微向下（你不會想要壓碎後腦或咽喉

的）。或許你可想像自己的頭頂著天。

你的手可以放在膝蓋上，掌心向上或向下均可（馬上會談到更多有關雙手的擺法）。現在，測試一下自己的坐姿。先前後擺動身體，然後左右搖動；找到中心點。

手勢的肢體語言：手印

正如雙腿、雙腳靜止不動的姿勢，傳達一個訊息到腦部（表示我們哪兒也不去），雙手的擺放也蘊含著意義。例如，一本禮儀書可能會告訴你手拿叉子時，小指不要往外翹45度，以免看起來像是「不當的優雅」。對佛陀而言，豎起食指、中指做V字型的手勢似乎是普遍的，類似豎起大拇指。在「肢體語言」的文法書中，手勢至少會占一章的篇幅。佛陀所有的手勢都有意義（不需識字能力就可解讀），譬如他的「觸地印」；拇指與食指相扣，其餘三指豎起，這是「說法印」。

修行人的兩個基本手勢用於鞠躬與禪修。鞠躬本身就是一種禪修，而且只要合掌就可以了，這是表示心靈的

語詞解釋

手指伸直，雙掌掌心相對合攏，一鞠躬（印度語稱之為 *namaskar* 或 *namastey*，泰語稱為 *wai*，日語稱為「合掌」）。除了敬禮之外，佛教徒的手勢稱為「手印」（梵文 *mudra* 原意為「信號」或「戳記」）。藏傳佛教徒特別培養這門藝術。藉由模仿一些外在的手勢，我們可培育出與這些手勢有關聯的內在狀態（手段變成目的；過程變為目標）。

普遍手勢。艾柏特‧杜勒(Albrecht Dürer)⑭有一幅著名的蝕刻版畫，主題是一雙祈禱的手，猶如獨立存在一樣。在東方，合掌是宗教上打招呼的手勢，而非握手。在印度和泰國，人們在胸前合掌，然後高舉雙手到額頭，通常還會接著一鞠躬，維持那個姿勢——雙眼與合攏的雙手朝外，然後順勢向下，遙指行禮者與受禮者之間等距的中央地面上，也可能是四分之一英吋的距離。不管怎麼做，或者是否加上一鞠躬，「合掌」手勢說的是：「我內在的佛向你內在的佛致敬」（無二元對立）。「祝你有愉快的一天！」

法界定印

坐著時，你可將手掌放在膝蓋上。「法界定印」是一個很有力量的標準手勢：將右手手背放在左手掌心上，調整兩手重疊的距離，讓兩手拇指微微相觸，歇放的位置大約與肚臍一樣高。從正面看來，你兩手圍起來的空間就像一顆蛋（拿著這顆蛋不讓它掉下去）。手印後面是你臍下的一點，中文稱為「丹田」，日文稱為「腹」，這點被認為是你真正的中心——就生理而言是整個姿勢的中心，就精神而言是生命力（或稱「氣息」與「氣」）的儲存中心。當你完成這手勢時，也許會聽到整個宇宙給你無聲的鼓掌。不要在意它，那是額外的。

五體投地：禮拜

現在提到「禮拜」恰是時機。伊斯蘭教徒每天禮拜六次。在佛教的禮拜中，先合掌高舉過頭，然後將合攏的雙掌依序下移到（一）頭頂；（二）嘴巴或頸部；（三）胸口（你精神上的心臟）。半套的禮拜需要跪下，以雙手和額頭觸地；全套的大禮拜則接著將兩手沿著地面往前滑動，直到整個人俯臥在地，接下來禮拜者有時保持頭向下，

雙掌微微上舉，然後順暢地以相反的動作順序恢復站立的姿勢。

　　禮拜在中國、韓國與日本的寺院很常見。皈依時需要禮佛三拜，每拜一次就依序分別誦唸：「我皈依佛」、「我皈依法」、「我皈依僧」。在這儀式中我們看到「禮拜」＋「誦唸」＋「觀想的佛像」，統合了身、口、意。

什麼事也不做：多麼輕鬆！

　　不說別的，禪坐至少可以讓你非常輕鬆。在我們這個「試一試做某事」的世界中，可能要花點工夫才能習慣這件事。你知道那句俗話嗎？「別光是坐在那兒！做點什麼吧！」當我們時時刻刻都在動，不停做事情，心就會散亂而不能專注，因此其實從頭到尾並未真正做好任何一件事。

　　禪坐可以僅僅是那麼一件事，你並非努力要達到什麼，所以順其自然就好。你會在下一章學到佛教一個能深層放鬆的「全身掃瞄」技巧，不過讓我們在此先起個頭（我們會從頭開始）。在此可以試試這個練習，你會從頭到腳，一部分接著一部分的讓每條肌肉放鬆。先從頭部開始，頭皮放鬆，臉部放鬆，頸部兩側放鬆，後頸放鬆，兩肩放鬆，以此類推。然後注意呼吸。

　　眼睛怎麼辦？事實上，觀看是個極為錯綜複雜的過程。閉上雙眼通常是開始放鬆的一個方式，那會讓我們從一切的資訊中解脫：直線的邊界分割空間，還包括表面上看來占據大部分空間的各種物體，以及隨時警戒環境的原始後腦警覺系統。閉上的雙眼把視線轉向內部，可以感覺四周且更無界線，可能的危險就是產生幻覺或昏睡。一旦放鬆後，你或許可以再睜開眼睛，保持放鬆狀態，或者半閉雙眼。如果你面對著一堵牆，在牆上找個與眼睛等高的一點，當專注力跑掉時，視線就盯回到那個點上。鼻下三吋處或前方地板約一碼處，都可當成那一點。在僧團中隨眾禪坐時，你也可以將那一點設在前面那個人的背部上。

你知道嗎？光是臉部就大約有三百條肌肉，要讓它們全部放鬆必須花點時間。所以爲何不微笑呢？只要運用這三百條肌肉中的一條，就能眞正讓你覺得更快樂（儘管去試試。就是現在！）你只要如蒙娜麗莎或佛陀般，微微牽動嘴角就可。呼吸，並感受這個微笑。一行禪師曾新創「嘴部瑜伽」(mouth yoga)這句俏皮話來說明這個微笑，他說：「爲何要等到你完全改頭換面、完全覺悟的時候呢？現在你就可以做一個兼職的佛陀。」

你可能會問：「我要拿舌頭怎麼辦呢？」答案是：「舌抵上顎，舌尖在上唇內。」⑮（嗯……）

如果我僵硬成這樣，怎麼辦？──暖身伸展運動

王爾德(Oscar Wilde)⑯曾祈禱：「讓我免除身體的疼痛！」我們只是凡人，難免身體會不舒服。定期規律地禪坐，即使只有短短三十分鐘，頸部與膝蓋也會感到吃力（人類從四足動物變爲兩足動物，重新分配全身的重量時起，這兩個解剖學上的特徵一直沒有多大改變）。此外，當受到壓抑的能量在禪修中開始流動時，讓身體接觸地面是明智之舉（我並非暗示藍色的火花會從你頭頂飛竄而出。哎喲！）。身體的疼痛會自行緩解，只要注意讓我們分心事物的起伏，以及意識流中的任何波浪即可，不要批判，任它們去來。但你並非自找苦頭，所以對於有益健康的愉快修

瑜伽課程中的面朝下狗式（圖左）與蝴蝶式（圖右）等姿勢有助於排除禪坐中的疼痛，練過後會讓你感覺更像個人。

行來說，暖身運動是一項穩固的投資。

請查閱《瑜伽入門書》(*The Complete Idiot's Guide to Yoga*)尋找有關束角式、蝴蝶式、貓式、印度鞋匠式、眼鏡蛇式、搖籃式、面朝下狗式、英雄式、蝗蟲式、弓箭步式、架橋式與三角式等瑜伽姿勢。有關太極拳的暖身運動，請參閱《太極拳與氣功入門書》(*The Complete Idiot's Guide to Tai Chi and QiGong*)，裡面所有的暖身運動都可作爲禪修時很棒的伸展運動。還有稱爲Kum-Nye的藏傳佛教運動，你可能也會想探索。

何不呼吸？你是活著的！

這真是讓人驚訝，不過我們的確會忘了自己時時刻刻都在呼吸。不論是什麼宗教傳統，氣息是基本要素。有什麼東西比它更無常、更不具實體，卻又重要又普遍？在《聖經》創造天地萬物的故事中，人類是以紅土捏造出形體，並充滿了神的生命氣息。有趣的是，《新約聖經》中用以表示「靈魂」的字本意是「氣息」(breath)。因此《約翰福音》第二十章第二十二節中記載「你們受聖靈」，原文的字面意思就是「接受神的氣息」。

我不知耶穌是否教門徒覺察呼吸，但這是個有趣的想法（例如想想《使徒行傳》第二章·第四節說：「他們都被聖靈充滿。」——充滿神的氣息；也

許也充滿對於氣息的神聖性覺知吧？）修習佛教覺察呼吸的基督徒，有時稱它為「在聖靈中歇息」。專注於氣息的禪修，讓悉達多達到圓滿的覺悟，所以他特別談到注意呼吸。佛教可能是唯一在「注意呼吸」上有完整指導手冊的智慧傳統（這份指南稱為《入出息念經》）。

呼吸是普遍且永遠存在的，所有的生物都呼吸，不論何時，不管是否有意識到。呼吸是我們生存狀態不可分割的一部分，所以修習醒覺時，這是最完美且隨時存在的媒介。

一次呼吸的時間就可以禪修，這是即席的迷你禪修，一段可釋放的暫停時間。一次清楚的呼吸：吸氣時，只知正在吸氣；呼氣時，只知在呼氣。一次呼吸的禪修可以是刻意專注的啟蒙，當你花三十分鐘以上的時間只專注於清楚的呼吸時，你的營本部就成立了，你只要清楚地呼吸幾次就能進入這個基地。

接下來會介紹一些有助於專注呼吸禪修的技巧，閱讀這部分，看看其中是否有一項聽起來特別有意思。要立刻嘗試所有的技巧可能太過火了，我們只會探討以下三個可以搭配清楚呼吸的正念技巧：

- 覺知身體
- 數呼吸
- 心咒與偈頌

【注意】：這不是瑜伽。換句話說，你並非在努力控制呼吸，也不是把原來已困難的呼吸變得更困難，你的工作只有觀察呼吸。這聽起來似乎自相矛盾：在不控制任何東西的情況下，控制呼吸以控制心。但這就是關鍵，如果你試圖控制心，它會變得如野馬般更難馴服。

此外，這些都只是工具

現身說法

這是宇宙共通的。你坐著觀察自己的氣息，你不能說這是印度的氣息，或基督教的氣息，或伊斯蘭教的氣息。如果知道如何平靜和諧的生活，你不用把這個稱為宗教或精神性，它不屬於任何宗教派別。

——查爾斯·強生(Charles Johnson)

而已。木筏不是彼岸，你的禪修與鼻子或小腹無關（遑論更接近腦子的上腹部）。基礎禪修是讓身、心、息重新認識彼此，然後看這幾個老朋友如何順暢地一起運作。

鼻子知道肚子裡的感覺

你的「身體」有兩個區域可以幫助你將心集中在呼吸上，然後幫助呼吸來集中你的心。你可將專注力放在「鼻孔」或「肚臍」上。

閉上嘴巴後，氣息會從鼻孔進出。靜坐片刻，就是現在，清楚地重新發掘這個簡單的事實。當你準備好時，把這本書放在一旁，然後看看。注意一邊鼻孔或兩邊鼻孔是否都暢通。另外，把注意力放在鼻孔「最前端」：就讓氣息消散，感受氣息有多麼溫熱——也許是一種溫暖、模糊的愉悅感；吸氣時，感受氣息有多清涼——甚至有多麼芬芳。

另外一個方法，你可以專注在肚臍上。也許你聽過陳腔濫調第一六四號——東方的禪修是「凝視肚臍」，其實注意的焦點不是肚臍，而是稱為「腹」或「丹田」的區域，範圍差不多有一角硬幣那麼大，就在肚臍下三至四個指幅處。如果你的鼻孔是出入口，那麼丹田就可被視為王宮的地下室——一座倉庫、秘密的寶庫。只要以這個穴位練習，清楚呼吸二十分鐘，就能產生平靜的專注，還有與生命更深入、更圓滿的連結。

專注於腹式呼吸，可能和你從小到大被教育的方式背道而馳。我知道我被教導要保持腹部堅硬，像部隊裡一樣。「收小腹！」——那句話是如此說的；因為身、心是一體，所以這命令也適用於情感——人們不是常常說「肚子裡的感覺」(gut feelings)⑰嗎？所以常看見有人深呼吸時胸部擴大，而不是腹部脹大。小嬰兒受驚嚇時，將氣吸進胸部，深怕接觸到腹部有什麼不可抗拒的東西似的。有些人長大以後還保有這個特質，把它當作生命的基本方針（「喔—喔！這可能會讓我深呼吸；休士頓⑱，我們有麻煩了。」）注意入息下沉到身體的哪個部位，別試圖改變或評判，只要觀察就好。

呼氣時腹部自然會收縮，這時肺部的風箱壓縮排出廢氣；吸氣時

腹部自然會鼓脹。將注意力集中在小腹而不是鼻子，注意吸氣時腹部如何充滿氣體，呼氣時腹部如何鬆垂。當你如此做時，隨著一次次呼吸，去感受一種自然「軟化」腹部任何硬塊的感覺。將空氣吸入到腹中任何繃緊之處，吐出一切可以藉此釋放的緊張（啊！）

注意幾回腹部的呼吸後，也許會發現呼吸自然而然比以前更能讓腹部飽滿。如果是這樣的話，只要注意到這點即可；如果不是這樣，也不用擔心。最後呼吸會自動變得深沉、緩慢且平靜。將注意力放在腹部有助於這個過程，這是佛陀的方法：提供養分給自己覺知的種子，讓它綻放為一朵蓮花。

數算每次呼吸

計數是另一種方法，可讓注意力集中在呼吸，並讓心別亂跑。試試這麼做：「平靜地讓自己的氣息隨著呼氣消逝，並對自己說：『一』，然後吸入這個『一』。再次呼氣，開始『二』。」（或者以吸氣時為「一」，以呼氣來計數）。除了呼吸之外，什麼也別想，就只有吸氣、呼氣，還有非常輕快的計數，其他什麼也沒有。數到「四」，就從頭由「一」開始數，如果心一如以往地跑掉了，從頭再來，從「一」開始數。

以下是有關計數的一些訣竅。如果無法從「一」數到「四」，你可不是白癡。我的一些佛教朋友，即使是修行幾十年，依然只數到「四」，如果你能數到「四」，就是個小佛陀了，接著從「一」數到「十」。但切記，你並非在努力達到一個目標；這只是練習而已。

你不必覺得自己像個笨蛋般又回到這種簡單地數「一」、「二」、「三」、「四」，這些都是生命的基本原則。佛教是一個機會，讓我們重頭來過，回到基本、初學者的心。

同時記得把注意力維持在呼吸上，而非在數字上。當準備好時，就能放掉這個平衡輔助器，只要清楚地知道呼吸本身就可以了。就跟「一、二、三」一樣簡單，平靜就是每次的呼吸。

把這種有意識的呼吸當成你的基地——從那裡出發去探索，最後回歸到那裡。那是你在心靈或宗教圈子中可能會聽到的中心或「拱鷹

佛教一本通

架」，那是在如地球般堅不可摧的東西上建立基礎。花費時間、精力在固定的修行上，以維持這個營本部。每天修行多花五分鐘來強化它，直到你能舒服地禪坐，享受呼吸達到約四十五分鐘。

用於禪修的語句：心咒與偈頌

除了覺知身體與計數之外，還有兩個選擇可用來專注在呼吸上，並讓心平靜。這兩個方法都涉及語言文字：

● 心咒
● 偈頌

mantra（心咒）是另一個逐漸成為日常用語的梵文，它可以像是為了幫助記憶，反覆說的一個字或一句話。因此，當我們一再重複佛的名號時，就是在回憶佛陀。它也可以象徵某個能量或神祇，並與祂溝通，藉著正面習性能量的取代，化解我們對負面習性能量的執著。

有個用於呼吸禪修的心咒：吸氣時在心裡說「入」，呼氣時說「出」。每次專注於其中一字，能讓心集中在呼吸上。「入」、「出」，一個字對一口氣。有些人會在心中默念「入、入、入」和「出、出、出」，強調整個氣息。【訣竅】：如果發現自己呼氣比吸氣稍微長一點，那沒有關係。

佛教的「伽陀」(*gatha*)是摘自佛經中的偈頌，或某人對自己心靈洞見的表達。有些偈頌可在心裡默念，你可能把它們視為祈禱文，但其實不盡然如此，因為那並非表達給在我們自己的心之外的任何崇高的神。例如，在《入出息念經》中有一節偈頌：

吸氣時，我知道我正在吸氣。
呼氣時，我知道我正在呼氣。

以這首偈頌作為清楚呼吸的工具，吸氣時對自己念第一行，呼氣時念第二行，這非常適合於二十至三十分鐘的禪修。在禪修時，你可能會發現自己把它們變成內心速記——就只是「入」、「出」兩個字。

你只需要對呼吸保持正念，而非文字。

一行禪師寫了下面這首優美的偈頌，我強烈推薦將它用於覺察呼吸上：

吸氣時，我讓身體平靜；
呼氣時，我微笑。
吸氣時，我清楚知道現在這一刻；
呼氣時，我清楚知道這是美妙的一刻。

吸氣時，心裡想著第一行，呼氣時想著第二行；吸氣，第三行，呼氣，最後一行。然後，回到開頭。領略要訣後，就可運用一種內心速記法：

〔入〕想著「平靜」
〔出〕想著「微笑」
〔入〕想著「現在這一刻」
〔出〕想著「美妙的一刻」

緩慢、深入、平靜的釋放：每次呼吸都是平靜

以上所述，有助於以正念的覺知之光聚焦於呼吸上。一開始，你可能從未注意過自己在呼吸，幾乎大半時間都是如此，誰會去注意呢？慢慢的，你會越來越熟悉呼吸與它的景致。不要試圖改變呼吸，這不是瑜伽。如果氣息綿長，只要注意到這個事實即可；如果另一口氣短促，只要注意它即可。

還要注意每次吸氣、呼氣的開始、中間與結束，並留意呼氣之後如何開始吸氣，不需刻意，新的一口氣就出現了，完全是自動的（喀一噠！）此外，要注意氣息如何流動：是強或弱？是淺或深？另外，也要注意到氣息之間的空檔。訓練自己注意這裡的每個特質。艾蜜莉·狄更生(Emily Dickinson)⑲曾自稱為「陶醉在自然中的醉漢」，不過我們只要做自然的鑑賞家就好了。

呼吸也有助於集中覺知。當你學會越來越投入覺知呼吸時，最後會發現一件有趣的事：不只是你的呼吸，連你的身體、情緒與心都會變得平靜、和緩、深刻。

你也許會經歷到一種一體感，一種釋放的感覺，還有愉悅——也許是一種全新的愉悅。如果是這樣，就好好享受這種感覺。這是你應得的，純粹藉著存活於世而努力贏來的。

禪修帶來的不僅是平靜，還有極大的喜悅（你自己去了解佛陀為何面帶微笑）。真正的平靜。

呼吸是讓身心統合的絕妙工具。鈴木禪師在一場不可思議的說法中，以另一種不同的方式來談呼吸，他稱呼吸為「樞紐」。他說我們吸氣，空氣進入內在的世界；呼氣，空氣跑到外面的世界。內在或外在的世界都是無止盡的，其實只有一個世界——這整個世界。氣息就如有人走過旋轉門般通過我們的身體。「當你的心夠清淨、夠平靜，能跟著氣息的流動，」鈴木禪師繼續說道：「此時就沒有任何東西存在——沒有『我』、世界、身體，也沒有內心；只有一道旋轉門。」

> 現身
> 說法
>
> 「我正在吸氣，並讓整個身體平靜、放鬆。」就如在熱天喝一杯清涼的檸檬水般，感覺自己身體內部變得清涼。當吸氣時，空氣進入身體，讓全身細胞平靜下來，同時，你心中的每個「細胞」也變得比較平和。身、心、息三者是一體，且各個代表三者全體。這是禪修的關鍵，呼吸帶給你禪修甜美的喜悅。你變得愉快、精神飽滿、寬容，而你身邊每個人都會獲益。
>
> ——一行禪師

關掉收音機：讓內心寧靜

「關掉收音機」是羅伯·艾特肯禪師新創的詞，而我很喜歡。你難道沒有立刻領會他的意思嗎？當然，自從他創造這個詞幾十年來，它只是變得更切合時代；也就是說，我們已變成一個原聲帶的文化——

讀書時聽音樂，開車時聽卡帶，走路時聽CD，還有恨不得自己未偷聽到的手機對話。我們越來越沒有機會豎起耳朵，傾聽周遭那百分之百獨特，甚至令人驚嘆的純粹自然之音，不論內在或外在；我們也聽不到穿插在自然之聲間的無聲沉靜。這些預先錄製的人為刺激，通常無法使內心平靜，只會讓別人的工作表與行動充斥內心。讓內心平靜是非常基本的，就是讓內心的語言文字活動靜下來，就如音樂會或電影即將開始時，觀眾安靜下來一樣。

我們心裡內建的廣播談話性節目中的大腦閒談，漸漸消失於幕後——只要我們允許它發生的話。如果無人繼續餵食，酒醉的猴子不會再旋轉調頻紐。那是否就會完全消失呢？「第九十七號誤解」：佛教的禪修將會變成一片空白（喀啦！「關掉」）。並非如此，而你也不是神遊到其他地方去（誤解第九十八號）。相反的，就像幕起時的觀眾，我們停下來、等待、傾聽，然後聽到了，就在當下。

我們自己的禪修營本部會讓我們隨時都能堅定、清晰地覺知，並放下內在喋喋不休的獨白與對話。當我們傾聽而非回應時，可以看到自己的心如何製造一個虛幻的生命與自我意識。所以，我們並不是去改變世界，而是改變自己的心，而後注意到世界也跟著改變了。

菩提葉

當代柬埔寨佛教長老摩訶果裟難陀法師，談到一個年輕的比丘：這個比丘每天精進修學，但對於自己無法學會一切，越來越覺得沮喪，不久就吃不下，也睡不著。最後他去找佛陀，要求離開僧團。「請讓我離開。有很多教理，我卻無法全部精通，我不適合當比丘。」佛陀告訴他：「不要擔心！想要解脫的話，你只要精通一件事。」那名比丘懇求道：「請您教我。如果您只給我一個法門，我會全心全意去修，且確信我會成功。」於是佛陀告訴他：「精通你的心。當你完全能掌控內心時，就會無所不知。」

當你清楚意識到自己的呼吸時，就越能察覺自己的心。我們接下來將探討最恰當的觀心法，以下是有關的三個訣竅：

● 只注意自己注意到什麼，不要下評論。
● 欣賞聲音，也欣賞寂靜。
● 正念、慈悲地對待自己

注意自己注意到什麼

平心猶如靜氣：並非試圖讓任何事情發生，你只是呼吸與觀察，觀察呼吸與它所有的特質，如果念頭出現，也觀察念頭——但別邀它們坐下來一起喝茶。不管念頭的話，它們自己就會愉快地自動走開（「緣起緣滅」）。

讓自己像一面鏡子或山中的湖水，如實地反映出經過它面前的一切。藏傳佛教建議，單純看著自己的念頭，就如坐在公園長椅上的老人看著小孩玩耍般，別注意哪些小孩是你的，哪些不是你的。念頭未必就是你，不去認同它們，它們就會逐漸減少。

注意各種聲音，也注意寂靜

讓心安靜的概念是一種陳腔濫調。禪修並非剝奪知覺的禁閉槽，雖然在真正的知覺剝奪禁閉槽中，你仍能聽到自己的心跳和察覺你的神經系統。所以發現禪修還伴隨著自己脈搏輕微的鼓動聲、呼吸時節奏輕快的笛音、還有身心的嗡嗡聲時，不要驚訝。它們只是沿途陳設品的一部分。

以對待念頭的同樣方式對待你的覺受。你可能會聽到一隻鳥張口啁啾、疾駛而過的消防車上旋轉個不停的警報器、窗子因風吹動發出的噪音。只聽你聽見的一切，不要反應。經過的車輛可能比你預期的更能安撫人，更像是海潮一樣。放下你的偏見與成見，只是傾聽。注意聲音如何以不可思議、無法重複的韻律重疊在一起。它們只是意味著你存在於當下此刻。就讓禪修中一切的覺受喚醒你這個事實，並且繼續享受呼吸。

「音聲禪」（sound meditation）：在一個不受打擾的地方坐下，閉上眼睛，放鬆，緩慢、刻意地做幾次腹式呼吸，傾聽任何傳到耳中的聲音，只用耳朵聽，要豎起耳朵仔細聽，讓聲音越來越清晰，別貼標籤，一切聲音都是「宇宙之聲」或「生命」。把這一切全當成音樂，一首特別的、最現代的交響樂，而你就坐在屋子裡最棒的椅子上。結束時，花點時間重新認識你周遭的環境，並聽聽安可聲。

正念、慈悲對待自己

禪修可能時好時壞，記得要微笑。為何不像母親對待孩子般對待自己的心呢？要對自己慈悲。微笑面對自己習性的伎倆與腳本；讓它們順其自然，慈悲地覺知它們的存在，如此一來就能放它們走。記得：無牆就無門，所以別用頭去撞牆，要對自己仁慈。

這也適用於處理其他人的包袱。當你學會對自己的包袱仁慈時，對其他人的包袱也會如此。對一切眾生慈悲，也包括自己在內。如果不能對自己慈悲，你有能力對誰慈悲？

動中禪修：行禪

「慢慢的，慢慢的，一步接著一步，每一步都是禪修，每一步都是祈願。」這是摩訶果裟難陀法師的格言，我非常喜歡，也許因為我喜歡行禪，因而知道他話中的含意。行禪通常是禪坐後活動筋骨的機會（禪宗禪坐兩炷香之間通常有五分鐘經行，上座部佛教也喜歡在禪坐之間行禪，多半是二十分鐘），它本身可以是一種不可思議且非常有力的修行法。

在戶外或戶內找個可以不受打擾的地方步行，後院、安靜的街道、大而空蕩的房間，或一條通暢的長走廊都可。你可將雙手放在身體兩側，或手結法界定印（這是我的做法）；有些人合掌；有些人會一手握拳並放在另一手的掌心中，雙手大約位於肚臍或丹田處；還有人如斂翅的小鳥般，把雙手背在身後。

檢查自己的姿勢，讓從天垂下的無形掛鉤提起你的上半身，下半身自然垂掛，雙腳距離大約與臀部同寬，如果地形許可，或許可以打赤腳。花一點時間將自己放在呼吸的中央，然後再開始。吸氣時，左腳向前跨步，呼氣時，右腳向前跨步；一步一口氣（沒錯！就是那麼緩慢）。當走到轉角或選定空間的盡頭時，就轉個一百八十度或九十度的彎——兩步即可完成——不會打亂原先的步調。

　　你的功課是要覺知自己的呼吸與動作，讓這兩者能舒適地協調，同時也看看心此時如何與之相互作用。剛開始時，步調要非常非常緩慢。一行禪師有些很好的建議能讓你抓到訣竅：想像自己是國王或女王，每跨一步就頒布一道命令；或想像自己是公獅或母獅，如此緩步而行；或是一朵花，每走一步就一點點地綻放。

菩提道上

　　一般認為，當靈長類動物首次站立起來時，牠們因而能自由運用前肢（喔！一個全新的世界）。於是牠們的腦容量擴增，以因應那樣的挑戰（注意發展的先後次序）。人類，唯一能舒適運用兩腿走路的物種就這樣開始發展。單論雙足步行這個動作，我們可以回收一個古老智慧，它就隱藏在這步調不斷加速且表面不斷變遷的世界之中。的確，一步接著一步，步行創造了我們的這個世界。

　　據說佛陀在覺悟之後，接著行禪：他起身，踩著心靈步伐繞行菩提樹，感謝它在那個漫漫長夜庇護著他。經歷過完全的轉化之後，他付諸行動。

　　對我自己來說，我知道每一步都變成是一趟朝聖，邁步向前走，踏入不可知的領域，擁抱整個宇宙，體認自己和宇宙合為一體，體驗天人合一。感覺大地上前來與我的腳相會，腳掌到腳趾頭依序親吻著大地，心中感謝這個實際上支撐著我之存在的堅實基礎，而之前我都把它視為理所當然。我發現寧靜、平和與喜悅，那種已到達的感覺，到達一直以來唯一存在著的目的地——現在此刻，我們真正的家。另

外，這其實是很好的身體按摩。但這只是我試圖把本身的經驗形諸文字，每個人都會有個人的體驗。嘗試看看，你就會知道。

試了二十分鐘後，注意感覺是否有何不同。若掌握到訣竅，那就恭喜你了！你已在自己的營本部成立了一個新部門，那麼下一次你從中途開始時，就能加快腳步，例如頭三步數「入」，接下來三步數「出」；也可在跨出左腳、右腳、左腳時說：「入、入、入」，然後在接下來的三步說：「出、出、出」。或者可以試試那四句偈（參見前幾節所談的偈頌），一口氣一句偈頌，或去找出適合自己行禪時使用的偈頌。當佛法老師兼佛法園丁的溫蒂‧強生（Wendy Johnson)有天在行禪時，她發現自己在心裡對自己說：「走在綠茵大地上」（吸氣），「每步都是寧靜」（呼氣）（她說這些字詞從腳掌傳到她心中）。你自己試用看看吧！

行禪的一些訣竅：

● 讓呼吸與步行協調，保持那樣的狀態就好（這比試著邊走邊嚼口香糖要微妙——但不見得比較容易）。

● 做見證時，卸除一切成見。你正在為宇宙做見證，也在證明你是宇宙不可分割的一部分。

● 一如所有禪修，行禪猶如舞蹈——你並非努力要到達某個特定的地點。沒有目的地，因為你早已到達——就在當下，就在此刻。

● 注意你注意些什麼，但別執著。當歡樂飛逝時，向它吻別（一群翅膀上有橙中帶綠虹彩的蒼蠅在馬賽克地磚的一堆糞便上嗡嗡地飛來飛去，這景象就跟帶著香氣的晨曦透出雲端一樣完美）。練習平等心。

● 如果你分心，就看著前方地上約一碼處，或是在團體中看著你前面那個人的背部。

- 記得練習嘴部瑜伽。
- 只要跨出平靜的一步，你就是正在肯定世界和平是有希望的。別只是想像，讓自己成為和平。

初學者問題的急救箱

老師和僧團是你在佛道上遇到障礙時的最佳良藥。同時，這裡有一些從「標準操作程序」(Standard Operating Procedure)非官方手冊中引用的療法：

- 禪修時胡思亂想很自然，別因此痛責自己。只要一次次從頭再來過即可。
- 有時你在禪坐時會覺得有點頭暈。這時要稍微打斷一下，在呼氣時多加上幾拍。呼氣比吸氣長，可以讓你體內排出多餘的二氧化碳。然後再開始（你之前可能有強迫呼吸的情形）。自然呼吸，不要勉強為之。
- 如果你的身體轉圈搖動的話，試試看這個方法：慢慢深吸一口氣，讓氣息充滿肺部，然後充滿腹部；然後慢慢把氣吐淨，從腹部到肺部。重複做兩次後，回到原來的禪修。
- 如果你一天無法挪出四十分鐘，那麼試試看找出三十分鐘，甚至二十分鐘也行（如果你連五分鐘都沒有，就要檢視自己的生活了）。布置一個舒適的區域，然後把周邊擴大。定期規律地修行。
- 不要期望結果。細微、逐漸地改變，和急遽、驟然地改變一樣好。如果有朋友說你最近看起來更平靜或更快樂，你就沒有走錯路了。
- 對自己仁慈，如此你將發現自己看到更多與他人的連結。
- 你無法踏入同一條河流兩次，別期望今天的禪修和昨天一樣。

世界上所有的小訣竅與技巧就這些了：數到「四」或「十」，使用心咒或念珠，它們可能會很有用。當你運用時要好好珍惜，但別執

著。就如指著月亮的手指般，但手指不會是月亮。一旦發現自己已到達彼岸，就別把木筏像帽子般戴在頭上到處走；放下它，向前走，需要時再回來拿。

所以，現在什麼都別做，只要禪坐就好！

你不能不知道

- 禪修就如人們談到成為中心時，所指的那個中心。那是個基礎，定、慧與戒三者形成不可分的整體，這個整體是持續修行的關鍵。
- 姿勢很重要，身體不是我們應該逃避的某個東西。
- 呼吸是身、心之間的一個自然介面，我們隨時都可運用。有意識或正念的呼吸意指察知你的呼吸，僅此而已。
- 別試圖控制呼吸或心，只要好好覺知即可。停下來＋只要覺知，如此就能平靜你的呼吸和心。
- 讓心平靜不是意味變成一座石像，企圖驅逐念頭與控制內心只會製造更多念頭，並讓心更躁動不安。單純的覺知能清除內心的紛亂，讓心智敏銳。
- 行禪不只是伸展運動，更是有效的修行方式。
- 友善對待自己的心，每個人都會遭遇困難；向他人汲取智慧，處理禪修中常見的障礙。

3 内觀而了知——觀禪

本章主題

- 停止並觀看：平靜與內觀
- 內心標記：情緒智商的正字標記
- 身體掃描：完整的調整
- 觀基本元素：我們與宇宙的關連
- 觀無常：洞見轉變
- 慈：悲、喜、捨的基礎

你最近一次經歷「啊—哈！」的經驗是在什麼時候？「啊—哈！」的經驗可能是你發現了一直在找的鑰匙，並了解為何不記得把它們擺在哪裡。你可能在公園裡看著幾隻小狗的行為時，突然間，啊—哈！你想到了心裡一直在思索的一個謎題的解答。我們都有「啊—哈！」的經驗。而且，就像了解把兩塊積木並排之後，就能在上面放另一塊積木一般，許多小小的「啊—哈！」經驗的累積會導致更大的「啊—哈！」。覺知能導致內觀，內觀能導致智慧。啊—哈！

希伯來文中，有個字可以表示這種「啊—哈！」的經驗：Shazam!⑳正好擊中眉心的一道晴天霹靂。那也可能來自於內在，且是溫和的。向內觀或向外觀，內或外，你無需擔心這些表面上的二元對

立。學會深觀的力量，穿透牆壁與面具，看到佛陀正確的老師——你本身活生生的心。

這是上座部佛教修行核心中的核心，也稱為「毘缽舍那」（觀禪）。概述之後，我想你會了解這教導為何會蓬勃發展。

停止並深入觀察：止與觀

既然你知道如何建立自己的佛教營本部，你就已經掌握「止」（*samatha*，奢摩他）與「觀」（*vipassana*，毘缽舍那）這對雙生概念的某些部分了。正如前一章所述，基本的禪修使內心平衡、冷靜、敏銳，這在梵文稱為*samatha*，意思是停止、冷靜及專注。停下你以為自己正在做的任何事情，並檢查實際上發生什麼事（「打電話回家」）。「止」讓你從內在及外在惱人的分心事物以及電波干擾中冷靜下來，並讓你放鬆，進入專注現前當下的一境之中。

不論何時，「止」都是一種非常好的練習。覺得自己如彈珠台裡的彈珠般被打來打去，到處碰壁，這種感覺並不少見。今天不斷加速的步調，讓單純存在似乎變得越來越困難了，但其實存在是很容易的。當你看到或聽到什麼，例如喚醒你的心的一隻鳥或一個小孩，這時就要將之當成是生命在呼喚你，把它視為一個當場練習「止」的機會。停！感受你的呼吸，檢視當下此刻（你可以鞠躬或不鞠躬，那是額外的）。

我們已看過八正道中的正定如何引發智慧。現在，以「止」作為禪修的基礎，如此一來，我們將可以看到它的反面或孿生兄弟——「觀」。在梵文中，「觀」稱為*vipassana*（意思是透視的洞見）。「止」讓你的心平靜、清晰、敏銳、自由；「觀」從這裡透視事物根本的特質，透過親身經驗直接看到實相。實相是什麼？正如我們從「三法印」中學到的，一切現象與事物都是：（一）無常；（二）相互依存，因此缺乏任何獨立的自我；（三）超越二元對立，是解脫、涅槃（遍及一切事物的苦的反面）。

當內在建立正念時，我們看到事物的本來面目，而我們從這裡可

以親自檢驗佛陀教法的真理，並獲得洞見。

以自己的經驗當作實驗室，在正念的狀態下，我們能深入觀察四聖諦。佛陀的一生提醒我們，他的方法是以自己的生命來了解生命的意義。在停止苦行之後，他的感官更能集中於現前一刻；持守正念，他能專注在每個時刻的任何一面，並由此通向洞見三法印與四聖諦。當他發現是人心塑造了世界，以及如何回應世界時，他以自己的心作為鑰匙，去了解心本身的特質。

所以，我們也同樣可以停下來，發展我們的定力，並深入觀察自己的生命。想要打破一個具毀滅性的習性，我們可以冷靜、清楚地檢視業報，深思日常行為及其結果的根源。正如知名的緬甸內觀禪師葛印卡所說，「整個過程是完全的證悟，自我證悟的過程，是屬於自己、憑藉自己、於自己內在的真理。」

菩提葉

> 內觀的核心經典是《念處經》。正念建立於身、心之上：（一）身體；（二）感受；（三）意識；（四）意識的對象與內容。「三法印」適用於以上四者中的任何一項。

在日常生活中，與止、觀以及這兩者之間有關的例子，我們可以仔細思考早期流行於中國佛教的一部論書《成實論》。這部論書提到，如果「止」如一片平靜的草地，那麼「觀」就是在這片草地上播種；有了「止」，你可以一把抓起雜草，有了「觀」，你可將雜草連根剗除。「止」猶如把豆子浸在水裡，「觀」則像烹煮豆子。

停止並深入觀察

	止	觀
意義	止息與平靜	隨觀與洞見
類似於……	專注與禪定	智慧
喻例	清洗	磨亮
喻例	抓牢	斷除

對於這一點，佛陀所說的話是明顯且容易理解的，你自己來看看。觀禪有好幾百種方法，本章後面會專門討論其中五種：內心標記、身體掃描、觀基本元素、觀無常與修慈。我想你會發現這五者都反映出佛陀的科學觀點，探討它們時，你將會親眼看見。

語詞解釋

上座部佛教涵蓋整個巴利藏的經、論，「觀」只代表上座部佛教數百種資源中的一種。這種修法，相對上並無什麼譬喻或儀式，師徒關係不拘形式，加上譯成西方的慣用語彙，所以成為上座部佛教「進口」到西方的產物中最受歡迎的。

標記癢處，不抓癢

從你現在所處的地方開始，就在此刻，你的生命蘊含豐富的機會。以「止」作為心專注於一境與平靜的營本部，你可運用「觀」來獲得洞見，並了悟實相的本質。

現在介紹一種修法，這是以深受歡迎的緬甸禪師馬哈希(Mahasi Sayadaw, 1904-1982)所推廣的一個技巧為基礎。他教導「標記」(noting)的過程，這對「止」與「觀」都有用。我們已簡略提到這一點，就在前一章談到以「注意自己注意到什麼」作為讓心平靜下來的方法。讓我們回顧這個方法，並看看它如何也能引發洞見。

基礎禪修——靜坐，讓老醉猴般的心有機會清醒過來。給自己一個機會，我們的心可以平靜、清澈且能洞見，只要退開一步，不去干涉它。「努力」、勉強可能只會讓心更難以駕馭。一旦我們放下考驗與苦難的戲劇遊行，就能度過暴風雨，並到達當下此刻，那是我們一直以來實際所在之處。我們的心處於這種狀態，處於它的本質，猶如森林中寂靜的湖水，四處圍繞著有欲望的各種動物，牠們就在不遠處的灌木叢中。無論什麼東西經過它前面，寂靜的湖水都會一一映照。萬一有人朝湖中丟小石頭，就會看到小石頭直沉湖底。

住在自己的呼吸之中，並配合標記呼吸的細節。心裡靜靜地標記呼吸，並讓自己維持在平靜、禪定的狀態中，同時深入更微細的細節。覺知並標記呼吸過程中的各個階段：「鼻孔上芬芳的空氣……空氣充滿鼻孔……腹部膨脹……」等。體驗呼吸——沒有實體、界限且自由自在，或它表面上給你的任何感覺。看看「標記」是否能打開你的自覺呼吸，讓你更能專注於呼吸，同時也看看那是否讓你覺得更平靜，頭腦更清楚。

當心到處遊蕩時，你要做的只是在內心做個標記，並對自己說「心跑掉，心跑掉」（或者標記成森林中湖水的「漣漪，漣漪」），下一口氣再回到當下。如果你的心沒有跑掉，那很好，只要享受自己的呼吸。

在你享受內心本來的平靜狀態——它的真實本性時，經過十五到二十分鐘後，「觀」就出現了。如果心在此時跑掉，注意它，觀察心的散逸如何因為受到注意而自行消失，然後花一會兒時間，深入觀察心的這個特質如何顯示出「三法印」、「四聖諦」的佛法層面。運用你注意到的任何現象作為良機，探索你的真實身分，還有你與一切存在的關係。

標記的訣竅

以下是內觀修道上的一些訣竅。

心的散逸可能很難追蹤。起初，你甚至根本都未注意到自己的心，就如可能未注意到自己從來不曾活在當下一般。然後，一旦你開始注意，你那顆遊蕩的心似乎在你停止注意之前一直沒有止息。在這種情況下，你可能會標記：「心跑掉，心跑掉；八分鐘」（約略估計）或「心跑掉，連續不斷」，然後再回到當下。

別像體育播報員一樣捲入連續不斷地評論之中；也就是說，別對自己的標記下評論，更別如兩面鏡子對照一般，對著評論下評論，永無止盡。一旦發生這種情形，你就會知道我的意思。所以，別對自己說：「我現在記得上一次注意到自己的心像這樣，並像那時一樣自覺羞愧。」只要標記：「記得，記得」就好，然後繼續往前走，無需敘

述一整串聯想，反正那永遠也不可能重現。

別下判斷，沒什麼是錯的，不要責備。

靜止，是一種順其自然的狀態，如是。猴子般的心小小的跳躍是喋喋不休的「我喜歡」、「我不喜歡」，還有比較中立的「還好啦」。你可能會驚訝地發現，原來有這麼多的心理活動是委身在這種豎起大拇指、倒豎大拇指上，還有無所謂的聳聳肩的舞動上——你也會同樣驚訝地發現，不再隨之起舞有多麼令人如釋重負！

對於通過心中的念頭與覺受，有三個基本普遍的「立可貼標籤」：

- 「……吸引力，吸引力……」
- 「……反感，反感……」
- 「……中立，中立……」

內心的標記可以用動詞表達，然後看看你是否可以不用「我」當主詞來敘述自己的註記；不是「我察覺到我的手指刺痛」，而是「手指刺痛」。隨著你繼續練習，可能更進一步簡化為「刺痛」(有些修行人重複這個註記，像友善、溫和的鈴聲般，如同我一向所做的，例如「刺痛，刺痛」)。

你也可能會驚訝地發現，只是標記就如此有力，猶如每個註記都有一滴祕密配方的清潔劑，可以溶解塵土污垢，並磨亮原來閃亮的佛性。只要用它輕輕一擦即可。

一如基礎禪修，標記是個溫和的過程。要順流而下，別逆流而上；別讓註記使自己成為拿著釘書機在路燈桿上釘海報的人。只要用內心的「立可貼標籤」輕貼當下的一刻，然後繼續往前。這方法的用意是要「注意」，而非「反應」。停下、觀察，然後繼續前進。

由標記而獲得的洞見，就是你對「三法印」的體證：念頭與感受是無常的；缺乏任何恆久、個別獨立的自我主體性；苦難之門如何洞開，通往涅槃。

將修行內化

經過練習，你可以一直從事標記禪修，二十四小時／七天，而不

只是在蒲團上用功而已。例如行禪時，注意動作，把它當成一連串個別的感受。要舒服、緩慢地走，也許吸一口氣走一步，或呼一口氣走一步，同時註記：「伸出左腳跟」、「左腳跟觸地」、「左腳前掌觸地」、「右腳腳踝向上迴轉」、「左腳腳趾觸地」、「右膝彎曲」、「左腳與地面完全接觸」、「右腳跟離地」……。當你直接感受步行時，能否看見它有多麼無常，且無任何個別獨立的主體性？步伐除了在跨出的每一步之外，還能存在於何處？此外，如果在任何階段有感受伴隨出現，例如害怕跌倒，或因穩固而心生感激，標記這些感受。如果再次出現，將正念導向那裡，並探詢是否有任何事物與它們連結。

舉個適當的例子：昨天晚上，當我在俄羅斯山丘(Russian Hill)上散步時，突然感到一陣強烈的噁心與胃痛。我發現我對自己說：「噢！我好痛！噢！我無法讓疼痛消失！無法專注！我快不行了！完蛋了！」等等。我幾乎要開口大叫媽咪了，這時我發覺自己都還沒做任何標記，於是住嘴，離開自己的老路，標記這個覺受——「肚子痛，肚子痛」，然後，砰！那感覺就如紙牌堆砌的屋子般崩塌，且像電視畫面在切斷電源後消失不見一樣。取而代之的是我對腹部的覺知，它隨著我呼吸早春夜晚的空氣而上下起伏，而我又能專注在每一步了。當我走路時，稍稍檢查了一下，感覺胃痛是一直並未面對（無法接受）的壓力累積，而我也的的確確對此滿腹牢騷，而不願面對它、接受它，看到它原來是我所執著的一個假象，然後繼續向前。

所以，去標記出現的感覺很重要，體驗這些感覺也同樣重要。佛教並未要我們忽略害怕、憤怒或情緒上的焦慮，而是建議我們在經歷這些感覺時保持正念，它們就不再具有威脅，不再主宰我們。例如想像你現在參加一場籃球賽，你聽到有人高喊：「嘿！大家看，這裡有個小不點兒。」如果那人看到你有反應，他就知道擊中你的要害了。他只要大喊「小不點兒」就能讓你失焦，投籃不中。但如果你感受到這種厭惡，注意到它在你的自我形象的根源，並評估若起反應會對這場比賽造成多少負面影響，那你就不會受到感受的操縱。此時，你有很高的「情緒智商」。

「標記」是轉變的一項工具，它提供一段必要的距離與過程，讓你微笑面對不受歡迎的習氣，並放下它。當你冷靜標記時，就能抓到自我的種種習性、特質與假象，並破壞它們，然後當你放鬆進入解脫時，讓它們崩潰消失。標記用的小小立可貼就如框起某個東西的括弧，它讓這東西可被移除、觀察、檢視、了解，然後放下。無需丟掉什麼，丟棄太強勢了，只會再造業來承擔。而「標記」讓你有機會看看什麼對你有效，且讓你為未來灌溉這些種子。

　　（【問題】：「裝好一顆電燈泡需要多少內觀禪修者？」【答案】：「兩個，一個去做它，一個去注意它。」）

代表正念的中文：上面是「今」，下面是「心」。「念」就是把心拉回現前這一刻。只要呼吸一口氣，就能讓身心合一，住於現在這一刻。（左邊是楷書，中間是行書，右邊幾近行草）

書法：棚橋一晃

觀身體：身體的智慧

　　「常見的誤解第七四六二號」：「禪修完全是心理方面的。」正好相反！佛教讓人有機會整合言語、行動與內心，讓身體、精神、心理結合為整體。

　　接下來兩種禪修的中心是身體本具的智慧，還有充滿情緒與精神共鳴的許多覺受：（一）身體掃描；（二）觀基本元素。接下來的兩種禪修，針對無常與慈（類似友善與慈愛）。它們本來是要作為一種速寫好讓你思考，連帶一份公開邀請，讓你在老師的引導下進行這些禪修——如果你喜歡它們的話。

身體掃描：大掃除

　　頭一次嘗試時，慢慢開始。給自己四十五分鐘至一個小時的時間，來做這項葛印卡禪師所推廣的禪修。只要你了解並練習數次之後，就會開始發現一種模式。一旦熟悉了這個模式，呼吸幾次就能從事這種禪修了。

　　做法是仰臥，雙臂放在身體兩側，兩腿不交叉。注意呼吸，如此呼吸數次後，將注意力轉移到左腳腳趾。繼續注意呼吸，並看看腳趾有無任何覺受。想像自己的吸氣正在碰觸身體的這個焦點，而呼氣是把任何一絲緊繃吐出。當緊繃與情緒獲得釋放時，加以註記，並注意自我意識如何隨之改變。

　　注意腳趾一、兩分鐘後，繼續移動到左腳腳掌。住於呼吸，並專注於腳掌一兩分鐘，接著往上繼續做，直到完全掃描完左腳。然後以同樣方式掃描右腳。在整個過程中，看看有無差別。

現身說法

　　你的身體可沉入床、墊子、地板或地面，直到肌肉絲毫不再用力，而能讓你保持完整，這是肌肉與控制肌肉的運動神經的深度放鬆。如果你允許心保持開放、醒覺，心會很快地聽從你的指示……在呼吸的是整個身體，整個活生生的身體。讓整個全身上下保持正念，此時便能調正馴服整個身體，成為你的存在與生命力的焦點，並提醒自己：不管你是誰，「你」不只住在你的腦袋裡。

　　——鍾・卡巴辛(Jon Kabat-Zinn)[21]，摘自其暢銷書，這本書有個很棒的書名《你到哪裡，你就在那裡》(Wherever You Go, There You Are)

　　掃描完腳之後，接著往上移到腳踝、小腿、膝蓋、大腿、臀部等。在任何緊張或疼痛的部位與有毛病的地方停留久一點；掃描頭部時要多花點時間。如果你覺得牙床有絲毫緊繃的話，要標記，然後讓它放鬆。同樣做法也適用於下巴、後頸、嘴唇、舌頭、硬顎、鼻孔、

雙頰、眼皮、眉毛、額頭、太陽穴，以及整個頭皮。

最後把注意力放在頭頂——頭髮與頭皮的接合處。當你如此做時，可能會感覺得到你自己的全副骨架。一、兩分鐘後，將注意力移到頭頂上方數英吋的一點，讓注意力的焦點從這一點消失在虛空中。

你是否覺得現在和剛開始時有所不同呢？是否有注意到哪些特定的部位是壓力或情緒的蓄積處呢？日常用語反映出這種覺知——當我們說某人把全世界扛在肩上，或說生命可讓人脖子不舒服㉒等等。身體蓄積情緒的四個關鍵處，是臀部、肚臍、胸部和喉嚨。挺直下背部，與地面接觸，這樣做能將臀部推出，有時可釋放抑制的怒氣。臍下的丹田可以發揮溫暖、強壯、集中的情緒影響力。胸口是精神與情緒的中心，黑暗、緊裹的悲傷，以及明亮、廣闊的愛都儲存在此。還有，喉嚨這個將感覺形諸語言的使者可能會覺得緊繃或脹滿了，就像想流淚或高歌時一般。「標記」讓人能注意到體內緊繃的繩索與貪婪的硬塊，那使得我們無法自在流動；它也能讓我們檢視自己正抓著什麼不放，或自以為抓住了些什麼，因為通常緊抓不放的結果，往往不是當下此刻存在的，它埋藏在身體中，就如閣樓裡藏著的傳家寶。執取就是貪著，而這種掃描是個撫平身體硬塊的好方法——一直以來我們都把自己綁縛在這些硬塊上。

看起來危險的情緒狀況在最嚴重時，這種覺知也非常有用。首先，我們可藉由「標記」來緩和任何的危機感，不是對自己說：「喔！不妙！世界末日到了。」而是先標記這個驚懼感：「感到生氣」、「感到防備」之類的。然後標記這種感覺「住在」身體的哪個部位。一旦標記「緊縮的胸口」或「頭昏腦脹」，那樣的覺受可能會消散，而障礙就可能產生洞見。

禪修並非要變成情緒的僵屍，而是有個機會去：（一）根除不受歡迎的感受與習性；（二）灌溉善的習性與感受的種子；（三）建立並維持自己握有抉擇及能明智抉擇的覺知力，而不是讓情緒淹沒自己或不經思考的反應。我們在結論時，將會針對情緒多談一些；同時，我們也會介紹更多的身體運動，讓你能和宇宙合而為一。歡迎你回來！

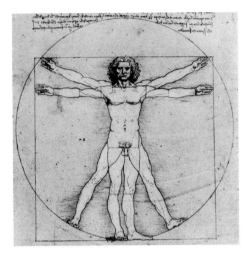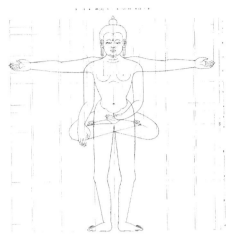

停下來禪修完全合乎理性。我們語言裡的兩個詞，「理智」(reason)和「理性」(rational)都源於「比例」(ratio)，即「相對關係」(relation)。同樣的，「禪修」(meditation)也源於一個表示「度量」(measure)的字根。上圖兩個人形都以人類的尺寸來衡量宇宙（小我與大我）──兩者方式不同，左邊達文西繪製的人像，四肢向外伸展圍出一個圓（無限，永恆）；右邊的禪修者將四肢往內曲，讓自己本身變成一個圓。

現身說法

> 當海浪轟隆隆地往海平面退去時，它的波紋以類似的比例重現在我們的肉體內……我們極端複雜，血液與荷爾蒙基本上是海水與火山灰，經過凝結與精煉。我們的皮膚和楓葉及蛾的翅膀的化學性質相同，體內調節的流體和新生太陽的分子流一樣，神經和閃電的光是相關的事件，在不同層次上被編織為大自然的一部分。

觀基本元素：自我在哪裡？

觀基本元素，讓你能親身經驗習慣稱之為「我」的那個東西，是如何受到種種條件的限制，也讓你經驗到一種更不受限制、更不依賴條件的存在實相。如果你願意，還可經歷從單純的存在到相互依存的轉變。這是一個有人在旁引導的禪修，起初是由禪師作家魏斯·尼斯克爾教我的。

練習基礎禪修中，禪坐時思考你與「地」的接觸，在那個空間坐定。美國原住民公開表示：「大地是我們所僅有的。」去感受那份重

要且堅實的連結。你可能會試著想逃離，但你永遠無法掉到地球外，所以地球止於何處，而你又始於何處呢？仔細思考你如何在新陳代謝中輸送地球的礦物質，地球的沉積物就在你的骨骼裡。當你多呼吸一會兒時，保持覺知。接下來思考「水」。我們人體有75%是液體，體內的流體是主要的運輸系統，讓一切緊密結合。感覺你自己就像一袋水。現在想想新陳代謝的鹽分如何正是海洋的鹽分，感受海水如何流過你全身上下的血管和淋巴。我們就像潮水一樣，也受月亮盈虧的影響。

想想你的血液、汗水和眼淚（聽起來多像個搖滾樂團的團名！），還有尿液、黏液、膽汁及關節液，把這一切與雨水和河流連在一起。把這水看成生命最初出現的地方，並保持這種覺知。然後我們的禪修就轉向「風」。思考大氣如何包覆整個地球，到處充滿每個空間。當吸氣時，注意自己如何不假思索地吸氣，肺部自然而然地運作，和宇宙一齊膨脹、收縮。感受我們都歸屬在大氣的節奏中，吸氣時，想著自己正吸進樹木呼出的氣，而自己呼出的氣則被小草吸入。其實沒有內或外，只有一個不斷連續的動作。感覺體內的那個運動，並與寬廣、無限的風的意識合而為一。正如呼吸的氣息不屬於你，以同樣的方式思考為新陳代謝添加燃料的「火」。

我們吃進葉綠素時，實際上也連同太陽一起吃下，並透過體內的營火保持溫暖。思考這火如何穩定地維持攝氏36.5度的體溫，讓新陳代謝保持平衡，不斷成長。維持這個灼熱明亮的溫暖，這就是你，這一切都是。

一個內觀指導者能帶你更深入這趟旅程，但在此同時，我希望對於你的凡夫之軀與不朽的基本元素間的相

互依存，我已在你的心中激發出些微謙遜的感激之情。因為它們存在，所以我們存在；我們從這些基本元素產生，我們存在著，且也終將回歸為這些元素。

觀無常：今天存在，明日消逝

佛陀說：「叢林裡的足跡中，大象的足跡最大；所有的覺知中，對於死亡的覺知最為殊勝。」所以傳統上，佛教徒一向到墓地修習無常觀。還有什麼比這個更有力的方式，能讓人看透恆常持久的自我幻相？

在《念處經》中有一節內容，一步步地引導修行者禪修，想像他或她自己的死亡，變成一具屍體，屍骨在烈日的曝曬下變白，最後變為塵土。我曾在一座博物館中看到一只由人類頭蓋骨製成的西藏高腳杯，這杯子的目的是要讓使用者想起生命的無常。

這對一個寧願將死亡掃到地毯下掩蓋起來的文化來說，是有點吃不消。就如伍迪艾倫所說的，「我不怕死，我只是不想在它發生時在場。」對於有建設性及能以正念覺知死亡的過程這方面，更多的探討則放在本書最後一章。

對初學者來說，我建議只要讓生命教導我們無常即可。生命的無常是一面鏡子，在當中我們遇見自己的無常，且解脫源於無明的恐懼。透過季節的變化，還有自己的以及周遭其他人的人生變化，我對日常生活中的「變化」，保持正念。當我看到秋天第一片葉子離開它生長的樹枝，輕輕飄落時，它教導我信賴的意義，就如此簡單，而新綠的嫩芽永遠都是一則驚奇。小孩子開始上學，組成家庭，然後有了自己的孩子。當我看到家族中的長輩以聖道自持時，我感謝他們為我的將來打好基礎。此外，住在加州，我親眼目睹土石流、停電、肆虐的風暴性大火，還有地震——次數多到連房地產仲介業者都開玩笑說，要在亞利桑那州賣濱海房地產的地步。洞見讓我們看到執著或依戀（特別是對自我的觀念）必然會造成的痛苦，超越這些，我們就能親自看見憂患中的智慧與無我的慈悲。

慈心：內心健全的良藥

你的心還好嗎？當我們說某人心很好時，不只是說他血壓正常而已。與善心有關的特質有寬廣心、同理心、慷慨、慈心與悲心，甚至還有所有佛教徒戮力以赴的理想——智慧。接下來這種禪修完全是關於心的按摩，如果你發現自己的世界中有太多的陰霾或沮喪、焦慮、恐懼、憤怒，你可能會對這種禪修有興趣。

崇高的境界：四梵住

佛陀有教無類，無視於教導對象的階級地位或宗教信仰。據說有個崇拜梵天的人去向佛陀請教：「我如何確保死後會跟梵天同在呢？」佛陀用此人能理解的方式回答他。他教導一種簡單的法門——「梵住」（*Brahmavihara*），此詞可譯為「神的住處」或「住在天堂」，也就是崇高的境界。因為梵天就是愛，所以這種禪修能把心門打開。於是佛陀對這個人及我們所談的不是來世，而是心中的天堂國度，神的住處就在人間此處，無可限量。

有四種崇高的境界或能量——慈、悲、喜、捨，是我們自己就能產生的。如果生活中有這四者，或生活在這四者之中，我們的心就會變得和生命一樣無可限量，和宇宙一樣寬闊，這些能量的來源無窮無盡。在我們探討第一項之前，要先注意佛教的智慧，我們要如何辨識與不善巧的能量近似、卻又與之不同的某些境界，這是很有意思的。也就是說，這四者中的每項都有一個「遠敵」，即明顯與之相反的特質；每項也都有一個「近敵」，也就是介於前兩者之間。「近敵」就如有毒的仿冒品，欺騙我們，是讓人信以為真的替代品。它強化人的自我意識與疏離感，因此能輕易地將我們推入「遠敵」的狀態。舉例來說，濫情本來就隱含執著，而憐憫暗示著優越感或恐懼。

四無量心（四梵住）

美德	近敵	遠敵
慈	濫情／自私	惡意／憎恨
悲	憐憫／悲痛	輕視／殘酷
喜	愁悶厭倦／憤世嫉俗	羨慕／忌妒
捨	冷漠／漠不關心	憤恨／貪婪／瞋

「慈」（巴利文 *metta*）譯為「仁慈」，是一種友善的態度；「悲」（梵文 *karuna*）是一種與某人感「同」身受的能力，而非「為」某個人感受的能力，因此比「慈」略為積極主動；「喜」(*mudita*)是對自己或他人的好運、成功立即反應的喜悅（緊抓著明星生涯的媒體八卦工業，是偽造的「喜」）；「捨」(*upekkha*)是不執著，是平等心，建立在徹見事物本來面目的洞見上，它被視為四無量心中最接近覺悟的一種境界。「捨」在印度語中的同義詞是 *tatastha*，意思是坐在河岸看著水流的人。

有慈心，情況就改善

開始修慈時，找出自己內心中的仁慈，或僅是對自己友善。當然，一開始先停下來靜坐，向營本部報到。當你維持在平靜中時，把正念集中在對自己個人健康、快樂和一般福祉的感覺上。也許你覺得自己相當不錯，但對某些問題特別容易受傷，或甚至相當脆弱，例如疾病或不安全感。

接著，看看你能否將這所有的感覺（不論是正面或負面的）都納入你已熟悉的一種感覺，一種與無條件的愛、仁慈或僅是友善與善意的態度產生共鳴的感覺（我用「友善」這個詞，因為「友誼」不像「愛」有那麼多的含意）。不論你稱它為什麼，背後的含意是別試圖伸手從某個虛構的架上取下什麼新的感覺，而是運用個人的經驗，也可以取自於記憶中某人或動物的例子。寵物也表現出友善與無條件的愛，一如小孩子或甚至植物的表現。我們現在集中注意的這種感覺是一種自然的力量，

在你自己身上，也在你的四周。這種能量稱爲「慈」。

「慈」打開你的心，對你自己，也對你周遭的人，甚至對你所憎恨的人，以及對全世界。以對自己敞開心門作爲開始，如果無法對自己仁慈，你還能對誰仁慈？所以開始時要仁慈地想著自己。當你如此做時，對自己說：「願我身體健康！」同時觀想自己身體健康，送給你自己一份仁慈的禮物。然後接著祝願：「願我快樂！」同時描繪一個快樂的你。接著祝福：「願我平安！」同時觀想自己在平和之中。這就如你運用這自然的仁慈之力，將它照耀在自己身上，並觀想其結果。你發送的不是純粹、明亮的慈，而是不同的慈，彷彿你在祝願健康、快樂、平安時，都使用不同色彩般，但這都是「慈」。

在你對（一）自己敞開心門之後，這種禪修將你傳送的慈擴展到：

（二）師長　　　　　　（六）中立者

（三）父母　　　　　　（七）敵人

（四）親戚　　　　　　（八）一切眾生

（五）朋友

如果你認爲重要的話，可以再加上一類，例如僧團或工作夥伴。同樣的，你也可以改用別的詞語來表達與自己有關的仁慈層面，端視你自己的需求以及何者最能令你感到舒適。例如，有些人用下面這四個句子：「願我沒有危險，沒有心理的痛苦，沒有身體上的痛苦，而且健康快樂。」（【注意】：你每次傳送慈愛時，都要包含完整的句子：「願我

的朋友沒有危險；願我的朋友沒有心理痛苦；願我的朋友⋯⋯」等等，下文因篇幅有限，所以略過不寫）

　　整個禪修的內容如下：

願我健康；願我快樂；願我平安。
願我的師長健康⋯⋯快樂⋯⋯平安。
願我的父母健康⋯⋯快樂⋯⋯平安。
願我的親戚健康⋯⋯快樂⋯⋯平安。
願我的朋友健康⋯⋯快樂⋯⋯平安。
願中立者健康⋯⋯快樂⋯⋯平安。
願敵人健康⋯⋯快樂⋯⋯平安。
願一切眾生健康⋯⋯快樂⋯⋯平安。

修行訣竅

　　我有幸能得到莎朗・薩爾斯堡的指導而修慈，我能證明有個老師不僅能幫你順利進入基礎禪修平靜的靜止狀態，也能引導你經過修慈的各種階段。和一群人共修，你能感覺到仁慈的氣氛，且面對困難時，可以讓你知道自己並不孤單。在找到靠近你住處的內觀僧團之前，以下有幾個訣竅供你參考：

- 你並非在自己的心靈之眼中，將自己的慈愛大量傾注在人們身上，或用慈愛勒緊別人的脖子讓人無法呼吸，而是像標記般快速、輕盈地一觸，溫和地以念頭貼上慈愛，然後繼續往前。

- 在傳送慈愛給新的一群人之前，在自己的心靈之眼中，先好好描繪這些人。當你要挑「中立者」時，可以想想生活中不會引起你任何特殊感覺的人，或沒有任何責任義務的人。實際的接觸是重要的，否則你可能會急急忙忙地跳到和你關係緊張的人——敵人身上。急忙跳到下一步是不善巧的，那只會強化你與他人之間的隔閡感。

- 有個方法能傳送慈愛給自己的敵人，也就是把它視為傳送給自己內在的敵人。換句話說，傳送慈愛給自己時，你正擁抱著自己的問題與陰影，也擁抱自己的成就與光明。
- 慈愛不限於蒲團上，也可以在書寫、說話和日常行動中，以語言、行動來表現（例如有些美國佛教徒在書信結尾會簽上「獻上無限的慈愛」）。

跟自己做個朋友吧。拓展你對別人的慈悲。我們都在這個「聖人聚集的沙箱中」㉓。願你健康、快樂、平安！

停止：以愛之名

現在你已嘗過正念與洞見的滋味了。你附近可能有修行中心。記住：專注一境的禪修可能像營本部一樣，但真正的挑戰依然存在——要時時刻刻將佛法融入日常生活中。例如，下一次你碰到紅燈時，把它當成是提醒你回到當下的提示般來歡迎它，去感覺骨頭、血液與呼吸。僅僅是坐進車裡就是一種禪修，停下來，提醒自己：當腳踩油門時，車速會加快，但「你自己」無需加快速度。面對小孩子在車子打鬧的情況，羅伯・艾特肯把它看成一個機會，「顯示出除非所有零件都發揮作用，否則車子不會動。」這一切都是修行，都是讓人擁有正念與洞見的機會。

你不能不知道

● 觀禪是西方最受歡迎的上座部佛教的修行法門。因爲這法門的各種洞見，是經由個人的觀察所獲得並測試的，所以可以說是科學的。

● 觀禪教導我們如何從一個平靜的地方觀察自己的經驗，讓人得以了解、放下，並親密、眞實、圓滿地體驗生命。它讓我們用自己的世界爲例證，親身體驗無區別、無常，以及苦的解脫（涅槃）。

● 內觀結合停止與觀看，以正念的覺知去深入觀察一切存在的本質。

● 在好幾百種內觀技巧中，有五種深受歡迎的禪修法：標記、身體掃描、觀基本元素、觀無常與修慈。

● 內觀適用於身、心、智，而且不限於禪修期間，而是持續不斷地禪修，是我們日常生活不可分割的一部分（由呼吸開始……）。

4 看見了嗎？
——言語道斷：禪宗

本章主題

- 「禪」＝禪修
- 法脈：三位祖師
- 為了一切眾生：菩薩誓願
- 運用文字以超越文字：公案與問答

關於「禪」，你不是早就知道了嗎？我能告訴你些什麼呢？你「就是」禪。「禪」不是一種生活方式，它就是生活本身。我們並不「修」禪，我們與宇宙融合而成為禪。

可是，等等！所有有關禪的書、卡帶、網站、目錄，到目前為止從未揭露過最高的禪理，而我將在本書中首次在此告訴你，最高的禪理就是：

（你可以原原本本引用我的說法）

既然我已經將你早知道的事告訴你（不是嗎？），其他還有什麼要說的呢？

佛教初入中國時，中國人極為自然地以道教的角度來談佛法，因為佛教、道教有共同的生命觀，兩者都把生命視為流動的過程，人的心識奧妙地涉入其中。並非有張意識的簾幕讓我們的經驗流過而留下紀錄，而是意識的領域本身就是這個流動過程的一部分，因此心並非一個獨立分隔的實體，站在外面觀察整個過程，而是與這個過程交織成不可分割的整體……「禪」的修行是直接經驗整體（流動）的模式，並認識到個人的自我是這模式的本質。

——亞倫・華茲，《禪是什麼？》

瞧！佛陀在哪裡？

【問題】：「佛陀在哪裡？」禪宗的答案：「詢問佛陀在哪裡，就像把錢藏在自己口袋，然後宣稱自己無辜一樣。」

讓我重複以前提過的一個問題：「你可以做佛，為何還要成為佛教徒？」現在你可能認為自己只是個兼職的佛陀，但同時身兼二職也完全沒問題，好得不得了。或許你可能堅稱自己不知道，但身為一個尚未覺悟的佛陀，卻和完全合格的佛陀同樣圓滿。我能說什麼？

人類出現在大自然中，是綿延連續中的一部分（看到圖中的點點漁舟了嗎？）我們每個人也同樣地嵌入基本佛性之中。

南宋，牧溪(1210-1280)㉔作，〈漁村夕照圖〉（局部），日本根津美術館(Nezu Art Museum)。

好，如果你是佛，請閱讀這一章，並檢查大家對你的評價；如果你不是佛（還不是），我希望你身處未成佛的所有試驗與憂患之中（像是明明是佛，卻說自己不是），依然平靜自在，果真如此，下一次生命中的緊急狀況砸到你親愛的腦袋時（砰！），你覺悟的心隨時可以馬上進入百分之百的直接反應中。但如果你不是心平氣和地準備好並欣然地平靜下來的話，那麼這一章將會填好空格＿＿＿＿＿＿，對你詳細說明你的佛性——佛陀先生、佛陀小姐或佛陀太太。

禪味數滴

在你開始更進一步探索之前，我想請你停下來（我們在上一章探討過「止」，否則現在的要求聽起來應該很可笑）。

禪，即當下此刻的禪修

這是一個邀請，請你讓自己的心覺醒。首先，我會解釋如何做，接著你注意自己所在的位置，然後把書闔上。

花點時間如實地注意自己的呼吸，別用語言文字做任何標記。注意，然後將注意力的範圍向外擴大，讓自己能注視周遭更多的事物，注視的範圍超過你的臉，越過你的手。留意事物的質地、顏色和形狀，無需思考它們代表什麼。別做任何思考。進一步擴大注意的範圍，巨細靡遺地留意那無數的存在之物，在此刻相互依存。放下文字與概念的運作，讓心平靜下來，只要享受當下的存在。

現在，心存平等的讓視線隨意輕快地飛掠，別停駐在任何一物上。你的注意力很清晰，但不執著於任何一件東西。這時，如果想閉眼就閉眼。讓你的心繼續流動，清清楚楚，不停駐於任何一處，不繫縛在任何一件特定的事物上。沒有念頭，繼續保持這種狀態。然後，當你準備好時，輕輕放掉你的禪修（但再多花點時間繼續享受存在，享受當下所處的位置）。你能否以相同的態度，度過這一天剩下的時光呢？不做選擇地覺知著，持續地禪修，你的所作所為都是「禪」。

禪，就是空性發揮作用，就這麼自然

歡迎來到「禪」這塊區域。禪修的營本部「即是」當下這個目的地；別對它做任何思辯，沒有二元或非二元的對立。禪，就是空性發揮作用。【問題】：「要用多少禪宗佛教徒才能裝好一顆電燈泡？」【答案】：「一個也不要。」（就如一切人、一切事物，燈泡欠缺獨立分隔的主體性，並無燈泡、佛教徒、分隔。所以，禪宗佛教徒和燈泡之間怎麼會沒有差別呢？因為輕輕地敲擊這兩者，結果聽起來都是空的，卻又都充滿光明）。有時你必須承認邏輯有極限，要確切通達本質，最棒的道理就是沒有道理。嘿！你得承認：沒有問題就沒有解決之道。

語詞解釋

「禪」(zen)，字面上的意思是禪修。一切活動都被納入「禪」的範圍內，它充滿智慧，不用思辨，直接趨近佛道，掃除概念以讓你親眼看見佛性，以及自己的佛性。「坐」，意指坐著，所以「坐禪」即是禪坐。坐禪有個更確切的定義是「只管打坐」（「只管」，此外無他；「打」，一絲不苟地；「坐」，坐著）；只是禪坐，僅此而已。禪宗是亞洲種種佛教型態中最禁得起時間考驗的一支，影響擴及建築、武術、園藝、茶、俳句、摩托車維修等，舉凡你講得出來的事物都受到它的影響。

你可能用以下的方式看待它：儘管其他各種修行道著重於主題（內容），諸如無常或慈愛，或用種種方法，例如標記、念佛、持咒、觀想或禮拜，然而「禪」兩手空空地跨出千呎之高的竿子，沒有內容、主題、方法、對象（沒有手），甚至連「沒有」也無（「沒有」本身是個概念、語詞，是把雙刃刀，把每件事物一切為二，並設立商店，裡面每件東西都貼上價格標籤，加上磅秤，還有門口的收銀台）。「禪」進入水流中，不濺起任何浪花，且與水合而為一，順流而下。當然，剛下水航行時數呼吸還可以，讓人順利上路，但在禪宗，即使是計數「一」、「二」都變成禪修，一如放掉計數。然後只管打坐，然後再度起身。

只管去做就是了！

「只管打坐」——只為打坐而打坐。你並非為了達到覺悟而擺好禪坐的姿勢，而是姿勢本身就是覺悟（你無需為了成佛而如佛陀般坐著，你就是佛）。換句話說，你並非採取一種覺悟的姿勢去體驗（並享受）你已覺悟的事實（所以縱使你是個兼職的佛陀，你現在就能坐在老闆的椅子上，那張椅子是空的）。

我說得越多，越可能讓你覺得我在思辨禪法，所以我在本章一開始就已邀請你自己來禪坐。此刻讓你這次當場禪坐更有禪味的，可能是稍微改善你的姿勢（「雙肩向後，收下顎，背脊拉直」），以使你能呼吸得更順暢，讓念頭更清楚，探索日常禪修的機會，邀你深入觀察內心，鼓勵你體認自己的心為佛心，以及將你的修行與周遭的宇宙視為同一。就是如此深遠，同時如此平常。

為了讓你更有感覺，我幫你引介三位禪宗祖師——迦葉尊者、菩提達摩尊者和惠能大師，他們是此傳統的創始者（其他重要的歷史人物，還包括幫助禪宗在韓國自成一派的知訥[25]，以及把禪風從中國帶回日本的道元。事實上，在禪宗的名人紀念堂中，赫赫有名的禪師陣容相當龐大）。另外，我們會探討另一位之前已約略提過的重要人物，他以菩薩的身分示現。然後我們會以文字來考察禪宗著名的方法。接著我們會做個結論，繼續開始。

法脈：以愛直接從佛陀傳給你

你是否有任何家族相傳的儀式？宗教修行也算。在傳遞某個前後一致的教法與戒律的整體時，延續不斷是很重要的，從一代傳到下一代。新生代會問：「我們改變傳統的空間有多大？」（調適也很重要）；其他人會好奇：「我怎麼知道這樣的處理是否符合事實？」傳統與轉變的問題，可以從法脈的直接繼承者——祖師——的角度來探討。

內觀禪師是你修道上的朋友，與其說是你的師父，不如說是良師

益友。要獲得法脈的認可成為內觀禪師，你必須經過一位長老住持的審核，但你無需在他座下長期學習，為了學生的進步，有些禪師可以推薦學生。禪宗則強調師父對弟子私下親近的指導，否則人可能會變得自負，以為「禪」只是荒唐的謎語，最後完全喪失佛道。以下是禪宗法脈從佛陀到目前的三個關鍵人物。

禪宗初祖：迦葉尊者的微笑

佛陀和弟子在靈鷲山閉關，有天大眾聚集聽佛陀當天的開示說法。佛陀坐在山巔，身心寂靜，與一切人、事、物和諧共處，而不發一語。沉默延續著。過了三、四分鐘後，有些剛來的參訪者心中好奇，不知佛陀身體是否無恙。沉默依舊。接著，出乎意料地，佛陀舉起一朵花好讓大眾看見，但依然無語。然後一個名叫迦葉的傑出弟子，唇邊展露出發自內心深處的微笑。佛陀看著他，看出他已心領神會，於是佛陀微笑著把花放下。

那是「禪」無比珍貴的一刻，後來佛陀當眾宣布他已傳法給迦葉尊者。當場許多人自然感到好奇，不知發生了什麼事。佛陀教導了什麼，而迦葉尊者領會了什麼？現實無可避免的無常嗎？那朵花與整個宇宙的相互依賴嗎？啊？什麼呀？

（只有佛陀和迦葉尊者知道，因為他們兩人都是一心。）佛陀接著簡短地解釋，這段解說含有四個強烈的特徵，幾乎可說是信奉禪宗的宣誓詞：

- 教外別傳
- 不立文字
- 直指其心
- 見性成佛

中國禪宗初祖：菩提達摩

我們現在快速前進，談到從印度到中國不平凡的傳法。根據史書記載，第一批主要傳法者中有一位是菩提達摩王子。因為他來自印

度，所以在中國、韓國和日本的繪畫中，經常被描繪爲外國人的樣子（對畫師而言）：有一大把鬍鬚（東亞人很少見），圓而有點凸出的雙眼（同樣罕見，東亞人眼睛沒那麼大，且通常有個特別的褶㉖）。然而，他身邊已冒出種種傳奇故事，例如有則傳奇說，他爲了保持禪坐時不打瞌睡而把眼皮割掉，且眼皮落地之處長出第一叢茶樹。

此時的中國皇帝對佛教相當熱衷，當他聽說菩提達摩不畏艱辛，花了三年的時間經絲路長途跋涉到中國來時，便邀請他入宮。當時那兒沒有CNN，但根據報導，那場會面的情形如下：

梁武帝：「我在領土內建立佛寺與僧院，並下詔翻譯佛經。你告訴我，我的所作所爲累積了什麼功德？」

菩提達摩：「沒有功德。」

武帝（有點狼狽）：「好！那麼，大師，請告訴我聖諦的基礎是什麼？」

菩提達摩：「沒有聖諦，只有空性。」

武帝（這時相當迷惑）：「那，那麼，我現在跟誰說話？」

菩提達摩：「我不知道。」（說完這句話，菩提達摩起身走出宮殿）㉗

菩提道上

菩提達摩對梁武帝說的那句名言：「我不知道。」是禪宗的特色，禪宗極力勸我們做無思之想，不去知道，保有一顆「不知」之心，代表這種狀態的詞是「無」（此字代表空無一物的狀態或性質）與「心」的組合；「無心」並非無知、不用腦筋或冷酷無情（你知道的，就是白癡），而是表示離開自己的習慣，沒有概念，更無成見；並非活在自己的腦袋裡，而是完全投入地體驗生活。

他竟然只憑一片草葉渡過（分隔華北、華南的）長江，然後落腳於位於北方省份的少林寺，他在那裡端坐面壁九年。不！他並非因爲不諳華語感到受挫而凝視牆壁，一點也不！他是在實踐與教導禪法。

菩提達摩的畫像通常是皺起眉頭，雙眼在逐漸變禿的頭頂上怒目而視。這張圖是我最喜歡的：以六筆畫成，加上額外輕刷幾筆作爲坐墊。但如果你認爲這可能是任何一個人的背影，請你再看一次。那種強烈的決心，那種真正威風凜凜的風采，只可能是……

《達摩面壁圖》，大進伊藤 (Daishin Gito) 作，紙本水墨，25英吋 ×10 1/4英吋，紐奧爾良美術館 (New Orleans Museum of Art)，無名氏捐贈 (79.220)。

再談一則菩提達摩的故事。傳說菩提達摩只願在天降紅雪時收弟子，因此一直沒有收徒，直到有一年冬天慧可自斷一臂，並將斷臂帶來交給菩提達摩以表明其誠心。（絕對不要認爲「禪」是無關緊要的瑣事！）

菩提達摩接受慧可爲弟子，並對他說：「好，你要我教你什麼？」慧可問道：「嗯，我的內心不安。我要如何讓內心平靜呢？」菩提達摩看著慧可說：「你把心拿來給我，我幫你安心。」於是慧可向菩提達摩鞠躬離去，仔細思考後，又回來對菩提達摩鞠躬，然後回答道：「我的心『在』哪裡？我到處都『找』不到我的心！」「好啦！」菩提達摩大聲說：「我已經幫你把心安好了。」就在這一刻，慧可開悟了。㉘

多麼精彩的故事！於是這時菩提達摩找到了傳人，可以將他辛苦得到的智慧之劍託付給他——一個獨臂人。

不識字的六祖：惠能

迦葉尊者和菩提達摩都是來自印度次大陸的貴族，但對於後來成爲東亞眞正的修行法門——禪宗，有決定性影響的祖師則是惠能。有

趣的是，惠能不識字！誰會料想得到呢？（也許他只是假裝的，出於謙恭而裝傻。誰曉得？）

我們接著跳到菩提達摩之後五百年的中國，佛教終於確立於中國。此時惠能只是賣柴維生。有天在挑送柴火時，無意中聽到有人在讀誦《金剛經》（一部流傳甚廣的佛經，主題是空性與智慧需要高度的禪修，而非高深廣博的學識）。好了，他可能是第一次聽到這部經，但當他聽到「應無所住而生其心」這句經文時，轟！他當場開悟。這真是不可思議──沒有數息、持咒、標記觀察者與被觀察物，也無六年的訓練，甚至連「無」也沒有！碰！阿里卡藏夏藏！他就從箱子裡突如其來地變出開悟的心。他達到「見性」（也稱為「解脫」），合而為一，直接悟得空性。他那初學者的心就是無量的佛心。

所以他怎麼做呢？他徒步跋涉千里，來到禪寺叩門，想要出家。寺中的首座──師父，是當時的禪宗祖師（這時是五祖）。他把門打開，略帶嘲笑地對他說：「哈！一個南方來的文盲！」惠能答道：「識字或不識字，北方或南方，二元對立與佛道無關。」㉙師父心想：「這傢伙聰明！」所以他允許惠能加入僧團，並安排他做低賤的職務，在寺院後方偏僻的小屋中舂米。

此時師父已決心退休，正式的規定是這個空缺開放給大家競爭，方式是寫下一首偈以展現自己直覺的理解。每個人都知道神秀應會輕易獲勝，所以沒有其他人嘗試。但惠能請人將神秀張貼在牆上的偈頌

菩提葉

　　惠能外出散步，碰到兩名比丘在旗竿下爭論。

　　「旗幟在動。」其中一個比丘說。

　　「不，是風在動。」另一個比丘辯駁說。

　　兩人就這樣像小孩子般，「旗幟」、「風」、「旗幟」、「風」，爭辯不休，直到惠能插入他們的爭論。

　　「是你們的心在動。」他說完這句話就走開，那兩個比丘留在原地目瞪口呆。

唸給他聽，那是一首四句偈，內容大概是說身體是菩提樹，而心是必須時常擦拭的一面鏡子⑳。哈！惠能口述他自己的偈頌，重述神秀精妙的想法，但不帶任何二元對立，他在牆上張貼著：沒有菩提樹，也沒有鏡子，只有無量，因此塵埃無處可落㉛。

好啦！當天晚上老師父出現在惠能狹小的寮房中，向惠能鞠躬。他說：「我知道第二首偈頌是你做的，我很清楚你確實具有光明的佛心，我指定你做我佛法的傳人。但當神秀發現六祖是你而不是他時，這一定會引起很大的騷動。」老師父一邊將他正式的衣、缽交給惠能，一邊說：「所以，把我的衣缽拿去，趁大家還未睡醒之前從後門出去，找個地方暫時躲起來，然後遠離此處去宣揚佛法。」他唸誦《金剛經》給惠能聽，惠能完全了解。接著惠能離去，潛藏起來，與獵戶同住。二十年後，他渡過長江，在靠近廣東（廣州）這個港口都市的某個地方啓建自己的僧院。不過，這又是另一個故事了。

不論識字與否，惠能不僅維護宣揚佛法，並鞏固「禪」的運動，讓它成為一種活潑有彈性的修行法門，能安然度過種種政治風暴，成為整個東亞一股整合的力量。此外，根據他自己的證悟，他的教導能讓目不識丁的鄉下人理解。事實上，在一幅水墨畫像中，他瘋狂地撕碎一堆佛經。（讓我看看你的心，它在書本裡嗎？）

你現在可能想闔上這本書，走開，並好好想想最後這個影像。你何時想回來就回來——如果你還想回來的話。

現在是你，有何不可？

禪宗的無門關是敞開的，進來吧！每次禪修開始與結束的儀式都相同。就算你不知道正確的步驟，也很容易得知該如何做。每個人都先脫鞋才進入禪修的空間（稱為「禪堂」）。禪坐一段時間，然後經行，接著再禪坐一段時間。接下來通常會有人分享他們的領悟，談論一點佛法。之後有茶點，不過這並非絕對必要的。

如果你皈依一個禪宗的僧團，通常會獲得一個木刻版的法脈傳承系統表（這並非普遍的做法）。在這紙卷的最上端是個圓圈，代表佛陀，在佛陀下面是迦葉尊者。就如族譜般，這法脈系統向兩旁也向下分岔，直到找到自己的師父在這系譜的位置。在師父下面有個圓圈，那代表你。有時在旁邊空白處有條紅線，從佛陀直接延伸到你這裡。

你可以就這樣出現，無需介紹，多久去一次隨你便。如果你最後決定在那兒皈依，你會跟師父單獨面談，他會問你：「你為什麼要來學習？」要誠實以對。「我不知道」和「為求證悟」同樣都是正確的回答。你可能會發現你的師父回答道：「我也是。」但如果你內心深處的迫切需要，聽起來像自我改進，或其他會走向不好開端的方式，那麼師父可能會和你一起徹底檢討你的企圖（正見或正思），並讓你清楚了解修行的意義。經過正式儀式加入僧團後，你定期找師父聊天，這稱為「小參」或「參禪」。你可以參加密集禪修活動，這稱為「接心」，通常時間會長達一週。

遍及宇宙的投入：菩薩誓願

前一章提供上座部佛教到達涅槃的方法，但大乘佛教徒，包括禪宗信徒，強調初發心，這在歷史上讓大乘佛教徒明顯地有別於傳統的上座部佛教徒。大乘佛教徒發菩薩誓願，就如本書附錄快速參閱表所寫的，菩薩誓願如下：

- 眾生無邊誓願度，
- 煩惱無盡誓願斷，
- 法門無量誓願學，
- 佛道無上誓願成。

菩薩希望證得涅槃、獲得覺悟及具有菩提心，這並非光為了他或

她自己，而是爲了一切眾生的利益。這既非說上座部佛教不承認與萬物爲一體，也不是慈悲心比較不足，或世間善事做得比較少。這不過是對初發心的強調問題——從一開始，就是爲了一切眾生，且從這一點產生崇敬的傳統，這是在上座部經典中找不到的，但無論如何，上座部也有自己的方式時常實踐這傳統。

「菩薩」的存在或本質是「覺悟」的，具有直接認識實相的智慧，以及這種覺知所引生的慈悲。他或她放棄個人行為的一切功德，為人類、一切眾生，以及萬物究竟的覺悟而全心奉獻。最具代表性的一尊菩薩是觀音菩薩，是女性的形象，日文唸作 Kwannon，藏文則稱現男相的觀音為「千瑞吉」(Chenrezig)[32]，現女相的為「度母」(Tara)，祂是慈悲的具體表現；另一尊是文殊師利，祂是智慧的具體表現。

佛陀自己曾發菩薩誓願，當時摩羅問他：「你是誰？敢說自己已證悟？」佛陀以手觸地，祈請一切眾生以爲回答。當他離開菩提樹下終其一生教導佛法時，他一直走在那條菩薩道上。

你可能會聽到吹毛求疵地分辨教理中一些精微的部分，要是我可不會爲此傷神。下一章將就某個深度探討更重要的支派，到時我們會討論超凡成佛的菩薩，他們從涅槃中讓人感覺到他們的重要。

你自己修行上的一大步，可以是皈依菩薩誓願，它讓你的修行與一切菩薩連結在一起。在某個層次而言，那代表我們所有的祖先，包括祖父母與父母，他們照顧你更勝於自己，也包括如亞希齊的聖方濟般的個人。在另一個層次，那是菩薩的典型所體現的所有能量，是通稱爲眾神的原初能量（記住：在佛世時，思想就是諸神。例如在梵文中，佛陀向迦葉尊者高舉的那朵花是梵天獻給佛陀的，引誘佛陀的摩羅是另一個例子。在整個東亞，神是日常生活中固定的一員，涵蓋範圍從灶神到祖靈）。你可以將祂們視爲佛陀證悟的各種層面。

此外，菩薩誓願也讓你的修行與一切眾生連結在一起；既然萬物

皆有佛性，所以那也讓你的修行與一切存在物連結在一起。一棵樹、一塊石頭、一朵雲都是存在物。我今天早晨禪坐時，我並非一個人打坐；我跟萬物一齊打坐，一齊誓願證悟。這是第一件事，也是必須做的一件事。這樣的覺悟，不是單純一個靈魂的覺悟，而是在團體中找到定位，在連結中發現意義的覺悟。

再者，有個表面上看起來似非而是的說法（paradox源於希臘文，意思是「超越思考」）：怎麼有人能真誠無欺地發誓幫助「一切」存在物呢？光是這想法就讓人震驚莫名，心驚肉跳。但那只是部分要點，這項修行就是那樣的包含一切，如一口吞盡海洋一般。當麻雀嘰嘰喳喳地報告春天來臨的消息時，牠們所做的正是如此；植物向宇宙綻放一朵花時，所做的也正是如此。所以，我們為何不能同樣如此做呢？正如麥可·溫格爾對菩薩誓願所指出的：「你不是因為做得到才發這個誓願；你是為了要讓這個誓願做得到才發誓的。」

觀音菩薩在此對月亮與水中的月影沉思（哪一個更真實？），他以一種全然優雅又具有王者般自在的隨意姿勢禪坐，他有一顆菩提心，以及滿懷慈悲的微笑。

〈水月觀音〉，十一至十二世紀，中國，彩繪木雕，95英吋×65英吋（241.3公分），密蘇里州堪薩斯城「尼爾森艾特金斯美術館」(The Nelson-Atkins Museum of Art)收藏。（收購：尼爾森信託；34-10）

攝影：Robert Newcombe

人跡未至的小徑上，了無痕跡

禪法獨特的味道是什麼？就如風塵僕僕的旅人嘗到清淨山泉的滋味，也如佛法本身，沒有味道，永遠存在萬物之中，無法分類，但它也是——

- 非一非異
- 完整
- 直接了當
- 真實

- 平常
- 無我
- 奉獻
- 直覺、自然不造作、幽默

因為在每一刻察知萬物的彼此互涉，所以修禪者能藉由任何事物開悟。當你藉由萬物而開悟時，你和萬物的本來面目同在，就意味著你和萬物合而為一。相對的世界與超越時間的世界重疊，所以沒有二元或非二元對立孰輕孰重的問題，只有兩者交織存在的當前這一刻才是一切，才是我們一直以來所擁有的全部。這就是麥可‧溫格爾所謂的佛教數學。要有陰、有陽，才能懂得非二元論，我們兩者都需要。我們也畫個圓代表空，空性就從這之中出現。

如果禪有象徵的話，那可能會是這個：一個圓（日文稱為「圓相」），普遍隱含完整之意，也就是一切。禪圓也可暗示無、空性、絕對、實相、開悟、一切現象中的無始或無終、無象徵、佛法如輪轉般的傳布、和諧以及子宮。一切都包含在這一筆之中。

書法：柳橋一晃

例如鞠躬時，你、鞠躬的動作以及鞠躬的對象之間沒有分隔，非一、非異。對於下一刻會如何，也無任何成見，因為除了當前此刻，

並無其他任何一刻存在於現在。禪坐時，你完全在禪坐，僅此而已；吃葡萄時，你完全在吃葡萄，僅此而已。萬物都是「完整的」，本來都足以證明佛性的存在。每件事、每個人在當前這一刻，都具備開悟所需要的一切。

「禪」也一直都是「直接了當」的。如果修行者搭衣、鞠躬或引述佛經，那不是因為歷史，而是在當下這一刻領略開悟的行動。在此之外或之後沒有任何東西，所以那是完全「真實的」。不論這個人做什麼，他或她都完全投入，從頭到腳。他們貼近生命，因此他們自己的生命是「真誠的」。

作為一種實踐的活動，「禪」存在於「行動」中。禪坐不是被動，而是百分之百的專心致志，一如我綁鞋帶（這是個有趣的類比，因為佛陀穿草鞋），它是個時機，讓我完整直接地表達我對佛法的了解，完全是佛道的展現。

「禪」無關於等待涅槃以獲得它，涅槃就在此刻，錯過就再也沒有機會，「平常」的每個層面都是修行的機會。既然這輩子就會開悟，而不是在其他任何一世，我們的平常心就是佛心，開悟的場景就在每日的生活中，不在其他任何地方。

傳統上，即使是禪宗僧團的長老也做日常雜務，例如洗碗（一個記帳員可能會被叫去整理庭園，或做他們不懂的差事，以避免過分認同處理大量數字與計算習性的自我）。讓每件事都成為修行的一部分，會擊碎磨蝕自我的硬殼。如果修禪的人留短髮，那是因為他們「無我」，不把時間花費在自我形象的流行表白上。「禪」並非自我的表現，而是覺知心的表現，不論它發生在何處。

「禪」需要「奉獻」、努力，就如穿鞋子穿到鞋底變薄。鈴木俊隆禪師曾告訴在場的每個人：「你們每個人現在這樣就已圓滿具足，同時也都可以運用一點點改善。」他強調，當你從事一項活動時，你站在活動的背後，有信心能完全投入其中，有信心自己就是活動本身。保持這種態度讓經驗實現，並支持你每天只管打坐的「努力」。你知道在內心深處，要相當信賴自己的「直覺」。這點在上座部佛教也是

如此，只是可能更爲重視。

　　把這些全部加在一起，你就可能巧遇「自然不造作」的禪機，例如即興快速地畫個圓，而不是畫虔誠的工筆聖像（兩者皆無我）。腦筋轉得快，例如避免摔下來，或把球接住，這時自我在哪裡？「禪」的「幽默」是這種偏愛自然不造作的通俗展現，也是慈悲心的顯露。的確，一如開悟，「禪」本身猶如一則笑話，因爲無人能對你解釋笑話，你要不是會心一笑，就是丈二金剛摸不著頭腦。「禪」未曾壟斷譏刺的、不形於色的、狂慧的市場，但它當然有一定份量的貢獻。

以無言表達不可思議之境

　　我們的禪宗導覽最後一個地標是「公案」與「問答」，那是禪宗對瘋狂智慧史料貢獻的正字標記。如果禪宗的特色是運用最少的技巧，那麼我們可以說禪宗最重要的兩個技巧是「只管打坐」與公案或問答。在西方，許多禪宗僧團兩者兼修。

我發誓這句話絕對屬實：「我是個騙子。」（公案）

　　以上兩個陳述完全自相矛盾，對吧？

　　讓我們跳回惠能。惠能被認可爲六祖並躲起來後不久，有個除役軍官㉝就發現他的行蹤，準備強迫他交還衣缽。但一站在惠能面前，他反而說：「大師！請教我超越善惡之道。」惠能回答說：「不要執著善惡；相反的，去尋找你的本來面目，在你父母出生之前，你的本來面目。」透過這個難題，除役軍官衝破理性思考的帷幕，超越善惡的標籤，憑直觀發現自己的本性──自己的佛性，並到達開悟。

　　「讓我看看在你父母出生之前，你的本來面目。」這是一則主要的公案。乍看之下，這似乎是個謎語，但就算是荒謬的謎語，也有合理的謎底。公案不涉及理性思考，而是運用語言文字，以便超越語言文字，用來避開或者繞過內建於語言及腦殼中由硬體控制的慣性思考模式。公案需要的是其他東西，我們內在更深層的東西，例如直覺，

語詞
解釋

日文的「公案」意為公告或法律上的判例。就如律師面對種族隔離的問題，可能會參考「布朗訴教育委員會」(Brown v. Board of Education)㉞一案般，每則公案也可用來參考，以闡釋特定的一項原理，例如一則無言說法的公案佛陀舉起一朵花而迦葉尊者微笑。生命如高舉一朵花，但我們看見了嗎？就像這則故事，所有的公案都直指內心，那無法解說，只能去體會。沒有答案像數學問題的解答一般，只有各人從自己內在發現的回應。

它幾乎可說是一種震撼，讓我們能不靠智識而認知實相……直接認識現實。當這種情況發生，我們能圓滿、真誠地回應時，就有了「答案」。那並非如書本裡數學習題的答案一般，而是每個修行人自己內在的答案。

例如有次某個禪宗比丘在其他比丘面前舉起一根竹棍說：「如果你把這個叫做棍子，你就落入語言的陷阱裡；但如果你不把它叫做棍子，你又牴觸事實。所以你要把它叫做什麼？」（【答案】：有個比丘走到他面前，拿走那根棍子往自己大腿一敲，折斷棍子，並把斷棍碎片丟進屋裡，然後坐下。於是這難題就這麼解決了——至少在當時那種情況下，那個比丘解決了難題。）

「什麼？」你可能會說：「重點在哪裡？」公案是用另一種方式問這個問題：「我到底是誰？」「我是誰？」其實是個普遍的公案。另一個普遍的公案是「這是什麼？」你可以自選一個來試試看。下次你安住於平靜禪定時，問自己：「這是什麼？」傾聽自己的回答，並質疑答案的不完整。這是平靜嗎？但什麼是平靜呢？更進一步繼續問。平靜是壓力減少嗎？但這是從反面加以

現身
說法

真正的禪修是什麼？是把一切——咳嗽、吞嚥、打手勢、動、靜、言、行、善惡、成敗、勝負、對錯——變成一個公案。

——白隱禪師公案一則，
禪宗白隱大師(1686-1769)㉟
想出一則有名的公案「隻手之聲」㊱

定義，平靜從正面來說是什麼呢？當答案（這個、那個）和情緒（尊敬、挫折）產生時，深入觀察其根源，並繼續發問。別執著任何答案，一直問這樣的問題：「這‧是‧什麼？」你一整天不斷地問這問題，甚至一個星期、一輩子。這是你的公案。

你可能會認為公案是集中覺知的另一種工具，但不像數息或撥數念珠，公案的思維是專注於覺知本身，目標對準邏輯、概念化、念頭──它引疑情作為過程的一部分。你在參公案時會碰到邏輯和語言，就如你在途中不可避免的會碰到噴火龍，要巧妙避開這些危險，不僅需要集中一境的專注，還要有大無畏的精神。但即使如此也還不夠；你瞧！它就在那兒。

它不只是當你坐在蒲團上要追求的某個東西；你帶著你的公案回家，早上醒來它跟著你，你在鏡子裡看著它，刷牙時帶著它，吃早餐時帶著它，帶著它去工作，直到你無法與它一起生活，生活也無法沒有它。當你最後精通這公案時，恭喜你！你已準備好面對其他一切公案了。

菩提葉

公案可能顯得遙遠或具有異國風味。如果是這樣的話，想想塞繆爾‧高德溫(Samuel Goldwyn)[37]和尤吉‧貝拉(Yogi Berra)[38]幽默機智的辛辣短評。美國著名電影公司米高梅(MGM)的名稱中的「高」就是高德溫，他是個性情急躁的影業鉅子，他讓好萊塢人士受不了的方式是，對他們咆哮無法辯駁的拗口聲明，例如，「一項書面契約的價值，還不如用來印刷它的紙！」公案可能這樣問：「把那張紙拿來給我看。」（你願意和我握手簽訂這項契約嗎？我們成交了，現在讓我們共進午餐吧！）尤吉‧貝拉不在紐約洋基隊打職棒時，想出一些珠璣小語，例如「當你碰到叉路時，走叉路。」「再也沒有人到那兒去了──太擁擠了。」「似曾相似的感覺又從頭來一遍。」還有「不到結束就不算完蛋。」下次要是有人問你時間，記住貝拉的回答：「你是說現在嗎？」

4

看見了嗎？

245

在亞洲，經過數百年來，在總數約一千七百個公案中大概有四百個公案被收集編纂，每則公案都針對修道上的特定階段。主要的公案，例如「隻手之聲」，是用來幫助把禪修者推出虛構自我的邊緣，讓他進入直接、無量的實相。在這第一次突破之後，有更多的公案用以衡量首次突破到什麼地步，或協助更進一步的突破，以免你以開悟的狀態出發，卻在道上繼續前進時纏縛得更緊。公案可分為下列幾項：

- 初步洞察萬物的本性
- 在無分別的領域中辨別
- 超越文字，理解祖師大德的生平與教誨
- 解決困難，例如有關任何表面上看來是超凡絕對層面，以及歷史、相對層面之間的二元對立
- 另外五組公案，作為研究生課程的測驗

如果你準備參公案，你的老師會在旁協助，在小參時問你：「你公案參得如何？」你可選擇喜歡的公案來參，也可由師父指定一則公案。有了公案，禪師可引導弟子走過「禪」無限無礙、彼此互涉的風景，讓你能欣賞佛道上沿途所有的玫瑰。

誰是第一？──問答

禪宗測試悟境，以及真正在參公案的另一個例子，是問答式的對話──「問答」。當菩提達摩與梁武帝狂妄對答時，那就是「問答」；當慧可請菩提達摩幫他安心，而達摩要慧可把心拿給他看時，那也是「問答」；惠能和爭論風動或旛動的比丘之間，是另一則「問答」。

注意你所說的話。這裡有另一個例子：有個禪宗比丘對另外一名比丘說：「嘿！那條魚啪嗒一聲跳出漁網啦！牠要如何活下去啊？」另一個比丘回答：「當你從網子跳出去時，我會告訴你。」

要兩個人才能像這樣的跳語言探戈，因為你沒辦法說出讓自己吃驚的話！有人稱這種對答為「佛法的交鋒」（dharma combat）。它可以如兩個爵士獨奏樂手，一來一往反覆對唱，或雜耍表演的套語（「誰是

第一？」「誰是第二？──『我不知道』是第一。」)。你可說公案是「問答」的一種特例（記住：公案字面上的意思是「案例」），佛陀舉起一朵花是公案，迦葉尊者的微笑讓它成為「問答」。

就算你不正式參公案，你也可以在日常生活中辨認出公案與問答的源頭。你自己沿途要走的岔路，勇往直前。由於包含如實的萬物，整個世界是一個公案，只是也需要稍做扭曲以成為佛法。此外，一如佛道，真正參公案會變成你一輩子的修行。

讓我告訴你某個禪師曾經對我說過的話，作為本章的一個「非結論」。當時他在我身旁，我們各自用階梯健步機做運動，沒有人像他一樣勤練我們健身房的階梯健步機，對他而

現身說法

彌蘭陀王對博學的那先比丘說：「我要問你一個問題。你能回答嗎？」

那先比丘說：「請問。」

彌蘭陀王說：「我已經問了。」

那先比丘說：「我已經答了。」

彌蘭陀王問：「你回答了什麼？」

那先比丘問：「你問了什麼？」

彌蘭陀王說：「我什麼也沒問。」

那先比丘說：「我什麼也沒答。」

──《彌蘭陀王所問經》(Milindapañha)

言，這好像是輕而易舉的事。他總是邊看書邊做，所以我曾問他：「師父，『禪』是超越文字之道，那為什麼有這麼多有關『禪』的書呢？」他笑著回答：「因為『禪』是非知性的，那可不容易哦！」

你不能不知道

- 其他宗派教導禪修。互相結合形成特殊禪風的一些要素有：直接了當、完整、非一非異（主要是非二元對立，亦非非二元對立）、真實、平常、無我、奉獻、直覺、自然不造作以及幽默（有時達到狂慧的地步）。

- 一如大乘其他支派，禪宗強調菩薩誓願。從初發心開始，菩薩的覺悟就和一切眾生的覺悟相連。菩薩包括根本能量的具體表現，例如慈悲（觀音菩薩）與智慧（文殊菩薩），也包括有生命的人（我們的祖先）。

- 禪宗的特色是方法最少，「只管打坐」也許可以作為其修行特色，或許還有公案等等。

5 真誠的信仰——淨土宗

本章主題

- 淨土的故事
- 淨土信仰如何作用
- 基本要素
- 比較異同
- 其他宗派

現在我們要談的是在中國、越南和日本最普遍的佛教修行法門，它在韓國也很受歡迎。這宗派如此廣為修持，以致可能成為佛教在地球上所有宗派中最龐大的一支。它不只規模最龐大，修持法也最簡單易行。

此外，在西方，到目前為止，這也是最不為人所知的一個宗派。它到今天已繁榮了一個多世紀了，這讓它成為西方最古老的佛教傳統。它還繼續繁盛成長，現在終於漸漸獲得它應得的關注了。

中國有句諺語從六世紀流傳至今：「一燈能破千年暗」，以下是一束微光。

淨土的故事

　　開始講故事前，我們先回想佛陀曾說過，覺悟的種子存在於每個人的內在。但起初對許多人來說，中道似乎是不可得的，只保留給出家修道者以及少數的富人，也就是那些有足夠的理解力，也無責任束縛的人才能去培養。但如果你並無面見佛陀的特權，那該怎麼辦呢？例如富人家的奴僕，他們可能看過佛陀，但自己能運用的時間連一天都沒有，更不要說三個月了。他們又怎麼說呢？在空性中一體固然很好，但家中有嗷嗷待哺的人口就不是那麼美好了。好，從一開始一般人修行的種子就存在，而大乘修行者培育灌溉這些種子，最後這些大乘法門，終於向外觸及一般平民大眾，這是件好消息。

　　例如在佛世時就有憶念佛的禪修法門，任何人都能修。當然，光是憶念佛就能帶來平靜與清晰，以及敏銳的覺知與開闊的心胸。大約西元前一世紀時，在印

現身說法

> 不應有分別，無論是男女、善惡、貴賤，沒有人在全然誠心祈求阿彌陀佛後，不能住在他的佛國淨土。
>
> ——法然上人(1133-1212)

度有類似的法門興起，西元二至五世紀間，因印度大宗師龍樹[39]、世親[40]等人而有更進一步的發展。這種法門稱為淨土法門，淨土的故事如以下所說。

　　據說從前曾有個王子，他發現苦難是人類共同的處境。他是如此慈悲，以至於看到任何人受苦時也感到痛苦。他決心把所有人帶到一個無苦的地方，所以他全心全意修道，最後成為最傑出的學生，僧團中都稱他為「法藏」，因為他有能力圓滿實踐佛法。最後，他終於只差一口氣，就能完全跨過生死大海到達彼岸——涅槃（現在，如果你記得我們談過的大乘佛教，你可能猜得到接下來會發生什麼事）。他當場發了四十八願，其中一條誓願是如果一切眾生無法成佛（連像我一樣卑微的人也算在內），他也要放棄成佛。於是，他成為菩薩。多麼偉大的菩薩啊！

佛國淨土：稱念佛名，即得解脫

　　但如你、我一樣的普通人若從未看過他，或住在另一個國家，或生在不同的時代，我們怎能圓滿這條誓願？很簡單！任何人都能聯絡上他，無論何時何地，方法是誠心誦念他的名號，因為他和他的名號合而為一；而他成佛的新名號（我們將馬上看到）包含萬物。萬物都將與他同在，在他覺悟所開創的一塊領域上，這塊領域稱為「極樂淨土」，他現在就居住在那裡（只是我們尚未體會到這塊淨土的存在）。

　　換句話說，他的覺悟是如此清淨，以至於創造了這國度能淨化所有來此的人。從這地方，一切佛法對你來說都易如反掌，或如蓮花綻放般容易。他已成為一尊神，號為「無量壽」──永恆的生命，也是「無量光」──無限光明。一句「阿彌陀」就足以讓你進入淨土之門。阿彌陀佛是我們的夥伴。

語詞解釋

　　往生淨土是由阿彌陀佛的慈悲誓願促成的，他的悲願是遍及宇宙之大悲的崇高象徵。「淨土」（也稱為「佛剎」）超越欲界（我們這個不清淨的世界）、色界（階位較低的神所居之地）、無色界（階位較高的神所居之處），也超越輪迴（永無止盡的死與再生之輪），但有些淨土就在輪迴之內。在阿彌陀佛的極樂淨土中，我們無礙地修學菩薩道。根據不同的詮釋，我們可死後往生極樂淨土，也可往生於自心的清淨中──我們自己的佛性。

　　誦念阿彌陀佛的名號有時稱為憶念。「念」的梵文是 *smirti*，意思是憶念──記得要活在當下，記得真正的歸宿與無限的佛性。當我們念誦佛號時，就是在憶念佛陀。只要聽到佛號就是親聞佛的音聲，他的名號體現他的覺悟，所以呼喚佛名彰顯他那啟發人心的覺知，其中並無「說者」與「聽者」的分別。

　　既然我們的心可透過一個詞想像佛陀，那麼心必定確實帶有佛心的性質。透過佛的名號，可碰觸自己內在與萬物合一的佛性。所以當

在中國，稱念阿彌陀佛為「南無阿彌陀佛」，這樣的稱念叫做「念佛」。在日本念作 *Namu Amida Butsu*，這樣的稱念叫做 *nembutsu*。在越南則念作 *Nammo Adida Phat*。「南無」是一種致敬的形式，就如說「以天父之名」般，它召喚我們所依賴、所皈依的對象。

我們稱念佛名，稱念那個詞時，要深入傾聽，並聽到其詞義的迴盪——「佛陀」。

恆實法師④解釋：

諸佛已體證人類與萬物所共有的覺性的德行，或根本的善。有人實現其本性的德行時，他們就「覺悟」成佛。藉著稱念佛號，我們召喚本來就潛藏在內在德行的力量。

再也沒有比這個更簡單的了。至誠一心稱念阿彌陀佛的名號，而由於阿彌陀佛要讓所有稱念他名號者覺悟的悲願，所以你就能往生極樂淨土，不用回答任何問題。那也無需暗示任何來世的事，你可往生自己內心的淨土、天生的佛性。正如克

念佛必須攝心，念從心起，聲從口出，皆需字字句句，分明了了。又需攝耳諦聽，字字句句，納於心中……文殊所謂「反聞聞自性，性成無上道」者，亦即此是也。

——印光大師（1861-1940年）④

禮瑞(J. C. Cleary)在他的《淨土‧淨心》(*Pure Land, Pure Mind*)一書中的評論：「在稱念佛名時，你用自己的心去注意到自己真實的自我……」

功德迴向：立即的業？

所以，阿彌陀佛如何圓滿自己所發的誓願呢？這要歸因於佛教所謂的「功德」。為了正確認識功德，讓我們再次思考「業」——普遍的道德因果律。在早期，「業」被視為道德的銀行帳戶，我們的所作所

爲都會產生借方與貸方。這讓我們與其他眾生產生連結，你幫我紓困，我就對你有所虧欠，並在轉世後才會算總帳（這是轉世成爲一項議題的一個原因）。除非我們可以一次完全清償自己的業，否則會永無止盡地轉世下去（輪迴）。

這就引起動機的問題了。早年人們行善是爲了獲得功德，以便下輩子再生的環境條件更好；修佛法讓下輩子做個有錢人，要比做一隻雞來得容易。對有些人來說，贏得功德只會鞏固自私的自我，在善的動機掩飾下貪求功德（因此梁武帝問菩提達摩：「我做這麼多善事，我不清淨嗎？我不是已累積了很多功德嗎？」菩提達摩對此嗤之以鼻：「並無功德。」他只聽到自我的極力吹噓而已）。現在，有了菩薩的悲願，我們把自己善業的功德導向一切眾生的覺悟。

現在我們可以一窺「功德迴向」如何起作用（但願抵押貸款也能如此容易）。就如你所記得的，阿彌陀佛在進入諸佛菩薩的天界前，曾被稱爲「功德的寶庫」。所以當他最後證悟時，所累積的一切功德跑到哪裡去了？你可以用個現代的類比來說，他把一切功德投資，爲每個人創立了一個基金會。

菩提
道上

萬物的世界其實只不過是人類行爲的一種反射。只要有人讓自己的業驅使去認識一個環境，那環境就會存在。以同樣的精神，有人現在宣稱：一個菩薩的功德非常偉大，足以創造一個不僅能容納他個人，還能容納接受他迴向功德的其他人的淨土。
——愛德華・孔茲

換句話說，他的行爲的功德曾如此廣大，以致他不僅能創造自己的佛土（讓自己及一切想要加入他的眾生同住），且所造業的功德還有無限的盈餘，能夠迴向給願意向他索求的任何人。他廣大無邊的善行，讓任何一個較爲軟弱的人黯然失色，就如有朵雨雲當頭籠罩，而一股強風把它吹走一般。讓我們繼續最初的類比，令人驚異的是，如此一來任何一家銀行都與世界上其他銀行連線，同屬一個龐大的銀行體系。

阿彌陀佛在他的極樂淨土中，有兩位偉大的菩薩弟子伴隨在旁——大勢至菩薩與觀音菩薩。這是三十三種觀音像中的一種。據說當觀音菩薩聽聞世間疾苦時，她的頭因為疼痛而裂開，阿彌陀佛將她頭顱的碎片聚攏，變成九個全新的頭。她的千手來自於她救助一切眾生的誓願。

取自藏傳曼荼羅，印度文化國際學會(International Academy of Indian Culture)

承蒙羅克許·錢德拉博士(Dr. Lokesh Chandra)特許轉載

所以，與佛陀融為一體，也表示與佛陀無盡的業功德寶藏融為一體。

然而，功德迴向是如此奇妙，以致把我們帶到不可思議境界的邊緣。例如，仔細想想與佛陀融為一體。如果佛陀不只是一尊，而是許多尊中的一尊，且仍與這一切諸佛為一體呢？即使上座部佛教的巴利經典，也說釋迦牟尼佛不過是無數已覺悟的眾生之一，也就是一切諸佛其中之一，所有的佛來到人間，跨越時空教導佛法。且每尊佛都有菩薩伴隨，這些菩薩都是為了一切眾生而全心全意地努力想要覺悟成佛。其中有些菩薩現在已成為天神，正在開創自己的剎土，在與淨土、佛剎、不思議的佛界相似的空間中，教導佛法。

我們將在本章與下一章進一步探討諸神的問題。目前我們可重新思考「業」的問題，將目前的思索帶回原點。有種解釋「業」的方

現身說法

一一毛孔中　微塵數剎海
悉有如來坐　皆具菩薩眾……
佛坐一國土　充滿十方界
無量菩薩雲　咸來集其所……
身雲等塵數　充遍一切剎
普雨甘露法　令眾住佛道
　　　　——《華嚴經·入法界品》

式，是我們實際上協助創造自己所處的現實世界，且如果我們誠摯的敞開心房，也可調整頻率和阿彌陀佛一致，擁有與他相同的覺悟的「業」，他現在所處世界的實相——他的淨土，就會出現，雖然不可思議，但它就在那裡。爲了眞正深切的解說這點，我們接著將思考貫穿這一切的一條脈絡——慈悲。

根本誓願是遍及宇宙的慈悲

功德迴向中，「慈悲」這個要素有助於佛道的普及（其實你我現在都享受佛法普及的利益，因它造成活字版印刷的發明，如此一來我們才能在傳布佛法時，生成並致力於善業的功德）。佛陀的覺悟，代表我們以新的方式分享共同的生活，而致力於功德是邏輯上一個必然的結果。當我們直接爲某人祈禱，實際上那就是功德迴向的目標。所以，人們很自然地想要召喚觀音菩薩或阿彌陀佛來迴向一些功德。既然佛教是有關融合而非孤立，在此一個關鍵因素就是，請願者與菩薩的觀點一致——爲了一切眾生。

> **現身說法**
>
> 我們以無量的愛與慈悲圍繞一切人與眾生。我們特別將慈愛的念頭傳送給苦難悲傷的人；對一切疑惑無知的人、一切努力證道的人、臨終的人，我們傳送如大海般廣大的智慧、慈悲與愛。　　——淨土真宗祝禱詞

我們在前一章看過菩薩誓願如何在禪宗扮演一個不可或缺的角色，現在將更進一步探查這個方法。有種聰明的詮釋例子，也許將菩薩視爲自利的利他主義者。例如我開悟了（很誇張的假設，的確！）並藏身荒野中的洞穴，享受證悟的喜樂，如何才能防止某個瘋子跑進洞穴來殺害我並破壞我的禪定這一類的事呢？但如果世上每個人都開悟了，那麼我當然就有可能因而獲益。因此利他主義就可能有個自私的動機——利益都會回歸到自己身上。然而，淨土並非像這樣的「聰

明」；相反的，淨土是虔誠的，簡單、純粹而熱切，就如瑜伽派的「虔敬」(*bhakti*)派一樣，透過信仰與虔誠的熱愛將修行者與神相連結。淨土將這樣的虔誠與它對佛無量慈悲的體認融合在一起，並用它那有創造力的空性哲學提供一個智慧的基礎，目的是實現一切眾生的願望——讓一切眾生解脫。

三個關鍵：信、願、行

淨土法門頂多要求我們三件事：信、願、行。我們必須有信心：對自己、對清淨生活的利益、對淨土的存在有信心；我們必須發願：發願往生淨土，發願行菩薩道；我們也必須透過佛法的修習與遵循，並珍惜佛法的美德，藉此來修行、禮拜、保持虔誠。

所以，修淨土法門時，如果對阿彌陀佛的誓願有信心，我們就會有菩薩的見解，因為我們與阿彌陀佛變成一體。當稱念與聽聞他的名號合而為一時，我們就好像被磁鐵吸住般，被他的誓願拉住，而誓願救度一切眾生。這不只是一、兩個可能發生奇蹟的問題，體認菩薩慈悲的無量，包含一個人存在的全部，而且最後會整個轉變這個人，甚至轉變世界萬物，以及超出這世界的所有一切。單憑簡單、看似橫跨一步㊸，淨土法門就超越了一個比喜馬拉雅山更陡峭的關卡——我們的頭腦與心之間那十八吋的距離。

淨土本身其實完全是非二元對立的，但如果你不熟悉它的風貌或術語，可能表面上看來並非這麼一回事。若是如此，你還是可能在理智上接受它的非二元對立，而不了解這種智慧真正感覺起來如何。所以，我們可以說它只是涉及一種不同的看法，以及需要某種熟悉度來看待佛教。為了更能熟悉，讓我們接著看看淨土法門最引人注目的發展。

親鸞上人

十二個世紀後，經過無數不同的發展，淨土法門因為親鸞上人

(1173-1262)而經歷極端的組織化。他的重新詮釋所引起的迴響如此深刻，以致今天被頌揚爲淨土教的「眞髓」修行法門，他的教派也稱爲「淨土眞宗」(「眞正的」淨土宗)。在他所有的貢獻中，我們需要探討的是他對誓願的詮釋。當然，那未必是一種詮釋，因爲他只是把原來一直放在背景的某些東西，拉到舞台前面而已。

親鸞對阿彌陀佛誓願的說法的確很激進。以前一向認爲對誓願的信心能讓人往生淨土，但親鸞則辯駁說那就好像淨土（或覺悟，或佛性）是一種獎賞，而非一個既成事實。那是我們共同的遺產，就如早晨的太陽和晚上的月亮。爲什麼？因爲我們都已覺悟（記得嗎？），只是未常常察覺這項事實（特別是過著上班工作的生活，並活在目前這樣的世界中）。阿彌陀佛不只已確保我們往生淨土的門票，且我們不必遠行就已到達，這筆交易已完成。因此，之所以需要稱念他的名號是因爲感恩，就如說「謝謝你」一樣。帶有任何期待的念佛，只會延續對自我的幻象。一旦體會自己眞正的身分和佛陀並無差異，且一直以來都是如此，那麼就無其他東西需要實現，只有感恩，看清錯覺如何讓我們一直無法察覺，也許還有減輕其他尚未覺醒的人不必要的苦難。

我們並未讓心順其自然，而是正處在「努力」讓它平靜的陷阱中，在受持八正道的正見與正思維時，也強調這一點。進入佛教的態度，如果像某種自助運動或用意雖善卻不切實際的慈善運動的話，那就是一開始便在門上裝陷阱，讓人一進門就出糗。那就猶如努力想以濕淋淋的手抓住肥皂般，你越是努力，目標便滑得越遠。一本英語字典裡以「自己」(self-)爲詞首的詞條定義，可以占好幾頁的篇幅，難怪以自我爲中心的西方人，如此迫切需要一種更平衡的觀點。

親鸞的實在論與智慧是眞正發自內心的，我們可從淨土眞宗表達覺悟的方式中聽出這點。當然，眞宗是從阿彌陀佛覺悟的角度來談的，也就是以他的誓願爲整個故事的中心。但對凡夫俗子來說，它談的是我們日常生活中的轉變，那不是一塊吊在半空中讓人渴望追求的悟境餡餅，而是一種轉變。有趣的是，這種轉變是以清楚的感受到自己的極限爲開始的，一種每個人強烈而誠實的覺知——覺知自己的不

足或甚至是失敗（對大多數美國人來說，這字眼是禁忌）；覺知每個人過去可能都努力攀爬上一萬呎高的竿子，想要抓一片高掛頂端令人垂涎的覺悟餡餅；甚至對自己一路不斷往上爬的進步，感到某種精神上的驕傲，最終卻只是往下滑回原點；了解到頭來，我們有多麼沾沾自喜，自鳴得意，其實只是自我愚弄而已。我們凡人真是大傻瓜啊！

接著談到橫跨的那一步。在此我們就如暗無天日的竹子中的小蟲般一直往上爬，其實只要在原地鑽個洞，咻！一下子就能爬出竹子外面了。水平移動的解脫！我們本來就已覺悟，親鸞要我們清楚地看著自己的本來面目，並心存感激。然後透過中道的修習，努力實踐那自證的真理，深入聽聞老師的佛法開示，同時與僧團一起在團體中學習。的確，阿彌陀佛的淨土很像出家僧團，只是在真宗中，我們維持工作，養家活口。

如果想更了解禪宗、觀禪或其他法門，那也很好。法門無量，而菩薩誓願學無量法門，但只要「自己努力」，這並非「修行」[44]。的確，真宗就是如此簡單，甚至無需談到修行。你感謝阿彌陀佛的誓願而稱念他的名號——「南無阿彌陀佛」；不去做任何修行，只要為存在的一切感到歡喜就好。

現身說法

> 無法慈悲的愚癡眾生正是佛陀慈悲的對象，當我們醒悟這項事實時，就體會到真正的感恩。
> ——田中健法師

他力

親鸞有個最重要的詞，用來表達前述的激進詮釋，那就是「他力」。傳統淨土法門包括觀想淨土與阿彌陀佛、稱念佛號（越多越好）、研讀與淨土有關的三部經典——《阿彌陀經》、《無量壽經》、《觀無量壽佛經》，詳細描述淨土以便觀想。但親鸞說這都是「自力」，只會延續各自分離的幻象，毫無用處。我們已覺悟，只需要屈服於這個事實，屈服於「他力」。

對很多西方人來說，親鸞的「他力」似乎非常類似他們已知且想

要脫離的宗教傳統，我所指的不只是教堂中讓人坐立難安的座位。對這點很容易產生種種誤解，而我希望能消除這些誤解。淨土並非迷信，也不是二元論，更不等於耶穌基督（雖然基督教初期有些信徒和淨土宗有接觸）。也就是說，我們的人生目標，不是超越人類以便與宇宙最初的創造者合而為一，而是「作為」我們現在的身分——佛陀（說「我覺悟了」，就像說：「我是上帝」一樣可笑）。乍聽之下，「他力」似乎太過容易，但事實未必如此。你一定聽人說過「施比受容易」，那就表示「施」需要自力，「受」則是他力。所以，「他力」其實比你起初所想的更具挑戰性。

念佛變成一面鏡子，我們可在當中看到自己的自我中心，也看到自己的佛性。我可能口唸「阿彌陀佛」，同時因為自己能如此做而感到滿意，但這還是愚蠢的自我滿足，是信樂峻麿教授(Prof. Takamaro Shigaraki)所謂的「只不過是我們生活中的裝飾或裝備的附件而已」。

現身說法

真正的念佛完全撼動顛覆「我自己」，無情地把我目前真實的現況暴露在面前，造成內在的自我極大的痛苦。雖然念佛是我為了成佛，在懇切努力下自己所做的選擇，但同時它開始嚴厲地批判、否定現在的我……然後，念佛超越我自己，變成不費力地念佛，而念佛自己開始念起佛來，不再是我念佛，只有聽到來自我自己以外某處的音聲……因此，在真正的念佛中，我選擇呼喚佛名，但就在同時，佛也在呼喚我。

——信樂峻麿教授

屈服於非二元對立的意思是，允許自己接受一切諸佛的慈悲，這份慈悲在我們有限的認知型態看來，恰好像是外界在我們身上的作用——他力；然而，事實上阿彌陀佛不只將他的功德迴向，以驚人的善業盈餘抵銷我們自我毀滅的業，他迴向給我們的還有他的覺悟，他那無二元對立、無量的心，那樣的心與諸佛的慈悲是一體。就是這麼簡單，但也許你想要稍微再弄清楚一點。

自他不二

有兩個簡單的諺語，可以顯示自力、他力只是在我們有限的眼界看來，是二元對立的。阿彌陀佛的誓願幾乎就像那句普遍的諺語：「上帝的國度就在你心中。」事實上，神無所不在，祂是唯一，但我們是有限的人類，所以需要從自己內在的觀點來了解。親鸞預料到二元對立的責難，所以他言明目標在「解脫任何形式的推想估計」。他在別處也說：「所謂他力，就等於說是無『彼』、『此』的差別。」

你也聽過這句諺語「天助自助者」，還有一句較不為人所知的巴斯克族(Basque)⑮諺語：「上帝勤奮工作，但祂喜歡被幫助。」（即使是上帝，也喜歡他力！）

諸神的故事：詮釋的空間

我們將會在下一章比較詳盡地討論諸神問題。在本章已碰到一個觀念——歷史上的佛陀，只是無量諸佛中的一尊——在此稍作停頓，進一步討論諸神的問題未嘗不好。我們已看過佛陀對於上帝與天國的來生問題，如何避而不談（因為那些對於我們為何受苦，以及如何解脫痛苦等問題並無幫助）。但據說他曾對一個想要在天國與神結合的印度人，教導四梵住——天神的住處（條條大路通往「唵」）。所以，根據中道，不論你相信上帝與否，不管是哪一種情形都好，只要不是極端主義即可。但我們現在看到大乘佛教談論諸神——精通佛道者變成菩薩，菩薩變成諸神，住在另一個相似的空間（佛界）。要如何解釋這一切呢？

對於諸神的概念，許多西方人比東方人更不容易接受。所以，我要強調東方人可能根本不會再三考慮的層面，例如歷史。在佛世時，諸神是很普遍的。某人突然想到的念頭，可能會被描述成有神來找他，例如佛陀成道前的引誘者——摩羅，可以被看成是佛陀心中的一個投射。（對諸神更完整的概述，可在我們的網站找到，Dharma Door, http://awakening.to，在 awakening.to/deities.html 中）

佛教的諸神可以自由詮釋。有些信徒把祂們當作真正的宇宙實體來膜拜；有人則將祂們詮釋為高度覺悟的展現，只是在無形的特質上罩上人類的面孔，以跟祂們產生親近感；或概念實體，代表他們想灌輸在自己內在的特質；或是他們想開發自己內在已具有的特質。如何詮釋就看每個僧團、老師，最終乃至每個修行者了。

當你造訪一個淨土僧團時，你會發現有些成員把阿彌陀佛的誓願看成往生涅槃的臨終保證，還有其他成員可接受將誓願解構為神話、宗教故事。故事是一種歷久彌新的手段，藉此能指出只可意會不可分析的真理；故事運用語言文字去迴避它本身固有的二元對立的傾向，非此亦非彼。

注意我們如何開始敘述淨土的故事：「從前曾有個王子……」當代有些詮釋者，把淨土經典視為佛陀對自己的證悟所敘述的故事，只是運用當時流行的諸神，並分別給祂們取了新名字。就整體而言，典型的大乘傳統傾向運用故事與諸神。例如有關佛陀的故事，上座部佛教傾向掌握佛法以為真理，不管佛陀是否真正存在過，或成千上萬諸佛之一；畢竟，不管歐幾里德是否真正存在過，他發現的數學原理依然成立。相對的，大乘佛教對佛陀極為敬重，以致把他的生平故事本身視為一種教導。當然，你想如何理解故事，由你自己決定，阿彌陀佛終究是為了「你」而發願的。

淨土寬廣，有足夠的空間容納不同重點

有些信徒強調	有些信徒強調
淨土在來生，唯有死後才能夠到達。	淨土不離這個世界，可在自心的根本清淨中發現。
阿彌陀佛是歷史上存在過的，有雙臂能扶住我們，有雙耳能聽到我們。	阿彌陀佛是宇宙無形的力量，能去除自我的幻象，是無量的佛性。
「他力」，外在的幫助、眷顧。	「自力」，作為自心的展現。

所以，相信上帝的人是否有必要想像一個留著一臉雪白長鬚的人，戴著王冠坐在寶座呢？如果這有助於將非概念範疇的事物概念

化，那很好。這就如上一章講的有關幾個基督宗教的修士參觀禪寺的故事，當寺裡的比丘被問到代表空性的那個日文是什麼時，他說那代表上帝（的確，當我們了解此字時，它確實最接近西方上帝的概念）。但「上帝」一詞也只是個標籤，指向上帝。同樣的，上帝國度的想法似乎相當普遍。有人把它看成只有在一生嚴苛的等待之後才能到達，然而其他人認為它就存在我們的周遭（有人把它看成女王統治的國度，有人把它看成共和國）。當然，就燦爛輝煌及種種細節來看，淨土的描述足可比擬聖經詩篇，值得把它當成單純的旅遊見聞錄來閱讀。不管它在個人自心或在僧團，或是人間、天上，都由你來決定。

有多少人就有多少宗教，就如佛教並非一條單線道，淨土教也不是。因此，接著讓我們檢驗淨土教諸派與佛道上其他一些宗派的相對關係。

一個簡單共通的法門，單獨或合併運用

其他佛教的法門可能像螞蟻攀爬高峰，而淨土教則如一艘船順流而下，而且順風，也像圓木滾下坡一般。淨土教不負其共同宗派之名——大乘，因為它不論貧富、男女、比丘或比丘尼、老少、聖人或罪人，一律歡迎。我們很容易就可看出，淨土教何以在東亞變成最受歡迎的佛教型態。它有如大海般的智慧信仰，鼓舞每個人。它可以提供幸福來世的臨終保證，也可以是一輩子隨時隨地的萬靈丹；無需學習神秘深奧的形上學，也不必到處物色老師、師父或上師。直接去找阿彌陀佛，他發誓要救度一切眾生，即使是低下階層中最卑微者，而且

他接受你現在這個樣子。

這是個普遍的方法，所以它也可和其他宗派密切配合得很好。淨土普遍與大部分中國佛教的其他宗派結合，例如禪淨雙修（中文稱爲「念佛禪」）提供萬無一失的法門。如果你並未打破公案那部分，無論如何念佛還是能幫你在淨土掙得一席之地。此外，這兩者可彼此增長：禪宗把公案當作語言文字的毒藥，把思考的範疇整個拉線圍起不准進入，以便消除對世界那種自我中心、二元對立的語言回應的毒藥；而淨土用概念化戰勝概念化（念佛不僅需要深切的渴望或感恩，也需要深入的傾聽）。

禪宗專注的對象是人內在的佛性，淨土宗則是阿彌陀佛；禪宗把信心放在佛陀、菩薩、師父身上，淨土宗則放在阿彌陀佛以及他的誓願、淨土上；修公案禪的轉捩點是「大疑情」的生起，修淨土的轉捩點則是「堅信」的經驗。

當然比較異同就有了二元對立的傾向，但我們可以進一步加以運用，來看看禪宗和淨土宗如何相輔相成。從淨土的觀點來看，禪宗對開悟的渴求，可被視爲強調直接體驗無形（空性）、相互依存，這進一步加深一個人最初的悲願。從禪宗的觀點來看，淨土可被視爲強調與無量慈悲融合的體證，那有助於打開慧眼。（一個禪宗信徒可能會問：「或者應該反過來說吧？」而淨土宗的信徒可能會回答：「稱念阿彌陀佛，你就會了解。」）

日常生活的淨土

淨土是如此簡單，當我在試圖解釋那奇妙不可思議之境終究是信仰問題時，希望並未減損它徹底的簡易性。在這導覽即將結束之際，讓我們以自己日常生活的角度來看看淨土法門。首先，為了把它完整帶回家⑥，回到佛法一向存在的唯一所在——生活，讓我們看看它可能會帶給你什麼感覺。

【禪修】：找個時間抽空讓自己覺得舒適、放鬆，然後仔細想想淨土。首先，問你自己是否曾想過天堂，並記住腦中的印象。接著想像自己真的住在某個天界中，並自問它的外表應該是什麼樣子。打造你最遙不可及的夢想，問問自己想在那裡做什麼，其他人會做什麼。當你覺得已有個概略的實用藍圖時，於它的光中安眠。

接著，再問自己一件事：如果已有個跟你想像中一模一樣的天堂正等著你——除了你的想像，那只不過是天堂真實光輝所投射出來最模糊的陰影——那又如何？停在那個念頭中一會兒。

最後，當你回到日常生活的環境中時，看看你是否能夠就在這樣的生活中，透過行動、語言、思想，來實現你剛才所想像的景象。

現身說法

> 天堂。現在有個看法，究竟來說，從未有一件事能讓我相信我們住在其他任何地方。而那個天堂——與其說是個名詞，不如說是個動詞；與其說是個地方，不如說是一種情境——到處都存在，無論心是如何的破碎或疲憊，它以心來帶領，滿懷信心地跟蹌前進，直到我們偶爾神奇地發現自己的道路。我們的寬恕之道、放下之道，以及體諒、慈悲與和平之道。
>
> ——愛麗絲·沃克(Alice Walker)⑰

給唱誦一個機會：念佛

在東亞，僧院照例每天念誦《阿彌陀經》與佛號，有些出家人個

人的定課是每天念佛多達一萬聲，或超過一萬聲佛號。在西方，在家人聚集在一起（通常在星期天）研究佛法，並念佛共修（加上享受團體活動），或許也會跟出家僧眾共修。

　　念佛是一種很棒的共修方式，當作個人的修行方式也很好，而且中國和日本的寺院都非常喜歡熱鬧。如果你是新人，將會受到最熱烈的歡迎。許多僧團已非常多元化了，如果是以中國人為基礎的僧團，「南無阿彌陀佛！」是普遍的招呼語，不管他們那個月是參禪或念誦《阿彌陀經》。他們往往會提供中文音譯的經本給使用英語者，如果你不知念到哪裡，旁邊的人通常會注意到，並好心的在你的本子上指出大家念到的地方。不管他們念誦什麼，參與念誦是很棒的修行方式。一種彎彎曲曲的旋律產生，同時唱出每個音節，本身就帶有一種生命。不管在哪一座寺院，團體唱誦的一個很好的訣竅就是不要太小聲也不要太大聲，只要跟大眾一致就好。在淨土真宗的法會中，他們仔細聽佛法開示，然後念佛，接著人們三三兩兩聚在一起，通常還有一些自己煮的素食可供享用（我喜歡那些薑汁柿餅）。

　　在自己家裡，你可以在一天開始與結束時，花幾分鐘念佛。安靜下來，集中心神，試試這個偈頌「南無阿彌陀佛無量光」〔南無（吸氣），阿彌陀（呼氣）；佛（吸氣），光（呼氣）〕。你可用一串念珠來計數，以「十」為一組（計算方式：一吸一呼，算一口氣）。就如同基礎禪修一樣，別改變呼吸。你可以面向西方，或面對著阿彌陀佛像。經過一段時間，可能會注意到有禪定的覺知與定於一境的專注產生，而且也可能會察覺到一種正念分明、無分別、開闊的光明與和平的狀態。你可能會進入一種心理狀態，而在心中實現人間淨土。

　　就如修習四念處般，你可以邊念佛邊洗碗或開車，或高聲念或默念。當你反覆做某件事或什麼事也不做時，在睡前或睡醒後，甚至在睡夢中，都可以念佛。現在科學家與佛教徒的看法一致：心在一剎那間，實際上可形成好幾千個念頭。對多數人來說，這些念頭多半是無意義的斷片──「……藍色，一輛新車，昨天，現在拍賣……」諸如此類。把我們執著的慣性能量導離腦中虛幻的、喃喃自語不停轉動的

輪子，然後以莊嚴、高潔的佛號與阿彌陀佛的根本誓願，將它重新導向我們對覺悟的渴望，那有多麼好啊！

在三摩地或禪定中念佛一段時間，能化解主體與對象之間的障礙，那跟公案禪或「只管打坐」同樣有效。換句話說，作為「主體」那顆念佛的心，和作為召喚「對象」的那尊令人覺悟的佛，其實是一體的。因此，稱念佛號本身能自成一種公案，以及持續的禪定狀態。在淨土法門中，這通常稱為「實相」念佛，因為它超越特徵，或超越對任何特殊性質的執著。

【練習】：念誦「南無阿彌陀佛」，或「唵！阿彌陀佛」，或只念「阿彌陀佛」，或甚至念「佛—陀」。

【試試這個】：以佛號禪修，注意兩個字之間的空間：「佛　陀」——那是無限可能性的開闊、無名、無形、圓滿的空白（公案：「那是什麼？」）。

【或試試這個】：禪坐時，吸氣時想著「佛」，呼氣時想著「陀」，然後當覺得自己能看得清楚而深入時，問自己：「誰在念佛？」你可能發現自己的心與佛陀還有一切眾生融合為一，並無分別。

其他淨土法門

淨土宗還有其他的方法：「觀想」如《觀無量壽經》中所說的，阿彌陀佛的三十二相。他的廣大不可思議，據說他的眉間有一根白毫，光是這根毫毛的長度，就是神話中那座最高的山「須彌山」高度的五倍，而須彌山在海平面上的高度足足有一百萬哩。所以不要看輕自己，思想要恢宏。例如想像阿彌陀佛紫色的眼睛，那就如四大海般深邃清澈。把你的心擴大，想像他身體發出的光芒，那是由四十八道光線組成的光輪，每道光線就代表他一個誓願（阿彌陀佛的四十八願在《大阿彌陀經》——《無量壽經》中宣說）。

另一個方法是面對家中神案或可攜式佛壇上的阿彌陀佛像，或甚至是皮夾般大小的阿彌陀佛像，稱念佛號。「觀像」時，你可能會專注於他眉間的白毫，可能會看到它放射出一道光線，直達法界的盡頭

（你會記得：阿彌陀，意即「無量光」）。在他的光芒中，有無數諸佛與菩薩在教導、實踐佛法。在這道光芒中，你可能會聞到從極樂淨土中，飄散出來的天界馨香（例如慈悲的甘露味）。仔細聽聽，你可能會聽到淨土中，風吹過樹梢所發出的天籟。

對淨土真宗的信徒而言，修行帶有自力的味道，但日常生活中的正念也出現在我這裡所談到的鏡子之中。例如，我已滿懷感激地被彌陀本願喚醒，可是，喔！我撞到頭了，於是停下來思考把注意力放在哪裡（同時往三個方向嗎？）。這可以開始一種探詢的修行道，透過佛法，不斷地探究「無量光」和「無量壽」，以及無量智慧與慈悲的意義。在感恩中，我可能接著開始念佛。

其他派別

淨土法門很簡單，並無神祕深奧之處。但對於想要進階研究的人，淨土宗中也有一部相關經典可供研讀，那就是《華嚴經》。這部佛教篇幅最長的經是一套完整的理論系統，篇幅與寓意都令人震撼，其中也有非常具有啟發性的偈頌。

最後還要提到一個重點，對淨土宗有個常見的誤解：「在那個教派中，人們念佛祈求 BMW。」好吧，在東亞唱誦以祈求物質上的利益並不罕見，多半是在鄉下地方，但這是佛教一個非常權宜的方法。此外，這是對有些法華教派修行方式的錯誤詮釋，不是淨土宗。

法華教派包括日蓮宗、日蓮正宗，還有一個現代新的分支——國際創價學會，加上其他兼具傳統與現代而產生的支派。對它們而言，《法華經》是極致，且他們祈請此經的方式是，念誦「南無妙法蓮華經」這幾個字（稱為「御題目」，相當於「念佛」或 nembutsu）。法華宗傳承自日蓮的法脈，日蓮是十三世紀的日本佛教教士與改革者，因此法華宗有時也稱「日蓮佛教」。附帶一提，有趣的是，在日蓮註釋《法華經》中的某一處，他將自己視為經中的一個人物，因為我們也將在下一章看到一個有幾分類似的禪修立場。

你不能不知道

- 淨土宗是佛教規模最大也最簡易的宗派，也是最重信仰的一支。淨土宗主要在東亞，而它們在西方的寺院（有些是北美最古老的佛寺）一直以少數民族為主，但現在是各民族都有。

- 阿彌陀佛住在極樂淨土，他會把真誠稱念其名號的人，帶到他的淨土去。他所發的這個菩薩願與信眾的誓願是相互利益的，他們同樣為一切眾生全力奉獻於修行。

- 淨土宗不是單一的宗派，各種詮釋從傳統到革新都有。

- 日本的修行宗派包括淨土宗與淨土眞宗，後者出奇的簡單，認為修行是自我進一步的顯露，因此轉而強調感恩。

- 在中國，阿彌陀佛名號的稱念是「南無阿彌陀佛」（稱為「念佛」）；在日本則是 Namu Amida Butsu（稱為 nembutsu）。

6 金剛乘——藏傳佛教

- 著重點的轉移
- 密續⑱
- 次第禪修
- 灌頂（傳授密法）
- 身、語、意合一
- 儀軌與象徵

藏傳佛教是最後傳到西方的修行法門。奇妙的是，這還真恰當，因為它是佛陀最後教誨的貯藏庫。不管你認為它適不適合你，它是一個法門，因此同樣值得進去逛逛。而且它把我們目前學到的一切，用另一種觀點整合起來，一樣光輝燦爛。

西藏人長期籠罩在香格里拉與「失去的地平線」(lost horizons)⑭的西方刻板印象的面紗之下，他們其實是非常樸實又熱心活潑的民族。他們為自己的佛教品牌金剛乘，感到驕傲也是很合理的。就如攀爬珠穆朗瑪峰的頂峰，金剛乘有不同的路徑可以選擇：四個主要教派（寧瑪派、薩迦派、噶舉派與格魯派）。

有人說佛教有三大傳承：上座部、大乘與金剛乘；另一種可能的

6

金
剛
乘

269

說法是，金剛乘屬於大乘——轉向密教發展的大乘。你自己來決定吧。

藏傳佛教概述

各種佛教傳統的差異主要在於文化方面，還有強調重點的不同。條條大路通往「唵」。作為此處的出發點，請仔細想想閃電——所有自然現象中最令人生畏的（你如何拼讀「雷」的聲音呢？轟！）。古代印度把閃電放在諸神之王因陀羅神(Indra)的手中（我們常常提到因陀羅彼此互涉、光彩耀眼的珠寶網）。後來西藏將它挪用，改成他們佛法的象徵——令人敬畏、單純樸實、宇宙最高的主宰。而且從一開始，我們就可以說，藏傳佛教一如淨土宗，有豐富的故事、神話、神聖的象徵，帶人穿越語言文字無法到達之處。

這個小法杖，梵文稱為雷電(vajra)，藏文稱為dorje⑯，是對抗無明的一種武器。它代表善巧方便（有技巧的手段、方法或技術，也是陽性法則）。它可能被一尊神拿在手上，而祂的另一手可能拿著法鈴，代表智慧（圓滿的智慧或空性，也是陰性法則）。

〔下次逛書店時，你可能會發現這個小法杖也是西方佛教書籍的主要出版社香巴拉(Shambhala)的標誌〕

摘自羅伯‧比爾(Robert Beer)《藏傳佛教象徵與圖式百科全書》(*The Encyclopedia of Tibetan Buddhist Symbols and Motifs*)，1999年。經由波士頓香巴拉出版有限公司協商轉載。www.shambhala.com

270

佛教一本通

語詞解釋

「藏傳佛教」也稱為「金剛乘」〔*Vajrayana*，或同時也稱「密乘」(*Tantrayana*)〕，*vajra*意即「金剛」。金剛乘表示金剛法門，就如金剛鑽一樣無法摧毀，具有多重切面，如水晶般清澈，是同種事物中的極品。它融合了上座部與大乘的要素，還有佛教對一種古代印度瑜伽——「密續」(*tantra*)的改造產物；它也跟佛教入藏之前的苯教(Bon)有關。它大概是佛教最複雜，也是最完整的一個宗派。

正如我們在歷史概述中提到的，佛教從印度向北傳到西藏，當時大約在西元八世紀，是佛教在其發源地的最後一個階段。這些教理本身可被視為一種回顧，加上進一步的發揮，還有後來因應當地所做的修正。所以，金剛乘以大乘為基礎，但也包含了上座部。於是其中有止禪與觀禪，但帶有附加的獨特改變，例如專注於特定的身體部位以達到平靜，藉此洞見可以自然出現。古代印度對業與轉世（或再生）的觀點，在藏傳佛教重新出現，禪師詩人蓋瑞‧史耐德曾適當地將這觀點視為典型的「互生」(interbirth)。的確，我們都不斷地產生彼此；一切眾生都如自己的母親（或祖母）般珍貴，因此我們與一切眾生有一種慈悲的關係。藏傳佛教修四梵住（四無量心），讓人打開心量，達到最圓滿的大愛，並從菩薩的觀點，為一切眾生而修行。

連同菩薩求覺悟的動機，藏傳佛教強調，讓修行人透過重新走過佛陀曾穿越過的領域，來體證他或她自己的心即是佛心。因此，我們可在一個簡單的層次上，看到藏傳佛教如何和上座部佛教（原始佛教）一樣有分析的方法，也和禪宗一樣強調禪修。此外，它是一種虔誠的法門，就如淨土宗，而帶有更多的儀軌（善巧方便）。在此，我們可介紹不同著重點的主要元素，稱為「密續」，這法門從頭到尾充滿著這個元素。連同佛教的基本概念，還有已仔細考察過的許多禪修，加上其他更多的東西，藏傳佛教修行人也透過「本尊瑜伽」(deity yoga)和與佛有關的各種神建立關係，而最終的目標是體認自己的心即是佛心。

在理解阿彌陀佛從專心修道的學生轉變為菩薩，最後超凡入聖成佛時，我們已為理解佛教中的神打好基礎了。現在我們可說是拉開布幕，一窺藏傳佛教中諸菩薩、超凡的諸佛、天界的小丑與吞火人、凶猛的獅子與老虎、多重燈光秀，以及無止盡的迎神賽會等所組成的廣大無邊的隊伍。即使以人本主義的角度面對諸神，破壞祂們的神祕性，也不能減損每尊神所代表的獨特真實存在。學者喬格‧福斯坦(Georg Feurstein)稱諸神為「實際能量的存在」，還提到何以祂們作為「領悟力強的能量，擬人化的象徵……與天神的背景」之間並無明確的界線。如果你偏好方便的名字，便可把祂們想像成佛陀覺悟的各個

層面，於是祂們就是同一個究竟實相的不同層面，而究竟實相是所有人共同分享，也渴望覺知到的。正如我們即將看到的，諸神透過祈禱、觀想、持咒、手印等身、心、靈三方面的作爲，而受到召請。

但諸神要產生效力的話，需要經過傳承這法脈的上師傳授灌頂才行，這有點像一架電視機只是個盒子，除非插上插頭讓電流通過。上師提供這種電流，可說直接連接佛陀的本質。若無上師的指導，據說你可能會受到精神上極大的衝擊，讓你寒毛直豎（自己一個人在家請勿嘗試）。密教的傳授在一種特殊的入會儀式中（稱爲「灌頂」）正式開始，接著是道次第加行瑜伽。此時，你會有自己的本尊來修觀想，包括這尊神手印的意義與咒語。但傳法也可在日常談話中發生，或只用一個手勢就能進行。

最後一點，最終的結果是對當下此刻大樂光明的覺知，依不同的藏傳派別有時稱之爲「大圓滿」(*Dzogchen*)(51)，亦稱「無上瑜伽」(*Ati Yoga*)，或「大手印」(*Mahamudra*)(52)。這聽起來很像透過禪修到達的解脫，但這並非經由禪宗區，而是透過其他旅遊路線而到達的。所以，金剛乘將我們研討過的一切，重新撮要說明，但從一開始它就帶有密續的色彩。以上是扼要概述，接下來將詳細解說，更加擴大我們的心量，以面對最新加入佛教此岸的一個宗派。

金剛乘是轉向密續的大乘

談到藏傳佛教，我們整整繞一圈重回印度，那是佛陀出生之地，也是密續的起源。西藏是從印度直接接受佛教，不像其他國家先透過中國而接受佛教大乘支派。在所有印度傳統中都可發現密續，傳說佛陀先用善巧方便調整他的教導，以便感化所遇到各種形形色色的人，他在接近晚年時結合密續介紹最後一套體系，結果產生的祕密佛教「金剛乘」往北方傳到了西藏、蒙古、西伯利亞，往東傳到日本（「眞言宗」的修行法門）。

密續不僅被定義爲「連續體」(continuum)與「系統」(system)，也

被定義為「編織」(weaving)。基本上，密續承認所有層次上空性的「延續」。這個法門也進一步「延續」上座部與大乘的修持，用密續這一條「線」貫穿這一切。密續承認現實相互依賴、相互「交織」的本質（相互依存），因此是內外、自他、個人與宇宙的眞理的「交織」，將這些眞理與修行人結合在一起（瑜伽），並穿梭超越，直達究竟、圓滿、本具的覺悟。

所以，我們可根據已看過的其他宗派，更加了解藏傳佛教。例如，它和觀禪有個相似點：修觀禪時，禪修的障礙可變成進入內觀的手段。我們也從淨土的角度瞥見無量的佛性，如何充滿宇宙中的每個原子。所以，現在我們可以了解密續告訴我們的：「既然萬物皆有潛藏的佛性，所以都適合修行。萬物都是『材料』，都是神聖的，儘管運用吧！」有個實例也許你已經看過：藏傳祈禱幡。這些印著佛教祈禱詞的鮮紅色、鮮黃色、鮮綠色和白色的方形布條被串連起來，高掛在外，讓風可以傳布他們的功德，這就是密續。另一個例子是棘手的情緒，密續並不壓抑或移除這些情緒（這是苦行主義所犯的錯誤），而是承認它們也含有佛陀的能量，能淨化它們毀滅性的傾向，這也是密續。

於是每個修行人〔稱為「瑜伽士」(yogi)，或「悉達」(siddha)⑬〕都被視為獨特的個人，同時也是萬物無限相互交涉的母體的一部分。不斷形成宇宙的主要能量也塑造每個個人。密續循序漸進的「系統」（我們接著即將看到）以適合每個人個別的性情的順序，帶領每個修行人穿越佛陀自己的進化從上座部自律的覺知到大乘慈悲的覺知，到完全覺悟的覺知。

菩提
道上

　　金剛乘特有的文獻稱為「密續」(*tantras*)，有別於「經典」(*sutras*)，但這兩個詞都有類似的含意（縫紉與編織）。我們的用字「文獻」(text)源於拉丁文，也意味一種編織。有些神祕主義者將世界「解讀」為他們的文獻，密續將個人本身的生活與佛道交互編織，且這是一種瑜伽(yoga)〔這個詞近似「宗教」(religion)⑭〕，結合神聖與世俗、智慧與慈悲。

「道次第」：佛道上的次第

從西元十一世紀以來，西藏一直都有稱爲「道次第」(lamrim)的手冊，循序漸進且明確地描述修行道，其核心是現在已很熟悉的前提——覺悟的種子存在萬物的內在。一種基礎的禪修是，生而爲人如何是體證這個眞理的最佳機會，而人也同時帶有性格上的缺點。另一種禪修是另一個人——你的上師——何以是爲你解開佛法奧秘不可或缺的。你可能在數月之間學會所有的次第，但它們可能要花費你五年的時間才能修得好。

例如，仔細想想「自他交換」——將自我與他人交換的禪修。在這種禪修中，你必須收容他人的悲傷與痛苦，然後把自己的快樂與證涅槃的能力送給他人。你可能要將某個人的問題（憤怒、可憐的自尊、貪婪等）觀想成一陣黑煙，然後將它吸入你心中。一旦它在那裡停頓好了，再呼出你清淨心中本有的喜樂，把它觀想爲光輝燦爛的白光，照耀在對方與整個宇宙上。既然觀想已變成西方流行的修行方法，很多人往往將吸氣聯想爲光明，將呼氣聯想爲毒素，然而這裡反向的操作發人深省。將別人的痛苦擺在自己的痛苦之前，這是一種正向的力量，當你幫助他人時，消溶個人的自我，並產生菩提心，轉變自己。

此外，學習認同空性——空無一物的狀態、無限可能的空白本質，就表示不管在灌頂前或灌頂後，沒有任何一種禪修可執著。藏傳佛教所有的儀軌，都與這深刻的智慧結合。接下來，讓我們花點時間談談道次第中，仰賴心靈指導者這個主題（向某個已在佛道上的人學習）。

> **語詞解釋**
>
> 「道次第」(lamrim) 意指「修道的各個階段」。這包括專注於以下幾個重點的禪修：人身難得、死亡與無常、輪迴、皈依、業、捨、憶念他人的仁慈、珍惜自我的壞處、珍惜他人的益處、自他交換、增長菩提心（爲一切眾生而慈悲的渴望證悟）、平靜，以及認同空性而非自我。

與上師建立關係

佛陀的老師是誰？（誰在問？）「你」以為自己能在沒有老師的情況下，像佛陀一樣圓滿證悟嗎？這是佛陀曾面對的問題，當時誘惑者摩羅對他冷笑著說：「你是誰啊？竟敢以為自己是唯一的覺悟者！」（修道上某種微細的宗教上的驕傲是正當的，但放肆傲慢可是會招致毀滅的）。為了要真正發現，我們透過從佛陀（始祖）傳下至今的法脈，直接與究竟的佛心連接在一起。在金剛乘中，你的上師（老師、仁波切、喇嘛、良師、導師）變成佛陀現世的化身，帶著「你」走過佛陀自己的道路。密續可能頗具挑戰性，且對不同的人有不同的影響，所以你需要上師的智慧與慈悲，讓自己親身到達最後的目的地。

語詞解釋

> 除了良師、導師和宗教上的朋友以外，西藏的老師還有許多名稱。「仁波切」（*rinpoche*，極為珍貴者）類似日本的「師父」（*roshi*），而「格西」（*geshe*）相當於博士，「喇嘛」（*lama*）則已完成三年的訓練，通常會接著擔任寺院的住持。有些寺院的住持稱為「祖古」（*Tulku*）㊤，被認為是個人有意投胎轉世而來的。有時藏傳佛教被誤稱為「喇嘛教」（Lamaism），有點像稱天主教為「教宗教」（Popeism）一樣（只是並無小寫的 pope 這個字）。至於英文拼字有兩個 L 的駱馬（llama）㊥，形似小一號毛茸茸的駱駝（抱歉！沒有 lllama 這個字）。

這種關係，通常是由一種驚人的緣分感覺而刺激產生的（「當學生準備好，老師就會出現。」）。除了金剛乘的指導之外，上師也在個人事務和家務方面給予忠告。上師可以比一個人的父母更重要，因為父母養育你一世，上師卻帶領你穿越生生世世，並以最深刻的方式養育你。全然的虔誠是必要的，因為他或她代表你自己的佛心和內在的老師，也代表佛陀的教誨。除了那個無我的觀點外，從自私的角度來講，這也說得通：金剛乘的上師因為一直在你身邊，所以在你到達新的領域時，會知道你的程度，且知道如何指導你通過。

我們的經驗法則是，在獻身於一個特定的佛法老師之前，要花費長達三年的時間觀察，不管是哪個宗派。但在西藏，一個修行人可能要花上十二年來做這件事。西方人，也許特別是美國人，對這點很慎重，這不像一時興起去採購、隨意點選。另有一個索甲仁波切(Sogyal Rinpoche)曾指出的有趣比較：美國人想在他們動手做某件事「之前」，聽到他們為何應該做這件事，而西藏人會毫不猶豫地去做某件事，然後老師才告訴他們為何要做這件事。

灌頂：密續的入會式

　　「道次第」的書中，有歷經千年以上而一直未改變的修行法，但它並非自助手冊。佛教不在書中，地圖並非領土，實際的應用是必須的，而那需要引導，如果看書嘗試的話，那就不會是一樣的。這有點像有人參加印第安人「汗禮」㊿的帳篷淨化儀式，卻無美國原住民信仰修行的基本訓練，而他們所參加的儀式不過是這信仰的一部分。我們需要詳細說明，並釐清這關鍵點：透過初步的準備（前行）與「入會式」（梵文 *Abhisheka*，意即「聖化，塗油聖化」）——個人的「灌頂」，完成一個方法的基礎訓練。

　　例如，「阿」(Ah)字咒可象徵整個《心經》與《金剛經》，但要了解並修持此咒需要上師的灌頂，它通常被稱為「祕密」(secret)。這似乎和淨土宗之類沒有入會門檻的教派相反，但即使在淨土宗也需要適當的

注意——除了基礎佛法的良好基礎之外，還要有真誠、信心和歡喜心。

事實上，這些祕密並非像它們表面聽起來的那種間諜式的地下機密。當了好幾年秘書的我可以驕傲地說，「秘書」意指「保守祕密的人」，而藏傳佛教的法脈，就像這樣忠實地保存這些珍貴的教誨。可別誤解了，金剛乘不是只許會員進入的祕密會社，相反的，它只對受過充分訓練的人揭開奧祕。有個方法能好好解釋這一點，就是拿它和收音機來做比較。我總是很好奇，不知道我的腦部是否會受到所有穿過頭部的收音機和電視機的電磁波影響（「下回我們有更進一步的報導……現在請看這個！」）。事實上，我知道電磁波就在那裡，因為有部電視機就可接收到它的訊號，但我的頭腦未必能解讀這些訊號。祕密佛教就像這樣：沒有電視就等於未經過灌頂；有某個東西在那裡，但它就是不能顯像。

菩提葉

有個觀光客偶遇一小群藏傳僧侶，他們的注意力都集中在一個坐在講台上的神職人員。他和僧侶站在一起，看著這個神職人員。圍觀的典禮結束時，他問其中一個藏僧剛剛發生了什麼事。那名僧人告訴他，那位神職人員剛才展現浮在空中的超能力。「但我並未看見他浮在半空中啊！」那個觀光客對僧人說道。「喔，」僧人笑著說：「那麼顯然你之前並未接受過這典禮的灌頂。」

這就如老子說：「知者不言，言者不知。」接著他寫下五千言的《道德經》。這五千字顯然不是祕密，它們只是路標。這也像佛陀舉起一朵花，而迦葉尊者微笑；只不過那傳說中的傳法是以心傳心，而金剛乘的傳法作用於意、語和身，就如我們接著將看到的一樣。

為了繼續類比禪宗，公案禪發生過一件不可思議的事件與此處的話題有關。大約一百年前，日本有本書出版，其中有一張「作弊用的小抄」，上面有數百則公案的答案──兩百年來祖師祕密代代相傳的答案。這麼做很可恥，但那就像企圖把腳放在毒蛇身上一樣。公案是用來「參」的，而非用來研讀的；公案不是數學問題，正確答案不在書中，而在每個修行人身上。正如我不能替你吃晚餐，我永遠也無法得知你如何回答你的公案，我只能知道自己的回答。所以，一個上師不會給你一個抽象的真理，而是為你個人量身打造的某個東西。祕密不在任何特定的咒裡，而在你自己對那股力量的反應。

身、語、意合一：密續的一些基本修法

正如你到目前已注意到的，佛教的邏輯喜歡分門別類和層層分類。四聖諦即是八正道。在觀禪中，三法印在四念處中的每個念處都受到檢驗。因為事物相互重疊，所以這會變得很精密，例如當我們檢驗：肉體中身體無常、無我和苦或涅槃的本質；感受中身體無常、無我和苦或涅槃的本質；意識中身體無常、無我和苦或涅槃的本質；還有作為意識對象的身體無常、無我和苦或涅槃的本質。這種嚴密的分析在密續中也是顯著的，例如在密續中，一種修行可能有「外在的」、「內在的」和「祕密的」向度（不要探問有關祕密中的祕密是什麼，它上面標示著「最高機密」，我們只打開中間和最低層的機密檔案）。

金剛乘也將修行拆開變成「身」、「語」、「意」三方面（並藉此將三者整合起來）──例如透過禮拜和「手印」、「持咒」、「觀想」來修行，就如同這篇概述前半部的探討。但我們之前已看過例子了，值得回想。我們也提過皈依的「儀式」如何動用身（禮拜）、語（念咒或皈依

詞）、意（專注於一尊神）。

同樣的，我們也在前一章講過觀想（觀想阿彌陀佛或其淨土的一個特色），還有稱念（阿彌陀佛的名號）；只要在觀想時加上念珠數數念佛，你就在整合身、語、意了。那真的是太棒了！

道即是身

佛陀和他文化中的苦行主義斷絕關係，但苦行主義深深地嵌入世界文明之中。如果你深入傾聽西方宗教的話，你往往會聽到人的肉體被詆毀為臭皮囊，因為原罪（人類的墮落）與肉體有關。一般而言，密續對於肉體以及它一切的潛能與力量，展現出極大的接受度，並有最完整的計畫來發展、轉變它們。我們在第三部第二章已提過藏傳的瑜伽肢體運動 Kum-Nye，金剛乘也大量運用禮拜，例如每天一百拜，十萬是另一組常見的數字（在更高的階段，這組數字可能以一百零八為單位來進行——那個數字代表我們對佛法的無知有一百零八種方式，也是一串念珠的數目）。許多儀軌必須修十萬次，才能被認為完全穩固。（【問題】：「需要多少藏傳佛教徒才能裝好一顆燈泡？」【答案】：「一個」，但他們這個動作要做十萬次）

金剛乘中所見的其他身體的運用，包括專注於六個主要能量中心來禪修，這些能量中心稱為「輪」，瑜伽中也有（一向簡單的禪宗只專注於一點——臍下的丹田）。再加上有「脈」、「氣」和「明點」⑱需要探索，那是身體中集中的微能量在內部循環的小徑和方式（微能量類似印

度瑜伽的「氣息」和道家瑜伽，還有氣功與太極中的「氣」）。情緒也會走到此處，且可能會糾結起來。只要認出並釋放這些能量，讓它們自由流動，它們也能轉化為佛陀的能量。

「手印」（儀軌化的手勢）是善巧整合身、心的一個好例子，模仿一尊佛或菩薩神的特別手印，進一步在我們身上增添他們的能量（和微笑或嘴部瑜伽等喚醒快樂感覺的方式相同）。

說出通關密語：語言的振動能啓動偉大的事物

在研究禪修的第一步，我們介紹持咒或念佛作爲安定內心的手段，後來我們看到：透過阿彌陀佛的悲願，可召喚宇宙之中覺悟的根本能量。藏傳佛教的修行有一整座寶庫的咒語，需要灌頂才能修持。

我們對「咒」(mantra)這個字的語源分析，結合了梵語的詞根 man（意即「思考」）與詞綴 tra（意即「工具」），意思是「思考的工具」。它也可解讀爲源於 manas（「心」）的 man，加上源於 tranam（「保護」）的 tra，合起來就是「心的保護者」之意。

咒最短可以只有一個音節，而且有些咒本身被認爲就有本具的力量，形成一個宏亮有力的振動場域，例如 Om（發音如「歐……烏……姆」，簡念爲「唵」）。舉例來說，印度人認爲 Om 是宇宙最初的聲音（或振動頻率）；在金剛乘，它可能顯現佛陀的許多身。Ah（阿）這個音節顯現佛陀的語言，是一切聲音的源頭；Hung（吽）則顯現佛陀的心（這個音也拼寫成 Hum，但在我們聽來，它的發音有點像早期爵士歌手所哼的 hunh）。專注一境念誦這三字咒會賜給持誦者一切諸佛身、語、意的幸福。

因此，在穩定進入平靜的禪定後，修行者或許可以花十五分鐘的時間用「唵阿吽」這個咒來禪修（到最後，五分鐘就夠了）。吸氣時默念「唵」，吸氣與呼氣交換時專注於胸口（你精神上的心），默念「阿」，呼氣時念「吽」。

以心靈之眼觀看：曼荼羅與眾神

有些先進的物理學家已推測宇宙是由光子（即電磁輻射能的量子）所

構成。所以當我們觀想某個東西時，例如一片平靜的沙灘，即使浮現在心靈之眼的景象似乎是全然主觀的，它實際上是宇宙相互連結的光網中的一部分（又是因陀羅之網），是具有影響力的東西。其實，在所有五官中，腦部大部分的知覺活動是耗費在處理視覺資訊上，因而人們常常閉眼禪修，以讓腦部安靜。所以，我們也從視覺的角度來談認知，而且說智慧是光明（「你看見了嗎？」）⑤

> 影像比語言文字先出現。我們用影像來思考，觀想是一種古老的修行方式。它發生在人腦直覺、藝術、非線性、整體的部分（右半邊，而左半邊是主導文字、線性、分析、批評的部分）。影像儲存在大腦皮質，大腦皮質影響自律神經系統，且依次影響腦下垂體的內分泌系統等，直到身體的每個細胞和原子。

　　觀想是一種我們很少察覺到的日常現象，但它具有廣大而未開發的潛力。想想任何電影明星的名字，你也同時在觀想他們——這表示我們藉由觀想來思考。或想像你最好的朋友和某個人外出，這時你也在觀想——藉由觀想而感受。當你在街上看到某個認識的人，結果那其實是另外一個人，那也是觀想——扭曲我們和世界互動的方式。藏傳佛教主張，我們不斷地在不自覺的情況下觀想這世界，且以成見和觀點作為濾光鏡來詮釋。所以，觀想能讓我們繞過自己慣性的自動批判意識（這種意識視而不見），以便進入天生的、警覺的、無量的覺知，這才能真正「看見」。

　　現在來看看藏傳佛教的修行，如何將觀想與身、心連結。一種主要的密續修行是「本尊瑜伽」。上師為一名瑜伽士選定一尊神以配合他個人的性情或需要，然後為他灌頂傳授這尊神的形象與特質。一尊神坐在他或她自己特別的淨土的王座上，這特定的淨土稱為「曼荼羅」。在它們的圓形之中有智慧，例如閉上雙眼問自己：你的心是不是方形的？（或張開雙眼試著做這件事）

曼荼羅的繪製就如一個三度空間觀想內容的平面藍圖。中央的神被畫在一個如寶塔般的金字塔形頂端，這金字塔越往上層越窄。到最後，無論睜眼或閉眼都能觀想曼荼羅，它可能就自動出現了，且它被

「曼荼羅」（mandala）是一個可代表現象世界的圓形，也可代表意識界和諸菩薩、諸神的淨土。曼荼羅可用米或沙堆成，也可以畫在卷軸上（稱為「唐卡」）。它可以是立體的，或甚至是寺院的設計圖，例如爪哇的婆羅浮屠(Borobudur)⑩和西藏的桑耶寺(Samye)⑪。

認為存在瑜伽士的內在與外在。曼荼羅從簡單的到複雜的都有，一種常見的配置圖有四個四分圓。

初學者可觀想曼荼羅中的一尊神，並請祂協助。修行者可能進一步觀想自己在這尊神的淨土中遊歷或四處走動。在進階的修持中，他們想像自己和中央或核心的神不再有區隔，與祂合而為一。創造與禪修的曼荼羅，被觀想為逐漸消失在空性中，此後就沒有任何讓人執著的事物了。

佛教一本通

這是幅可供觀想的神像。文殊師利菩薩是諸佛智慧的具體表現，祂右手持著吐著火舌的不二智慧之劍，象徵斬除無明。這種智慧並非從書本或課堂聽講中獲得的知識，而是徹見現實非二元對立本質的智慧——空性的智慧。通常文殊師利的左手會拿一本書（主題是空性的《般若經》或放置這本書的一朵花。）文殊師利這個特別的圖像，是藝術家為創巴仁波切(Trungpa Rinpoche)的學生修一種特別的儀軌（sadhana，密續禪修）⑫所創作的。在這圖像中，文殊師利手持寶瓶，瓶內裝有不死的甘露，象徵不二智慧的不朽本質。

繪製：Sanje Elliot

【訣竅】：當你看到金剛乘中看來如窮凶惡極食人魔的諸神時，祂們被稱爲「忿怒」神，是摧毀無明的角色。祂們也許看來凶惡，但如果你觀想祂們並與之建立良好關係，就會發現祂們其實是具有保護力且令人快活的。

這張曼荼羅中央的神是空行母(Jananadakini)，一個具有三頭六臂的女神。祂外圍有八尊脅侍神環繞著，四個城門都有一尊守護神坐鎮。

取自「西藏曼荼羅」(印度文化國際學會)

承蒙錢德拉博士(Dr. Lokesh Chandra)特許轉載

我們可以將「唵阿吽」這個咒延伸到心靈之眼，作爲整合身、語、意的另一個例子。在金剛乘中，書寫在此的每個音節的字，都有其本身視覺的象徵意義。所以你可在頭頂觀想一個顏色如鑽石的「唵」，讓身體或許可融入佛陀的覺悟身中；在喉嚨觀想一個紅寶石色的「阿」，以融入佛陀的覺悟語中；在心（胸口處）觀想一個青玉色的「吽」，以融入佛陀的覺悟心中。此外，你可將「唵」當作僧團，「阿」當作佛法，「吽」當作佛陀，依此禪修。現在你可能開始眞正了解爲何偉大的藏傳上師那洛巴(Naropa)[63]說：「我的心是圓滿的佛，我的語是圓滿的佛法，我的身是圓滿的宗教團體。」

我們或許也注意到身、語、意的統合，何以能稍微額外地朝向密

續的發展，它處理現存的事物，而非極力閃避或超越。修習三個為一組的善巧方法，可將內心漫無目標的遊蕩，轉變為具有建設性的遊蕩。例如你持咒時心跑掉了，就讓它跑掉，它可停在觀想上；如果它對觀想生厭，就可多做幾次禮拜。每次焦點的轉移，都讓心那種遊蕩的傾向推動修行，把花蝴蝶般的心轉變為本有的佛心。

儀軌與象徵的善巧方便

在結束金剛乘概論之前，我們再次思考它範圍龐大的「善巧方便」的發展，還有它具有象徵意義的方法，如此我們對密續的了解才算大功告成。

語詞解釋

梵文 *upaya kausalya* 是「善巧方便」之意，指計策、方法、技巧。它包括大小數目不等的絕妙權宜手段，以促進證悟，例如觀想、禮拜、鞠躬、奇蹟、咒、公案、簡單明瞭的談話、一根棍子「啪！」應聲而斷、內觀等。傳統上它們被比喻為木筏，以涅槃為彼岸，一旦到達涅槃的彼岸，就應將木筏棄置一旁。它們不僅通往（自我的）覺悟，它們本身就是覺悟（對他人慈悲的扶助）。

既然我們已經對密續有了一些了解，就讓我們再次回到前提──金剛乘讓大乘轉向密續，把皈依當作基本例子，仔細思考。連同三寶（佛、法、僧），藏傳佛教徒以一種極為個人的方式皈依，稱為「皈依樹」。你在樹的頂端觀想上師，把他當成佛的化身，然後觀想上師和傳承法脈的所有上師一起在那裡，還有他們的僧團，一直上溯到最初的佛陀。那是開始，帶著那樣的觀想，你可觀想一切諸神和菩薩，還有祂們的守護神、教導與僧團等，一直觀想到你的家族親人、朋友、勁敵、動物──他們都看著你，這時發誓你的皈依將幫助他們全部。除此之外，還有適當的祈禱詞及禮拜。

典型的禪修儀式——例如涉及觀想、禮拜和類似「唵阿吽」咒的那種，開始時可能在自己的佛壇點一根蠟燭或一炷香，然後鞠躬或禮拜、皈依；結束時可能再次鞠躬，熄滅蠟燭，然後將這次修法獲得的一切功德，爲一切眾生的利益而奉獻出來。持咒的修行可在日常活動中繼續，可能用念珠或甚至轉祈禱輪來加強。

　　從以上所述，你可說密續比其他宗派更強調儀軌，雖然禪宗也可能變成相當著重儀式。這未必是件壞事，一般而言，儀式可將人或團體與知識、某個觀念、信念或力量結合在一起。每種宗教傳統的信徒，都禱告感謝能享受食物。再者，當更有覺察力時，我們會注意到自己的行爲有多少是習氣的能量——一種在無意識的狀態下，進行的個人儀式。在所有佛教修行法門中，金剛乘一向最積極舉行各式各樣密切相關的儀軌，以掃除我們自動的、習慣性反射的、根深柢固的反應，如此佛性才能完全生起。

　　密續以我們習氣的能量去轉變它本身，你可說它教我們一種非常好的習氣——別凡事憑習氣而行動。密續日常生活中的正念法門，因此常常具有象徵意義。波卡仁波切(Bokar Rinpoche)引用《大近似經》(*Sutra of Great Approximation*)建議我們開門時可發願：「願深奧的眞實之門開啓！」走路時可發願：「願我在覺悟的道路上前進！」坐在車裡可發願：「願我騎乘勇猛精進之馬！」到達時可發願：「願我到達涅槃城。」

　　這些類似在上座部與禪宗看過的正念偈頌，雖然象徵的強調意味略濃。藏傳佛教有豐富的象徵圖像、語句與故事，那需要老師來詮釋。這個整體的傾向和其他的語言策略氣味相投，例如公案、西方煉金術的「鳥語」⑭，以及《聖經・雅歌》。從「象徵」(symbol)的詞根可洞察一件事：此詞源於希臘文，字面上是指拉在一起，類似「瑜伽」作爲「用軛連結」，或「密續」作爲「編織」之意，與令人極度不快的分裂正好相反；其中甚至有一種感同身受的「魔法」要素（感同身受是指「惺惺相惜的感覺」）——以無始以來就本具的智慧，體證萬物中的親族關係。那是美麗黎明的魔法，那是貝殼中的符咒。

路的盡頭

　　現在你對藏傳佛教了解得更詳盡了，雖然我可能甚至還未搔到它的皮毛。這就是它爲何被稱爲「金剛道」的原因，只有金剛鑽才能穿透另一顆金剛鑽（只有用心才能了解心）。我只會再加上一個路標，指向路的盡頭。如果你跟著一路走到底，並獲得一個上師的密續灌頂，這位上師會讓你一窺目的地，好讓你有個目標可以努力。學者伯納·根舍(Bernard Guenther)將這個過程類比爲熱導引飛彈——一旦飛彈鎖定目標，兩者就成爲一體；雖然熔合要等到未來，但兩者的接觸卻在當下此刻開始。

　　金剛乘稱爲「大手印」與「大圓滿」教理的頂點，外表看來像是基礎的平靜禪定或坐禪的「只管打坐」。但要遵循嚴格的密續訓練後，才能達到這個顛峰。到最後，你是否發現了那個祕密就是祕密根本不存在，那已無關緊要了（我不告訴你！——因爲我不知道）。要感謝自己一次就發現了全部——還要從珠穆瑪朗峰的峰頂，寄給我們其他人一張明信片（明信片上沒有正確的郵遞區號，會被退回給寄件人）。祝你旅途愉快！

此結爲無盡結（梵文作 *shrivatsa*，藏文爲 *dpal be'u*）⑥ 和諧地將動與靜、簡易與深奧編織在一起。它象徵相互依賴、相互涉入、相互依存、密續；它沒有開頭、中間和結尾。就像佛陀的智慧與慈悲，它是無盡的。

　　談過了藏傳佛教，我們就完成了西方四個主要修行法門的導覽。但實際上佛陀根據聽眾的根機，而用不同的方法教導同一項眞理。注意：他教導的內容並未因人而異。佛法的雨水平均落下，大樹吸取較

多雨水，而樹苗只要毛毛細雨就很歡喜了（而且每次雨水都會比前一次稍微滲透深入一些）。不同的宗派有不同的重心，正如不同的人有不同的重點，但核心部位其實是一：一種味道，沒有間隔，沒有機構，沒有固定的地點；只有佛法，唯一的佛法。小乘、大乘、金剛乘——全都是佛法乘，道中之道。

有句話說：佛法在開頭是絕妙的，在中間是絕妙的，在結尾也是絕妙的。這讓人想起聖‧凱瑟琳(Saint Catherine)[56]所說的天堂：此處與天堂之間的一切……都是天堂。讓我們以下面這幾行摘自帝洛巴(Tilopa)[57]的《大手印之歌》(Song of Mahamudra)的文句作結束：

> 起初瑜伽行者覺得心如瀑布般奔騰而下；在航道中段，心則如恆河，緩慢而溫和的向前流動；到了盡頭，心就如廣闊的大海，在那裡母、子的光芒合而為一。

你不能不知道

- 佛教最晚近喚醒西方的主要傳統宗派是藏傳佛教，此派（金剛乘）宣稱是佛陀最圓熟也最完整的教法。藏傳佛教雖然浩瀚卻次第分明，雖然在智性上嚴謹精確，卻同時非常虔誠。
- 金剛乘從印度遷移到西藏，是大乘教派中唯一未先經過中國的一支。它可被視為轉向密續的大乘佛教，密續代表印度佛教修行的後期發展。
- 修密需要灌頂，而且非常重視師徒關係。
- 密續的儀軌，透過諸如禮拜與手印、持咒與祈禱、觀想曼荼羅與諸神等方法，結合身、語、意。

第四部

佛教的實踐——
日常生活的應用

恭喜！現在你已經有了一張地圖，了解如何駕駛，也懂得基本交通規則（腳踩油門，你知道車子會加速，但心不必加速）。

在這後半部，我們將加速前進。那麼，你今天要到哪裡呢？沒有任何地方是佛道的主要道路到不了的。從中挑一個你喜歡的，如果深入地接觸其中之一，你就能接觸到其他的一切。

看看日常的遭遇如何為你闡明佛教的實踐，也看看佛教如何闡明日常的遭遇，還有兩者的相互作用如何闡明你自己的道路。讓這些場合如節慶的燈光般照亮你的道路。願你的旅途永遠平安、愉快、充實！

1 把一切帶回家
——相互關係

本章主題

● 佛陀的家庭生活

● 相互關係

● 談愛，以及其他困境

● 婚姻與養兒育女

● 教育與終身學習

● 度過臨終的階段

從現存的佛教概述進而談到佛教的生活，一開始我們把佛陀的生活視為完全與人際關係有關，並強調種種「相互」關係，以及由於這種了解而產生的慈悲智慧。我認識一個跟我很親近的人，他被任命為禪師，他還跟一些朋友一起寫日記。令人印象深刻的是，在他們身上可以看到：人與人之間的關係永遠不會消失。不管身在僧院或在一般世界裡，我們都是這地球上龐大生命之旅的一部分。我們對樹木與天空，對雲朵和太陽的單純感覺，可能會引發我們與宇宙相互依存的感覺。人類對人類的關係就如一種領域，我們在其中一再地體會共通的人性，以及與一切生命的血親關係。

我們無時無刻不在種種人際關係之中。我們是否在其中看到痛

苦？我們能否透視痛苦的原因？看到原因是否會開創一條道路，走出痛苦？我們每天的種種關係，能讓我們看到它們和自己究竟的關係——我們的本性，無限且光明的真我——如何交織在一起。我們的生活就是生命本身。

佛陀和他的亞洲信徒認為出家修道的生活是卓越的理想；而大部分西方人選擇在家居士的生活。不管是哪一種生活方式，日常的人際關係，就是宗教修行的好機會。以下簡短概述成為一家人的各種階段。

關係之道：相互關係

當我們體認到彼此的相互依賴時，我們便「和生命達到更親密的關係」。所以我們自問：「我是否在適當的關係之中？」我們都身處於某種關係之中（如果你不以為然的話，你漏掉幾筆信用卡應付的款項試試看）。再者，佛陀揚棄社會階級，這樣的立場與他當時的文化格格不入，在今天依然是一種挑戰。並無孰優孰劣，也無平等，而是一切皆是「相互依存的關係」。它並非表示萬物都是一模一樣，每種關係都是獨特的。我相信你能了解這點。

佛陀自己的家族：回到釋迦族

讓我們回到佛陀的生平開始談起。佛陀把當時的宗教修行法門，從極端的棄絕轉變為一個涵蓋人生所有層面的修行法門，沒有種族、性別或社會地位的分別。當他坐在菩提樹下時，他已真正了解：「我和宇宙是一體的。」自我和宇宙相互依賴；或換個說法，沒有一個自我不是處於關係之中。相互依存的無我，就是真正的自我。

那麼這點如何影響到他自己的家族呢？他之前發誓，一旦達到目標就會回去，所以他的確回到釋迦國，只是他並非直接回去，而是像在其他地方一樣，以乞士的身分沿門托缽步行回去。聽到這消息時，父王暴跳如雷，他聽到身為王子的兒子，竟從武士世家淪落到乞討維生，覺得丟臉極了。他出去找兒子，但當他們相見時，佛陀對於自己

所發現的覺悟之道的解說是如此正大光明、發人深省，以致老王在街上當場體證覺悟。佛陀對父王教導佛道，而淨飯王最後在王宮內證悟。佛陀也接受自己的繼母加入僧團。

你可能還是不願自己的女兒嫁給這種人，當然這並不完全符合大多數父母夢想的一生——有個快樂幸福的結局。但據說，他的王妃耶輸陀羅也許準備要痛斥他一走了之，未盡到爲人父的責任，但當他們團圓時，她也跪倒在地。她可以清楚看出他此時是圓滿證悟的。佛陀滿懷著聖潔的愛，請求王妃的寬恕。他說，如果他曾對她不公平，但至少對一切眾生一直是忠實的，他並要她隨著他們一起渡過苦海。因此她也放棄王室的生活，修學佛法。當佛陀離開時，七歲的兒子也跟著他，成爲僧團中年紀最輕的比丘。佛陀的堂弟阿難陀也跟著出家，變成他餘生中最貼身的侍者。

【練習】：只要簡單的禪修，我們就可體會自己的家族關係，如何反映出我們的相互連結，沒有個別的自我。坐下來，坐穩之後舒適地把雙手放在面前，手心朝下，看著你的手，注意手指與指關節的形狀，以及血管的分布與皮膚。看看你對自己的手有什麼感覺。看著手，對自己生起慈愛之情並將它傳送給自己。接著在這些形狀與紋理之中看到母親，看看你對她有何感覺，把慈愛傳送給她。然後在手上看到父親，看看你對他有何感覺，把慈愛傳送給他。翻轉雙手，合掌，然後爲這次禪修感謝他們。合掌。

視一切眾生生來就彼此相關

佛陀那時的印度人面對不同的方向禮拜，以崇敬日月山川和巨樹。佛陀將這種修行稍作改變，創造一個六面的立方體，讓人們記得（念念不忘）人生中主要的幾種人際關係——父母在東方，師長與學生在南方，配偶與子女在西方，親朋好友在北方，同事、員工和工人在下方，宗教導師、比丘、比丘尼與聖賢在上方。這些關係就如今天所說的有界面可彼此互通，共同運作，以構成人事的母體與網絡。佛陀解釋說，所有這些關係也共享彼此回報的力量——這是個相互支援的系

統（僧團）。

例如，想想一個社區和它的寺院或教會的關係。該地的在家信眾，提供經濟上的援助給傳授神聖理念與理想的僧院或神職人員；僧院或神職人員回過來提供社區的不只是宗教上的支援，還有諸如教育之類的實質服務（例如主日學），且在佛世時還提供寄宿與醫療服務，而在現代則是慈善服務（你知道嗎？世界第三大骨髓銀行是由「慈濟」這個佛教慈善機構所主持的，這是該機構全球無數服務的項目之一）。所以從這關係面，我們可以看到其他的關係如何已被牽涉在內；每個關係平面都與其他所有關係面連結，套句今天的行話——一切都在雙贏的基礎上。但是在我們轉入自己的生活之前，先暫停一下，想像這樣的平等主義與印度佛羅門或中國儒家階級分明的社會之類的文化趨勢，可能會如何衝突。

文化上的親屬

一般而言，西方人把自己定義為獨立自主（「我是個有工作熱忱的人，我的職銜是……」），而東方人傾向以相互依賴的角度來思考（例如：我任職於我母親以前工作的公司）。作為個人，我們每個人經常代表各種網路交織的一張多元化的網，這個稱為「市民社會」的網路可能包括加入類似的團體、運動和社團，以及工會或商會、政黨、宗教團體、文化課程等。

相對的，想想在中國和大部分東亞國家依然居主導地位的儒家思想。在儒家的倫理世界中，人際關係被畫為同心圓，核心是夫妻，然後依序為父母與兒女、兄弟姊妹、同儕朋友，最後是君主與大眾，每種關係都反映出其他的關係（例如，在位的統治者就如家中的父親，反之亦然）。

這反映出東方文化傾向在自己之前先想到其他人，並重視與群體的和諧相處；在西方，個體比較是基本單位。所以在東方，家人一輩子彼此照顧；而在西方，我們談論自己的「核心家庭」——一個我們定期往返的巢穴。現在，以相互依賴的角度，來思考我們的人際關係

會變得如何呢？

從此以後幸福快樂？「當下總是幸福快樂」，如何？（愛）

我們因為父母而擁有生命，所以也自然而然地會尋求一個伴侶。但相較於著名的情侶奎師那與拉妲(Krishna and Radha)①、阿貝拉和艾洛依絲(Abelard and Heloise)②、默罕穆德和卡地澤(Muhammad and Khadijah)③、嫘拉和摩君(Majnun and Layla)④、所羅門和希巴(Solomon and Sheba)⑤，佛教可能看起來喪失了浪漫愛情。《源氏物語》這部由浪漫愛情故事，以及友誼與家庭的故事交織而成的史詩，作者紫式部夫人⑥是位佛教徒。

最近我看到網路上蘇瓦納婆羅巴(Suvarnaprabha)⑦流傳的佛教情人節問候語，有些很可愛的觀念：「我永遠無法熄滅自己對你的渴望」、「我愛你的程度和我愛眾生的程度一模一樣」，還有「讓你我相互穿透真實」等。的確，所謂的浪漫愛情其實可能是另一個容易造成失望的情境（「親愛的艾比：我要如何活下去？」）⑧正如寇曼‧巴克斯(Coleman Barks)指出的：「西方的愛情……認同一個無法有圓滿結局的觀念，那就是『羅密歐與茱麗葉』。」那是在紅色情人節形狀的漂亮盒子裡，各種巧克力味道的痛苦（我並非在數落巧克力的不是，而是它的確是會讓人上癮的激情）。有多少人猛然投入另一個人的懷裡，後來只落得踉蹌而退，舔舐著因為一種狂野而搖擺不定，終至墜毀燃燒的關係所造成的傷口，但依然冀望能找到為自己卸除「這一切傷痛的真命天子」？同樣古老的故事再度上演：痛苦的造成是因為把自我視為獨立分隔、永遠不變，並以為某個「別人」會結束（而不是強化）那種幻覺。

佛教讓你能了解自己、愛自己，你最原始的自我，沒有區分，當下安然自在，完全的圓滿，在無常的危殆中可找到平安。然後你可能會忘我地認同未區分的自我，屬於一個現存的家族——生命的家族，這家族在時間、空間上向四方延伸。因此，就那樣的意義而言，佛教是訓練愛人與被愛的絕佳場所。

佛教修行爲長時間維持親密關係所需要做的事，提供智慧的支援。例如，它欣然接受「給別人一點空間」的要求。不只是沉默，空間也是正面的，不是負面的。情緒智商在本章再度冒出來，透過正念禪修來審視一片難堪的情緒風景，它未必能導致任何了不得的「解決之道」，只不過是能回來冷靜而清楚地說：「就是那種情況在我身上引起的情緒。」（而非試圖下命令：「不准做某某事！」）。知道你們正朝向共同的方向努力，如此就能彼此坦白的說：「當你那麼做時，讓我有像這樣的感覺。」

　　看看你自己是否能成爲正念之鈴，讓你所摯愛者的心一直活在當下。當看到他們的心散亂時，何不說說以下這幾句話，以引導他們回到當下：「是我個人的錯覺，還是氣溫眞的漸漸變冷了？」或「空氣不是很清新嗎？」這未必是把他們推開，而是邀請其加入，和你一起待在美妙當下的這個營本部，那是一切道路所依賴的根源。

　　佛教倫理道德中，沒有對於同性戀的規定。在這方面，第五條戒可能也適用：清楚明白肉欲與性行爲的後果，不因破壞信任的盟約，而造成另一個人或自己的痛苦。性別意識（不等於生理上的性別）就如自我，可被視爲一種建構，並無恆久不變、獨立自主、實在的主體性。

　　愛，讓第三條戒成爲焦點──深入傾聽和愛語。傾聽你的摯愛說了什麼，也要傾聽他們未說出的話。當意識到對方受傷了，何不對他或她說：「當你傷痛時，那也會讓我難過。」當你意識到對方的快樂，何不說：「你的喜悅，讓我也快樂。」（你難道不喜歡他們在類似的情況下，跟你說這些話嗎？）

　　如果兩個人聚在一起，清楚知道他們本身在精神上是圓滿的，那麼當他們住在一起時，會發現彼此的靈魂是如何的南轅北轍，卻依然學會在彼此身上辨認出自己。這是日常生活中宇宙的陰陽之舞（「非一非二」），彼此相輔相成，互相制衡。關係變成一種僧團。「當兩個人以我之名相聚時，」佛陀說：「我將與他們同在。」

你是否願意承諾，與摯愛共處的當下能保持正念？（婚姻）

婚姻或以身相許的關係可以是個兩人僧團，那是個關於愛的修行的好機會。兩個人，互即互入，了悟我們所有人都親密的互相連結，僅僅只是透過和這一個人的交互作用，就如領受了所有的人一般。那是個相當好的發願。

但婚禮本身並非佛教特定的儀式，而是每個僧團可自定儀式程序的一項盛事。一個佛教徒可主持一場合法的結婚典禮，但他或她扮演的角色並非代表神的婚禮介紹人（「……以賦予在我身上的權力……」）。在這種婚姻的誓約中，新郎、新娘鄭重宣誓皈依三寶與五戒，此外可能還加上誓言肯定生命的延續，以及體諒與彼此尊重的重要性。他們不只發誓彼此敬重珍惜——這點他們已做到了，還發誓敬重珍惜的是以身相許的關係，以及他們的修行。所以，強調的重點不在於兩個人在一起有多美妙，而是兩人在同一條美妙的道路上攜手並進。

新郎、新娘的相互關係，允許其中任何一人在必要的情況下離婚、再婚，不會留下任何污名。他們未必違反佛教的任何誓願，那是他們依然奉為神聖的；他們也還對彼此有無條件的愛，並依然走在佛道上。當兩個人的修行相互支撐時，兩人都能有穩固的基礎。如果只有其中一個是佛教徒，兩人的共舞仍會有意思。（「嗨！親愛的，我回來了！你猜怎麼著？我剛剛花了七天的時間觀察自己的心。」）

菩提葉

以下這個故事中，太太的智慧不輸先生。有個西藏的造箭工匠撒拉哈（Saraha），他吩咐太太幫他煮一點小蘿蔔，然後他不間斷地連續禪修了十二年。當出定時，他問太太：「我的紅蘿蔔呢？」太太回答：「你以為我會把那些蘿蔔留到現在？」他氣呼呼地說要離家到山中禪修。他太太回應：「孤單一個人並不表示隱居，最上乘的隱居是內心遠離名稱與概念。你禪定了十二年還忘不了紅蘿蔔，現在跑到深山裡有什麼用？」他知道她是對的，因此放下名稱與概念，最後達到覺悟。

沒有人做得更好

愛，總是會讓人想起第五條戒——處理性行為時，有倫理道德的準則是很重要的。但就如鈴木禪師曾指出的，你一出口說「性」，就沒有一件事不是「性」（當我想到他花了多少天面對一堵空白的牆壁禪坐時，我就願意相信他所說的話）。當代生活為逃脫分離自我的牢籠提供許多個選擇，這些選擇就如拉斯維加斯的霓虹燈（以性為最大號召）一樣多。「性」很暢銷，當然，這是很自然的。性塑造出的藍圖顯示出我們如何來到這個世界，並讓自己永恆不朽。那是一股可供擷取的充沛能源。因此，性行為能讓人覺醒，但也能讓生死輪迴不斷，造成甜蜜的錯覺。佛陀非常了解，他自己根本不是不解男女情事的童子。他不但生了個兒子，且在出家之前每天與後宮五百妃嬪調情。

人類似乎是唯一不僅為了「繁殖」觀點（生小孩）而有性行為的生物，人也為了「性」有生產力的觀點而進行性行為。「性」產生的不只是性行為本身的快感，還有強烈共享的感覺，能把人帶離自我。因此它可以是神聖的，但也可能對所謂「自我」的整座紙牌堆砌而成的結構——豎立起來作為獨立分隔的自我——造成潛在的威脅。如果造成威脅，自我有時會抽身而退，以更強大的聲勢再次出現，造成主宰與順服的性權力政治，最糟的情況是性虐待。在佛教的性關係中，依然需要兩個人才能跳探戈，它也樂於接受陰陽的共舞。

> 菩提道上
>
> 西方的「性」觀念，或許可以柏拉圖的類比作個概述：一個圓球在分裂之後尋求復合——兩個不完整半體的團圓。在佛教的性觀念中，兩個整體可以聚在一起，有更廣大的體驗。藏傳佛教徒說性高潮是空性的驚鴻一瞥。性行為在亞洲的特定用詞隱含大自然的過程，例如「雲雨」，喚起天地的交合。

想像金剛乘充滿了精神上獲得赦免的色情，這也是極端主義的表現。這種想像混淆了佛教密乘與密續的性治療師。在金剛乘中，神與

這尊精緻的蒙古金剛乘青銅雕像幾乎與真人一樣大小，純粹是一個象徵的表現，它代表密續所謂 *yab yum*（藏文，意指「父母」，梵文作 *maithuna*）的對立結合。雕像中這對夫婦消融了自我，因此沉浸在專注、彼此欣賞、覺悟的沉思中。

〈白上樂金剛和他的明妃〉（Sitasamvara with His Consort，白上樂金剛，蒙文作 *Caghan Demcig*），鰼察巴察(Zanzabazar, 1635-1723)作⑨。十七世紀晚期，鎏金銅像，高度：21 1/2英吋（54.5公分），直徑 13 1/4英吋（33.8公分），宛金喇嘛廟博物館(Chojin Lama Temple Museum)收藏。

其配偶性交擁抱的圖像（稱爲*yab yum*，字面意思是「父母」）是有象徵意義的。男性代表透過善巧方便展現的慈悲，女性象徵智慧。這種寓言式的意象，只能以最深刻、最神聖的意義來解讀，有點類似《聖經・雅歌》以及基督教神祕主義者，他們尋求與基督新郎結合──狂喜的性靈交會。要牢記在心的是，金剛乘的修行者觀想、認同這兩尊神，因此統合這兩者各自代表的能量，他們也認同內心深處的空性。

對生命核心中無常的覺知，可能有它本身的色情成分。泰國禪修大師阿姜查(Ajahn Chah, 1917-1992)曾坦白說，當他早年出家走在森林中時，每個感受都讓他勃起⑩。視萬物爲神聖而行徑古怪的日本禪宗大師一休(Ikkyu, 1394-1481)則穿著僧袍到妓院去

不管是佛教的哪個宗派，佛道對各種關係顯出一種開放性，那超越了服飾或面具，是一種赤裸的覺知──如果你想如此說的話。在有承諾的情況下，兩個人實際上的赤裸可以是一個莊嚴的時機，讓他們體會並表達愛，那是種神聖的信賴，在日常相互回報關係的喜悅中被尋求與發現。

媽媽佛陀，爸爸佛陀，小貝比佛陀 （親子關係）

　　一個嬰兒不是生下來就自動成為佛教徒的，即使他或她外表看來就如一尊小佛陀——一身水嫩嫩、胖嘟嘟的，笑得很安詳。孩子要靠父母把佛法的種子帶給他們，然後讓孩子自己決定。父親、母親和孩子都有佛性，都能讓彼此想起自己真正的本性。例如，仔細想想派翠西亞·伊克達·納許(Patricia Ikeda Nash)的聲明：

> 基本上，我們都是從母親的身體以及她們的愛中產生的。每晚上床前，兒子都會坐在我的大腿上，耳朵貼著我的胸膛，一邊傾聽我是誰，一邊回想著。我凝視他的臉，聽著他的呼吸，想起他出生後的那個晚上：我們倆安靜清醒地看著彼此好久，我覺得他那新生兒的軀體就如一道門，通往一條巨大的隧道，裡面充滿著水晶階梯，成螺旋狀往過去的時間延伸，包含我們所有祖先的基因與業報的精華，並往後延伸到最初的生命體。它是多麼燦爛耀眼啊！在那一刻，我了解人的生命延續的正當性，而且我也了解，儘管我們四周有黑暗圍繞，我們有能力「享受生命，誠實而有力地活著」。我被包含在我的小寶貝之中，我的小寶貝也包含在我之中，那是一個由許多聲音發出宏亮共鳴的住處。

為人父母是修行

　　為人父母緊湊的行程，可與僧團的紀律相匹敵，小孩不斷干擾的試煉也磨蝕著自我。但是孩子也可能是個好榜樣，他們能如此專心地活在當下，以至於只要我們經過時看著他們，他們就像正念的鈴聲，喚醒我們注意美妙的當下。看著小寶貝光禿禿的腦袋上長出第一根頭髮，接著長出牙齒，然後像豆莢般抽高長大，那等於是接受無常的一門課。

　　每事問的孩子也是初學者之心的大師，只要想想他們寫給上帝的

信（「親愛的上帝：如果你在我的心中，你難道不會弄得全身血淋淋的嗎？」）

因此，小孩可能以他們的方式成為嚴格的小禪師，要求為人父母的全神貫注地面對發生的每一件事，並考驗父母處理恐懼、憤怒、生理需求以及整齣生命連續劇的能力（明天請繼續收看〈當輪子轉動時〉）。當正念於自己的感覺時，我們就不會把這些感覺的衝擊力發洩在孩子身上。

如果父母或孩子克服情緒風暴的方式，是走進專修觀呼吸的房間，敲響正念的鈴聲，只是靜靜地坐在一朵花旁，那麼整個家都能聽到那鈴聲，並練習靜止。總之，正如泰國法師蘇拉克‧希發拉剎(Sulak Sivaraksa)所肯定的，「就算家裡只有一個成員禪修，全家也都能從中獲益。」

家庭僧團，以及適合孩子的佛法

佛教不是以一本書為基礎，而是以修行為基礎。以身作則的話，孩子就會學習重視父母所重視的東西。例如，熟悉正念禪坐的孩子可能會在家中那間觀呼吸房裡，坐在禪坐中的父親或母親身旁，練習單純地相聚在一起。佛法的家庭修行包括拜訪安寧療養院、到大自然中健行、一起唱歌或誦念、享用念念分明的三餐、慶祝地球日以及相互擁抱。你可能也考慮教孩子瑜伽，如此一來用雙盤禪坐就不會那麼辛苦，而佛法在需要時自然會出現。

教導小孩佛法並無一成不變的方式（在框線內畫曼荼羅；和其他人一起好好禪坐）。有些公立學校採用每日禪坐的方式，讓教室安靜一些（沒有其他地方比得上「唵」）。所謂做一個正念的父親或母親，意思是仔細聽出孩子想要學到某種教誨的時刻，當孩子想參與父母的修行時要能適應，還要有能力因應孩子的個別程度，設計適合他們的修行方式。日常生活中的各種情況，都能成為教導的機會。例如，我們可用孩子擺設自己擁有的東西為例，教他們好好照顧其他東西。

要找一套適合孩子的經典佛教文學，可用547則《本生經的故事》
(*Jataka tales*)，那原本是以巴利文寫下來的，其中有些是從佛陀當時的民間故
事改編而成。這些故事談到釋迦牟尼佛和弟子們過去生中的故事，因此大體
上以實例說明了各種業報的運作。這些故事也有特定的主旨，例如寬恕的精
神、正確信仰的重要、慈善的價值等。

　　也許是我的偏見，但書本也很有用。有些佛教兒童讀物現在可以
買得到，部分原因是西方嬰兒潮的佛教出版商已為人父母。連同佛陀
的一生以及他的基本教誨，在孩子長大成為青年人的過程中，戒律也
可以是一種核心課程。意識清楚的行為指南，能讓孩子知道應如何為
自己界定什麼事該做或不該做，知道那將如何界定他們的人格，並知
道那是永遠無法從身邊被搶走的──那是從小孩轉變為大人極為重要
的一步，如同下一節將探討的。但讓我們先問一個問題：你的E.Q.有
多高？

你的「E. Q.」有多高？──情緒智商

　　我們在談內觀禪那一章約略提到「情緒智商」，那對父母與孩子
來說都是無價之寶。一個在佛教家庭長大的人，會記得自己從未聽過
父親說：「不要推你弟弟！」他說的是：「當你在推弟弟時，仔細想
想自己的心理狀態。」那句話一直留在他的腦海裡，溫和地將正念的
奧祕傳授給他，就如十字路口的紅燈、黃燈和綠燈。培養情緒智商的
三步策略，包括三種能力：（一）覺知有問題的情緒，而非受它們主
宰；（二）評估如何處理這些情緒，還有它們是在什麼情況下產生；
（三）藉由行動檢驗以上的洞見。

　　當丹尼爾‧高曼1995年寫出《E.Q.情緒智商》(*Emotional
Intelligence*)一書時，他在美國只能查到不到半打的學校課程中，教導
人處理感覺與人際關係的能力。五年後，成千上萬個學校中，有好幾
百個類似的課程（有時稱為SEL──「社交與情緒學習」）。新的研究顯示

> 當教導自己的孩子時，我們是把焦點放在技術上的技巧、電腦、數學、內容、智力，那些和人心是分離的。事實上弔詭的是，處理情緒的技巧，是我們成功更為重要的決定因素，更遑論它對我們個人幸福的影響力了。這當然是現代教育的弔詭之處。我們一直錯放了焦點。
>
> ——丹尼爾·高曼

出，腦部調整情緒的中心持續成長到青少年期，而非像先前認為的在出生後沒幾年就停止發展了。事實上，那是腦部最後發展成熟的部分。所以，例如辨別焦慮、憤怒、無聊、饑餓等感覺有困難的十歲女孩，在十二、三歲時可能有演變成嚴重飲食障礙的危險。在孩子整個學校教育過程中，注意自我覺察並調適社交關係，這不僅可以提升他情緒與社交的成熟度，且被證實有助於避免沮喪、上癮、暴力和自殺。

歡迎加入我們的行列：成人禮

每種修行道都有它的「成年儀式」，正式成為部落中的一員。就整體而言，我們的社會在這方面所做的比不上祖先。正如「人類親善基金會」(Human Kindness Foundation)的會長包·羅佐夫(Bo Lozoff)的短評：「生活是深刻的，但國家的生活方式卻不是。」然而，一個青少年能藉由基督教的堅信禮⑪或猶太教的受戒禮⑫找到自己在宗教團體中的定位。如西方漸漸發覺的，佛教文化也有成人禮。

我們的祖先非常有智慧地發明了成人禮，讓新生代正式加入社會，以及這社會的習俗。他們知道男孩到了青少年時期，體內充滿雄性荷爾蒙，那可能會非常危險。若無這種儀式的話，年輕男子可能會對社會本身發洩暴力，就如今天在少年幫派與少年暴力上所見的。商業的「少女文化」是另一個例子，顯示成熟的膚淺代替品，背後帶有可能發生的危險後果。

在西藏，人們將一群犛牛交給孩子看顧，以承認他們能獨立自

主。在泰國和緬甸等東南亞國家，年輕男子通常在中學畢業後，要出家成為佛教比丘至少三個月，此後他在一生中隨時可回歸僧團。因此，這是一般社會共通的文化。

西方佛教宗派從至今已在西方運作了大約六代的淨土寺院裡，學習了許多關於佛教徒為人父母之道、成人禮和教育。以白人為主的僧團，大約在二十年前開始將日間看護的工作併入修行中，現在還逐漸發展出親子日與成人禮的儀式。例如在博得市(Boulder)的「藏傳佛教香巴拉中心」(Tibetan Buddhist Shambhala Center)⑬有一種成人禮，小孩要研習箭道、插花、詩偈之類的佛教藝術，以為這個典禮做好心理準備。在實際的典禮中，孩子和父母相互鞠躬，並交換代表童年與成年的禮物，他們也誓願對自己與他人仁慈。

孩子是我們的未來，因此他們是我們的老師，正如我們是他們的老師一樣。這種相互關係——所有佛教人際關係的典範，就如接下來將看到的，是佛教教育的一個關鍵性的特質。

學會如何學習：佛教教育

佛陀的榮譽頭銜之一是「本師」；的確，他教導我們生存的最終目的，那就如奧迪士・赫胥黎所說的：「去了解究竟的無我，它超越了其他的無我與自我，但它卻比呼吸更接近，比手、腳更接近……」在他所說的「你親自來驗證」這句話中充分代表他實用、非高壓、非權威的教學方法。你是學習的實驗室，也是最終的權威。

從一開始，第一批佛教法師同時也是學生，他們展現的典範是終身學習——實際上那是世界上最早的終身學習計畫。在三個月的雨季中，佛陀的大弟子會重新集會共享彼此所學，並接受進一步的訓練。

那爛陀大學成為人類第一所大學，而傳統上佛教在東方社會一向提供一種教育場所，例如古代中國的佛寺填補了所有國家教育體制的空缺，佛寺有完整的套書，不限於佛教經典，還有道教、儒家以及古代中國的文獻。因為比丘對這一切著作都很熟悉，所以佛寺也扮演圖

書館與翻譯中心的角色，並漸漸變成完全合格的學校，散布在全國各地，也在國境之外沿著絲路分布。就如我們也提過的，在美國的佛教中心提供亞洲移民教育機會長達一個世紀以上。例如美國佛教教會於1913年開設週日班，而到了第一個二十五年時，他們已經透過五十六座佛寺教導七千名學生「黃金鏈」之類的概念了。此外，最近也有許多佛教學院紛紛成立，例如西來大學⑭、佛教研究所、那洛巴學院 (Naropa Institute)⑮和創價大學⑯等。

現身說法

> 我是阿彌陀佛環繞全世界的愛的「黃金鏈」中的一環。我滿懷感恩，願將我這一環常保明亮穩固。我會對一切眾生仁慈溫和，保護所有比我弱小的眾生。我會努力讓思想清淨美好，讓言語清淨美好，讓行為清淨美好。願阿彌陀佛愛的黃金鏈中的每一環都是明亮穩固的，也願我們都能達到圓滿的和平。
>
> ——美國佛教教會，週日班

佛教有非語言文字的層面，那是透過體驗來傳授的。佛教的師生關係出現在上師與瑜伽行者間的關係，也出現在禪宗「以心印心」的教理中。如同佐佐木指月禪師(Sokei-an〔Sasaki Shigetsu〕，1882-1945)⑰的解釋：「當佛弟子的學生和師父達到相同的見解時，就產生心的融合，弟子的了解和師父的了解合而為一，或照傳統的說法，師父『傳』心給弟子。」要讓這種情形發生，老師需要學生的程度和學生需要老師的程度相同。當前的教育者正在學習這種佛教的智慧。老師扮演的角色是從旁輔助的指導者，而非站在講台上的聖賢（我喜歡把教室的椅子排成圓圈，我在圓圈中授課）。研究也發現，學生從聽講而學習，但最好是從做中學——自己親身體證。

就如同所有的關係，一切的組成分子都有佛性——老師、學生、教材。這表示：不管你在這裡學到什麼，你不是早就知道了嗎？（不過，你自己內在光明之校的畢業證書，要等到它的印表機從幼稚園畢業後才會出爐）。智慧未必是知識一點一滴的累積，也可以是卸除無知的面紗，這

重重的面紗讓我們無法窺見自己天生的知能。緊接著，我們來到表面上看來是最後的一層面紗。

美好的人生：善終

死亡。不管我們已婚或單身，「大自然」的事實是，生命最後都會讓路給更多的生命。但「人性」無法輕易地接受這事實。無論死亡碰觸到的是我們摯愛的人或自己，即使我們不執著於生存，就如愛一樣，它可能也會非常棘手。我們會在最後一章探討對他人死亡的處理，所以在本節探討的是自己個人的關係。這是我們究竟不可知的關係，佛教徒通常稱之為最重大的一件事。

佛陀說：「正如大象的腳印是叢林地上最巨大的腳印，死亡也是最大的老師。」的確，我們和死亡的關係包括其他一切關係。例如當我們思考死亡時，「性」探出頭來。你可能不會將死亡視為「生命種種事實」的一部分（雖然人們低聲談論死亡，讓小孩避而不見，好像死亡是「性」一般）。事實是，如果不是「性」，我們可能永遠也不會面對死亡的奧祕。請仔細思考一分鐘：如果我們依然靠細胞分裂來繁殖——一個細胞分裂成兩個，兩個分裂成四個等，而非哈利遇上莎莉，然後生養小哈利的話，我們就會有比利分裂成比爾和李兩個人，瑪麗露變成瑪麗和露兩人，以此類推，每個人都是如此（想想看，那會造成多麼詭異

的一家團圓啊！）

現在如果我們看著死亡，把它當成生命具有變形力量的性擁抱的話，我們只會看到一個東西變為另一個東西，毛毛蟲變成蝴蝶（那隻毛毛蟲死了嗎？），嬰兒變成青少年（那個嬰兒死了嗎？），養家活口的人變成退休者，身強體壯的父親或母親變成虛弱的生命，躺在床上，靠點滴管一點點地吸取養分。誰死亡呢？

因為無常是所有關係中固有的，所以現在就碰到這問題：如果我們不能面對自己的死亡，怎能面對自己的生命，還有生命中其他人的死亡？禪的回答是：「在你死亡之前死亡。」體認佛心，那未生出前的狀態。那麼，當你時候到了，你會專注於當下。沒有人說那是件容易的事，也沒有任何正確的方式。

究竟的涅槃在等著。在死前死亡，那麼當臨終的一刻來臨時，你可以在人生最後的片刻活在當下，毫不恐慌（例如「喔！糟了！我是不是沒關瓦斯爐？」之類的）。如果你這次——這輩子——處理好，那麼就能真正好好度過剩下來的永恆生命，完全「無事」(nothing)可做。

西方對藏傳佛教的一項初步發現是，透過所謂《西藏生死書》(*The Tibetan Book of the Dead*)的翻譯，這本書的書名實際上是《透過中陰身的聽聞而解脫》(*Liberation Through Hearing in the In-Between State*)。除了死亡的典禮，以及類似死後種種國度的旅遊見聞講記之外，它還包括這輩子能進行的禪修。生命是時時刻刻生死不斷的長

流；當注意到各種介乎中間的狀態（藏文作 *bardo*）⑱時——例如介於吸氣與呼氣之間、沉睡與醒覺之間、念頭與念頭之間、某字詞與某字詞之間等——我們開始看清這一點。

佛教老師蓋瑞・拉金仔細思考自己的死亡，然後決定她要所有的朋友聚在葬禮中為她作詩，把這些詩串在一起掛在樹上，接受四季的風吹雨打。你呢？

花點時間觀想自己的死亡，看看有什麼讓你裹足不前，有什麼讓你驚駭，什麼讓你最快樂，探索自己的感覺，讓死亡的真相克服對死亡的恐懼。把死亡包含在你的生命中，要如在討論購買房子般，跟摯愛的人討論葬禮，讓死亡的提示鼓舞你努力度過每一刻。

就如人們所說的，生命不是彩排，無法重來，緊要關頭終於到了。沒有劇終時觀眾的喝采叫幕，沒有安可聲，沒有移居他處的轉遞郵址。你想在人間留下什麼樣的墓誌銘，作為退下人生舞台的台詞，你就要把它實踐在生活中，那麼到時那塊墓碑就只是錦上添花而已。

你不能不知道

- 佛教不是逃避關係，它對所有關係的方式都是相互關係。
- 佛教提供洞見，讓人透視浪漫愛情滑溜的斜坡。當一對情侶共同承諾全心投入佛教的修行與彼此的關係中，「性」就可能是自然而崇高的愛的表現。佛教能為以真誠信賴為基礎的婚姻，提供一個穩固的架構。
- 家庭可以是一個父母和孩子組成的僧團。
- 佛教的核心是一個教育體系，它除了促進終身學習之外，也促成了世界上第一所 大學。
- 最終的關係是面對自己的死亡，那是度過有意義的一生不可或缺的一部分。

2 心靈糧食——日常飲食

有人曾斥責古希臘哲學家蘇格拉底吃得太少，蘇格拉底回答：「我吃飯只為了活著，而你活著卻只為了吃飯。」這正好切合我們不久前對工作與謀生所了解的。

當我們只把工作當作一份差事時，便錯過把工作當作修行的機會。吃飯也是如此，就如謀生方式，食物也維持我們的生命，而且是從最深刻的意義上來看的。所以，我們可單純地把食料袋套在脖子上，吃掉裡頭的食物，從未真正聯想到飲食的意義何在；或者覺知到食物是心靈的養分（正如我們已了解的，心臟運送血液……是我們精神的中心……也是我們的心智；一體齊備）。

蘇格拉底也許是對的，但我們也可把飲食與生活視為相互依賴、不斷地循環，在這兩者之間有中道。我們的文化傾向重物質而輕精

神，重價格而輕價值。來到這裡的火星人，可能會從我們特大號的炸薯條，或可當作橡皮擦如橡膠般的麵包，感覺到這種偏向。然而，要感覺食物精神的層面只需要停下來，然後聞著咖啡的味道。生命是一頓飯，我們什麼材料都有。以下是某種關切食物的思考，也是心靈的食糧。

食物是精神食糧

【實質】：你知道誰發明麵包嗎？多麼不可思議的發明！用它來比喻佛法，還有佛法的美味可口，再恰當不過了。一個人如何變成佛陀，就如麵糰如何變成麵包。那被珍視而代代相傳的食譜，就如佛陀的教法。所以只要有適當的材料、注意力和照顧，就會製造出熱騰騰的麵包來，今天烘焙出爐的，就如有史以來第一條烘焙出來的一樣新鮮。製作的基本原則其實相當簡單，但不同的人喜歡把基本的食譜加以改變，強調不同的質地與味道，就如佛法有不同的形式——我們稱之為學派或宗派。不管是哪個宗派，烹飪就是修行。而品嘗我們自己烹調的食物，就如同我們從佛道中達到的平和狀態。

如果保持正念，烹飪總是能測試我們的理解度。所有擅長烹飪的人都知道，沒有一份食譜需要依樣畫葫蘆。食譜不是食物，木筏不是彼岸。我們可能會渴望埋藏心中的某種滋味，而這份食譜在此刻就是做不出這個味道。但如果我們是修禪的主廚，我們永遠知道自己手邊擁有一切材料，即使起初未必總是能看到全部的材料。滿足，也適用於身為食用者的我們。四聖諦中的第一項與永遠無法滿足有關，而第二項把這種情形比喻為無法滿足的胃口——一種貪得無厭的饑餓，不僅在生理上，在心理或情緒上也是如此。第四項聖諦——道諦，讓我們看清：只要以外在某種東西的角度來看待食物，它永遠無法帶給我們快樂。所以，食物是我們所擁有最實在的機會之一，讓我們能練習覺知自己、祖先與全宇宙的相互依存。盡情享用。

在本章中，我們將鳥瞰四種正念在飲食充分意義的主要方法，然

後會簡略地涉入食物議題，例如肥胖和肉類，我們也會做個結論——用一杯清茶。

從吃相看人格：心靈養分

我在1960年代，初次聽到現在已是老生常談的這句話：「你的飲食造就了你。」當時，那似乎和藝術家艾倫‧卡普洛(Allan Kaprow)的「即興演出」（自然不造作的禪宗環保表演藝術）一樣，是個激進的概念。但後來我是吃塗滿糖霜的穀物脆片與漢堡長大的。這是佛教真理一個極為簡潔的說明：生命是相互依賴、相互交涉的。你是否思考過：你的身體每七年會把所有的細胞完全更新一次（除了骨骼以外——但即使是骨髓也會被更新）？因此，除了骨架以外，七年前的「你」現在已不存在這裡了。那麼你從何處衍生出現在這個全新的你呢？從你餐桌上的食物……

……而那又依次變成土壤、江河流域、雲、太陽、農夫、卡車司機、雜貨商等生命的一部分。這一切都在你的餐桌上，要讓你品嘗——一種與生命的親密，而我們卻邊吃邊閱讀或看電視，讓它從指縫間溜過。所以，這不但是我們所吃的東西，還包括我們吃飯的方式。

任何一餐本身都是一種邀請，請你深入觀察生命，並獲得自己在宇宙中定位的洞見。（喔！）我的一個童年玩伴現在是瑜伽老師，她忙到說唯一能禪修的時間是坐下來吃飯的時候。想不到一頓飯也能作為禪修！那不僅是一種信念的肯定，相信物質世界的確無異於神的世界，更是實際的、一口接一口的更新那個信仰。就如聖經所說的：「喔！你來嘗試就知道。」

以下是四種方式，讓你能提高正念的飲食之樂：（一）感恩；（二）讓餐餐都是禪修；（三）和家人與僧團一起修行；（四）擴展你對食物的覺知。

天天都是感恩節

　　我們飲食的方式造就了我們自己。在這蔚藍地球上的每個宗教修行都因食物而頌讚或感恩，就如說「南無阿彌陀佛」般，那絕不是被強迫的，然而我們永遠都有必要如此做。

　　事實上，如果停下來為食物而感恩，我發現食物吃起來更可口。你試試看。我相信科學家也會發現這是比較有營養的。廚師也知道，如果烹調時有愛，食物會更好吃；這也適用於飲食的方式。食物就是愛。

　　佛教傳統的一種飯前感恩禪修是「食存五觀」⑲，其整體綱要如下所述：

- **注視食物時，仔細思考其中包含的一切材料，還有從農田一直到餐桌上的刀叉之間所需要的所有步驟**：把圓盤視為代表全宇宙，盤中的食物是宇宙的使者；對於這份食物要出現在你的盤子中，所造成的痛苦與歡欣生起慈悲之心，不管那是農夫的、卡車司機或雜貨商的；同時也要想到三餐不繼的人。

- **注視著你這一頓飯，誓願讓自己這頓飯受之無愧**：所謂讓自己擁有食物而受之無愧，即是食用時保持正念。吃胡蘿蔔時，就是吃胡蘿蔔；別咀嚼尚未解決的緊張、預期的愉悅或其他任何事物，只要咀嚼那塊胡蘿蔔佛陀，它在當下這一刻滋養你自己的佛性。

- **看著眼前的食物量，誓願不生貪婪**：飲食有節制。要認識到飲食超過一個臨界點就會變成貪婪了；並要練習捨心⑳，別分辨你個人的好惡。這就表示即使你吃素，假設別人給你的是肉，你也得吃。

- **把食物視為良藥**：所謂把食物當作良藥，意指不僅把食物視為美食。注意食物的「氣」——它的生命力。清楚地知道食物有助於增進健康或造成疾病，清楚地知道什麼食物對健康是有益或有害。

- **誓願飲食的目的在於體證佛道**：從把食物當作來自「全宇宙」的一份禮物，到作為一種有關「健康」的事物，只要再輕跳一步，那就是把食物視為「神聖」。把你的食物看作覺悟之旅中，不可或缺的一部分。

當食物的氣味飄送到鼻腔內，而你以這五種方式來思考它時，試著合掌，對這份食物與它所包含的一切鞠躬。就如你一般，蘆筍佛、花椰菜佛、胡蘿蔔佛等食物也有佛性。

事實上，在飯前和飯後祝福、祈禱、念咒或持偈頌是很好的。例如在猶太教中，我們為眼前的食物感恩，飯後我們為體內的食物感恩。而菩薩的誓願，適合作為佛教徒飯後的祈禱，另一種是生起並傳送慈心。以下是唐諾·奧特曼(Donald Altman)列入他《內在飲食的藝術》(*Art of the Inner Meal*)一書中的一個很好的模範，你可以修改成適合自己的方式：

現身說法

鋤禾日當午，汗滴禾下土；誰知盤中飧，粒粒皆辛苦。

——李紳（唐朝）

> 願一切眾生免於痛苦、饑餓與苦難。願一切眾生長壽健康。願一切眾生透過食物得到肉體的滋養、幸福，以及精神的覺知。願一切眾生體驗到仁慈，並以慈悲為他人服務。

（其他的佛教感恩詞張貼在以下的網址：http://awakening.to/nourishment.html）

三餐都保持正念

就如你現在所知道的，禪修並非在蒲團上開始或結束的。你是否有照我們在「內觀禪修」那章約略描述的方式，嘗試過在自己日常生活中正念分明地注意呢？飲食是這種禪修的好時機，或我應該要說「飲食的過程」吧？每口飯就如一個星系的誕生、成長與爆炸般，都

佛教一本通

是一個獨立自足的世界。（有人曾問鈴木禪師「涅槃」是什麼，他回答說：
「從頭到尾注意觀察每件事。」另有一次他啃食某個學生留在餐廳碗裡的一些橄欖
核，因為那上面還有一些果肉）

仔細想想一口食物的咬食。例如，想像我們正念的把收視頻道調
到麵包，去注意「眼睛看到麵包」……「想吃麵包」……「手撥開麵
包」……「看到麵包中的質地、顏色和形狀」……「思考並觀想其中
的材料與各個材料的來源」……「聞到麵包的味道」……「注意唾液
的分泌」……「手將麵包舉到嘴邊」……「張開嘴巴」……「雙唇含
住麵包」……「手臂放下」……「舌頭托取麵包」……「嘴巴感覺麵
包的質地」……「門牙咬斷麵包」……「臼齒磨碎麵包」……「麵包
的滋味」……「麵包在唾液的滋潤下變軟」……「麵包在口中散發出
甜味」……「麵包大部分變成間雜小碎塊的液體」……「麵包完全成
為液態」……「味道消失」……「注意吞嚥的衝動」。同時從頭到尾
注意呼吸，就如行禪般，初學者最好用慢動作練習。

進食時保持正念，讓整件事的過程到達終點。然後，你是否順著
習慣舉起手來？或做每個動作前，心裡都想要做這些動作呢？我們可
以進一步分析這兩者。每口食物吞下後，你是否一路跟著食物，感覺
到它往下走？的確，過了喉嚨之後就沒有味蕾了，但肚子能傳送某個
範圍內的微細訊息，例如「溫暖」、「酸」，甚至如「胡椒薄荷」之類

菩提葉

傑克・康菲爾德教導一種禪修，參加的人要正念地注意吃一顆葡萄乾
的過程，整個過程約費時十分鐘。同樣的，一行禪師提議以一個橘子作
為禪修：緩慢地完整地體驗每片橘子，而非邊剝邊吃。另外，禪的主廚兼作
家愛德華・艾斯培・布朗(Edward Espe Brown)曾引導吃一片洋芋片、一瓣橘
子以及一塊Hydrox餅乾的禪修，吃每樣東西時都是「靜默而專注的」。他的學
生發現一片洋芋片無法滿足胃口（也許這就是為何人們會貪求更多的原因），
每個人都很喜歡那片橘子，而大約一半的參加者甚至無法吃完那片餅乾！
（你自己來試試看）

的微妙變化。在此之後，你是否保持感覺的敏銳度？食物引起的感覺是否引燃欲望？欲望是否在你心中造成企圖？你的心是否按照企圖行動，引發身體的動作？檢視這幾點，做標記，並保持正念。

藉由了解這些微細事件整個的連鎖發展，欲望成爲貪求——成爲自我的這個過程變透明了，那被視爲一種虛構文學的手法（「喔！『我』餓了！」），陳述一則當前情況中不存在的故事（把食物當作酬勞，當作失敗，當作安全感，當作身分，當作罪惡，當作責備，當作羞愧等）。事實上，只有一連串當下發生的事件，其中沒有一件具有任何固有的主體性，彼此之間也不相同。

就如在正念的透鏡之下，呼吸的速度自然減緩，進食時會保持正念，饑餓感也會減少。我們發現自己可以吃少一點，不再餵養抽象的欲望，透過自己感官的證據直接體驗食物奇妙的真相，就在每一口咀嚼中。而那就足夠了。

最後一口——最後一片——最最最後的一塊餅乾屑——全部都是完整的一餐。

菩提葉

佛陀曾說過一則寓言故事：有個人走過田野，遇到一隻大老虎，他撒腿就跑，老虎緊追其後。他跑到懸崖邊，抓住一株野藤的根，在懸崖的邊緣擺盪，老虎在上面嗅聞他的氣味。這人渾身顫抖地往下一瞧，結果看見另一隻老虎在懸崖底下等著要吃他。在此同時有一黑一白兩隻老鼠，跑來開始啃咬支撐著他的那根野藤。就在此時他看見有顆草莓生長在他伸手可及之處。他伸手摘下草莓。這顆草莓的滋味多麼甜美啊！

共同舉杯

正念分明地「與人共同」進餐會擴大這樣的經驗。但根據某些報告，高達三分之一的美國家庭並未一起進餐。有意思的是，有較多重視進餐儀式的國家，例如共同進餐，比較沒有飲食失調的問題。另外，儘管乍看之下靜默地一起進餐似乎相當困難，這卻是一種方式，讓

人以言詞無法表達的不可思議的方式，分享對存在與共聚一堂的感恩。

為了讓你別猶豫不決，以下提供五個保持正念的訣竅：

- 當你吃飯時，別閱讀或看電視（另外，這點還對健康有好處。消化運用你腦部的某個部位，而閱讀則運用另一個部位。讓身體順其自然地運作，別使神經網絡交錯，這樣才會消化得更好）。吃飯時只要專心吃飯就好。

- 正念於呼吸和身體。身體坐直，挺胸，腰挺直，腳掌穩固地踏在地上。（你也許可以把要將食物舉高到嘴邊所需的額外這幾吋的距離，視為跨越心靈中心與心智中心之間的間隔）

- 從頭到尾細細咀嚼每一口食物（將食物與唾液拌勻也對健康有益，這讓你的消化過程從口中開始，減輕其他消化器官的負擔）。

- 進餐中途或約過四分之三時，停下來，看看是否依然正念於自己的呼吸，或躲進吃飯這個動作中。也看看你是否還感到饑餓或已吃飽（你可能會大吃一驚）。

- 最後一匙食物怎麼辦呢？就如你吃這整頓飯般，好好享用它；如果你種植花木的話，留下這口食物當作堆肥。

即使這是你忙碌行程中的一次禪修，在人生顛簸的路上，正念的一餐是綠洲，它讓你維持在平靜之道上。

現身說法

> 坐在餐桌的儀式，有一度正是共住團體的基礎。
>
> ——愛麗斯·華特斯(Alice Waters)

> 放慢進餐的速度，因為晚餐是一天中的最後一件大事；並讓賓客的表現就像預期共同到達目的地的旅人一般。
>
> ——金·安特海姆·布里亞沙瓦朗(Jean Anthelme Brillat-Savarin)

對食物的覺知

擴大你對食物的覺知，是正念飲食的另一道秘方。你不必種植自己要吃的食物，但可能會對知道哪些可食用的東西是野生的感到驚奇，或那可能只是表示你

要更頻繁地準備自己的食物，或對營養學有更多的認識。這一切意味著你要知道好的材料、新鮮的產品及均衡的飲食。例如，許多美國人過度強調脂肪、鹽或甜食。如果你正是如此，請理解：一旦要自行戒除原有的習慣，就需要一段時間才會習慣其他食物，而你會再度覺得更健康。

也許你多餘的一份脂肪、鹽或甜食，是來自已經調製好的食品，它們的特色就是使用脂肪、鹽、甜點這些東西（你是否有細讀標籤說明？）。沒有什麼比得上自己動手烹飪（但，這和佛教有關嗎？當然）。靠自己，自己體驗，到達源頭──這些都是我們烹飪時所汲取的佛教美德。

如果你擔心食物中有殘留的農藥、怕吃到基因改造的作物、沒有錢、可以選擇的種類越來越缺乏多樣性（嗯，這份清單似乎永無止盡），我倒是有個適當的提議：烘焙麵包。就如愛德華‧艾斯培‧布朗在《塔撒加拉麵包書》(*The Tassajara Bread Book*)所說的：「麵包會自行做好──藉由你的仁慈，帶著你的協助，帶著流經你心中的想像，用你手中的麵糰，你就是自行完成的麵糰，這就是為何做麵包是如此令人滿足愉快了。」只有新出爐麵包的那份甜美滋味與質樸的香氣，才可能打動你。

我想提供的第二種選擇也和穀物有關：各類完整的穀物。不管你自己烘焙麵包或購買麵包，試試全麥麵包。如果你做穀物類的早餐，試試燕麥粥。至於午餐和晚餐，不妨考慮糙米、粟米、基諾瓦籽

現身說法

我取出殘餘的乳漿給雞喝，雞群滿足地喝得嘖嘖作響。充滿養分的乳漿流入雞蛋中，製成堆肥的雞糞與牛糞埋入菜圃中，養分流入蔬菜裡……這些是簡單的奇蹟，就如烘焙麵包或搭建一座棚架般令人滿足。新鮮、美味的食物，滋養的循環就在手邊完成。有助於土地與人們的健康。有時我很好奇，在一切假定的進步中，什麼是我們現在急忙衝向的目標，什麼又是我們正在遺落的東西。

──朵內拉‧麥朵(Donella Meadows)在她的農場談自製乳酪

(quinoa)㉑。但更重要的是飲食均衡（例如各種穀物、青綠色蔬菜、豆類）。就整體而言，我建議你或許可投資一點時間在研究營養學、食材上，並自己準備三餐。把耐心、愉悅、親密、從錯誤中學習包括在內（靜坐二十分鐘再享用）。

所以，花點時間烹飪，並吃新鮮的食物。如果你能力許可的話，就資助小本經營的農人——現在從事這種行業的人正逐漸消失中（你最近一次邊食用農人栽種的食物，邊觀想他曬黑的臉和雙手是什麼時候？）。農人能確切地告訴你他們在賣什麼，且很多農人都有商店中見不到的各種農產品。你上一次吃強納森·史派蘋果(Jonathan Spy apple)、布蘭亨杏仁(Blenham apricot)或錢德勒草莓(Chandler strawberry)是什麼時候？不久前蘋果的情形變得有點危急，架上只看得到紅、綠兩種蘋果，然而曾有段時間美國有五百種不同的蘋果（幸好在某處還有留下穀物作種子的人）。

此外，當你向農人直營的門市購買農產品時，就等於避開食品在商業上歷經的船運、冷凍和倉儲的過程。新鮮最好，如果你直接向源頭採購，你就把「完全證悟的佛陀」帶回家，那只需要略為加熱或烘焙（別過度烹煮），加上衷心、正念的感恩，其他什麼也不用。如果它在冰箱裡放了兩、三天，那麼你可能需要用點烹調技巧，讓菜色更悅目可口。

你家附近沒有農人直營的門市嗎？那麼社區菜圃呢？沒有社區菜圃嗎？那麼後院一小塊土地或沒有使用的空地呢？（對佛教企業家來說，這是另一個發展的可能性）

你饑渴交迫嗎？──食物的問題

所有生物都會饑餓會口渴，所以我們對可食用食物和短暫快樂的胃口自然是糾纏在一起的。我們在表示和諧或和平的中文字裡，看到兩者的相互關係：穀物的種子放在一張嘴的旁邊㉒。同樣的，天主教的聖餐禮，透過淨化的麵包與葡萄酒的聖禮，結合了肉體與神聖。

然而，食物也可能代表一種敵對的分裂。即使是佛陀都面臨食物

的問題，記得吧，讓物質面與精神面對抗。他試圖以齋戒的方式證悟，探究並超越內建於身體構造中那灼熱的饑餓枷鎖。在此之前，他已享用過王宮廚膳中最上等的飲食了。從這種豪奢與貧困的極端，以及狂食暢飲與饑渴交迫的極端中，他發現並教導另一種非二元對立的選擇——中道。再者，他讓人看到，我們的不滿足、痛苦，都深植於自己種種不切實際的渴求中，並非在渴求的對象中（豪宴、飲食控制課程、自我形象等），而是我們對這些對象的執著。

【禪修】：請翻回到第二部第一章餓鬼的圖文，然後看你能否想像屬於自己的餓鬼。換句話說，如果你像我一樣，你可能窩藏了一個（或兩個）餓鬼，而一直渾然不覺地餵養他。看看你能否觀想自己的餓鬼，能否給他一張人類的臉孔？（我並未給我的餓鬼取名字，只稱之為「那個老餓鬼」。但如果你喜歡的話，你可以給自己的餓鬼取個名字）。在你的日常生活中，看看你和你的餓鬼是否能教導彼此一些佛法。

所謂面對食物與食物的問題，意即和當前這一刻的美好與絕對的適當、如是的狀態一起和平共處。但舉目四望，我們卻注意到，很諷刺的是，在美國這塊生活水準相當高的地方，仍有為數不少的人有食物的問題——體重過重；讓自己挨餓；深受腸胃潰瘍之苦；或過度在意食物。看你是否能想像他們的餓鬼，並在他們身上看到普遍的情況。

菩提葉

在密續中，即使是飲食失調也能導致覺悟。撒惹哈(Saraha)大師巧遇老饕薩爾哇婆乞叉(Sarvabhaksa)[24]，後者因找不到東西吃而痛苦地在地上打滾。撒惹哈告訴薩爾哇婆乞叉什麼是餓鬼，然後這老饕就問他要如何避免這種命運。撒惹哈告訴他把自己的肚子觀想為和穹蒼般空無一物，把所有看得到的現象都觀想成他的食物與飲料，並把胃口觀想為吞噬這一切的火。薩爾哇婆乞叉照著大師的指示做，直到光線消失為止，因為這時他已吞下了太陽與月亮。然後撒惹哈告訴他，他吃掉的一切現在都沒了，此時他要在毫無食物的情況下禪修。當他體會到表象與空性是一體時，不久太陽和月亮又重新出現了。

進食時心不在焉

　　所謂有正念地進食也表示：除了覺知自己吃什麼之外，也覺知別人吃些什麼。如果你只吃糙米和豆腐，試試速食，反之亦然。當越來越多的人在意健康時，缺乏健康意識就變成一個值得注意的嚴重問題了。

　　【事實】：有越來越多不健康的物質摻雜在我們所吃的食物、飲水以及呼吸的空氣中。例如，農藥已成為農業綜合企業的一塊基石（農業綜合企業，其實正讓農人與森林看守員消失）。（有多少人飲用瓶裝水，以避免喝下致癌物質？）

　　似乎再也沒有比現在更適合談到第三條戒，正念地進食。

　　【事實】：排在抽菸之後的美國第二大死因是肥胖（抽菸和肥胖都是攝食的問題）。

　　【事實】：今天美國成人的肥胖率是1960年代早期的兩倍，就美國兒童來說，則是1970年代晚期的兩倍。今天的小孩所吃的蔬菜中，約有四分之一是炸薯條或洋芋片。

　　【事實】：到本書撰稿為止，美國人現在花在速食上的金額比受高等教育的金額高，也比花在電影、書籍、雜誌、錄影帶和錄製音樂整個加起來的金額高，這讓速食業變成一個千億美元的產業。把這些點連接起來，就看出肥胖與速食之間的正比關係（就如在代數中所說的）。這種相關性在歐洲和亞洲也逐漸變成事實。

　　【禪修】：到一家速食店點一杯咖啡，如果沒什麼別的東西可點的話（如果你的朋友已開始說你對健康飲食逐漸變得有點狂熱，那你就點個漢堡，加上薯條）。坐下來，正念且不帶批判地觀察你周遭的生命。做見證，「融入」全場。櫃台的店員、經理、顧客、外帶、內用、店內的裝潢、氣氛；現在此刻，包括你自己在內的這一切，都是從你所有的祖先以及整個宇宙發展演變而來的。把你的感覺做標記，喜歡、不喜歡或中立，但別執著任何感覺。當天稍後或晚上給自己一點時間，再次處理分析你所經歷到的一切。

肉，細嚼慢嚥

肉食與否由你自己決定。第二部第三章約略提到肉類的道德原則；另有三個因素值得一提，於是我站上裝運蔬果的箱子開始演說。

第一、健康因素，素食主義似乎降低罹患心臟疾病與癌症的危險。

第二、環境因素（這點預告我們的最後一章，主題是「入世」）。例如，今天世界上有大約一半的穀類用來餵養牛群，這麼大的一筆投資，結果在營養方面產生的報酬率，就比例上而言少得可憐。種植一畝地黃豆所產生的蛋白質，是用一畝地餵養牛群所產生的蛋白質的二十倍。

第三、嘗試一種新的訓練總是好事，只是看看。仔細鑽研要如何逐漸轉變，還有如何透過均衡的飲食來獲得所需要的蛋白質。然後看看這「感覺起來」如何。你可能會發現內心覺得更平靜、更開放，而且也更快樂一點（演講完畢）。就如我所說的，這要由你自己來決定。

正念的食物

只要有一本食譜，就可找出一本控制飲食的書；每個「陰」的元素必有其「陽」的平衡力量。美國人花費兩百六十億美元在販賣機器製造的食物上，同時也花三百三十億美元在減肥的課程、書籍和錄影帶上。我在南加州長大，我還記得販賣熱狗、漢堡和墨西哥塔可捲餅的路邊攤，那是後來速食業的拓荒前哨。但同時這裡也是好萊塢，不斷追求永恆的青春之泉，所以那時已有一、兩家商店，你可以在裡面買到夫妻經營的家庭式小商舖品牌的維他命，以及草藥合成品、外來的果汁飲料、最初的堅果穀物類混製的早餐，還有標示著「有機」且外表凹凸不平的水果和延年益壽的食品（當年談延年益壽的飲食書籍用「禪」這個字，作為行銷策略）。

今天，這些都稱為「健康食品」（這是個贅詞，就跟把包裝食品中多餘的、黏糊糊的添加物，標示為「天然未加工」的矛盾修辭法一樣可笑），這是個日漸風行的趨勢。對我們的飲食習慣造成全國性的重新評估，「禪」的烘焙與烹飪一向有重要的貢獻。到本書撰稿為止，有機食品已變成

佛教一本通

一項六十億美元的產業（「有機食品」不用農藥，不經放射線殺菌，沒有基因工程或基因改造，或加工處理）。一言以蔽之，對於作爲我們整體健康——身、心、靈——的一部分的食物，我們逐漸變得更有自覺，更覺醒。

現在，讓我們以瀏覽食物藝術中最偉大的代表作之一，來結束對這項藝術的概述。

喝杯茶看看：茶道

美國獨立革命的根本原因在於「茶」。茶是英格蘭全國性的飲料，以一種所謂「下午茶時間」的儀式爲特色。在新大陸，新英格蘭殖民區飲用的茶和整個英格蘭一樣多，而且這種情形甚至持續到二十世紀初。1933年嶄新的帝國大廈瞭望樓層，是一家運用流行於二〇年代到三〇年代簡易造型裝潢風格的茶館，裡面的茶品種類超過一百種。然而，今天美國人充其量只把茶視爲附餐的飲料，通常餐廳供應的是附有一根細線的茶包——有點像拖著尾巴的老鼠。但，這和佛教有關嗎？

就如我們將會看到的，茶可以是整個「禪」的生活方式的一個模範。飲茶的根源可回溯到至少一千年前，最初的紀錄來自於第八世紀的中國，當時有個佛教徒陸羽[24]，他花了五年的時間，編輯第一本關於茶的書。對他的主題而言，陸羽是個出色的媒體經紀人，他列出品茗的整套程序，包括多達二十四種準備和泡茶的器具。

現身說法

生活中很少有幾小時能像專注在所謂「下午茶」儀式的那個小時般，令人愉快。

——亨利·詹姆士(Henry James)[25]

如果基督教是葡萄酒，伊斯蘭教是咖啡，那麼佛教幾乎可以確定是茶。

——亞倫·華茲

當茶葉在從精神深不可測之處所傾注出的水中泡開時，我們就已真正體會這茶道了。

——豐臣秀吉[26]

事實上，真正的道家精神中，規矩是打算要讓人消化吸收然後忘掉的，不受任何拘泥形式的影響，是簡單、輕鬆、自然的。

茶隨著佛教傳到日本。當日本知道茶時，發生了兩件事：第一，日本喜歡守規矩，並欣然接受當時中國人流行的對抹茶的喜愛；第二，茶道變得與「禪」密切相關，「禪」同樣有其形式上的規矩，但這兩套規則就如方塊舞一般，設計的目的是要讓它的精神容易被所有的人了解。

現在日本禪宗佛教徒變得如此喜愛茶，以致開始轉述一則傳奇：話說菩提達摩在少林寺為期九年的面壁禪坐期間，他對自己打瞌睡感到憤怒，所以他撕掉眼皮丟在地上，眼皮落地生根發芽成茶樹。所以茶葉的形狀像眼皮，且有提神的特性。

現身說法

> 茶的哲學……連同倫理道德與宗教表達出我們對於人類與自然的整體觀點。它是衛生學，因為它強調乾淨清潔；它是經濟學，因為它顯示出簡樸中的安適，而非複雜昂貴中的舒適；它是道德的幾何學，它界定我們對宇宙對稱關係的感覺；它代表東方民主的真正精神，因為它讓所有的支持者成為味覺上的貴族。
>
> ——岡倉天心(1863-1919)[27]，《茶書》(*The Book of Tea*)

既然禪與淨土法門僧俗皆修，這兩者就瀰漫在日本文化的所有層面中（就如在下兩章將看到的一樣）。在所有日本藝術中，茶道最接近整體的狀態，就如音樂劇，或有燃香、奏樂等儀式的大彌撒，那是涉及所有感官的一塊淨土，每個成分本身都值得研究。按照理想的做法，賓客先在經過主人精心造景的庭園及妥善維護的茶道庭園中熟悉環境。傳統上，真正的茶道儀式在一間十呎見方的簡單茶室舉行。這房間就如一個禪僧的寮房，事實上，其風格高度影響日本一般的家庭建築。茶室的門是低的，需要低頭進入，地板由稻草編成的墊子（榻榻米）製成，形狀不規則的小紙窗，透入柔和的光線。進門處的一個小小的

凹室中是唯一的裝飾——一幅「禪」的書法卷軸下放了一朵花，室中燃著一支臥香淨化空氣。唯一的樂音發自室外頭一枝竹管的滴水聲，還有室內炭爐上開水的沸騰聲。

茶道的用具和擺設引人注目，而把玩這些用具的觸感很好。茶杯並非完美的瓷器，而是饒富禪意的陶杯，杯底沒有上釉，杯身通常有一滴釉彩畫過，算是一種禪的「控制中的神來之筆」。新鮮的茶是細細的綠茶粉，攪打起泡，成為一個中國作家所說的「流質翡翠的泡沫」。茶泡好時，應該欣賞它的色澤，細品它的香氣，然後鑑賞它的味道，以及之後留在口中的餘味，有一點苦苦的，走在甘甜與酸之間的中道。

它是立即的，猶如什麼事也沒有發生過，猶如屋頂剛剛飛離建築物，但事實上什麼事都沒發生過。一個年老、耳聾，有著兩道濃眉的修禪者剛剛喝了一杯茶，就好像小孩子般完全清醒，卻同時也好像全然斬釘截鐵地宣布：「這並不重要！」

——湯瑪斯·牟敦，談與禪宗學者鈴木大拙一同茶敘

在今天美國的地表上，茶道的前哨站星羅棋布，不僅在紐約和洛杉磯，也在阿拉巴馬和喬治亞。更重要的是，品類繁多的所有茶（光從中國傳來的就超過五百種），都能透過網路和在全國好幾家茶館買到〔在我們的網站「法門」(Dharma Door)有些有用的資訊，請到以下的網址看看：http://awakening.to/nourishment.html〕。然而，僅僅了解茶也可能具有啟發性。也就是說，對茶道的知識除了可應用在烹飪術之外，也可應用到所有的藝術，那是我們下兩章的主題。因此，對你實踐佛道的藝術也適用。茶道是一種複雜而極為條理井然的儀式，它需要一輩子的時間才能精通；但它的精神是你可以在家中、跟朋友、在工作中或任何地方實踐的。

你飲食的方式造就了你。想想我們吃飯的方式是否跟品茗的人對

待茶的方式一樣──在和諧與尊敬中帶著清淨與寧靜，加上一絲有力的喜悅。

接下來我們會從茶道繼續向前，談到作為表達、理解與體證的機會的其他流行藝術。

你不能不知道

- 對我們的食物感恩是一種主要的，也是普遍的宗教實踐（那也讓食物的味道更可口）。
- 一頓飯是積極禪修的一個絕佳的機會。
- 對食物的自覺包括了解營養學、購買新鮮的食材，還有準備自己的三餐。
- 即使是簡單的一壺茶，也可以是一次禪修、一種生活方式，其中的教誨每個人都可以享用。

3 工作，就好像你不需要那筆錢
——正確的謀生之道

本章主題

- 工作的中道
- 職場是修行
- 正確的謀生之道
- 衡量財富
- 四個迷你個案研究

我們繼續探索「關係」，把工作當作修行的機會來看看。我們的章題引自棒球傳奇人物塞邱·佩吉(Satchell Paige)⑳的一句話：「工作，就好像你不需要那筆錢；愛，就好像你未曾受過傷害；跳舞，就好像沒有人在看著你。」當然，心，難免會破碎（第一條聖諦），而全宇宙總是在看著（相互依存）。而金錢呢？嗯，就像我們即將看到的，價格未必等同於價值。

佛陀在王宮中長大成人，他知道錢所可以買到的一切東西，也知道那永遠沒有究竟的滿足。在森林中一年後，在只剩背上衣物的情況下，他能分辨價值與金錢的差異。世界上所有的錢都無法買到快樂，沒有錢也不能換來快樂。中道要找出介於追求至善與渴求最大量貨品之間的平均值。

工作可能需要我們用種種有趣的方式來實踐中道。如果我能透過和另外一個人或是職場工作夥伴的相互關係，並透過一整天中像漣漪般向外擴散的所有相互影響，來和全宇宙以及我所有的祖先建立關係，你認為如何？當然，佛教會帶給我們較少的壓力，以及更有效率的工作方式，但它也可能質疑這工作之道，是否能讓我們以最圓滿的方式生活，並告訴我們工作如何能辦到這一點。它教我們如何能在日常生活花費及無法衡量的生活費之間取得平衡。

以下是幾則辦公室間的備忘錄——來自佛法的辦公桌。

介於至善與最大量貨品之間的中道

在伊甸園中，我們的祖先無需工作，直到人類的墮落為止，然後就是上帝的懲罰了。而且自那時起，工作就背負了個惡名。沒有戰爭的人類社會可能存在，例如西諾伊族(Senoi)㉙，但並無一個人類的社會是不用工作的，而這未必是詛咒。生態學家恩斯特·克蘭巴哈(Ernest Callenbach)估計，長達成千上萬年的時間，遠古的獵人與採集植物作為食物的人可能一週頂多工作二十小時。只有因為轉移到以農業為基礎的社會，工作才變成一種負擔，周而復始的，生產量變化不定，而且需要軍隊保護剩餘的糧食。隨著科技的興起，工業革命把人類變成機器。但是在一個經濟快速發展與強化的時代中，工作還是有其精神上的一面，這是佛陀處理的問題，而其真理持續被人們聽到。要學可能很困難，但在這個工時更長、工作保障日益消退，以及普遍缺乏透過工作獲得實現的時代中，這是越來越多人注意到的一則教誨。聽到佛陀簡單的訊息並加以運用，這可能是一份美妙的職業，也許是我們一生的事業中最偉大的一項。

工作的精神本質並不依賴宗教，但宗教很自然地影響我們對工作的觀點。例如，美國的工作倫理有部分是以喀爾文教派的神學理論為基礎，這派理論主張：如果你在世俗不是個成功者，你就注定不能上天堂。但在另一方面，成功絕非工作怠不怠惰的結果，只有在你生命

佛教一本通

結束之後，才會知道自己是不是天堂的選民。

從另一方面來說，我也記得有次我在義大利威尼斯的第一天中午，試著寄一封信。所有的門似乎都關著，除了教堂和咖啡館之外。所以人們順道走進大教堂，提醒自己靈魂獲得拯救，然後藉著和其他人一起在廣場悠閒地喝杯卡布其諾來慶祝。最後，工作如常地重新開始。畢竟什麼事也不做，可能會變成艱鉅的工作。

在現在逐漸普及整個西方的宗教復興中，關於工作，佛教有很多東西可以提供。當然有些人可能因為對佛教的誤解而受害，他們以為佛教徒辦事不牢，工作偷懶。但是從一開始在中國的唐朝，禪宗就提出僧院自給自足的觀念：沒有工作就不吃飯⑩。正如禪師諾曼·費雪(Norman Fischer)所說：「對於禪宗的學生來說，沒有工作時間與休閒時間，只有活著的時間、日間和夜間。工作是深刻而高貴的，那是我們生來就要做的，我們在工作中也最能感到滿足。」

菩提葉

在西藏的傳說中，有個平凡的鞋匠加馬瑞塔(Camaripta)，他乞求一位佛教比丘教他佛陀所傳的道。比丘建議說當他一邊把皮革變為鞋子時，一邊自我轉變：把他的執著與概念作用（這些是枷鎖的根源）認同為皮革，把皮革放在仁愛與慈悲（兩種無量心）的板模上，將上師的指導當成錐子刺穿皮革，然後以平等心為線，正念為針，縫合表象與無量的真實，接著用慈悲的針覆蓋（佛陀法身中）世間的眾生。經過一段時間，這個鞋匠變成圓滿證悟的大師（「成就者」）。

讓我們看看工作中的心與正念。然後，在探討過正確的謀生方式之後，我們會進去參觀內含若干個案研究的陳列室。

辦公室之間的備忘錄：「少點壓力！」

以下有些標準，讓你下次在內在工作檢討自我評估時可以思考。

對初學者來說，問自己：到底誰是你老闆？除了你之外，沒人擁有你的心。你的欲望和選擇、滿意和不滿意，都是心的產物。注意你的日子是如何過的，還有苦在何處出現、止息。最近有些duhkha（苦）的譯詞，運用它在當代職場中的寓意——壓力。壓力有來源，也有止息的方法。看看哪裡有機會讓心智覺醒，讓心靈敞開，而哪裡有無知和害怕、憤怒和貪婪依然盤踞？

仔細勘查你的空間，標示出自己的範圍，找出能呼吸的空間。你能到哪裡靜坐而不受打擾？你能到哪裡正念地步行十分鐘？修行不限定於休息時間。當你聽到電話鈴響，停下來，注意呼吸，回到最初的本性。桌邊的佛壇是個能自由選擇的提示。對每件工作都要給予完整而正念的注意力，如此你將會發現你的精力失而復得，而非完全耗竭。心專注於一境會使你一天完成更多工作，而不是一開始就把工作區分為喜歡與不喜歡。當然，每件工作都有它單調之處，但那正可以被用來作為一種很好的工具，用來產生集中於一境的專注，還有因此而生的正念的覺知。

有關事物的部分說到此為止，但對於人又如何呢？所謂情緒智商，就是掌控棘手的情緒，而不是讓它們掌控你。當覺得自己身陷一種不舒服的情緒時，要保持正念。退到一旁，給自己一點空間，放下負面的能量，頭腦清楚地回應。下次禪坐時，再次檢視這棘手的情緒。四聖諦適用於你，也適用於每個人。在內心極深處，我們都為了共同的目標而努力。任何一個職場，都可能是在自覺、智慧、慈悲等方面的正念教室。北加州一所醫院中的急救室中，有些人員修正念，在急救室的門把上方有個只有一個詞的標記：「呼吸」。

如果工作夥伴和你走在相同的修行道上，那或許會很理想。幫我出書的一家出版商，是一個將本身修行的內容出書發行的僧團（他們也將自己出版的東西納入修行中）。每個人在早晨都鞠躬進入室內，坐在一起，共同享受呼吸。他們共進正念的餐點，共享休息時間的行禪。除了每天結束時各自回家以外，辦公室就像一座比丘、比丘尼的僧院。但佛教當然是個少數的宗教，「佛教」一詞甚至很少是工作履歷記述

中的一項基準；然而每個人都可以正確地認識它的益處，而不用全部都走在這條道上。只要在工作中維持自己的修行，並觀察工作品質的提升，也觀察其他人的意識，這就很美妙了。就如在家庭中，只要有一個人禪修，會使每個人都獲益。如果被人問起，你不必以任何異國風味的語詞來稱呼它，而因此拉起距離。正念與減輕壓力，現在都是我們語彙的一部分。「少點壓力」是普世皆同的。

修行：正確的謀生之道

換工作，並不罕見。即使是佛陀在成佛之前，也做過一些工作。但當時他正在尋求比相對的工作上的滿足更重要的事，他放棄統治整個帝國，後來婉拒當時崇高的瑜伽修行者提供給他的教職，而且最後離開在森林中修苦行的弟子。他是個連續不斷的失敗者嗎？不！他的生活變成工作，並影響了整個世界。

職業來來去去，變化不定。如果只以擁有一份「職業」(job)的角度來思考，那麼你可能還未找到「工作」(work)。一份職業讓你餐桌上有麵包，工作則是你所做的事，因為它能聚焦，並滿足你深刻的需求與最高的價值觀。那是一種謀生之道。這不是一個遙不可及的觀念，例如，今天除了「就業輔導員」之外，還有「謀生顧問」，他們協助當事人評估自己的信念與生活目標，有技巧的管理時間與金錢，並向個人的目標前進。

工作，就好像你不需要那筆錢。這句話是塞邱‧佩吉說的，他還說：「我從來沒有職業，我一直在打棒球。」他已發現亞倫‧華茲所謂的「生活真正的祕密──完全投入你在當下此刻正在做的事，而且不稱之為工作，體會到那是遊戲。」正確的謀生之道應該是令人滿足，也是趣味盎然的。例如，佛教王國不丹衡量國家進步的依據是「國民快樂總額」(Gross National Happiness)。

當佛陀闡明謀生之道時，他逐項說明傷害他人或傷害生態系的基本工作記述。這種有毒的環境的確存在，例如充滿痛苦的職業，就如

痛苦本身（第一項聖諦）。但佛陀說，不要到那兒去。那前頭有業報的熔爐正等著。今天在某種意義上，我們已身處其中了，全球都已陷入其他每個人的業報中。問題要點是：「我們如何儘可能正念地過活？」

　　想想警察，他們的工作環境簡直是暴力與緊繃的壓力鍋，以致他們的自殺率，唉！那是全國平均值的兩倍。一行禪師在二〇〇三年九月在威斯康辛州的麥迪生(Madison)為政府執法人員主持一次禪修。後來他說：

> 警察學習回歸自己，並釋放身體的壓力，釋放心中的恐懼與
> 絕望；他們學習接觸生命正面滋養與復原的元素，那就在他
> 們的內在與周遭，因此他們更能好好地與家人、同事建立關
> 係，也更能好好地為民服務。警察被稱為「治安官」，他們
> 也應該是如此。他們內在應該有足夠的平靜，以做好治安的
> 工作。

　　所以，關鍵不只是你做什麼，還有你如何做這件事。舉另一個例子，想想律師所踩的高風險、高壓力的舞步。在這一行，二元對立是主要的前提：原告對被告，正確對錯誤。然而有越來越多的律師發

美國聯邦貿易委員會的律師，在華盛頓特區的摩爾公園(The Mall)稍作休息。

圖片來源：©David Burnett/Contact Press Images.

現，當律師和佛道的修行不必然是敵對的關係。例如史蒂芬‧修瓦茲律師(Attorney Steven Schwartz)結合兩者，至今已有三十年了，這讓他不斷地檢視自己是否處於正確的關係中。例如當他代表當事人出庭時，他把自己和他們之間的同異當作一則公案來看。他說：「看到我和當事人之間的相同點，啓發我毫無缺點地運用我們之間的差異。它不再是工作，而變成一個機會。」

價格或價值？──你如何衡量財富？

正確謀生之道的和諧能導致很大的財富，但你如何衡量財富？如果你用滿足自己欲望的角度來定義，就會發現自己又回到四聖諦。永遠都不夠，欲望無止盡，貪求的自我永遠無法被滿足，它以世界爲對照來衡量自己，把自己區隔開來。的確，典型的財富衡量通常是二元對立的，快樂與痛苦、讚美與責備、名望與羞恥、得與失，這些都是相同的，同樣又是令人身心俱疲的苦工。在你自己的觀點中注意是否自己以成功／失敗、無聊／有趣、工作／遊戲、我／他們等角度將工作選擇貼標籤。當你的確這麼做時，檢視伴隨它們出現的自我形象。然後更深入地觀察，並以不變的眞我爲基礎，想想什麼目標可能滿足你的生命願景。

現身說法

> 我記得在第二次世界大戰那段動盪的年代中，當我逃離中國大陸，初次來到台灣時，我有多貧困……雖然我沒有很多東西，我感到非常幸運與滿足。當我在破曉前到市場（爲寺院）採買當天的蔬菜時，天上的星星陪伴著我，有樹木花草讓我欣賞，有路讓我可以走，我也有機會碰到各行各業的人。雖然我什麼都沒有，我有全宇宙可以給我的一切財富。
>
> ──星雲大師

以金錢的角度衡量財富，也可能容易導致挫折。不管是金屬硬幣

或淡彩銅版印刷的紙鈔,「錢」是個具體的象徵,它代表一個實體自我的假象,恆久不變而且獨立;這假象深植於第二項聖諦的根源。錢可以象徵貪著,表面上看來是實體,用來填塞一個無底洞;它也是一個惡性循環,努力汲取實際上無法真正帶來快樂的東西,造成更多不必要的痛苦。再者,錢只是一種手段,不是目的(你不能把錢吃掉,不能把錢穿在身上,不能睡在錢上面,也不能在錢裡面泡澡)。所以,錢也可以象徵解脫的核心中的種種概念,它是無盡的相互依賴之網的一個定格快照。錢也是空,是空白的存在(事實上,一塊錢甚至不再代表固定的金或銀的成分,所以現在一元硬幣的價值,真的是人們說它是多少就是多少了,因此它的確是一個內心的建構)。錢沒有任何究竟、固定的價值,這點可能被忽略,因而造成痛苦;錢也可能減輕自我與他人的痛苦。

在洞見與慈悲之光中,分解貧困的、吝嗇的、平板的自我時,不受限制的自我是無限的。空性——無我,可以代表宇宙中心多產豐饒的羊角,不斷地創造它自己。而當其目標是為了一切眾生的利益時,宇宙似乎更樂於伸出援手。在本章結束時,我們會看到一些這種繁榮成功的例子。但首先讓我們思考另外三個衡量財富的標準:永續性、規模和自給自足。

「小即是美」:發自內心的經濟學

「小即是美」這句話出自1970年代修馬克(E. F. Schumacher)的一本書的書名,在許多好的論點中尤其值得一提的是,他重新鼓吹「人性的規模」(human scale)、「永續性」(sustainability)和「去中央集權化」(decentralization)。

「永續性」可用珍藏在伊洛郭族聯盟(Iroquois Confederacy)[31]的一則座右銘來定義:「在每次審議中,都必須考慮我們的決定對未來七代子孫的影響。」今天我們談到長期規畫高於短期收益。正如甘地所說:「這世界已足夠滿足每個人的需要,但不夠滿足每個人的貪心。」成長的界限在哪裡?怎樣才算足夠呢?佛教的立場,是絕對不會把無限擴展的代價留給後代子孫去償還。相反的,永續性可以產生穩定的

獲利，它需要的是正確認識人類需求的相互關連性。

　　「規模」關係重大，成功未必意味最大的市場占有率。例如台灣是個經濟成功的出色故事，那主要是由中小企業建立起來的，我們可能沒想到，美國的企業其實有半數是小規模的。現在也有家庭工作室，那是一個勞動人口單位，或有時當夫妻找到方法一起工作時，就是兩個勞動人口的單位。從正確的謀生之道的觀點而言，較小的規模可以表示，個人少花一點時間去積累可能造成對環境或其他人剝削行動所附帶產生的業；相反的，可以給予更多時間完全專注於手邊真正該做的事。這有時會誘使人們「換低速檔」、「自願簡樸」，以食物鏈中較低等的生物為食㉜，實現「以最少消費達到最大的福祉」。別那麼大費周章，就會少一點騷亂。

　　傳統的企業典範用的是一種金字塔形的階級制度模式，最高權力從集中的一點逐層向下滲透。而一個「去中央集權」的典範，比較像是創造權力由下往上的各個單位結合而成的一個網路，這個整體比它所有的組成部分的總和還要大。組成分子為彼此的貢獻增添價值，而它的靈活應變，讓它得以保持對變化的適應性。有關這種去中央集權系統的另一點是，它們傾向於自我組織。自我組織允許企業維持小規模，但卻建立起複雜的互動網。這也和佛教不僅尊重自治，也尊重互動的價值有關。

現身說法

　　佛教的觀點認為工作的作用至少有三層：讓一個人有機會運用及發展他的才能；讓他因為和其他人一起共同工作，而克服自我的中心意識；以及生產為了合宜的生存所需要的種種貨品與服務。

——修馬克，

《小即是美》(*Small Is Beautiful*)

工作中的佛法：禪宗企業家與密續企業家

　　有兩個正確謀生之道的選擇：做個企業家，開創自己的事業，或

任職於已成立的佛教企業。以下有四個例子，它們是令人印象深刻的例子，顯示出佛教如何進入西方。前兩個例子反映出禪宗的工作倫理。

在禪寺中，你會發現每個人都在工作，位居高層的人通常做最低賤的工作。職業技術通常表示自我，所以一個從前擔任接待員的人，可能會被分派去切胡蘿蔔，而非在辦公室工作。正如我們將看到的，初學者之心的一個表露，是快活而無特定目標的一個狀態，包含意外發現之喜，那樣的發現可能比預先安排的計畫更幸運。這就是美國第一座禪宗僧院舊金山禪修中心，在建立第二座僧院之後所發生的情況。第二座僧院是山區的地產，先前是一處溫泉休閒勝地，它位於加州大賽爾(Big Sur)㉝上方，有如田園般優美的森林野地。他們自力謀生的方式是在夏天出租客房，但因為有太多的住客想帶一條他們自製的麵包回家，以致他們依直覺而非遵照任何嚴密的計畫，在城裡開設麵包店。這又導致他們的一本食譜問世——《塔撒加拉麵包書》(*The Tassajara Bread Book,* 1970)。這本書一炮而紅，引發一波全國性自製麵包的風潮，還有當地生產的有機食品的再度興起。所以在創造一項事業的同時，他們協助引發一次全國性的運動。禪修中心後來開設第三座僧院，並且有組織地發展更多事業，包括一家俯瞰舊金山灣的餐廳，名叫「青蔬」(Greens)。這家餐廳不僅在競爭激烈的美食競技場存活下來，還製作了更多具有影響力的食譜，例如《青蔬食譜》(*The Greens Cookbook*)。

第二個例子說明一個小型企業，如何在依循佛道的同時振翅起飛，發跡繁榮——把宗教使命與社會使命融合在企業使命中。美國東岸有個禪修團體，領導者是一個前航空太空工程師格拉斯門(Bernard Tetsugen Glassman)。這個團體在1982年借貸三十萬美元，在揚克斯市(Yonkers)㉞的貧民區街道旁，開設一間叫做「葛雷斯頓」(Greyston)的小麵包店。這家店是要提供僧團的經濟支援，並雇用技術不熟練和生活貧困的人，以這種投入社會的方式營生。塔撒加拉麵包店的成功對於他們選擇投入麵包店是一個影響，但他們傾全力在美食糕點上，讓公司能維持小規模但又不失競爭力。這是小眾行銷策略。

格拉斯門保有一顆開放、「不知」的心，他變成那間麵包店，並見證那裡的痛苦（第一項聖諦）——沒有人來工作，或缺少製作技術。所以格拉斯門和太太桑德拉(Sensei Sandra Jishu Holmes)更進一步捲起衣袖，接近員工。他因此更了解爲何調製好的麵糊會被浪費掉，問題在於員工缺乏基本技術，例如不知道要正確量取材料。員工沒有上工，有時是因爲酒癮或毒癮犯了。他也親眼目睹許多大家庭就如沙丁魚罐頭裡的魚般，在狹小的住處擁擠地共住，或甚至沒有住處。

所以，隨著麵包店的成長，他們的目標擴展爲整合個人的成長與社區的發展。他們伸出雙手把長期失業者帶入興盛的工作團隊中，其中包括出獄的人、受過毒品勒戒課程的人、不在失業救濟名單之內的人，或離開遊民收容所的人。有個後來在「葛雷斯頓」工作的女子，先前只因無法把子女單獨留在所居住的那個毒品與暴力橫行的地區，而一直沒有工作。

所以，「葛雷斯頓」開始建立一個具有社會責任的迷你企業集團，他們稱之爲曼荼羅，這是一個營利事業與非營利社會服務、跨宗教計畫、社區聯盟的結合體。到本書撰稿爲止，這家麵包店共雇用了五十五個人，所得總額爲五百萬美元，並用這筆錢來支持以社區貧民爲對象的非營利活動，不管他們是否在這家麵包店工作（這家麵包店不是被當成慈善機構來經營，因爲其目標是提供人們在一家眞正的企業中接受在職訓練）。它的非營利工作始於一個麵包店的訓練課程，這個課程包括「基本的生活與工作技能」。接著出現的是「葛雷斯頓家庭旅館」(Greyston Family Inn)，它提供住宿與生計、日間托兒照顧，以及職業訓練與職業介紹的服務。然後，聽到這家旅館的新信條時，格拉斯門從中又聽到了兒童課後輔導、針對父母有關養兒育女與金錢管理課程的需求，於是他回應了這些需求，後來又成立了一個支援HIV／愛滋病患的社區。如果這家麵包店遵循預先設定的五年計畫並堅持它的話，以上這些沒有一個會出現。然而，他們順其自然地培養了一個模範，讓其他具有社會意識的企業可以仿效。在這裡，「社區自給自足」是座右銘，也就是在社區的環境中完全實現一個人的潛

能，人和金錢同樣重要。他們解釋說：「這是一條道路，從依賴過渡到相對性的獨立，再到一個彼此依賴的積極主動狀態。」

第三個佛教企業的例子「風馬貿易」(Windhorse Trading)，一開始是東倫敦一個市場中的攤販。創辦人庫拉難陀(Kulananda)在西方佛教僧團正式出家，而今他和公司裡的倉庫工作人員仍然領一樣多的薪水。經過大約二十年，「風馬」從世界各地運來一萬五千種產品，其中有他們自己設計、製造的，也有進口的。他們一年的銷售額有一千五百萬美元，盈餘一百七十五萬美元，在這筆盈餘中大約有八十五萬美元用來捐給全世界的佛教慈善團體。這公司在網站上說明的道德規範是這樣起頭的：

我們是一小群佛教徒，而佛教的倫理道德來自以下的信念：一切眾生都是互相關連的。這可能聽起來有點頭腦不清的樣子，但事實上，它表示我們努力以親切與自覺的方式生活與工作，儘可能降低所造成的傷害。我們所有在此工作的一百個人，都想和其他佛教徒共同合作，也想幫忙賺錢去布施。我們的盈餘支援全世界的佛教活動，每人所賺的錢都差不多，且都承諾要過著簡樸而能持續下去的生活型態。我們甚至共用七部車子！

我們最後一個個案研究開始於「亞洲經典輸入計畫」(the Asian Classics Input Project)。這個非營利性事業傳布佛教思想的書籍，將書籍數位化，然後免費贈送。這麼一來，這計畫不但可以保存日漸消失的文化傳統，又能雇用來自於這些書籍被寫下來的地方的人——他們

佛教一本通

通常是難民。於是他們訓練這些人自力更生的新技能，同時保存這些人世代傳承的偉大書籍。對於那些罹患疾病的青少年難民及殘障者來說，還有個額外的動機：他們每賺一塊錢，就會有另外四塊錢捐給爲了他們的村子而設立的一個食物基金會。這一切都只是「亞洲經典研究機構」(the Asian Classics Institute)這母體組織的一個層面而已，這組織有許多教育活動，外加一個藏傳佛教的男女僧眾僧院──紐約金剛寺(Diamond Abbey)。

這個功德金剛鑽的寶庫核心一直是麥可‧羅區格西(Geshe Michael Roach)，他指出自己是個金剛乘──金剛鑽之道的學者。這麼說是極爲恰當的，因爲從1981到1995年，他都是專賣鑽石的「安丁國際有限公司」(Andin International)㉟的副總裁。他按照佛教的原則經營這家公司，把公司非凡的成功歸因於此。起初他們貸款五萬美元，現在一年的營業額已經達到一億兩千五百萬美元，員工約有五百人。

他提到企業經營策略中的五個佛教信條（雖然在前五年，他並未告訴任何人他們是佛教徒，也未曾提到自己是個僧人）：（一）自他交換（tonglen，將自己與他們交換，自問：「怎樣可以幫助這個人？」）；（二）修心（lojong，心的訓練，將問題轉化爲一種優勢）；（三）對每個人絕對誠實（善業）；（四）創意（現在所有員工，每年參加兩次爲期一個月的帶薪禪修）；（五）菩薩誓願。最後，這個關鍵的因素意味著身爲佛教僧侶的羅區格西從未擁有一毛錢──他將自己的薪水，扣除剛好足夠維持

現身說法
　　我熱愛我的工作。對一個出世的人來說，完全生活在一般人之中是非常有用的。你終會了解一般人所經歷的痛苦──牽涉到賺錢謀生以養活自己家庭的那種壓力。當我以大喇嘛身分到處旅行時，沒人當面批評我，每個人總是告訴我，我是個多麼了不起的人，讚嘆我所做的事。但當我工作時，老闆對我激憤叫囂，有貪婪需要處理，有其他副總裁的嫉妒要應付。每隔不到幾秒鐘，你的宗教生活就會受到挑戰。這是個佛教修行的實驗室，這種修行是你在僧院中無法獲得的。
　　　　　　　　　　　　　　　　　　　　　　──麥可‧羅區格西

生活的薪資，其餘的都捐出來。他把自己的成功歸諸於擁有良好的態度與慷慨。他說，如此一來，他就會不斷獲得與布施，並因此更為快樂。

不管你的工作是什麼，把它視為一個機會修行正念。而如果考慮轉換工作跑道，跟著你的心和倫理道德走，然後錢自然會跟著來。賺錢很容易——如果那是你想做的一切的話，看看你是否能在這世上開創出屬於自己的一條道路來。

你不能不知道

- 工作是生活的一個事實。就如禪宗諺語所說：「開悟前，你砍柴挑水；開悟後，你砍柴挑水。」
- 工作是另一個修行正念的機會；正念的修行可對你的工作有所裨益。
- 要注意產品，也要注意人。在人類的尺度中，規模大小是重要的。去中央集權化是對工作環境的另一種思考方式。
- 有時工作會製造需要「當場」修行的情境。

佛教一本通

4 每個人都這麼做——
佛教與大眾文化

我們探索佛教在日常生活中的眾多應用，現在來到了藝術這一站。什麼是藝術？有什麼不是藝術！我們所做的（與未做的）的每件事都有其藝術。但在某個時間點上，有人把種種藝術分類爲兩組：「高尚」與「低俗」，或「精緻」與「大眾」（聽起來如同「出家」與「在家」）。這道未刻劃的界線，如同表面上看來較清楚而未劃下的東、西方界線，都會造成分裂。若研究但丁、莎士比亞、哥德，你有好幾面牆的書可以研讀；但俳句、短歌㊱、唐卡、水墨畫、尺八㊲和西藏骷髏舞㊳等藝術，相對來說，西方人就較爲陌生。有趣的是，它們最終的目的是超越文字，讓我們直接接觸到就在當下此刻的實相，無需好幾面牆的書籍（我們還能說什麼？）

　　挑選你的藝術形式。例如在日本文化中，佛教處處可見。「道」在日文中意即道路，它適用於「茶道」、「竹道」、「花道」與「弓

道」。因此我們現在也聽說有小熊維尼之道(the Way of Pooh)㊴與換尿布禪(the Zen of changing diapers)。何處「不是」藝術的博物館呢？何處不是供人禮拜之物的殿堂呢？一切都是「禪」，那是一種藝術。

　　將它們稱爲善巧方便，那是佛道的各種車輛，是喚醒心智與心靈的種種機會，也是表現那份覺醒的機會。於是，就某個佛教的意義而言，所有藝術都是大眾藝術，因爲任何人都能喚醒心智與心靈，當下證悟涅槃。而佛教藝術在西方的風行，證實佛教能順應我們的文化。讓我們一開始把雙手放入泥土中，然後接著談論體育。接著我們將淺嘗佛教在音樂與電影中產生的迴響。這一章會延續到下一章，整章都是有關在自家後院親眼目睹佛道。

從一朵花到一座花園的禮物

　　的確，當回想時，我爲自己對生命的第一印象有那麼多來自大自然，內心感到震撼，心中同時一震的是，自己當時那麼幸運的在一座花園附近成長，在那裡姊姊和我都會和大自然親密地交談。我小時候寫下的第一首俳句，是有關我鄰居的花園。而在我成長的洛杉磯附近有座日本電影院，我在那裡消磨了一些時間。透過電影，我多次坐在扶手椅中遊歷日本鄉間，讓我印象深刻的一件事，是那裡窗戶的開啓，好像整面牆被輕輕推開。這麼一來，花園不只是房子的延伸，房子也是來自花園的一份禮物。我在成長的過程中，看到現代主義的建築物融合內在與外在，例如建築師法蘭克‧洛伊‧賴特(Frank Lloyd Wright)㊵，他從東方獲得啓示，而在東方，花園和庭園是建築設計整體中不可或缺的一部分。

　　所以，眞的！擁有快樂的童年永不嫌晚，只要從事園藝或插花就可以了。

花的力量：以花為手段，以花為歸屬，以花為目的

　　我曾於某次佛教在一座古老的紅杉林中舉辦的禪修活動中，學習

到某種威力強大的「法」。在正念步行，跟著禪宗園丁與佛法老師溫蒂‧強生穿越這座充滿生命的大教堂之後，我們回到禪堂，然後她讓我們輪流傳遞一只大碗，裡面裝著我們剛剛踏過的表土層。那是尊重生命的最佳示範！我們當場輪流傳遞著幾十億的微生物，好像那是某種珍稀的香氣般，每個人都將它們吸入肺中。我們是由這種原料製成的，但我們多久才有一次這樣的機緣，去凝視它的鏡子呢？

　　你可能並未體會到自己總是與生命之網互動。例如沿著地板鋪著一層看不見的微生物，在椅子底下也是，那是在各個角落都有的一層隱形生命（想想看：對它們而言，我們看起來像什麼！）。還有什麼方法比栽種一、兩株美麗的植物，更能肯定與享受我們和一切生命的親屬關係呢？光是照料一株盆栽植物，就把我們拉進季節交替循環展開的法則、生命的源頭和大地之中了。這種修行就像運用雜草與廢物作爲護根以滋養花，是我們修行的好模範。

　　如果你有後院，請享受陽光、風、水這些恩賜，以及這塊好地的禮物；如果有前院，就和別人分享你的園藝。若把這點帶入更廣大的世界中，你可能會投入一個社區庭園運動。一塊空地可以創造很多排新鮮可食用的植物、氣味強烈的芳香藥草和鮮豔的花朵，加上社區的投入。允許一點點大地進入你的生活；埋下一顆種子，照顧它神聖的奧祕。等著某個東西出現，然後生長繁茂，這是很好的。細心呵護這個新生命，猶如那是自己的生命。當花園開花時，你的辛勞會獲得可

愛花顏的掌聲，那些花是為了能生存而快樂的單純佛陀。

　　不管是否親手栽種，你可默想在觀呼吸的空間中佛壇上的一朵花。那是全宇宙的一個信差，它本身就是尊圓滿的佛陀了，僅用它天賦的那麼一點要素發出耀眼的光芒。當我經過自己插的花時，有時會忘記之前是誰把它們放在那裡的，反而停下來欣賞這些花，並納悶我是否和它們有任何不同之處。

以花來表達

　　我並非只在一個缽中把花亂插一通，而是如有生命的東西般，尋求一種佈局。然而，和西方偏好的較為豐富的靜物風格相比，日本名家的插花可能顯得單薄、小氣。但如果以無偏見的眼光來看，日式插花看來就好像花還在生長，是一座花園的延伸。它的風格有點抽象，以傳達事物的精華，直指其心，意在言外。它是一種善巧方便，每個人在其中都能透過直接的心靈溝通，認出自己根本的佛性。

七朵菊花插在小圓石鋪成的基座上，這些花枝經過彎折、塑造，以便看起來像一整株植物。這個花型是三角形：天、地、人。最高的那一枝是天界，中間有點對角斜插的幾枝是人間，地界則在基座（這三個一組也和佛、法、僧相互關連）。這張照片旁是一幅想像中的插花草圖，它顯示出這種花型潛藏的複雜與優雅。但無論是照片或草圖，都無法傳遞出空間，而空間使得這項藝術變為可能。

插花：Cynthis Lewis　草圖：Enkiduwasa Mori（Beth Burstein 收藏）

在日式插花中，你可以發現神道與儒家的象徵意義，但從一開始，佛教就在花藝中。當廐戶皇子[41]將佛教帶入日本時，他派遣使節到中國尋求文化與精神的指導，其中有個使節小野妹子最後退休，以隱居的僧人身分住在一座湖邊。他專心一志為佛壇插花，一位日本早期花藝大師描述其過程：「花被放入花器中的樣子應像將小圓石投入庭園中的水塘般，那是在安靜與從容的狀態中完成的，然後單獨地擺著。做改變是新手的標誌。」新建寺廟的僧人去向他請求指導，於是誕生了第一個公認的插花流派──「池坊」，意思是「湖邊的隱士」，這孕育了日本花藝──「生花」[42]。

去注意原本設計來裝飾佛壇的某個東西如何演變，本身就是一門宗教藝術，這是很有意思的。你或許以淨土的角度來思考這點，以淨土而言，以菩薩的淨土和以菩薩本身為對象來禪修，一樣有效。就某種程度來說，這就是發生在日式庭園的情況。

「喔，喔，喔！」只用五塊岩石能做什麼？

用沙覆蓋地面，可一直追溯到日本歷史的起源，但以沙子做成的庭園約於西元十一世紀才開始，大約在十六世紀大放異彩。首先，用花崗岩碎石或砂礫填成的池塘，在製造與維護上要比水塘便宜，這稱為「枯山水」，它本身是一種公案。這不僅變成名流宅邸共通的特色，在日益增多的佛寺中也是如此。

一如安置在草木中的傳統日本假山庭園，「枯山水」常模仿古典中國水墨山水畫。平頂的岩石看起來如用毛筆畫成的山，耙平的碎石或砂礫模仿瀑布、河流和海洋（在畫布上通常是留白）。整體而言，這可能代表一個淨土或生命之流，或一個比丘修行的進程。這種庭園有六項共通的特色：不對稱、簡單、樸實的莊嚴（崇高地不加修飾）、奧妙的深度（深刻的尊重）、解脫執著（涅槃），以及寧靜。

假山庭園藝術的顛峰與神祕之謎在龍安寺[43]。十五塊岩石分成五組，橫越一座大小約如網球場的水平碎石床放置，這座碎石場沿著水平面被耙平，且在石頭外圍形成一些同心圓（一個有趣的現象是，你永遠

無法同時將所有的岩石盡收眼底，你一次頂多只能看到十四顆岩石，稍微轉向納
入第十五顆岩石的話，另外一顆就會跑到視線以外）。

　　唯一實在的生物跡象是石頭上的苔蘚。有人說這些石頭就像凸出
雲間的山峰或海中的島嶼（如同日本本身），但給人的整體印象是偏向非
寫實的，像是抽象藝術中體積與團塊的操弄，是一種石塊的擺設，表
面上看起來幾乎是隨意放置的，但卻很完美且井然有序。觀看的人被
迫面對自己，這促使人專注，而如我們所知，專注會跟著導致正念。
人們離去時心中懷有的普遍印象，是當下存在與遼闊並陳的一種無以
名之的感覺。因此，它體現嚴格的規則與完全的自然之間的中道；或
有計畫的自然呈現──如果你要這樣說的話。也就是說，它是美學與
佛教教義一種有力而特殊的融合──是「色不異空」、「空不異色」的
不朽反映（【訣竅】：如果想去參訪，一開門你就去，以避開人潮。訪客常常會
一再造訪）。

體育也是文化

　　文化不只是知識份子那一套，體育也是一種文化，這是種日益風
行的文化，從所有慢跑者、棒球帽，以及一眼望去四處林立、二十四
小時開放的豪華健身房，就可證實這一點。佛教在這方面也走出關鍵

性的一步，也就是在武術（那是一種藝術）和一般的運動方面。所以，讓我們像運動選手一樣做賽前的碰頭商議吧！

武術是藝術的一種

　　武術可以回溯到文明發生以前（「嘿！喬，你手裡拿著那塊石頭要到哪裡去啊？」），但要選今天我們所知的一切武術之母的話，中國少林寺是一個出色的候選者。少林寺位於河南省嵩山，傳說菩提達摩與梁武帝會面之後就落腳於此處，在附近一個洞穴中面對石壁坐禪。他得知寺裡的僧人，要不是坐禪時睡著，就是太過躁動而無法專注。他診斷他們身體情況不佳，並爲他們設計運動（他來自印度，所以這運動可能包含瑜伽），這些運動後來變成「功夫」的基礎。少林大師黃僑傑發現少林功夫涵蓋今天世界上武術的技巧：空手道的拳、跆拳道的踢、柔道的摔、合氣道的鎖、摔角的抱、西式拳擊的刺拳和鉤拳、泰國拳擊的肘擊與膝擊、還有馬來武術的絞扭。雖然大師並未把其他的算在內，例如巴西傳統武術卡波耶拉(*capoeira*)④，也許這也同樣地切合上述。你可以說少林的太陽照耀著今天所有的武術，因爲它以宗教的自覺爲基礎，結合了體育和道德人格的發展。

語詞解釋
> 「功夫」（「因爲用功而獲得的技術」）是涵蓋無數種中國武術的一個通稱，中國武術有成千上百種派別與支派。有些柔和，重新引導對手的勁道與力量；有些剛硬，比拚力氣。有些持續努力於培養內在的「氣」（生命力），例如氣功（精力的作用）以及緩慢如行雲流水般動作的「太極」；其他是外家武術，不斷在肌肉的鍛鍊上用功。

　　據說菩提達摩教武術是爲了讓少林僧人身強體健好禪修，並幫助他們克服恐懼這個有名的敵人——無知的產物。當時，因爲土匪定期洗劫少林寺，所以武功高強的僧人被選派保護寺院。有些僧人後來被帝王徵召，從篡位者手中保住王位。這有助於佛寺在官方的保護資助下，

於中國境內增建。在一些寺院中，有人的確是爲了習武而出家爲僧。

往前快轉。武術在1960年代才在西方廣爲人知。拜電視影集〈功夫〉(*Kung Fu*)之賜〔〈功夫〉由李小龍原創，但由大衛·卡拉定(David Carradine)主演〕，如「向內看」(Look within)這樣的詞句不知不覺地進入我們的詞彙。2001年，道教武術的史詩寓言大作〈臥虎藏龍〉獲得奧斯卡金像獎十項提名，並贏得四個獎項。此外，除了劍術，東方武術在西方持續擁有日益增多的擁護者。正如我們接下來會看到的，劍術注定專屬於武士精英階級。

武士道：禪劍與禪箭

如同我們已看到的，佛教因人而異。淨土是最民主的形式；在另一方面，日本皇室研究《法華經》；眞言宗的密教吸引貴族；此外，如同我們看過的，是武士最先開始全面迷上禪宗的。當時武士階級已在衰頹中，當禪宗出現時，武士就愛上了禪的無畏、直接了當、不敬、直覺以及嚴格的訓練，他們慷慨地給予資助，並專心致志於禪的嚴格考驗。後來武士貴族繼續掌權將近七個世紀（直到1867年）。

武士如禪僧般剃除鬚髮、穿僧袍，修行諸如插花、俳句之類的禪藝，並學習禪宗透過訓練而獲得的解脫——集中一境的專注，消融自我，持續活在當下。的確，對於仗劍維生的武士來說，劍術變成一種不折不扣的生死試煉，它是一種禪的成就。武士握劍之時，劍與他的清淨心合而爲一，變成他的「無心」。他專注的心到處流動，不把它固定在任何一處——因爲

現身說法

心，需要時時流動。如果它在任何一處停下來，這個流動的狀態就會被打斷，這對心的健全是有害的。以劍客的情況而言，這就意味死亡。劍客與對手對面而立時，他不去想對手，也不想自己，不想敵人出劍的招數。他只是持劍站在那裡，忘掉所有的技巧，他的劍準備好只聽從下意識的命令。

——澤庵宗彭(1573-1645)[45]

他心裡想到的一招一式，對手將會有拆解的招數，於是他就會失去本性更崇高的優勢。

武士所習的一種武術是弓箭術（弓道），這安全多了，也比較普遍。（禪的【訣竅】：不要為了習禪而學弓箭術。讓你的心保持空的狀態。你是為了學習弓箭術而學習弓箭術的。禪，將會隨之而生。）修禪的弓箭手挽著一具特大號的弓，把箭往後拉，變成靶心，然後，「咚」的一聲，不形諸文字的公案有了解答。

淋漓盡致的表現：僧伽啊！前進！集中精神！

在任何運動競技場，佛教都是個中高手。佛教是一種結合身、心的訓練，以便有充分發揮潛力的表現。就如在日常生活中一般，運動中的中道，表示在平靜中維持警覺，在危險中保持冷靜。在談關於修禪的劍客與弓箭手時，我們已看過「無心」的另一個層面：不假思索地融合了藝術的一種技藝的精通。當一個古典樂鋼琴家不用樂譜彈奏表演，甚至不去思考接著要彈哪一個音符時，那就是「無心」。例如你是否曾想也不想地就把什麼東西丟進垃圾桶，且直接投進桶內，但是第二次就未能投進，是否因為你這次對它考慮太多？佛教有助於培養與保持那種自然而然、直覺的傑出表現。

語詞解釋

運動迷常常講到某個選手得心應手，進入「狀況」，那是一種神祕的意識狀態，似乎既不屬於生理，也不屬於心理，在極盡努力之中地輕而易舉，就如慢動作播放般，永遠都是敏銳的，極度警覺，帶著高度集中的注意力，幾乎就如通靈的狀態一樣。這種深刻的經驗，對運動員是稀鬆平常的，它可以和白日夢、與大自然心靈溝通以及精神層面的沉思相提並論。

高爾夫傳奇人物老虎伍茲(Tiger Woods)曾經從成長背景的角度，解釋過自己非凡的成就。他感謝身為泰國佛教徒的母親，她教他了解到內心的力量。當伍茲開球時，他並未想到自己在電視上看來如何，

或是否未打到球而削起一塊草皮，或任何這類的問題。他的目標是獲勝，但就如同開悟，你越努力追求就越得不到。所以，他把自己集中一境的專注訓練帶入當下的這一刻。在2001年贏得美國名人賽之後，他在球場上公開說，他從未想過這次勝利的劃時代重要性（一口氣連贏當代最負盛名的四個主要錦標賽）。他說：「我每一桿都調適到恰到好處，以致非常努力地集中注意在當下那一桿。最後發現我已不用再揮桿了，到此為止，比賽結束，那種感覺非常奇特。然後才開始想到：我剛才贏得了美國名人賽，然後我開始有點失去它了。」

正念同樣適用於團體運動，菲爾·傑克森(Phil Jackson)是個相當了解這點的教練。他生長在一個基督教基本教義派的家庭，並擁有神學學位。他曾是芝加哥公牛隊的總教練，任內拿過六次NBA總冠軍，包括單季七十勝的紀錄，後來他轉到洛杉磯，幫助湖人隊贏得幾次總冠軍，戰果輝煌！就如好主廚般，傑克森並未透露他的獨家秘方，但連同印第安蘇族的傳說、瑜伽和上帝的愛，他還讓內觀禪修指導者喬治·曼佛德(Geroge Mumford)訓練他的球隊，目前大約每個月訓練一週⑯。曼佛德一開始向他們顯示進入狀況並非自我意志的問題，而是一種自覺的結果。就如同其他任何人，為了克服像害怕之類的棘手情緒，他們學會變得自覺，能接受，然後繼續向前進。藉著把自覺帶進自己的經驗中，他們可以理解並為自己的生命負責。

傑克森將團隊精神教給年薪數百萬美元的超級明星球員，諸如布萊恩(Kobe Bryant)、麥可喬丹(Michael Jordan)、俠客歐尼爾(Shaquille O'Neal)、皮朋(Scotty Pippen)和羅德曼(Dennis Rodman)等人。他對團隊精神的強調，加上這種精神的無我與相互關連性，

> **現身說法**
>
> 籃球是一種複雜的舞蹈，它需要以閃電般的速度，從一個目標轉移到另一個目標……祕訣是不要思考。那並不表示呆笨，而是讓不斷嘰嘰喳喳的念頭安靜下來，好讓你的身體能夠本能地做出它一向所受的訓練該做出的動作，沒有內心的阻擋。
>
> ——菲爾·傑克森

都表現在球場上。那是奮戰中的僧團，在競賽的關鍵時刻，一個選手可以保持冷靜，且清楚知道每一刻需要什麼戰術。因為傑克森註冊商標的三角防禦戰術，他的球員保持流暢的狀態。不論輸贏，不論表現好壞，他們都趨向中道，且整個團隊共同成長。球員的無我，讓他們的最佳表現能直接給觀眾最大的滿足。觀戰就是一種樂趣，即使球涮出籃框不進也是如此。

如果競賽類的運動不合你的口味，就考慮一下游泳或擲飛盤。菩提達摩在少林已列出其要點。不管是競走或仰臥起坐、太極或跆拳道，都要保持健康。「色」（訓練）是達到「空」（無限的潛力）的關鍵。注意禪修如何改善你生理的技能，還有體育如何改善你的禪修。那是一記灌籃、雙柏忌⑰、稀有品種的蘭花、堅如磐石、慧眼全壘打。

再彈奏一次，三摩地！──音樂禪修

音樂可能是最古老的人類藝術，它只需要一隻手在膝蓋上打拍子，或一個獨唱的聲音即可，它四季長青，是在當下每一刻的創作。正如爵士演奏家艾瑞克‧杜菲(Eric Dolphy)曾說過的：「當你聽到音樂時，它就消失在空氣中了，你永遠無法再次捕捉到它。」

音樂是一種當下的呈現。所以它是佛教在音樂的演出範圍內，調和我們在當下的自由與圓滿度，還有當前這一刻的無常。而且正如前述，音樂產生共鳴的特性中，有某種東西反映出我們的自我意識，那本身就是一種回聲，或經驗表層上一點點額外的回響，是覆蓋在生命蛋糕上些許糖霜所形成的鏤空纖細的花紋。其他生命有覺知，但有兩條腿的我們，自覺我們有覺知。

【正念的練習】：傾聽任何音樂時，注意呼吸，並留意音樂如何影響呼吸，讓我們超越自己，又把自己帶回來。

擴展你的眼界。如果你從未聽過世界各地的音樂（西塔樂、非洲鼓樂、佛朗明哥舞曲等），不妨試試。起初，新的節奏、和聲、旋律和音程似乎很奇怪，但最後它們會像來自遠方的老友般令人熟悉。密切注意

一個音符如何滑動、漫遊，並以伸縮自如、讓人驚訝的方式發出「噹」的一聲。讓你的身體與靈魂變成一隻張大的耳朵，和音樂家以及音樂合而為一，在心中感覺每個音符的共鳴，並用禪修中的雙手靜靜地為每一刻鼓掌。

每個地方都有它獨特的音樂風格。例如我發現一旦你習慣了韓國音樂，它那像蜂鳥或蜻蜓搖晃而不對稱的鋸齒狀樂風之後，就會感到神清氣爽。越南的梵唄，例如梅村(Plum Village)⒄的比丘及比丘尼錄製的梵唄，對我而言是地球上感情最豐富的聲音之一。然而，佛法是一味的；就如威利‧尼爾森(Willie Nelson)曾說過的：「一切都只是一首樂曲。」

讓佛教唱誦

音樂本身是個奧秘。它來自何處？沒人知道。無論如何我們還是創作音樂——哼一小段曲調，只因為想要哼唱；也許我們正對著微生物唱小夜曲；加入宇宙天體運行的音樂⒆（這並不是個愚蠢的概念，因為我們知道物質是一種振動的形式）；唱出生命深層的韻律，那樣的韻律在我們每個由原生質構成的細胞中澎湃，也在一切銀河系中洶湧。

具有廣大規模且配合我們聲音的一種振動的場域是齊唱。不論是《心經》、阿彌陀佛的名號或《法華經》的經題，與大眾一起唱誦，讓這樣的修行更有力量，且意識到自己屬於比自己更廣大的某個事物。我們有無數的佛教梵唄錄音帶，有些甚至有標準的調子，例如唱誦觀世音菩薩名號的美妙曲調。

現在，仔細想想：當梵唄有明確的振動特性時，會發生什麼情形。如果你從未聽過西藏「多重音域」(multiphonic)的唱誦，那麼買一塊果陀僧侶團(Gyuto Monks)錄製的帶子，嘗試這種罕有的聲波振動的共鳴。那是一種和宇宙能量合一的真正密教藝術。首先，這些僧侶用低於中央C兩個八度的音來唱誦，這在西方音樂中是一個所向無敵的絕技。這種低振幅的音色比高頻率的聲音傳得更遠，穿透更多的障礙。亞洲象和非洲象用這種「沉靜的雷聲」進行遠距溝通，而鯨魚能

用這種方式，在加拿大紐芬蘭與波多黎各之間彼此溝通（牠們可能在說些什麼呢？）。用這麼低沉的音色，你可以在一個單音中聽到泛音。

另外，每個僧侶都能「同時」用三個八度音來唱誦。事實上，這是個人在唱和絃。

詩人兼梵文學者安德魯·謝林(Andrew Schelling)曾將它描述為：「粗獷喉音唱誦的祈禱，就如崩落山崖峭壁的石頭所發出的聲音……聽起來令人覺得舒服，就如母親的聲音，但在此之上，幾乎是展翅高飛的一種清晰可聞的天使之音，因為它開始的聲音是震懾人心的，所以莊嚴崇高。」

有一種咒語具有這種天生的聲波振動力量，那就是「唵」(Om)。【練習】：你可藉由吸氣來集中精神，然後在呼氣時誦「唵」。閉上眼睛，感覺這音節形成三道聲波：當氣息放出去時，發出「啊」(ahhhh)；接著發出「噢」(ooooouhh)，表達你的平靜與和平；然後用雙唇把音封鎖住，發出「嗯」(mmmmmmm)。接著再做一次，看看它是否更緩慢、更長、更平靜或更低沉，然後做最後一次。經過一段時間，看看你是否能讓這唱誦從喉嚨深處發出，然後在腹部產生共鳴。用心注意它。讓你的意識與「唵」同在。

以佛教的方式，震撼你的心

地球上最古老的管樂器可能是澳洲的迪吉里度管(didjeridu)，這是一種長約四、五呎，使用白蟻鑿穿過的木頭所製成的喇叭，用較低頻率的音域發出聲音，它有一個連綿不絕的傳統，至少可以追溯到三萬年以前。西藏有一種長度類似的銅製號角，有十呎長，據說它代表地球的力量，這種樂器通常和長度較短且代表天界美妙的號角一起演奏。兩者共同演奏，讓天、地這兩種力量在聽者的心中達到平衡的狀態。

就如迪吉里度管是澳洲本土宗教原產的樂器，長號角是藏傳佛教所特有的，日本直笛「尺八」也是如此，代表真正的日本禪。這種笛子是用具有樑木承載力的粗壯竹子，取其根而製成，聲音是藉由直吹到底而發出的。要學會禪坐需要時間，用亞洲的毛筆和紙寫出平順而

連續的一筆需要時間，用尺八吹出一個音符也同樣需要時間──這辛苦得來的結果，表現出吹奏者獨特的簽名。

這種樂器的樂音就如繞樑的聲音加上它所有的情緒，但就像假山庭園，它是抽象化的。它有召喚的力量，如同德布西(Debussy)的印象主義鋼琴曲，可喚起煙火、金魚、飛舞的雪花、雨中的花園等意象。聽到尺八時，我懷疑在其他什麼地方聽過遠處的鹿鳴、小鶴離巢時成鶴的叫聲，還有遠遠迴盪在陡峭山峰間的雷聲？

其節奏並非如重重跺腳跳舞般的明顯，但總是有脈搏或心跳的節奏。它有一定的旋律，但有時那些音符似乎是任意配置的，就像庭園中的岩石或大自然的作為。每個音符都是可變的，聽者的心降低速度以便適當地注意每個音符，而且就如好的爵士樂，你常常會驚訝地發現它接著將往何處去，如同生命一樣。

鄉村東方樂與其他混聲音樂

某些西方樂曲反映出佛教的禪定。巴哈(Bach)是表現禪的一個絕佳實例，特別是他的獨奏曲，如〈C小調帕薩卡利亞舞曲與復格曲〉(Pasacaglia and Fugue in C minor)和〈夏康舞曲〉(Chaconne)。我最喜歡的一種類型是鄉村東方樂，那是鄉村西方樂加上東方的種種影響。例如來自德州魯巴克市(Lubbock)的「平地人」(The Flatlanders)團體，這團體由以下這些成員組成：天使般的男高音吉米·戴爾·吉爾摩(Jimmy Dale Gilmore)、以前在馬戲團工作的喬·伊里(Joe Ely)，還有我最喜歡的布區·漢考克(Butch Hancock)──他創作諸如〈我的心有它自己的心〉(My Mind's Got a Mind of Its Own)和〈只是波浪，不是海洋〉(Just a Wave, Not the Ocean)等，令人提起正念的小曲。

為了拓展你的眼界，我誠心推薦另外兩位作曲家兼音樂家──喜多郎和菲利浦·格拉斯(Philip Glass)，他們兩人在原聲帶音樂的錄製上，都能身兼數職。日本作曲家兼音樂家喜多郎（「擁有許多喜悅的人」）的音樂放在「新時代」架上，約在恩雅(Enya)與雅尼(Yanni)之間的某處（把這兩個名字連在一起快速唸三遍）。他將傳統東方樂器與電子合成音

佛教一本通

響裝置揉合在不斷展現的聲音景象中，以便能衷心、正念地跟著哼唱。

格拉斯的音樂，乍聽之下可能像有什麼東西被卡住了，其實他用極小段富節奏的片段，反覆編織成風格簡樸的聲音景象。他的弦樂四重奏與小提琴協奏曲充滿感情，此外他還寫交響樂、歌劇和電影總譜。他曾比較音樂創作與禪修──奠立基礎，集中注意力，付出努力，然後要有耐心一而再、再而三的重複相同的練習，直到你變成自己注意的對象。泰瑞‧萊禮(Terry Riley)的音樂中很明顯的常有類似的模式運用，以印度但有選擇性的亞洲作為根源，而他的運用更自由，〈C大調〉(In C)是里程碑之作。

所以，如果你傾聽，就能聽得到。淋浴時唱歌、加入合唱團或一個念誦的僧團、對著宇宙間的星球唱小夜曲，不要轉到其他頻道！另一方面，我們接著要轉向所有藝術形式中產生最大共鳴的一種，它的本質正反映出我們的意識。

菩提
道上

　　不管是有意或無心，現代流行歌詞具有佛教意義的包括：比斯提男孩(Beastie Boys)的〈菩薩誓願〉(Bodhisattva Vow)和〈資訊升級〉(The Update)；李奧納多‧柯漢(Leonard Cohen)的〈它在這裡〉(Here It Is)和〈愛它自己〉(Love Itself)；唐納門(Donovan)的〈始終在當下〉(The Evernow)和〈道〉(The Way)（選自「佛經」）；喬治和伊拉‧蓋西文兄弟(George and Ira Gershwin)的〈我有許多「無」〉(I've Got Plenty of Nothing)；羅伯‧杭特(Robert Hunter)和傑瑞‧賈西亞(Jerry Garcia)的〈世界之眼〉(Eyes of the World)；喬尼‧米歇爾(Joni Mitchell)的〈當前的雙邊〉(Both Sides Now)；馬維納‧雷諾茲(Malvina Reynolds)的〈花落何處？〉(Where Have All the Flowers Gone?)；約翰‧藍儂(John Lennon)的〈想像〉(Imagine)和〈明日永不可知〉(Tomorrow Never Knows)；納塔麗‧莫晨特(Natalie Merchant)的〈我只要〉(All I Want)、艾拉尼斯‧摩里塞提(Alanis Morissette)的〈我真正想要的〉(All I Really Want)和〈感謝你〉(Thank U)；REM㊿的〈每個人都會傷痛〉(Everybody Hurts)；巴提‧史密斯(Patti Smith)和湯姆‧山拉漢(Tom Shanrahan)的〈1959〉；凡‧莫里森(Van Morrison)的〈覺悟〉(Enlightenment)。

4

每個人都這麼做

353

心鏡：電影院裡的佛陀

往回看，二十世紀留給後代子孫最風行的一種藝術形式竟然是電影！沒有一件事像電影票一樣風行全球，這也適用於電視——它也用電影的通用語言來說話，只是規模大為縮小。如同神秘電影專家兼製片史帝芬·西蒙(Stephen Simon)所說：「電影是人類有史以來所設計的最令人震撼的傳播媒體，也是一道天然的導管，啟發我們去洞察『我們是誰？』、『我們為何身在此處？』這些永恆的問題。」所以，電影當然有其佛教之光，且可將它分成兩類：影片本身就是佛教，以及佛教影片。

現在播映：電影如佛教

不管播放什麼，我總是喜歡正式上演前、燈光變暗時，籠罩全場的鴉雀無聲。為了說故事，和其他村民圍著營火聚集在一起的舉動（閃爍不定的光線及電影銀幕上的陰影），它最初的根源深植於神聖的宗教。而影片本身可以提供我們的世俗意識一個適切的模範——意識到某件事物。但意識到什麼呢？往往是意識到假象。柏拉圖曾描述未經檢視的生命，他描述的角度類似於坐在電影院，渾然不覺投射出種種影像的放映室，卻把所見的認為是真實。就內心的投射而言，佛陀讓我們看到情形的確如此，我們將心中的投射視為經驗的真相。

佛教的箴言中有視覺上的隱喻：「來看看」、「觀」，就是清楚洞察萬物的本質。緬甸內觀大師班迪達提到，當我們看電影時，過程可能像觀禪，兩者都有四個階段：（一）對象出現；（二）對準注意力；（三）仔細觀察；（四）了解。

在觀禪中，（一）把注意力集中在腹部；這導致（二）腹部起伏的出現；接著（三）注意到整個過程與感受；然後（四）發現特相，和它們事實上如何運作，而非我們以為它們會如何運作。

看電影時，（一）把注意力集中在銀幕；這導致（二）角色與場景的出現；接著（三）藉由仔細觀看來理解發生什麼事；然後（四）

發現情節，欣賞電影。

電影提供另一個隱喻：現實永恆的當下。我記得曾在一場白天的公演中坐在一個五歲小孩和一個大人後面。每十分鐘左右，小孩就會問大人：「現在發生什麼事？」大人就會回答：「現在他們即將彼此認識」或「現在他們要結婚了」或「他們現在在度蜜月」。如果你仔細想想，電影裡的每一刻（就如生命一樣）總是和「現在」有關；一直都是現在式（即使在倒敘的場景也是如此）。而這部「現在片」的時間可以伸縮自如，不像時鐘上的時間，十分鐘被壓縮為三分鐘，三分鐘被延展為十分鐘（這很容易讓我回想起自己多次的禪坐經驗）。的確，我們越熟悉時間永遠處於現在的狀態，越能感覺到它的彈性。

我們的心同樣有彈性。空間是個很好的類比，一如時間，電影總是打破古代亞里斯多德式的時間、地點統一論（每件事都順著線性的「真實時間」開展，1-2-3）。一部影片把空間像拼圖般展開，不斷變換地點與觀點。所以，當我們被影片無特定地點的空間吸引住時，也在經歷空性和內心無限的可能性。那是到處都能感覺得到，卻到處都看不到的。

虛構的影片通常是裁減整齊的「業」的故事。哪天把它當作是一次有趣的禪修吧，你買張票去看一場平時不會在乎的電影，放映中途走進去（這在多廳院的電影院很容易做到），然後接著看下一場的開頭，直到看到中途插入的地方。你將會看到影片中後半段發生的每件事，為何是這些角色在前半段所作所為的後果（你也可以在家裡試試這樣做，向前快轉到中途，從中間開始看，然後回到影片的開頭部分）。看到「業」，研究佛法。

以下是另一種禪修。觀察演員在團體的場景中，不用講話或做出任何動作時的表現，看他們是否慈悲地讓其他演員看起來很出色。電影也能長養我們的慈悲，基本上我們都希望最後一切圓滿，所以認同的範圍會超越自己（這就是慈悲的意義——感同身受），會跟其他的角色產生共鳴。要是沒有慈悲，我們就會察覺自己從頭到尾都一直坐在椅子上。這就是看電影的樂趣中很神祕的一部分：我們穿著T恤和牛仔褲坐在那裡，卻同時也是個超級明星，身高十多公尺，且在兩個世界間

來回穿梭。（「好棒的一吻！請把爆米花遞給我。」）

　　如果停下來進一步仔細思考這一點，就會發現，當我們沉浸在一部電影中時，我們和他人易地而處的能力，暴露出自我並無實體的特性，它要視故事中各種因素而定。這就如勞倫斯‧奧立佛(Laurence Olivier)[51]這樣偉大的演員何以能在生命的晚年，說演戲並未教他「接觸到自己」，反而是在他了解自己的心有潛力變成這麼多不同的人

語詞解釋

任何恆久、具有實體的主體性都是戲劇性的虛構。古希臘戲劇中，演員頭戴稱為 *persona* 的大面具，那就是 person（人）一字的字源。受禪風影響的日本歌舞劇「能劇」中，演員臉上戴的木製面具，甚至會隨不同的角度與燈光的暗影而變換表情。

之後，知道他對自己是誰是多麼沒概念。戲劇教導我們：假使有適當的環境，可在瞬間改變我們所認為的自己。就像人們所說的，機運使然，你我也會跟著改變。

現身說法

……以電影隱喻生命是很有趣的。一格格的畫面經過的速度那麼快，以至於我們保有連續動作的假象，並分散對穩定照射在每張畫面上燈光的注意力。
　　　　　　　　　　　　　　　　——羅伯‧艾特肯禪師

……如果你想享受電影的樂趣，你應該要知道：電影結合了影片、燈光和白色的銀幕，且最重要的是，要有一座平整的白色銀幕。
　　　　　　　　　　　　　　　　——鈴木俊隆禪師，
　　　　　　　　《我們的日常生活像一部電影》(*Our Everyday Life Is Like a Movie*)

　　但影片永遠無法複製我在蒲團坐定後，內觀心中銀幕時所看見的東西，在觀禪中特別是如此，那時觀想是個人化的，這也是藏傳佛教的一個關鍵特色。藏傳佛教中，觀想授權我們體證自己與神聖能量的一體性，方法是認同體現這些能量的神祇圖像；然後辨認出它們本質

上的空性（回到空無一物的電影銀幕）。此外，淨土信仰中，與宇宙的密切關係顯露出不可思議的境界，我們是發光體，在無盡的因陀羅網熠熠生輝的曼荼羅上彼此發光、照耀。相較於這個體認，電影發光的繪畫，頓時黯然失色。

《飄》和無常有關嗎？——佛教電影

奧斯卡金像獎沒有宗教電影這個獎項，至少還沒有，但好幾千萬人看到宗教電影都很喜歡。這些電影的主題包括現實、主體性與時間的本質、偉大的探索之旅，以及愛的力量。在這種非正式的類型中，有許多佛教電影，這可以由國際佛教電影節的舉辦獲得證實。它們在2003年首度呼籲參展，就獲得全球三百部影片的支持。

我個人最喜愛的一部影片，片名有點長〈菩提達摩為何前往東方？〉（*Why Has Bodhidharma Left for the East?*）。這是個公案⑫，它實際上問的是：「佛教的意義是什麼？」「它值不值得？」一個年輕人放棄都市生活，前往韓國一座遙遠的山中寺院。我們最後終於聽到的第一句話是：「沒有開始，沒有中間，沒有結束。」集製片、作者、導演、編輯於一身的裴永均，花了五年的時間才把這個溫馨的宗教史詩彙集起來，自此這部片就實至名歸的在多項十大排行榜中獨占鰲頭，它可說是禪宗影片中的〈2001〉⑬。我說：「去看看這部片子。」

在〈菩提達摩為何前往東方？〉一片中這個靜止的畫面裡，寂靜瀰漫，但繼續不斷流動。這個如書法般的構圖，代表這部片高度風格化與視覺表現的敘事手法。在這個場景中，一名和尚問另一個和尚：他應該留下，還是回到世間。或者我們現在所看到的是他實際上正在跟自己辯論？當然，一張圖所表達的內涵遠超過語言文字所能敘述的。

圖片：承蒙紐澤西「里程碑影片暨錄影帶製作公司」（Milestone Film & Video)特許轉載。

其他具有佛教關切議題的影片，包括：〈剃刀邊緣〉(*Razor's Edge*，比較1946年和1984年兩個不同的版本)；〈來生〉(*Afterlife*, 1998)⑤；〈商旅隊〉(*Caravan*)，又稱〈喜馬拉雅〉(*Himalaya*, 1999)；〈時空攔截〉(*Jacob's Ladder*)⑤，改編自《西藏度亡經》(*The Tibetan Book of the Dead*, 1990)、〈遠東之旅〉(*Beyond Rangoon*, 1995)、〈保證開悟〉(*Enlightenment Guaranteed*, 2000)、〈劫後生死戀〉(*Fearless*, 1993)、〈天地〉(*Heaven and Earth*, 1993)和〈色戒〉(*Samsara*, 2003)。

　　紀錄片包括：〈蓮花中的猶太人〉(*The Jew in the Lotus*, 1996)、〈步步安樂行〉(*Peace Is Every Step*)⑤，〈西藏的鹽商〉(*The Saltmen of Tibet*, 1998)、〈追尋佛陀〉(*Chasing Buddha*)、〈成吉斯藍調〉(*Genghis Blues*)、〈猶太人與佛教：信念修正，信仰顯露〉(*Jews and Buddhism: Belief Amended, Faith Revealed*, 1999)、〈越戰未亡人〉(*Regret to Inform*, 2000)、〈河流與潮水〉(*Rivers and Tides*, 2001)、〈圓滿上師之語〉(*Words of My Perfect Teacher*)⑤，〈以街為家〉(*Home Street Home*, 2003)⑤，還有艾倫‧布魯諾(Ellen Bruno)有關西藏、泰緬和柬埔寨女性的影片，包括〈真理〉(*Satya*)、〈犧牲〉(*Sacrifice*)和〈色戒〉。

　　有幾部來自日本的佛教電影：市川昆(Kon Ichikawa)的〈緬甸豎琴〉(*The Burmese Harp*, 1956)，是對戰爭造成的毀滅後，尋求宗教意義的一種回應。我們看到一個日本士兵在第二次世界大戰末在緬甸負傷，有個和尚照顧他，然後他穿著佛教僧袍回到自己的部隊。在小津安二郎(Yasujiro Ozu)的〈初夏〉(*Early Summer*)、〈夏末〉(*The End of Summer*)⑤等電影中，佛教是不言而喻，而非明白表示的。電影中的角色並未經歷戲劇的高潮，而是經過微妙的轉變，這讓他或她能欣賞事物的如性。此外，我們也不可遺忘〈羅生門〉(*Rashomon*, 1950)，在這部片中，一個和尚聽到從不同的觀點所敘述的同一個事件。

　　好萊塢的影片可能有非刻意安排的佛教主旨，例如〈風雲人物〉(*It's a Wonderful Life*)，我們在這部片中看到：如果之前有個人不曾存在，現在的生活會變成什麼樣子，這揭示了每個人如何影響其他所有

人。有部值得再看一次的影片是〈今天暫時停止〉(*Groundhog Day,* 1993)⑩，在這部片中有個人同一天重活了一萬次，直到他學會比較正面的人生觀爲止。喬治‧盧卡斯(George Lucas)拒絕詳細說明在〈星際大戰〉(*Star Wars*)中，尤達(Yoda)提到的「原力」(The Force)是否代表「道」、聖靈、佛心或其他某個東西，也未明說路克天行者(Luke Skywalker)的旅程是否代表佛陀的歷程，畢竟好萊塢的座右銘一直都是：「如果你想傳訊，請用西方通訊聯盟(Western Union)⑪。」更晚近的一部電影傑作是〈駭客任務〉(*Matrix*)三部曲，其中有來自好幾個傳統的線索。(【問題】：什麼時候一則光明的教誨，會勝過火辣刺激端上檯面的暴力？)

最近有關西藏的影片，例如〈火線大逃亡〉(*Seven Years in Tibet,* 1997)⑫、〈達賴的一生〉(*Kundun,* 1998)和〈風馬〉(*Windhorse,* 1999)，已從〈失去的地平線〉(*Lost Horizon,* 1937)那種好萊塢愚蠢的陳腔濫調跳脫，有長足的進步了。伯納多‧貝托魯齊(Bernardo Bertolucci)的〈小活佛〉(*Little Buddha,* 1993)將佛陀的一生（由基諾李維飾演），與被認爲是轉世西藏喇嘛的西雅圖現代小男孩的虛構故事交錯在一起。此外，現在有諸如〈西藏的痛苦〉(*Anguish of Tibet*)和〈時輪〉(*Wheel of Time,* 2003)⑬之類的紀錄片。還有來自鄰近的不丹(Bhutan)的〈高山上的世界盃〉(*The Cup,* 2000)，這是第一部由佛教喇嘛宗薩仁波切(Khyentse Norbu)拍攝的電影，在這部處女作之後他又拍攝了〈旅行者與魔術師〉(*Travellers & Magicians,* 2003)。

還有一些影片，其中佛教的因素就如在混凝土地面裂縫中的雜草般蹦出來，例如1993年有關蒂娜透納生平的影片〈與愛何干？〉(*What's Love Got To Do With It*)。一部電影中僅僅一句話就可能確實與佛教有關，例如在〈怪獸電力公司〉(*Monsters, Inc.*)中當麥可(Mike)對史考利(Scully)說：「喔，不！既然你已給他取了個名字，你就會對他執著。」

對製片來說，新科技使難度升高。拍攝錄影帶，在家用電腦中剪輯，然後把它放到網站上是相當容易的。當媒體這隻無所不在的大章

魚擴張之時，我希望對於佛教電視頻道終將成為事實的預測，一如阿姆斯特丹、韓國的情形般，並非憑空的臆測。我想要有我的佛教電視頻道(B-TV)！同時，我只會等待，坐在我的蒲團上，架起我內心的銀幕，調查那兒在放映什麼（請把爆米花遞過來）。

你不能不知道

- 每件事都可能是一種藝術，以及傳達一顆覺悟的心智與心靈的契機。
- 園藝是一種佛教活動，其實第一個插花流派就屬於佛教。
- 各種武術都能追溯到佛教的起源。已熟悉「進入情況」的運動員與運動明星逐漸發現佛教能在他們的訓練中，加進一點致勝的因素。
- 佛教傳統宗派具有和禪修有關的獨特音樂種類，例如尺八與唱誦。在西方，佛教的影響可以在搖滾樂、鄉村樂和音樂原聲帶中聽得見。
- 電影和佛教的概念類似，因為它物質上的構成要素——投影與空白的銀幕；也因為它的美學——電影永遠都是現在式。除了電影本身之外，也有具備佛教洞見的特殊影片。

5 觀察與存在的新方式
——佛教與藝術

本章主題

● 何謂宗教藝術？

● 如何作俳句？

● 佛法的繪畫

● 藝術即生活，生活即藝術

當我們繼續佛教與藝術之旅時，將詳細描述兩個概念，它們在第一部鳥瞰西方的佛教時已介紹過了。首先，看到我們的文化如何反映出佛教的觀念與理想是一個指標，讓我們知道佛教如何因應不同的文化而調適——在此意指我們自家的後院。

探索我們文化中的佛教時，同時也在其中探索一種持續復興的觀念，正如西元十四世紀到十六世紀義大利的希臘文與拉丁文的復甦，促成人類文明中一次影響最廣、最成功的復興運動——所謂的文藝復興（「新生」），西方相當晚近以來對梵文與中文的研究，也同樣可能正在塑造二次文藝復興。因此，有人把這個時代稱為「太平洋世紀」(the Pacific Century)。

「文化」和「復興」這種字眼，我知道有時可能會讓人心中浮現各種無聊、虛偽的廢話。別擔心！佛陀的美術館和偉大的佛教小說都

開放詮釋的空間，一天二十四小時，一週七天。佛教文化很酷。去看看吧！

但⋯⋯這是藝術嗎？而⋯⋯這是佛教嗎？

　　本章有個主要的主題是「界線」（不！不是那家書店㉔），或更確切地說是無界線。藝術與生活之間其實是無界線的（通常稱爲「邊框」），藝術與佛教之間也是如此（因爲佛法都是與生活有關的；脫離生活便無法找到佛法的意義）。這個界線類似高尚藝術與通俗藝術之間的界線，在此也是一道假想中的分水嶺，就如在莎士比亞戲劇中所看到的，他的戲通常充滿足夠的動作與浪漫愛情，以取悅一般大眾，同時其中又有一些辛辣的對話，足以對坐在包廂上的社會名流贊助者發揮影響力，還有足夠的東西來滿足介於其中的每個人。然而，多年來人們丟棄偉大佛教大師葛飾北齋㉕的木刻版畫，因爲這些作品被大量製造，然後賤價出售，最後往往淪爲裝塡箱子的襯裡（價格等於價值嗎？）。

　　超越界線，仔細思考宗教修行與藝術之間的相似之處。對美與眞理的「欣賞」，帶我們走出一個局限的、受限的自我；提高我們「認知」現實的敏銳度；喚醒我們的心靈與心智，去覺知眞實存在的一切，不論是內在或外在。而讓我們的「想像力」活躍，當然是個相當重要的宗教層面，雖然這常常受到忽略。當我們看到宗教繪畫與雕塑、佛經的插圖，還有佛經本身時，宗教的神聖與藝術之間，顯然是無界線的。但佛法也如不可捉摸的香氣或晨霧般，瀰漫在文化及其工藝品之中，而非任何如阿育王豎立的石柱具體可見。如同哲學家尼采所說：「悄無聲息地，以鴿之步，它們成功地在我們之間——那些改變地球面貌的觀念。」這可以導致某種有趣的偵探工作。

　　假設我們穿越一座美術館，導覽員指出一幅風景畫有低低的地平線，因而較爲強調天空，讓人有種開闊的感覺。我們有些剛接受佛教不久的人可能會喃喃自語：「啊哈！天空代表空性。」但這難道表示那個畫家是佛教徒嗎？如果不是，那幅畫是否仍然還是與佛教有關

呢？就如廣闊、蔚藍的天空，真理無處不在。約翰‧凱吉(John Cage)⑥⑥的一句引言相當切合此處的主題：「我們每天張開眼睛、耳朵，如實地看到生命的精彩。」讓人不禁想問：「藝術是否有助於這種體悟？」

想想安德魯‧高茲華斯(Andrew Goldsworthy)，他使用的媒介是環境本身——冰、樹葉、石頭。如同〈河流與潮水〉一片中所記錄的，他的創作包括一個大圓頂狀的浮木，讓潮水不斷拍擊滾動與拆卸；或巨大的雪球放在倫敦街上，任其自行融化，顯露出鑲嵌在當中的自然物質。他用一顆「不知」之心，在嘗試錯誤中創作。他的藝術甚至往往在大自然有機會要求歸還它之前，崩解在他自己手裡。容易腐敗的雕塑，無常的藝術——使用的素材是生命永恆的元素。

> 現身說法
>
> 禪宗弟子了解禪的最終是日常生活；但另外還有一個階段，就是藝術。
>
> ——佐佐木指月

或者想想藝術家理查‧隆(Richard Long)與漢米希‧佛騰(Hamish Fulton)，他們的藝術包含散步，還有與大自然的心靈溝通。美術館展示他們旅程中沿途所做的事的照片，作為證據資料。那是佛教的朝聖嗎？還有，那是藝術嗎？

先談要點。當我們偵察藝術中的宗教成分時，先將以下這點視為事實：藝術是感覺或觀念的一種具體表現——具體(formal)，意義相當於「色不異空」的「色」(form)，那是將一種認知、概念或理解，以精湛的技巧加以溝通傳達——「技巧精湛」(skillful)，意義相當於「善巧方便」的「善巧」。而這事實根植於宗教神聖的起源。讓我們將時光倒轉至一萬年到兩萬四千年前，人類的祖先在洞穴的岩壁上刻畫動物以表達敬畏，表達他們和宇宙之間超越人類的相互關係。

現在，將西方文明往前快轉到十二世紀。隨著強調重點轉移到個人與自我表現（文藝復興的一項遺產），這種無我藝術的表現中斷了。個人主義最大的實驗是美國，她以清教徒的嚴格主義(Puritanism)，和強調神的絕對性的喀爾文主義(Calvinism)⑥⑦為基礎，這兩個主義把圖畫從

教堂中剔除出去，並將這種嚴峻素樸推廣到日常生活的其餘層面。在那當頭一擊之後，科技革命——標準化與大眾傳播媒體，再給予宗教藝術沉重而致命的一擊。例如電報，那是專為商務或軍務傳訊而設，完全不是用於如宗教詩之類的事物上，而宗教詩就如凋萎的花朵般日漸消失了。

然而，當我們加快腳步趕到當前此刻時，會發現有一股對宗教詩與藝術重新燃起的興趣，例如魯米(Rumi)和喬治亞‧歐奇芙(Georgia O'Keefe)⑱，以及西方採納與修正東方宗教傳統的開端。二次文藝復興離開自我表現，重回無我的表現。說得更具體一點，我們可在現代藝術改革中看到東方的傳統——不僅有客觀的表現，也有主觀的印象（「請你自己來看看」）；脫離孤立、恆常、獨立的自我與固定的邊框（心識不斷奔流）。新的強調重點，放在去中心的主體及其周遭的環境空間，甚至沒有主體，如同理查‧厄文(Richard Irwin)和詹姆斯‧杜瑞爾(James Turrell)之類的純粹光線藝術家所表現的。

現在，仔細思考亞洲藝術學者阿難陀‧鳩摩羅斯瓦米(Ananda K. Coomaraswamy)提出的這三個類別，暫時做為正念欣賞當代宗教藝術時的某種標準：

（一）現象的（客觀或外在世界；「除了事物之中，別無概念」）

（二）心理的或想像的（主觀或內在世界；「唯有想像才是真實」）

（三）意識（心靈或心智；「一切皆是佛」）

第一類就如畫一幅葡萄，葡萄畫得如此逼真，以致鳥兒可能會去啄食。第二類就如一幅半抽象的繪畫，讓我們向內探索它的意義。把這兩者合併在一起，你可能會看到一幅畫，畫中夕陽的雲彩形成兩片巨大的、飄浮的紅唇；或表面上看來明顯的某種東西，例如莫理斯‧葛瑞夫斯(Morris Graves)的鳥（見下頁圖）。

藝術中的心靈成分是一面正念的鏡子，反映出我們意識的源頭、種種運作以及究竟的經驗；它分擔我們對生命意義的追尋，也在這旅途中支持我們。這種藝術，要我們親自在內心尋找與它產生的共鳴。

這畫家用一隻鳥代替他自己發言,也代替我們發言。上圖那隻鳥注意力緊盯著蝸牛殼(「有人在家嗎?」);下圖中,尋找者與被尋找物緊靠在一起,不僅大小相似,連質地和形狀都很像。這兩幅圖都不是寫生,也不具象徵意義,沒有任何意義存在於鳥、蝸牛或甜菜的背後。就是這樣,無盡的生命,如是,如此而已。

〈鳥與蝸牛〉(Bird and Snail),水墨畫,葛瑞夫斯作(1950);「鳥與甜菜」(Bird and Beet),粉蠟筆畫,(1979)。私人收藏。

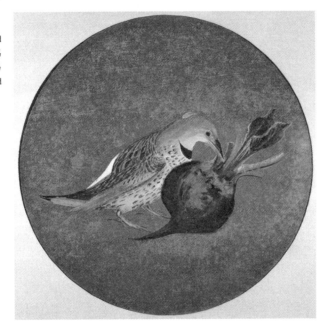

　　這情形與在美術館中,在導覽員詳細解說下四處參觀大不相同,它需要我們以共同創作者的身分將心靈投入,其意義才得以完整。這種藝術有多少參觀者或讀者,它就可能有那麼多不同的版本;但這種藝術歷久彌新,就如同看到的景象只不過是一時的,但觀看的行動卻是永遠的。它或許也如每個人對獅身人面像這種傑作或日本龍安寺假山庭園的反應,每個人的反應不盡相同,但每個人都同樣產生反應。

　　在此請循著更進一步的線索,以發現藝術中的「覺悟」。當你在

這條道上繼續遊歷時，注意觀察，找出這些線索，並自問：「這趟旅程是否有任何界線？」

無言之言：佛教文學

語言文字與無言並非彼此互斥。的確，佛教消融了語言產生的二元對立，但佛教並未建立另一種如靜默與言說之類的二元對立來取代它。語言文字有其重要性——做為善巧方便，例如咒語或公案，還有「請把筷子遞給我。」⑲

例如，人們往往認為禪宗「不立文字」，因為它強調靜默禪修或不合邏輯的公案。然而，在傳統的禪宗裡，一個人達到某種悟境或開悟時，通常會用一首詩偈來紀念這件事。一旦某個弟子回答出一個公案，師父可能緊跟著追問：「那麼有什麼偈頌可以表達這個體悟？」然後弟子就作一首詩，或引用寺院中的「禪詩」備忘錄（一本古典詩與民間諺語的選集）。畢竟弟子可能是歪打正著，所以那首詩可以發揮品質管制檢驗的作用〔有本很棒的英文禪詩選集與研究：《禪沙》(Zen Sand)〕。讓我們簡要地看看圖書館中其他出色的精選讀物。

適合佛教讀書會的精選讀物

佛經是極好的讀物，從你選擇修行法門的經典開始閱讀，加上相關的經疏註解。篇幅最長的《華嚴經》有三冊，且饒富詩意。相對的，《心經》非常簡短，以致中文的《心經》可印在茶杯上；同時它也是部很好的經典，所以佛教徒終其一生一再反覆閱讀。禪宗的《無門關》和西藏的《大成就者的生平》(Lives of the Mahasiddhis)，可帶來冬、夏兩季窩在室內的愉快閱讀經驗。更深刻的是羅伯·艾特肯禪師自己寫過禪的故事《渡鳥大禪師》(Zen Master Raven)，這本書顯然也受到美國原住民民間故事敘述的影響。另外，麥可·溫格爾一直以來都在撰寫自己的公案，目前是《三十三根手指頭》(33 Fingers)，且還繼續往下數。本書的附屬網站「法門」上無數的線上經典、註釋和

文獻都是免費提供的，這網站還有一個逐漸發展改進的精選佛教書籍的書目(http://awakening.to/books.html)。

那麼小說呢？寫一本小說要花時間，且佛教絕非逃避主義，然而第一部小說《源氏物語》卻是佛教徒寫的。早期一些廣受歡迎、以小說形式描繪佛教的作品，包含赫曼・赫塞(Hermann Hesse)的《流浪者之歌》(Siddhartha)與魯迪亞・齊普林(Rudyard Kipling)的《金姆》(Kim)。後來透過沙林傑(J. D. Salinger)的《西摩爾：簡介》(Seymour：An Introduction)⑳和傑克・克魯埃(Jack Kerouac)《佛法遊民》(Dharma Bums)的小說，佛教成為一個家喻戶曉的名詞。另外推薦的是《蓋瑞・史耐德讀本》(The Gary Snyder Reader)，還有美國作家查爾斯・強生一直創作不輟的出色佛教小說：在《牧牛故事集》(Oxherding Tales)中，奴隸制度是探索東方哲學的一個手段；《中央航道》(Middle Passage)是有關一個虛構的佛教非洲部落的海上歷險記；還有《夢想家》(Dreamer)是以金恩博士的晚年為基礎。

也有佛教偵探小說，例如《曼谷8號》(Bangkok 8)、《福爾摩斯：失蹤的歲月》(Sherlock Holmes: The Missing Years)和《骷髏頭咒》(The Skull Mantra)。此外，蔡志忠的《禪的智慧》與《禪說》以漫畫來表現佛法。然而，影響遍及社會各階層、含容宗教與世俗的文學類型則是「詩」。在詩篇中，字詞猶如被放在顯微鏡下觀察（還有，例如女主角不用從A場景被移到C場景，連帶天氣、衣著等都跟著變換）。「詩」這個中文字在字面上意指「語言文字的寺院」。你看耶穌、穆罕默德以及佛陀，不是都用純粹的詩句來說法嗎？那可不是讓你用看穀物脆片早餐盒上的說明方式來閱讀的。

莎士比亞的作品中有豐富的佛教色彩（「一朵玫瑰就算換了其他任何一個名字，它的香味還是一樣芬芳。」以及「因此，你以死神為食，死神以人為食；／死神一旦死了，那麼再也沒有死亡。」）另外，不管是否有羊，渥茲華斯(Wordsworth)㉑都非常具有佛教色彩（「不帶情緒、希望、或目標地坐著，／在我喜愛的農舍爐火前，／同時傾聽火焰的劈啪作響，／或是茶壺低聲吟唱微弱的伴唱曲。」）

與佛教投契的美國詩人包括：Antler、David Budbill、Thomas Centolella、Jim Cohn、Diane di Prima、Kevin Davies、Norman Fischer、Allen Ginsberg、(John Giorno、Susan Griffin、Sam Hamill、Steve Hirsch、Jane Hirshfield、Garrett Hongo、Lawson Fusao Inada、Robert Kelly、Joanne Kyger、Russell Leong、Peter Levitt、Jackson Mac Low、Michael McClure、Laura Moriarty、Kenneth Rexroth、Al Robles、Albert Saijo、Steve Sanfield、Leslie Scalapino、Andrew Schelling、giovanni singleton、Gary Snyder、Charles Stein、Chase Twichell、Amy Uyematsu、Anne Waldman、Lew Welch、Philip Whalen、David Whyte。

不過，我這只不過是抄襲自R. H.歐布萊斯(1898-1964)那部厚實的佛教文學指南《英國文學與東方經典中的禪》(*Zen in English Literature and Oriental Classics*)，這本指南甚至搜尋出《唐吉訶德》的禪法。

現在，在所有的詩作類型中，我信手捻來最具佛味的是…………俳句

一次呼吸的禪修：俳句

如果你還不知道俳句是什麼，去問問小孩子。就如資源回收透過小孩子變成全國性的意識（在學校教這些，然後把所學帶回家），俳句也同樣在小孩子身上找到沃土——小孩的生活，很自然地貼近俳句那敏銳、生動、不假修飾的心。難怪有好幾百萬的孩童在學校學俳句。

小孩總是如螢火蟲般在周遭的生命上一閃一閃發光，俳句是這種生命之光的一種表現——醒覺嗡嗡飛舞。有半頁是俳句，留半頁給讀者填空。以下就是幾則俳句（作者分別是蕪村⑦、芭蕉、一茶⑦與無名氏）：

● 梅花在這裡，在那裡——到北邊也好，到南邊也好。

● 在黑暗的森林中，一顆莓子落下……啪！

● 老狗看來似乎沉醉在蚯蚓的歌聲中。

● 打下一個噴嚏前的幾秒鐘；在等待中。好好玩的一張臉喲！

語詞解釋

最受歡迎的傳統日本詩歌的形式是「短歌」──五行詩（每行分別有五、七、五、七、七個音節），那也形成長串連結而成的詩歌（長「連歌」）組曲的基礎。連歌開頭的前三行（分別是五、七、五音節），後來逐漸發展出自己的文學生命，成為世人所知的「俳句」。一首俳句是一幅用文字描繪的活潑、纖細的迷你印象主義素描（實例：「諸島嶼……夏日海上破碎的殘片。」──松尾芭蕉）。

這些俳句在此印成一行，雖然一則俳句通常排成三行，如同詹姆斯·海克特(James W. Hackett)的這首：

一個嚴寒的早晨：
麻雀蹲踞在一起
脖子都看不見了。

俳句起源於日本，在日本作俳句有許多明確的規定，那是西方一直努力試著採納與修正的（其實和我們與佛教的關係並無差別）。有時這可能像把一株植物固定在石頭邊，在足夠的適當條件出現前，只是希望它能移植成功；現在看來時機似乎已經成熟。

最嚴重的誤解依然存在：分別用五、七、五個音節寫成的三行文字就是俳句。就初學而言，如此說還勉強可以，就如駕駛訓練般，但那並非永遠必須如此。許多常寫俳句的人偏好二、三、二拍的三行體，重要的是把字詞削減到極致。而且這與佛教禪修的數息相互應和，1-2-3-4，一而再、再而三地回歸到最簡單的事物。

以下是俳句的五條基本原則：（一）就如照片或迷你家庭錄影帶一般，俳句是真實、發生在當下的事。（二）俳句通常讓人感覺到時間（冬天、中午、畢業典禮當天）和地點（後院、車庫、隱密的瀑布），例如「雪丘」同時指出時間與地點。（三）俳句通常不提說話者（第三人稱的敘事者）──佛教藝術不是自我表現，遑論是表現狂了。（四）主題取自大自然或人性。（五）俳句通常呈現兩個相關的意象，其中的關

連則留給讀者去完成，就如芭蕉的這首：「一道閃電……和一頭蒼鷺的尖聲鳴叫，牠在黑暗中飛越而過。」這首俳句喚起的是夜裡閃電劃過的天空，與一隻鳥的叫聲合為一體。如同一聲鐘響，它讓我們停下來，回到真正的歸宿——當前此刻。

同樣的，一首俳句通常在中間有些微換氣的空間，就如下面這句：「活下去還是一死了之，這是個值得考慮的問題。」或如「獨自一人，即使在我咳嗽時。」（在「一死了之」後面和「獨自一人」後面換氣）。

這一切如何轉變為佛教呢？它們就如色與空、如性與透明性（如性與空性）之間的樞紐。我們所看到的那個不完整的因素是空性的一種表現，且在此凸顯出沒有任何事物是分隔獨立的。那個空間強迫讀者向前一躍，心裡翻個筋斗，然後連接在一起。

同時，俳句是目睹自然不經人工斧鑿的確切實例。它們如實地處理現實，呈現現實純然的如性，如此而已，遑論一體、無常、相互依存、慈悲和業了。而俳句的當下存在，就是佛教的核心要旨。

俳句是一次呼吸的禪修，只有那麼點時間的長度。透過從其詞彙中刪去「我」這個主詞，俳句需要對無我的一份主動覺醒。另外，俳句雖短，卻非瑣碎，那是對單是存在的偉大所發出的讚美詩。「河中一根小樹枝上，幾隻螞蟻漂流而下，唱著歌。」（一茶的作品。一茶的淨土信仰引導他甚至在最低微卑賤之處，也能聽聞到佛法。他創作超過一千首有關蝸牛、跳蚤、蒼蠅、蚊子等的俳句）。一旦你熱中俳句，可能也想要自己嘗試看看，這是一種每個人都可「從事」的佛教藝術。

如何作俳句？

你可以每天寫一首俳句，因為如果你對它保持注意，每天至少會產生一首俳句。俳句的魅力之一是，你甚至不必考慮成為一個「作家」（就如你不必非得要「是佛教的」一樣）。歡迎業餘的同好加入！俳句「正是」初學者之心。

你不可能帶著一支獵象的槍或捕蝶網去尋求俳句，如同不可能「努力」變成覺悟的狀態。作俳句只需要三樣東西：（一）念念分明；

（二）一本筆記簿；還有（三）一枝鉛筆（要帶有橡皮擦的，因爲你可能在初次嘗試時就寫成一首俳句，但你應該要習慣裁剪，這也是過程中的一部分）。

俳句可能關於一道閃電——如果那是你在住處所經歷的事物，或關於花蕾、昆蟲，或你的城鎮、腳趾頭。也就是說，俳句是關於你自己的日常生活。這是禪宗的一個重點——開悟並非可望而不可及的空中餡餅；平常心即是佛心，砍柴、煮飯亦復如是。

俳句出現在字裡行間，同樣的，你也將在周遭發生的一切中看到俳句。它是豐富與開發靜思修行的一種善巧方便，讓你有機會把這世界解讀爲一本闡釋關於自己生命的佛教眞理之書，它是自動響起的正念之鐘，把你帶回美妙的當下。

最後三個訣竅：（一）「注意」，注意你所注意到的東西；（二）「做見證」，不要戲劇化或批判，採取你的主題的觀點；（三）「保持簡單」，要具體、生動。

就是如此，你知道俳句不必非得是曠世傑作不可，就如我們引用過的那些俳句。以下是兩首馬馬虎虎的俳句，是我今天在午休散步時寫的：

● 不知從何處……
   一枝長春藤的藤蔓爬行
   進入中空的樹幹

● 城市中的生活……
   散步只爲了看看
   車子是否還在那裡

（歡迎你用其中任何一個開頭——如果你想要一點助力推動你開始的話）

內心深處的眼睛

「把你的心給我看。」菩提達摩如此要求慧可（還有我們），然後，

啊哈！我們體會到它是無形、無象、無限，也無固定的位置。所以怎麼可能有人能把佛心「顯示」給其他任何一個人看呢？然而，佛教顯露一種與林布蘭、達文西旗鼓相當的視覺藝術典範，那既讓人打開心胸，也令人大開眼界。

引起注意：畫佛

在傳統佛教藝術中，虔誠與覺悟透過每個宗派與國家的民族文化美學，綻放出光芒。西方對東亞的實例已很熟悉了，但西藏或蒙古的繪畫、面具和青銅器直至晚近才在西方出現。那些青銅器莊嚴精緻，且逼真得令人毛骨悚然。本書先前引用複製的「父母交抱雕像」(*yab-yum*)，還有最後一章的多羅像(*the Tara*)，大小都和實際真人一樣。

此外，原始、巴洛克式的繪畫（唐卡），例如之前看過的文殊師利像，也都是精緻得令人悸動的慈悲聖像。透過含容差異的均衡對稱構圖，二元對立既被喚起也被化解。比較我們談跨宗教的那一章中（第一部第四章），並列的俄羅斯耶穌像和藏傳的佛陀像：那是同一個「無我」的硬幣上的兩面，兩者都融合了分析上的精確與姿態的優雅。這種在嚴格的指導方針中發現的自由，回頭注意聽到西方文藝復興之前的藝術，當時大教堂和聖像完全是無名氏的虔誠作品。

某些西藏藝術有耐人尋味的一面。美術館現在委託西藏僧侶，在館內用有顏色的沙建造諸如「時輪」之類極費心思、細節精確的曼荼羅。到最後喇嘛們遵照儀式，讓他們的傑作潰散成基本元素，肯定萬物的相互交涉與無常。這對本質上是恆常的儲藏庫，在每件物品上都有工整解說牌的美術館而言，多少帶點諷刺。同樣無常的是，他們著名的複雜彩色雕像，其雕刻的素材是──奶油！

畫筆之道：令人眼界大開的禪

在館內的另一邊，可說是禪宗的書畫藝術。仔細想想這門藝術使用的工具──粗糙的毛筆上蘸著用手磨成的墨汁，塗抹在柔細、易滲透的紙上。當你在美術館看到藝術系的學生在素描本上臨摹作品時，

會發現他們用鉛筆或筆，卻很少用毛筆。也就是說，他們描摹的是線條與形體；但如同禪的書畫大師棚橋一晃所說的：「當你臨摹一件東方藝術品時，試著模仿整個過程——整個姿勢、握筆法、筆順、在紙上運筆的方式、筆在空中的移動、呼吸、感覺，還有思考。」

運用禪的畫筆，訓練與技巧是必要的，但心靈和自然流暢同樣重要（對任何茶道大師或武士、高爾夫職業選手或古典音樂名家也是如此）。禪的藝術家會跟他或她的主題融合為一（不管那是一座山、一條河流，或只是一個圓），其精髓就安放在筆尖上（在這地方猶豫的話，墨汁會乾掉；運筆中猶豫，墨則會在高度纖維的紙張上暈開）。藝術家以空白的心，面對一張白紙，往前一躍，然後，啊哈！一個字、一個圖像或一個圓，可能就是一項即興的發現。而那幅作品無需簽名；整張作品就是簽名——那是這個藝術家對「無我」獨特掌握的一種表現。

本書中的東方書法也很有意思，因為這些字往往是圖畫。所以「閱讀」也涉及「觀看」，是作為一種釋義的手段，而不是透過解讀代表抽象聲音的字母（語言成為具象，文字變成藝術）。相反的角度也適用。欣賞古典中國與日本書法藝術時，我們的觀看變成是解讀藝術家的用筆之心（再次思考本書禪宗那一章中的菩提達摩像，還有那個圓，以及那幅漁村的風景。見第三部第四章）。

禪的書畫，讓空性無限的開闊性有機會在具體形象的波浪中浸泡一下。書畫的

現身
說法

在東方書法傳統中，一筆寫下，就不該再加以修飾或用白色顏料蓋住筆跡。每一筆都必須胸有成竹；一筆下去就無法回頭，那就像生命一般。如果每一刻就是生命的全部，我們怎敢殺時間？如果每一筆就是呼吸的全部，我們怎敢去修正它？

——棚橋一晃，

《用筆之心》(Brush Mind)

形體藝術有一部分在於構圖，那通常是去中心化的（想想《哈姆雷特》中的台詞：「從間接裡達到直接的目標」）。要描繪一座名山，畫家可能只畫出一張臉遙望著遠處隱沒在濃霧中的山（那臉上的表情道盡一切）。我們

在停頓藝術創作十五年後，有個朋友給棚橋一晃一些手工製的棉紙。「有一天，」他回憶道：「沒有任何明確的意圖，我就在一張紙的中央畫了一道筆直的橫畫。就在毛筆要移動去畫下一筆時，某種東西阻止我，讓我不再添加任何一筆。當時我有種感覺，我想要表現的都在那兒了——就在那一筆，還有它上面與下面的空白中。於是我把筆放下……身為書法家，我似乎被第一筆迷住了。」

無題的一筆畫。引用自《用筆之心》，棚橋一晃，帕茲拉克斯出版社 (Parallax Press)，1990。

不僅看到事物，也看到相對的關係。例如，在稍後我們將看到的一幅畫中，沒有排成一排的那個柿子，讓人注意到其他五顆柿子的模樣。或者像菩提達摩的背影——他跟他面對的石壁一樣，全然空白。這把我們帶到空間這個主題。

禪畫家通常運用空間來喚起覺悟的心或空性（那沒有分別的、豐富的虛空）。（你要如何表現出滿月，或覺悟的心智，或覺醒的心靈的光輝？）所以西方所謂的負面的空白，在東方變成正面的。再看一次那幅漁村的風景，乍看之下你可能會認為這幅畫看來還未完成（就如生命一般）。但那部分的背景是故意留白的，它表現出無雲的天空和流動的河水；且可感覺到以較淡的墨色表現的黃昏薄霧，這時漁舟和倦鳥都要回家過夜了。

有人問米開朗基羅：「你是如何創作大衛像的？」他答道：「我拿出一塊大理石，然後鑿去所有不屬於大衛的部分。」老子說，沒有空間，陶匠就無法用土做出一只碗來（因此，你必須在自己的內在擁有空間，才能讓事物產生）。就如在假山庭園、俳句和禪本身之中，空間一如被指出的事物，必須在你自己心中靠直覺察知〔這種效果很像廣播劇，它依賴聽眾的想像力來填補種種細節。有個年幼的小孩曾告訴廣播劇的作家諾曼‧克溫(Norman Corwin)說，他喜歡廣播更勝於電影。為什麼呢？他說：「廣播劇的畫面更棒。」〕

看見藝術中的精神面，意味著親眼見證存在的本質是彼此的對話。就用聆聽音樂的方式讓你的凝視展開。想像那座漁村的風景變成一幅內在的肖像，一首內心的聲音風景。喚醒自己的心，而不把它固定於任何一處，藝術家會引導你將注意力放在當下的無限與永恆，放在你眼前的圖畫。在此，畫家、自然景物和欣賞者的本質成為一心。

有趣的是，肖像可以變為風景畫，反之亦然。菩提達摩可以像一座山、一座紀念碑或一股自然的力量，這切合他在禪宗歷史上的崇高地位。而想像出來的地形，例如一道河流流經光輝耀眼的山丘，也可能描繪出一幅內在的風景。風景畫成為人類內在的景致，表現出內心不可捉摸的風景，那是曲曲折折的高峰深谷。所以一幅看來平凡無奇的游魚戲水圖或柿子圖，可以從不同的層次來看待——表面的、譬喻的和究竟的層次。

（下一個問題：禪的書畫藝術是否也可能適用於刷洗你的牙齒呢？）

兩個「如是」或「如此」狀態的研究。左邊是一幅中國古典禪畫的柿子圖：每個柿子都有顯著、獨特的形狀、質地和光澤，每顆都是一尊佛，如實地放置著，它們今天的新鮮度一如繪畫當時。右邊是一位當代的美國畫家所繪的五條熱狗：每條熱狗都放在它們自己那份麵包裡，各有其特性，每份都是完美的「如是」（兩幅畫的背景都沒有地平線，都是空白）。而每個柿子和每份熱狗都是如此微妙地相互依賴，以致很難只挑一個出來。

〈六柿圖〉(1269)，牧溪作，紙本水墨，14 英吋× 15 英吋，京都，大德寺收藏。〈五份熱狗〉(1961)，韋恩‧提柏 (Wayne Thiebaud)作，油畫，18 英吋 × 24 英吋，私人收藏。

藝術即生活：生活即藝術

當禪修時，你在自己內在發現一切藝術的源頭，那是種種意象的

泉源，是創作的心靈。在我們的風景中，藝術的存在是個偉大的提醒者、鼓舞者、老師、神聖的空間（淨土），「汝即彼」。但我們無需執著於藝術。追根究柢，什麼「不是」藝術呢？

回到本章起始處做個結束：佛教提出的是，問題不在抹去生活與藝術之間的界線，而是觀察兩者，並正確認識到，從一開始界線就是一種假象。關於背景，想想二十世紀兩位舉足輕重的藝術家——畢卡索(Pablo Picasso)與杜象(Marcel Duchamp)[74]。我們都知道，畢卡索在一個鼻子的一側畫了兩點，所以這幅肖像的臉既是正面也是側面。如此一來，他用二度空間平面的畫布不僅描繪三度空間，還有第四度空間——時間。在另一方面，杜象完全超越顏料，而專注於視網膜背後的那顆心。1913年（約在畢卡索發起立體派之後六年）他拿一個腳踏車車輪，順利跨坐上去，把它當作藝術來展示。這有何不可呢？正如杜象曾說過的：「唯一不是藝術的事物就是不專注。」因此，我們接下來將看到佛教——專注的藝術——如何質疑一切藝術與生活之間的界線。

沒有地平線的聲音風光

在二十世紀正好過一半時，美國作曲家約翰‧凱吉在其曲目〈4'33"〉（唸作4分33秒）首次公開演奏時，要求所有人把生活視為藝術。演奏這首樂曲的鋼琴家大衛‧都鐸(David Tudor)，坐在鋼琴前整整四分三十三秒連一個音符都沒彈。（也許你以前在哪個地方已聽過這首曲子了？）

事實上，這首曲子有三個樂章，且不管有多少樂器或樂器的組合形式，都可用來彈奏這首作品。不論如何，它在紐約州伍茲塔克(Woodstock)[75]的麥莫瑞克音樂廳(Maverick Concert Hall)的首次公演中，音樂廳的後方是打開通往周圍森林的。在第一樂章中，你可以聽到風吹過林梢的嘆息聲，雨點在第二樂章中輕輕地在屋頂上滴答作響，而在最後一個樂章中，觀眾在席間竊竊私語，和其他興奮不已的人發出的聲音，譜成一段對位旋律。

沒有任何兩場表演是一模一樣的，而且一旦表演了，就永遠不會

停止。聽好！這可不光是隨便任何人就能演奏的小曲喔！我曾看過一個藝術系的學生極為膽怯地演奏這首曲子，結果相當不成功。但另有一次，我看到一位身穿簡單晚禮服的鋼琴家，把這部作品演奏得相當成功，我還記得當時外頭一輛公車轉過街角發出的高音，街上還有個女孩木製的鞋跟輕輕敲出模糊的節拍器聲音，而在室內有些人在座位上發出沙沙聲，就如秋天的落葉，還有發電機的嗡嗡聲。那個發電機值得珍藏——誰會想到這種似乎是很難聽的聲音會是藝術？在人們不注意的情況下，潛藏在它那電子的嗡嗡聲中的是多麼棒的泛音啊！我需要卸除自己的偏見，才能如實地聽到它。於是，我開始傾聽自己聽覺的本身，收聽到只是專注的這個舉動。

菩提葉

約翰・凱吉在1946年從吉塔・沙拉拜(Gita Sarabhai)那裡學到印度音樂的對位法。沙拉拜告訴他，在她的國家，音樂的目的是讓心平靜。後來凱吉有兩年的時間到哥倫比亞大學去上鈴木大拙的佛學課。創作出〈4' 33"〉的前一年，他參觀哈佛新建的隔音室，他驚訝地發現聽到自己神經系統的聲音（高音）和血液的流動（低音）。他體會到寂靜與聲音的差異是覺知或用心，於是他終其一生都把時間花在創作不帶個人意圖的音樂，以激發覺知的心。

凱吉終於把音樂視為「不是藝術家對一群觀眾的傳達，而是一種聲音的活動。在這活動中，藝術家找到讓聲音如實存在的方式。」接著，這可以「打開製造或傾聽這些聲音的人的心胸，讓他們接受不同於以前所思考的其他可能性……拓展他們的經驗，特別是逐漸侵蝕價值判斷的根基。」他以這種方式讓自己的藝術目的，與轉變習慣性心態的禪修目標一致。

這就如俳句的無心插柳；換句話說，你並非走出家門宣布：「今天，我將要寫一首關於狗的俳句。」那樣的舉動，在作者與狗、思想與現實之間，產生不必要的隔閡，把兩者當成獨立分隔的事物。俳句「自然的發生」，就如落入溪流的一顆莓子發出的聲音，或冰箱的聲

音；猶如晨星或一隻昆蟲的景象。

　　而且那跟時間有關。仔細思考那些悲慘的生命，耗費在追求某種所謂「藝術」的崇高理想上——那高高供在無空氣的博物館座台上的藝術。從大衛・都鐸首次打開一架鋼琴彈奏〈4'33"〉，且連一個琴鍵也未敲下的那一刻開始，藝術家就再也不必創造永恆的藝術品了；真是令人鬆了一口氣！老是想要抓著標籤的藝評，把這種新的手法稱為「無形式」。然而，這種藝術姿態優美勻稱，因為心和生活就是如此。

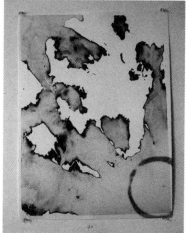

印刷業者賴瑞・漢姆林(Larry Hamlin)和約翰・凱吉1986年在皇冠尖頂出版社(Crown Point Press)的攝影室中。〈圓印火26〉(Eninka 26)，約翰・凱吉作，1986年。這是五十幅煙燻紙蒙諾鑄排機㉖作品之一，皇冠尖頂出版社出版。這些蝕刻版畫的創作是縱火焚燒報紙，再用印刷機輾過這些報紙來滅火，然後覆上一張特殊的日本紙，接著將這些經過印刷機輾壓出來，再用一個鐵環在這張紙上蓋上印記（那個圓圈與禪的「圓相」相呼應，參見第三部第四章）。完全是非寫實派的這幅作品，具有百分之百逼真的形體，猶如被雨滴描繪過的人行道。但這幅作品是在嚴格控制的情況下被創作出來的：報紙的數量、燃燒持續的時間、鐵環烙印的位置，還有這個印記的濃度（它的溫度），全都是靠丟硬幣事先決定的，就如凱吉喜歡引用聖湯瑪斯・阿圭那(St. Thomas Aquinas)㉗所說的：「模仿自然運作的方式。」

攝影：Kathan Brown 與 Colin McRae

沒有邊界需要擦掉

　　生活藝術往往帶有一種諷刺而荒謬的禪式幽默。例如一件1966年

在1961年，到某座美術館參觀的人在小野洋子(Yoko Ono)的帶領下，來到她在那裡展出的每件作品前。對每件作品她都會給他們指令。例如對於〈煙畫〉(*Smoke Painting*)，參觀者被要求用一根菸灼燒畫布，並觀看冒出的煙；當畫布燒成灰燼時，整幅作品就完成了。她的許多作品都是「指令」，她認為這些指令被印刷出來的形式是視覺藝術，「是要在你的頭腦裡建構出來的繪畫」，例如她的〈點火篇，1955：點燃一根火柴，並看著它直到熄滅為止〉(*Lighting Piece, 1955: Light a match and watch till it goes out*)。（燃燒出來的火焰從來沒有兩次會完全一模一樣，且是誰在觀看呢？）

的作品，〈郵差的選擇〉(*Postman's Choice*)：藝術家班・佛提爾(Ben Vautier)在郵筒中投入一張明信片，明信片其中一面是郵寄給一個朋友，另一面則寄給另一個朋友，兩面都貼上郵票，郵差（生活）因此變成藝術的一部分。這是所謂「遷流」（Fluxus，很棒的名稱）運動⑱的一部分，這種運動涵蓋的觀念常常引發公案，而其怪誕的行徑通常很像「禪的雜耍」。另外，例如韓國藝術家白南準計畫讓一個大人盤腿坐在一輛嬰兒車的頂端，讓另一個大人或幾個小孩推著，走過購物中心或某條寧靜的街道。他把這指令稱為〈適用於街上的禪〉(Zen for Street)。

大約在此時，艾倫・克普勞(Allan Kaprow)創立一種禪的環境表演藝術，稱為「即興表演」(happening)。這字眼已悄悄地進入常見的詞彙，但有人還記得他當時那令人驚嘆的解說嗎？「因為不滿意透過我們其他感官的顏料所呈現的樣式，我們將運用景象、聲音、動作、人群、氣味和觸覺的特定物質。每種物體都是新藝術的素材：顏料、椅子、食物、電燈和霓虹燈、煙、水、舊襪子、一隻狗、電影，以及其他一千種即將被發現的東西……」

阿門！有時我們需要藝術家來提醒那些佛教老師只用暗示的東西，例如「想像力」的重要性，以及「修行不間斷的本質」和它無可限量的「適用於我們日常生活各層面的特性」。佛教是一門藝術，一門醒覺的藝術——醒覺而進入解脫的狀態。

你不能不知道

- 佛教帶我們回到「無我」的悠久傳統，那是在文藝復興之後式微的西方宗教藝術。

- 有無數表現佛教的文學實例。如果「詩歌把它講得最好」，那麼俳句可能是最理想的佛教文學。

- 俳句是一種藝術，也是一種生活方式。它沒有入門的關卡，任何人都可以看，可以寫，可以欣賞。

- 當佛教徒以圖畫表現虔誠與開悟時，它透過每個宗派的民族文化美學綻放出光芒。對於這種虔誠與覺悟的欣賞，可以是一種禪修行為。

- 西方當代藝術家逐漸受到佛教的影響，一種顯現佛教解脫的方式，是在於模糊生活與藝術之間的界線。

6 内在與外在
——佛教與科學

本章主題

● 重新評估古老世界觀的新科學

● 模糊邏輯、混沌理論與複合性

● 全人醫療法：身、心、靈

● 佛教心理學

● 身心與心心的交互關係

藝術被列為人類的最高表現之一，但當它和科學同在一輛車上時，就得把前座讓出來了；科學已經變成今日一種黃金價值基準 ⑲ 了。傳統上，藝術與科學彼此對立，但那是二元對立的思想。藝術與科學都是「心」的建構，而心與萬物為一體，佛教逐漸被證實是讓這兩者能對話的最佳場所，如同我們即將看到的，它們對彼此都有很多話要說。

佛教是一種藝術，是要讓每個人以各自的方式去發現、實踐與表達的，所以佛教也是一門科學。你可以說佛陀做了一個實驗，邀請其他人以自己的感官證據（這是實證的）去測試（這是沒有偏見的），然後自己證明（其結果禁得起一再反覆驗證）。所以，佛陀的觀點是非常科學的，而且最棒的是，你不需要以火箭為推進器的太空船或原子核分裂

加速器，而是以自己作爲研究的主題。你的禪修就是實驗室，你用的不是試管、弧光燈和濾紙，而是鈴、香和鮮花。

以下是我的一些實驗室筆記——來自於快樂的科學，也就是佛教那令人歡喜的科學。

新物理學與古代東方思想

佛教是一種非常科學的方法，且一如科學有不同的方法學派。上座部佛教的方法是觀察與探詢：當如此做時，會看見對於某個主題的某種洞見，會產生如此這般的結果。禪宗強調直覺，也就是當科學家有了突破，擁有一種新觀點的那種「我找到了！」(Eureka!)⑧的一刻。淨土則強調在無限的宇宙中，有限的人世關係。金剛乘和上座部同樣強調有條理、有方法的過程，它把之前在上座部電子顯微鏡下所分析的貼著「自我」標籤（或貼錯標籤）的分子拿來，讓它跑過粒子加速器。

爲了將科學與佛教壓縮成一章，讓我們將這趟旅程劃分爲三個便於介紹的階段：（一）物理世界（物質）；（二）心理與物質；（三）心理。直到晚近爲止，只有自然科學。到了1900年，科學認爲已解釋了99%的宇宙現象；但就是那剩下來要命的1%，讓科學家面對極爲棘手的問題。細微的部分！當顯微鏡以越來越高的倍數對準焦距時，越來越多的事物就在肉眼無法看見的原子與次原子層次冒出來，這些層次和截至目前所知的一切都相互矛盾。而探索範圍越來越遠的望遠鏡，發現的不只是神祕的黑洞，還有無法穿透的「黑暗物質」，這意味著至今所分析的肉眼可見的世界，可能只包含真正宇宙的10%而已。一場科學革命正方興未艾。

整體論：注意看甜甜圈及它中央的空洞

一開始，讓我們解釋一場科學革命何以正在展開（「戴著扁帽的科學家，正以人類之名攫取實驗室的控制權！每個人都可以有免費的迴旋加速器

稱之為「典範轉移」(paradigm shift)⑧或許更為貼切，這是一種觀點的轉變。正如艾丁頓爵士(Sir Arthur Eddington)的解釋：「我們過去習以為常的認為：如果知道『一』，就知道『二』，因為『一加一等於二』。我們漸漸發現對於『加上』還有很多需要學習。」

語詞解釋

「典範」就是構成世界觀的觀念與工具所形成的一個架構，那是一種心態、現實的樣本、基礎及架構。如果有某部分現實並未包括在你的典範中，一直要等到你轉移自己的典範，你才會看到它。如果你本來一直只是步行，後來學會騎腳踏車，這時你會用一種新的方式去看這個世界。一種「典範轉移」的成形與融入社會，是需要時間的，在這過程中，它會影響社會中許多地位及行業的人。

了解我們基本的假定，如何深刻地扭曲我們對現實的觀念是很重要的。當科學將宇宙視為環繞地球運轉的一些同心圓時，社會的典型便是類似的金字塔階級制度，以君王還有其中世紀宮廷為中心而運行。這是巧合嗎？同樣的，牛頓以固定的特質來描述原子的同時，西方民主將公民描述為擁有不可剝奪權利的自治體。

我們只能瞥見這時代的典範，還有它的轉移，因為它太龐大，我們本來就猶如魚在水中般而身陷其中，但可擁有驚鴻一瞥。在一方面，科學已打破原子，而核心家庭也在瓦解中，難怪人們很難認真地處世。我們文明的世界觀擅長分割事物，它將現實分解為這麼多小碎塊，以致世界猶如破碎的陶

現身說法

一切概念，諸如因果、相續、原子、基本元素等，都是心的顯現。

——佛陀

物理觀念是人類心理的自由創作，且不論表面看來如何，這些觀念都不是單獨由外在世界來決定的。

——愛因斯坦

器般不完整，或如一架有五萬個頻道的電視般零碎。在另一方面，這種典範正在改變中——從分解一切，個別地加以分析的「機械式」觀點，變成觀察各部分如何相互關連以形成整體的「整體」觀；偏重過程，更勝於結果；重視「如何做」(how)，更勝於「是什麼」(what)。因為如此，這種思考模式似乎向佛陀的生命思考靠攏。如同前述，佛教並非把宇宙看待成獨立、個別事物的聚合體，而是把它當成相互連結的事件，這些事件形成一張業網——多元空間、相互依賴的網絡，彼此互動，相互依存。

就如我們接著即將看到的，西方科學在二十世紀的革命，與佛教思想有非常引人的相似之處。例如佛教對於空間、時間彼此互涉的理解，比時空連續體早一步被提出來。當愛因斯坦提出「物質即能量，能量即物質」時，他在附和一項佛教的原理：「形體與現象沒有超越無盡的能量之外的獨特主體性；而無盡的能量以現象與形體展現在我們面前。」這並非巧合。愛因斯坦研究過佛陀的教誨，他欣賞佛陀的「涵蓋物質面與精神面……成為一個有意義的整體」。愛因斯坦可說是第一個以數學表現佛法的人。

現身說法

> 如果我們問……電子的位置是否維持不變，我們必須說：「不是」；如果我們問：電子的位置是否隨著時間改變，我們必須說：「不是」；如果我們問：電子是否處於靜止狀態，我們必須說：「不是」；如果我們問：電子是否是動態，我們必須說：「不是」。當有人詢問佛陀有關於人死後自我的狀態，佛陀所給的就是這樣的答案；但對於十七、十八世紀的科學傳統來說，這樣的答案是相當陌生的。
>
> ——羅伯·阿本海默(J. Robert Oppenheimer)[83]

當科學進步到原子與次原子層次而必須描述發現時，很快就面臨一個語彙不足的窘境。例如有個試驗證實，光是由波組成而不是粒子，而另一個試驗證實的卻是光由粒子組成，不是波（動態的不同典

範）。那時物理學家必須杜撰一個詞「互補性」(complementarity)，來討論光「既是」波，「也是」粒子的現象〔不是合稱為「波子」(wavicles)。我猜他們從未聽過「中道」，更遑論某種同時是地板髒的甜點上層裝飾了〕。

當他們琢磨自己的工具時，有些人看到佛陀已橫越這領域的足跡。早期佛教明確陳述：宇宙不只由粒子組成，也由次原子粒子組成。為了發現這一點，他們唯一的要求是觀察自己的內心（還有許多自由的時間）。（「我」、是、一、系列、的、事件，可細分、為、次要事件、和、更為次要的事件，簡、單！）而他們對次原子層次實際等級的感覺，與科學測量的結果一致。真令人不可思議！

再次證實神祕主義幾千年來所說的另一項物理學上的突破是「不確定性原理」(Uncertainty principle)。華納・海森伯格(Werner Heisenberg)⑭發現，我們不能同時測量一個次原子粒子的位置與方向，因為測量工具介入方程式。啊哈！動態的相互依存：「此有故彼有」。因為我在這裡，所以電子在那裡，觀察影響功能（因此需要有正見）。

我們要如何知道舞蹈與舞者的不同？對佛陀來說，那就猶如試圖解釋宇宙的起源。然而，既然科學家接受這個挑戰去衡量，有些有趣的精神面的暗示就逐漸浮現了。例如，膨脹的宇宙的開端還在起始階段。不可思議！一百億年以後，當宇宙從起源的原始泡沫展開成扇形時，膨脹依然持續，它的波長只增加兩公釐。就在你的客廳中，便可看到宇宙起源大爆炸(the Big Bang)原始的光量子，就在電視螢幕上。對所有初學者來說的一個好消息是，開始本身還在起始階段！

現身說法

我們在經驗的領域中發現的結構類型，基本上和在基礎粒子物理學領域所發現的結構類型相同，也就是一個網狀的結構，這個結構的最小元素總是向外伸展，觸及其他事物，且在這些其他事物中，發現自己的意義與存在的根據。既然這個相同的結構類型，同時適用於心理與物質的領域，這就導致我們採用它作為整體宇宙觀的基礎。

——亨利・皮爾斯・史塔波(Henry Pierce Stapp)

物理學上新的突破，進一步證實古代佛教的眞理。例如一張「雷射光立體攝影片」，可在半空中創造出3-D的海市蜃樓，很棒！用光製成的一座雕像。最有趣的是，如果只用負片的一半也可以看到整個影像，只是有點模糊。只用小小的一角還是可看到整個物體，只是還是較爲模糊。換句話說，有關整體的全部資訊都分布在雷射光立體攝影負片的表面上。了不起！任何部分都可導致整體。

　　要綜合歸納我們的新典範，或許可說那是物質與心理的關係。到目前爲止，科學一直像樹一般，其主幹是物理學的研究（「這是一塊岩石，你對這點有什麼意見嗎？」），現在僅僅是研究物質已經不夠了。我們可以把物理學家福瑞特喬夫・柯波拉(Fritjof Capra)的話改述如下：相對於舊典範——建立與分解物質，將生命組織成「部分與粒子」、物質與分子的典範，新典範是觀察「形成整體的模式」內部與彼此之間的「相互關係」。這個新趨勢的焦點不在物質或部分，而在這些東西最終如何形成有生命的系統；也就是在過程，而不在結果，在問「如何」，而不是「什麼」。它把網路作爲模範，而非任何靜止、固定的結構（例如階梯或鏈條）。如同佛陀所說的：

> 正如一張網是由一連串的繩結組成的，世間萬物也是由一連串的結連接起來。如果任何人以爲網孔是一個獨立、隔絕的事物，他就錯了。這會被稱爲一張網是因爲它是由一連串相互連接的網孔組成，且相對於其他網孔，每個網孔都有它的位置與責任。

　　在此佛教與科學有趣地會合在一起。單是一張雷射光立體攝影片的一小部分就可投射出整體，就如因陀羅珠網上的一顆珠子，反映出其他所有的珠子般—— 一個物體或時刻包含其他所有的一切，微小如毫端之物含括數百萬佛土，每個佛土又包含無數個次原子的佛土，而每個佛土都是圓滿的淨土。我們每個人都是一個發光體，本有的光彩在廣袤而光輝燦爛、具有十度空間的光曼荼羅（因陀羅網）中，彼此輝映互涉〔有個尚未證實，卻也很有趣的著名途徑是「超線理論」(Superstring

Theory)⑧，它相信這世界只是十個並列的宇宙之中的一個。請繼續密切注意今後的相關資訊〕。

作爲典範，它們可能影響每件事，從藝術到「自我」，從建築到如何測定煮蛋的時間。以下是對於從這新典範出現的三項實際應用的快速瀏覽，每項都帶有些許佛教的智慧。思考一下：模糊邏輯、混沌理論與複合性。

中道邏輯、碎形諸佛與佛法系統：模糊邏輯、混沌理論與複合性

隨著互補性的出現，西方科學感覺到亞里斯多德「非此即彼，別無他擇」(either / or)的邏輯是有極限的（某物非此即彼，不是兩者兼具。例如，電力不是開就是關。因此有數位革命：一切都是一和零）。接近上個世紀末時，一門新興的科學領域在灰色地帶開張營業，且恰如其分地稱爲模糊邏輯。模糊思考爲諸如以下這問題做好準備：「留鬍子，或只是不剃鬍鬚？」

日本文化以佛陀的中道爲基礎的成分，大過亞里斯多德的「非此即彼」，在探索模糊邏輯，以及將此邏輯運用於實際的產品特色方面，日本大約領先西方五年。今天，模糊邏輯被編寫爲程式，輸入某些品牌的攝錄放影機、汽車和核電廠。科學家也逐漸發現模糊、灰色的地帶，可能發生在任何地方，從0到100%。

混沌：亂中有序

另一種新興科學稱爲「混沌理論」(chaos theory)，研究的是從前看來似乎只是芝麻綠豆點大、夾縫中的、長滿小粉刺、小痘痘、像海草般的、波動的、微量的、如小細紋的事物中井然有序的圖案（聽起來好像他們在研究我的麥文叔叔）。例如，描畫看似隨機的雲朵輪廓圖案的公式，以及描畫看似隨機的海岸線輪廓圖案的公式一致。啊哈！所以，隨機究竟隨機到什麼程度呢？

混沌理論說：不！隨機、狂亂、混沌中自有模式。這種自然的圖案（雲的形狀、海岸線、山的輪廓、綠花椰菜、蕨類植物等），用一種代表分

數次元的碎形──好比介於一與二，或二與三之間一樣──來顯示它的形狀與排列。從一個佛教的觀點來看（中道），這是很有趣的。過去一度被認為是混亂的東西，實際上可以是相當有秩序的，就如禪宗的「控制中的意外」(controlled accident)──庭園中總有奇數的石頭或樹木，因不均衡看來更自然；或茶杯上完美的釉彩中多了那麼一滴。相反的，結構程度太高，最終可能看起來會是黏糊糊的一團；這對所有控制狂來說都是個警訊。

混沌理論顛覆一個條理井然的宇宙典範──這宇宙以完美的線性因果關係規律地運行。仔細思考「蝴蝶效應」(the Butterfly Effect)，在這理論中，巴西雨林中的一隻蝴蝶振動它那小小的翅膀，可能造成美國德州的一場暴風雨。這是有可能的，因為地球大氣層本質上混沌的運動，可能把小騷動擴大成長程、長期的作用。所以碎形的一個實例是一種領悟：例如一陣怒氣可能像漣漪般不斷向外擴散成整個骨牌效應，遠遠超出表面上的起因；或一個小小的慷慨行動，可能擴展成類似的程度。

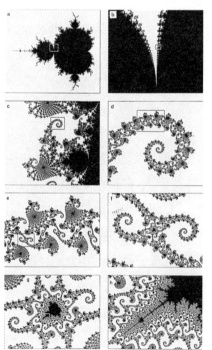

從一個基本的碎形圖案開始（左上方的方塊），這個固有的圖案遍及整個自然，稱為「曼德布洛特集合」(Mandelbrot-set)。這圖案中的一小塊被放大（圖b），顯露出一個新的附屬層次，這層次改變了基礎圖案。進一步將其中的片段獨立出來（此處顯示出接下來的六個層次），顯露的是無窮盡的系列，無窮盡的連結，在所有層次上都是自我類似的。

摘自海因茲奧圖・培特根(Heinz-Otto Peitgen)與戴德馬・掃波(Dietmar Saupre)主編《碎形圖像科學》(The Science of Fractal Images)，施普林格(Springer-Verlag)出版，1988。

此外，當碎形讓人看見潛藏在表面混沌之中的規律模式時，它可以在表面混沌形狀的「自我類似性」(self-similarity)中，顯露出潛藏在其中的秩序。例如，單是雲朵中的一塊鋸齒邊緣，在形狀上會跟整朵雲的邊緣類似；一棵花椰菜中的一小朵花菜擁有和整棵蔬菜相同的樣式。整體在不同的大小尺寸的層次上，與其自身相仿。同樣情形也適用於山峰與海岸線、閃電與蕨類植物，只要深入接觸一部分就會看到整體。這反映出動態的相互依存，佛性很明顯的在所有層次上都是有條有理、前後連貫的。

現在介於秩序與混沌之間的這種中道，我們稱為「複合性」(complexity)，而就在此你最有可能發現生命中可行的模式。

複合性：基本上它是簡單的

以混沌研究為基礎的「複合性理論」，將生物系統和它的進化視為互動的過程。此處的關鍵詞是「互」動(inter-action)。反應只是從A到B，而互動代表A、B之間持續的交流（也許還有C環境，加上D、E、F因子）。

就如科學發現混沌（自然）一點都不是隨機性的，它也逐漸發現複雜性是由實際上簡單的事物所組成，但其「組織」的方式，讓必要的多元性能適應不可預測性與改變，於是成為所有的生物系統不可或缺的一部分，自我組織就是這種模式。佛教就是一個例子：它是從我們在【附錄二】中臚列的那種簡單構成要素創造出來的，隨著每個修行人、修行團體（僧伽）和環境，而機動地進化為一個自我組織的複合系統。

我們也已看過佛教如何維持它的整體核心，同時又透過與不同文化之間的互動不斷進化（「自我類似性」）。而在談到人際關係的那章中（第三部第一章），我們已略微提到佛教彼此互動、動態複合性的原理——以你為宇宙的中心，與萬物相互連結，而萬物與其他每個人都平等的在宇宙的中心，全都朝無限的解脫移動。

在複合性中似乎有一股進化的趨勢，隨著從複合性產生的所謂「突發作用」(emergent behavior)而起，這接著導致進一步的多元化、

複合性，以及更高層次的突發作用。的確，一個複合系統最究竟的例子就是生命。物質是一種由不同的次原子粒子形成的突發作用，某種碳元素接觸到一些簡單、基本的要素，然後，轟！它就有了生命（仔細看它的進化）。當它在複合性中發展時，感覺出現了。從感覺中又有了意識的出現。除了意識以外（意識很好），我們同樣已經演化出自覺的觀察力。魏斯・尼斯克爾說得好：「正念是可與其他手指相扣的意識大拇指。」

所以，我們接著要談到的主題，是處理物理和非物理世界的科學探索，例如，「意識是什麼？」「是否有身心的連結呢？」以及「我把我的鑰匙放在哪兒？」

> 如水晶般具有高度秩序與穩定性的系統中，不會再有任何新的事物產生；相反的，像狂亂的流體或加熱的氣體之類，全然無秩序的系統則太過混沌。真正的複合物──阿米巴原蟲、證券交易員等──出現在嚴密的秩序與任意隨機之間。
>
> ──約翰・霍根(John Horgan)，
> 《從複合性到困惑》
> (From Complexity to Perplexity)

無窮盡的醫療：佛陀醫生

在佛世時，醫學知識稱為 *ayurveda*，意即「生命知識」（今天還在實行的一種效果很好的系統，迪帕克・裘普拉醫生是個代表）。身為王子，佛陀學過這種醫學，但他選擇不做專家；相反的，他成為一個最廣義的普通修行人。既然我們已經明瞭他的教導是良藥，現在可以更正確地認識到他開的處方，可能和普通醫生所開的不同。一言以蔽之，他的處方是「整體的」(holistic)。

身體佛法：全人醫療

很有意思的是，「醫學」(medicine)與「禪修」(meditation)這兩個詞，源於同一個拉丁文詞根（mederi，意即「治療」）。傳統醫學偏好機械

式的模式——不同部門的劃分，以及原因與結果。頭痛嗎？來，吃點阿斯匹靈（當然，最後你得吃三顆而非兩顆，然後是超強特效藥等）。而且如果阿斯匹靈引起胃痛的話，可能還要看腸胃科醫生。我是有點誇大其詞，但如果你的頭痛是因姿勢引起的呢？正如佛陀指出的，如果不處理病根，疾病會以無數的型態再次出現。（通常會在醫師的診間，無意中聽到病人的驚嘆：「可是我以為已把這部分治好了啊！」）

在另一方面，整體醫學（也稱為另類醫學、互補醫學或統合醫學）可能一開始就檢查造成頭痛的潛在因素，例如姿勢、飲食、壓力，還有酒精之類的壓力逃避閥。整體醫學也會治療整個人——身、心、靈一視同仁。所以，對於不良的姿勢，檢查精神上與情緒上的態度是恰當的。因此，狄恩·奧尼什醫生(Dr. Dean Ornish)用一種養生之道來轉變心臟疾病的發作，這種養生之道除了注重飲食之外，還著重意識與行為。

值得一提的是，大約與佛陀教化同時，醫學之父希臘的希波克拉底（Hippocrates，醫學界的希波克拉底宣言就是得自此人），不僅信賴身體天生自癒的能力，還將健康定義為各種因素的和諧互動狀態，這看來和佛陀的觀點一致。而他的誓詞：「醫師，醫治你自己。」呼應佛陀的改革，邀請同樣追求真理的人，以自身為主題來探究他們的發現。

不同宗派，但都有療效

讓我們看看不同的佛教禪修法，如何能提供良藥。有些畫像中，佛陀的缽並非用來乞食，而是藥缽，對於每種人類的疾病都有對治的藥。同樣的，每個修行的派別都有不同的強調重點。上座部文獻詳述佛陀如何在最後的密集禪修中，醫治自己的重病。經上說，他「有耐心而不苦惱」，正念的覺知生理上疼痛的感受，然後它們就不再出現了。也就是說，他注意到痛感瞬間即逝的本質，將它們分解成片段，看到每個部分沒有實體、無常與獨立的本質，然後感受就消失了。此處主要用來修行的經典是《念處經》。

馬哈希禪師曾記錄關節炎與氣喘因正念而消失無蹤，且瓦解腫瘤的實例。在美國數一數二的醫院麻省醫學中心大學(UMMC)，這種教

導僅被稱為「減壓」。一如情緒智商，傳統的佛教形式與語彙都被去除。但就如十四世達賴喇嘛曾說過的：「地球有四十億人口；佛教徒有十億，但有四十億人正在受苦。」

　　事實自己會說話。二十多年前鍾‧卡巴辛[86]在麻省醫學中心大學創立的「以正念為基礎的減壓課程」，已為其他兩百四十個醫學中心採用。減壓（禪修）逐漸成為各種病症的處方，有許多病症並無容易辨認的來源，例如高血壓、心臟病、癌症、不孕症、經前症候群和牛皮癬，還有沮喪、過動和注意力缺乏症。成功率高的紀錄，不僅包括在通常認為無法改變的行為上有所改善，在生理上也有改善。減少壓力正是上上之策。

　　從大乘的觀點來看，菩薩的誓願是以其他人痊癒的角度，來定義我們的痊癒。以下是配合這點的一首偈頌，或許你有時可以試試：「吸氣，我治癒自己；呼氣，我治癒他人。」

　　禪宗的方法認同的既非疾病也不是健康，而是兩者無可限量與相互滲透的狀態。禪宗祖師雲門禪師說：「藥病相治，盡大地是藥，哪個是自己？」就如同佛教作家瑞克‧菲爾茲(Rick Fields)在面對癌症時，令人激賞地說：「我身上沒有威脅生命的疾病，我有的是威脅疾病的生命。」（阿門！）這是把疾病觀想為空性的一部分，而非在身體內架設起自他相對的有刺鐵絲。有時過於猛烈地攻擊一種疾病，只會造成更多傷害。佛教的方法會不斷地承認疾病與宿主的相互依存，並每天有禮貌地請疾病離開。

　　藏傳佛教有豐富的醫療技巧，包括有人引導的禪修與觀想。例如

拙火定㊲讓西藏人能在攝氏零度的天氣中，隨心所欲地產生溫暖。

更深入地觀察在此已注意到的身心連結之前，讓我們這趟醫療之旅，以通常所謂的心理健康或心理學來做個圓滿的結束。我們的種種感覺就如身體般，也有它們自己的心，我們可給予空間，正念地讓它們存在，了解、欣賞它們。

感覺本身有沒有心？——佛教心理學

正如愛因斯坦轉變我們對客觀世界的看法，佛洛伊德也同樣改變我們對主觀世界——內在世界——的觀點。實際上，他們把客體和主體分解成爲相互關連的組成分子，直到今天仍誘使探究的心靈進入它們的互動之中。無論如何，佛陀探究的心靈如何領先西方心理學，以及這兩者如何相互影響，都是很有意思的。

佛陀是個著重人類的科學家。他教導世人，自我探索是發現和諧及藉此發現眞正喜悅的手段。人們光是體會他所說的第一項眞理——人生必然有苦，就值得讚賞，但那可能是個很大的障礙。人很容易自我欺騙，忽略一個殘酷的事實，那就是自己其實並未與當下一致，即使只忽略了這一點，也讓痛苦的惡性循環永無止盡地延續下去，造成與當下更進一步的疏離等。起源於日本的「森田」(Morita)的療法㊳，只著重讓病人能在有協助、鼓勵等支持的環境中面對痛苦，以便能接受它，並開始檢驗其他替代的觀點。這種療法清楚顯示出在心理學與佛教中的一個基本的認定：痛是自然的，而苦（沮喪）可能是自我不斷延續的假象。我們的本性是快樂。

同樣的，用以說明的第二項眞理在大眾心理學的術語上產生迴響

平等的維持懸而未決的注意力。
　　　　　　　　——佛洛伊德

應無所住，而生其心。
　　　　　　　　——《金剛經》

——心理障礙。我們執著而非隨順世流，因此受到阻礙。不僅是痛苦，快樂也會讓我們受苦；這似乎不合邏輯，但有時需要有正念或心理學的介入，讓我們學到這個事實。

作為治療的藝術，心理學和佛教兩者都教導要辨認自己不切實際的觀點，不要認同這些觀點，並活在當下，那些不必要的包袱（障礙）讓我們無法坦然地、有餘裕地面對生命的潛能。此處的包袱，可能被認為是一層厚厚的外殼，它曾用來自我保護，但至今已太小穿戴不下了，猶如孩子在沙箱裡昂首闊步的樣子，到了成人世界中就不管用了；或一道很久以前的舊傷疤，例如童年的創傷。此時它阻礙了和生命的親近。

當然，泛論是有弱點的。就一方面而言，心理學的派別比佛教的派別還多，但我們仍可看到佛教以有趣的方式來批判心理學。童年時代在缺乏情緒智商的訓練下，我們未必察覺到自己的感覺，因此童年經驗可能設定為今天想改變的行為模式。然而，心理學可能變得執著於個人的歷史，因此執著於自我。心理學提出的問題是：「這段個人的故事要如何才能改變？」佛陀問的是：「需要個人的故事嗎？意識本身如何能超越自我而被改變？」當體認那情境中的自我（被虐待、拒絕或壓抑的個人）不再存在時，過去那段受創的插曲就不再有控制權。佛教心理分析家馬克・艾普斯坦(Mark Epstein)指出：「沒有任何真實的自我，在舞台側翼等著被釋放。」

朗達斯說：「西方心理分析將房間中的家具重新排列；東方的技巧則幫你走出房間。」從這觀點來看，若干當代心理學家試圖調適自我，以更能適應世界，而佛教說沒有自我的存在，自我與世界並無差別、二元對立（「我」在這裡面，世界在「外面那裡」——刺激，在外面那裡；感受，在這裡面）。「把你的心拿來給我看」——正如菩提達摩對「我如何才能安心？」這問題的回答，一切莫非佛心。

然而，當佛教航行到西方時，受到心理學的影響，同時也讓它本身真正的價值獲得肯定。當我們明瞭把佛教視為一種治療技術或是為預定目的而操縱的工具可能是一種錯誤時，我們承認佛教和心理學都

是可靠的道路。當這兩者搭配實行時，偶爾可再次查核彼此是否變成一條死胡同。在心理學的層次上，佛教不是變得被動或避開感覺的一張許可證，而執著於禪修可能是另一種形式的自我崇拜症。這兩種實踐法都提供空間來承認種種情緒，並允許它們存在，而不認同這些情緒。就如佛教徒學會活「在」世間，而非「隸屬」世間，心理學的實踐者承認自我（可觀察得到的人格）而不認同自我，看清如何「擁有」自我，而不「作為」自我，以這世間最大的利益與快樂來塑造它。

沒有本體，不必掛心：身、心的連結

我們已經以佛法為嚮導，從西方科學的物理主幹移到非物質的枝幹。讓我們進而思考非物質與物質間的相互關係，例如身、心的相互關係。為了這麼做，讓我們拾起減壓（禪修），以及它影響整個人的能力這條線來深入觀察。我們將一窺位居新典範中心的兩個人類科學的領域：認知科學與神經免疫學。

描繪不可言喻之境的地圖：認知科學

1967年，哈佛醫學院教授賀伯·班森(Herbert Benson)對於幾千年來禪修者親眼所見的生物學提出解釋。他在夜色的掩護下，偷偷地把三十六位禪修者帶進他的實驗室；然後發現禪修讓他們的心跳每分鐘減少三次，耗費的氧氣少了17%，而腦波顯示更多與進入睡眠有關的 θ 波的活動跡象——雖然他們一直處於清醒的狀態。三年後，班森教授將他的發現出版，成為一部極具影響力的書——《放鬆的反應》(*The Relaxation Response*)，它敞開進一步研究的大門（在光天化日下進行）。例如更晚近的研究發現，腦部對生理疼痛起反應的那個部分（前扣帶皮質），對於情緒上的痛也會起反應。因此，雖然痛的感覺不同，但腦部對情緒上的痛，敲響的警鈴和對生理上的痛相同。正如第一項聖諦所說的——苦的確存在。

再者，「認知研究」也已展開，且研究結果極為有趣。例如他們

運用複雜的顯像技巧，逐漸發現大腦皮質的左、右額前區（在你額頭下半部的後方）之間的有趣差異：大腦皮質右額前區的腦部活動與沮喪和焦慮有關，而左額前區則伴隨著快樂與放鬆。猜猜誰的左額前區的腦部活動在測驗中居冠？當然是佛教禪修者。此外，禪修似乎確實賦予腦部新的型態。那兒一個臨界點或「決勝點」，超過這一點，情緒就會失控，而禪修能重新設定這個臨界點。

第六感：神經免疫學

正如認知科學是跨學科的研究，其他科學也紛紛冒出頭來——生理學系統是在互動中而非在個別獨立的情況下被研究。一項事物不會在不改變另一項事物的情況下，產生改變。

最近的研究正顯示禪修如何提高免疫力（增加抗體反應）。但這對另一個開啟新興的身心連結領域的「神經免疫學」來說，並非一件新鮮事。現在已漸漸發現，情緒如何產生影響健康的化學物質，不管是正面或負面的（例如皮質醇[89]是在壓力下產生，且和沮喪有關）；而健康也會引發情緒（例如運動如何產生胺多酚，這是種誘發快樂的荷爾蒙）。健康和情緒都會在主體性與幸福、身心之間產生反饋迴路。的確，免疫系統連同內分泌系統現正被視為並行的神經學，可說是「一個具有化學作用的腦部」。所以，當我們「內臟有感覺」[90]時，可能真的在深入思考中（腹式呼吸的禪修也是如此）。我們在此也更進一步看出，淨土宗或藏傳佛教中的念佛與觀想，如何實際影響整個身體。

語詞解釋

免疫學(immunology)是生理學最新的一章。這門學科成立於1950年代，研究的是免疫系統，它在眾多作用之中，被定義為自我防衛敵人。現在逐漸發現免疫系統、內分泌系統（腺體與賀爾蒙）和神經系統的作用，比較像是一個「網路」，而不像獨立的系統，於是新興的科學「神經免疫學」就誕生了。你的健康和對自己是誰的感覺息息相關——身心交互影響。

西方科學將認知科學與神經免疫學並列，然後退開幾步，此時它似乎終於打開諸如情緒（心）與心智（頭腦）之間的界線，這是從未在東方發生過的一種劃分。我們從腦部開始，似乎正往心靈的方向移動；而在東方，心靈與心智是同義詞。而且心是個概略的位置，可以看成是位於外界或在內部，例如我們說的「在荒野的中心」。所以，讓我們以新的科學典範的觀點，再次藉由重問佛教的那個問題──「心在哪裡？」來做個概述。

想像，想想看！──心智對心智（心靈對心靈）

　　我們到底是誰？從小時候被教導的科學方式看來，我記得我想像自己的頭顱是一個小型的執行部門，裡面有一張大書桌，並配備一個錄影監視器和喇叭，心就坐在那兒。除了錄影機和喇叭之外，這大致就是自從法國哲學家笛卡兒說「我思故我在」以來，流行了約五個世紀的模式。但腦部的灰質是否真的是心智的寶座呢？

　　「覺知」是現在用來回應佛教對於心智定義的一個比較通用的說法。有些科學家說心智僅僅代表認識的過程──「認知」，且未必限於腦部。想想我窗邊的花朵佛陀：它與大氣交換離子；它知道何時會暗或亮；它知道我何時把肥料加入它的水中，且它偏好莫札特與巴哈；我沒有澆水時，它會「介意」。它以一種認知的方式覺知環境，並加以回應。

語詞解釋

　　在佛世時的世界觀中，心是「能量」(prana)、「生命力」(ojas)和「真我」(atman)的根源。意識並非位於腦部，而是在心中。吠檀多哲人拉馬納大師(Ramana Maharshi)指出靈魂的所在，是在心臟的寶房結，那是控制心臟搏動的組織。在佛教文獻中，心是一個感覺器官，察覺思想與感受，我們將這種知覺稱為「心智」（印度文為manas，意即「心」）。心察覺「法」的方式，就如鼻子察覺到氣味的方式。當我們接觸到自己的情緒（心）或其他人的心時，就產生了情緒的平衡（所以，我們不會交換印有人腦圖案的情人節卡片）。

如同我們接著將看到的，科學也逐漸發現，心可能不只存在於一個地方。這與佛教把心定義為無形又更接近了，且也支持一個禪修的共通體驗：「嘿！我不在我的腦袋裡！但我還活著！」（在這一點之前，有人可能仍和自己的呼吸和注意力奮戰，會覺得自己就像頭即將爆裂開來的雙簧管吹奏者）。另外，它也凸顯佛陀的忠告——別執著自我，也別執著自我之外的任何獨立的世界，自我會隨著這樣的世界出現（整批交易，無法挑選取捨）。

因陀羅之網：心的科學典範

所以，這個機械式的典範——想像一個工頭將戴著手套的手，放在某個中央控制儀表板上的槓桿（不要問紅色的小按鈕有何作用）——讓位給更以整體為重的典範，更像眾多網路中的一個網路，一切都是網際網路化，透過反饋迴路的檢查與平衡自主運作（這當然是「網際網路」的意思：眾多網路網網相連。因此，人類遲早會發明出這個東西是不足為奇的；複合理論可能會稱之為突發作用）。

在這個網路的典範中，沒有中心、頂端，也沒有底層，任何節點都是以它和其他所有節點彼此互動的關係來定義。網路在個別節點失敗的情況下，仍能存續下去，因為能量或資訊可沿著許多替代路徑傳遞。

而當網路上的一個節點達到較大程度的了解時，其他節點可以往上提升，分享這個新的複合性。

所以我們的心並不在腦部，而是整個覺察網路的一部分；也許我們根本就未局限在身體之中。讓我們到那裡去吧！

> **現身說法**
>
> 這項大突破是把心視為一個過程，而非一件事物。這過程稱為「認知」，它已產生認知科學的跨領域研究了。其觀念是有個認知的過程，基本上那如同生命的過程，且暗示一切有生命的有機體都是認知系統，甚至最簡單的細胞都是如此。
>
> ——福瑞特喬夫·柯波拉

不在這裡，也不在那裡：非局部現象

物理學家大衛‧波姆(David Bohm, 1917-1992)㉛將宇宙中潛藏的網路化本質稱為「隱卷序」。他的同事貝爾(A. J. Bell)發現這種秩序的一個實例，當時他將兩個電子分開一段很長的距離，然後改變其中之一。賓果！另一個電子馬上改變，且完全沒時間讓一個訊號通過這兩個電子之間——除非這個訊號傳遞的速度比光速還快，那就會違反物理學的一個基本定律。目前用來將這種現象分門別類的一個科學新造詞是「非局部」(nonlocal)，因為其作用超出正常的空間，以及甚至是時間的極限。

卡爾‧普立本醫師(Karl Pribram)相信記憶為非局部性的。它似乎不住在任何一個腦葉或腦的任何一部分（有選擇性的腦部創傷，不會抹滅特定的記憶），但卻遍布整個神經細胞網路，這就跟一幅影像平均散布在一張雷射光立體攝影片上，幾乎如出一轍。的確，宇宙看來似乎越來越像一張大幅的雷射光立體攝影片，或在因陀羅網上演出的一場十次元的曼荼羅燈光秀。我們也包括在內。

「應無所住而生其心」隱含著：心，是非局部性的（「把你的心拿來給我看」）。一些很棒的非局部現象，包括橫越不可思議的障礙與距離，而找到自己路徑的動物；即使被分開撫養長大，也發展出類似個人特質的雙胞胎；可見遙遠的物體（遙視）㉜；以及祈禱。

醫生已對「代禱」做過科學實驗（一個控制中的、預期的、對照的雙重盲檢研究㉝）。在其中一個實驗中，有一組人為一組心臟病患禱告。為了讓實驗合乎科學，他們在實驗中納入另一組無人代禱的心臟病患。兩組都不知道哪一組是禱告的對象。好啦，有人代禱的那一組的反應，就如吃了特效藥般，且只有這一組是這樣，另一組不是。到現在已有至少一百五十個類似的實驗，結果都是正面的。當然，拉比、教士、清真寺祭司和許多忠誠的信徒，自始至終都知道禱告有效，只是現在這已經過了科學證實（十個醫生中有九個同意……）。所以，當我們佛教徒生起慈觀時，現在你知道我們真的正在生起慈心！當你生病時，

祈禱——爲你自己，也爲了他人；當你無病時，祈禱——爲你自己，也爲了他人。把一段時間的禪修獻給某個需要健康的人。祈禱會奏效。

心是無形、無限、超越時間、有療效的，且也相當聰明。

你不能不知道

- 佛陀的典範運用科學方法；然而，西方科學一向以研究物質與物質之間的相互關係爲中心，佛教徒研究的卻是物質與物質之間、物質與心理之間，還有心與心之間的相互關係。

- 新的科學發現，證實佛教徒好幾千年以來所知道的事實，並對這些事實提出新的解釋。因爲科學改變其模範或典範，所以它更進一步地把佛教包含在它的典範之中。

- 與佛教調和並闡明佛教的一些新興科學領域，包括模糊邏輯、混沌理論、複合性、整體醫療法、心理學以及非局部性的現象。

- 佛陀對科學態度的應用是相當獨特的，因爲他將人類的心同時當作主體與實驗室來運用。這可被視爲一種心理學的分析過程。佛洛伊德因此已和佛陀相見握手，並開始合作互惠。

- 有時當我們給予如正念禪修之類的佛教方法更普遍的描述性名稱，如「降低壓力」和「情緒智商」，此時它的益處可能變得更容易，也更廣泛爲人所接受。

7 快樂不是個人的事
——入世佛教

爲方便起見，我們或許可在前一章停止處以祈禱做個結束。但我們是否要把一切都交給祈禱呢？祈禱只是我們在這世間所擁有的各種選擇中的一個。瀏覽過佛教在日常生活中的眾多應用之後，我們將探索佛教在世間本身的應用，以及世間本身在佛教上的應用，做為我們旅途的最後一站。這是一種統稱為「入世佛教」(engaged Buddhism)的實踐，它擁有一定範圍的詮釋。不管你是否認為這是你天職的一部分，這都是當今佛教極為重要的一面，值得我們探索與了解。

至此，我希望我已消除視佛教為冷血無情、遺世獨立的凝視著肚臍的誤解。雖然佛教徒捨棄貪婪、害怕與假象，但他們並未脫離人際關係的世界，而是加入志同道合的益友團體。不論在家、出家，佛教徒生活在此世間，而不執著於它。

覺悟就在這世界中，而這世界和我們一樣需要覺悟（以下是我們對「白癡」最終的定義。當我們更深入傾聽——聽到它的古希臘詞根，其意是指「私密的」，與世隔絕。所以，我們對身爲佛教徒的註解是「面對眾人」）。正如你將會看到的，這是我們結束旅程的一個適當的地點，因爲它不僅是一個擁有兩千六百年歷史的傳統中最晚近的發展，且它讓我們回顧許多已看過的核心要素。

何謂「入世佛教」？

有些批評者說，佛教已存在超過兩千年了，但世界看起來也沒有多大改善。好吧！佛教處理世界現況只是相當晚近的事。佛教無法讓它的僧團和社會其他部分融合爲一體，結果只是加速它在印度的衰頹。傳統上，佛教在東方大多是在僧院之中；但現在隨著它融入西方社會——主要是在僧院之外的修行，佛教逐漸證明用以表現民主與自由的一種獨特的管道。

「入世佛教」仰賴我們已看過的一些佛教基本理念。例如，「正命」㉞是入世佛教；教育和社會工作，是擴大實踐入世佛教的絕佳機會。強調的重點是戒律，第一條戒是「不傷害」。所以，素食可以是一種入世的修行。此外，入世的修行擴大八正道中的「正業」㉟。

語詞解釋

所謂「入世佛教」，就是任何以創新、肯定生命、改頭換面的方式，來促成世界改變的佛教修行，不管它們外表看來是如何渺小，世界與個人共同投入為一體。這個詞已被其他主義採用；「入世宗教」(engaged spirituality) 同樣也是指依賴宗教傳統，推行以和平、正義、慈悲與完整性為目的的活動，而這種在社會活動方面的投入，互惠地導向宗教性。

此處的智慧就如有關自我的洞見，是一種複合物的建構，沒有任何固有、恆常的主體性——除了一點，這個自我的複合物建構，是在

社會的種種建構中被反映出來的。它們也具有相同的三法印，而且也容易受到讓人徬徨失措的三毒所影響。當體認我們都是一體時，對佛教徒而言，再也沒有比入世濟民更高的立場了。所以，在一方面出於慈悲，為脫離我無法自主的、只能覺知的不必要痛苦，讓我義無反顧地採取行動，採取入世的修行。在另一方面，我想要幫助他人，所憑藉的方式是，為任何痛苦、暴力或傷害的情況帶來和解與和平，因此我不能採取違反任何人利益的行動——即使是對曾經造成他人痛苦的人。沒有敵人；好人與壞人的對比並不適用。已覺悟的人的心靈可以看到：不論哪一「邊」，都是出於希望自己快樂而行動，而且我和其他任何人都同樣要為痛苦負同等的責任。

現身說法

> 沒有人全然是一座孤島……／任何人的死亡都讓我衰頹，因為我和全人類息息相關。
> ——約翰・多恩(John Donne)[96]

> 此世間存在的所有快樂都來自為他人著想，所有的痛苦都來自一心一意只為自己打算。
> ——寂天(Shantideva)[97]

　　因此，入世修行也是我們專章討論人際關係的一個延續：與配偶的關係可以是修「入世佛教」的一個機會，那也是菩薩慈悲一切眾生的實例。然而，也有實踐「入世佛教」的上座部佛教徒，所以這並非大乘佛教特有。淨土宗、《法華經》也有入世修行，但是這並非任何一個修行法門的必要特徵。這完全取決於你自己特定的修行如何成型，並獨立發展。在本章中，我將提出一些關鍵性的例子，它們的共同處就是佛教。首先，為了讓我們對這重要的事實有基礎的認識，免得它們表面上看來像其他活動，讓我們對這一瓣如何從蓮花中綻放開來，有較為完善的初步了解。

歷史上的入世活動

「入世佛教」是西方佛教以在家而非出家、參與世事為主的一個自然結果。再者，在佛教與西方現代主義相遇之際，我們可看到一種「世俗佛教」(secular Buddhism)的崛起，這與基督宗教和猶太教遭逢現代主義時，世俗基督宗教與世俗猶太教的崛起如出一轍（現在在伊斯蘭教也逐漸開花結果）。此外，從猶太教、基督宗教或伊斯蘭教來接觸佛教的西方人，都根植於「先知的」(prophetic)宗教，這些宗教都在歷史過程的背後和當中尋求意義。相反的，佛教傳統上主要是一種神秘宗教（例如，請回想佛教歷史向度與超絕向度的相互依賴觀念）。因此，跨宗教對話可以是一個入世的機會。

事實上，對來到僧團的在家信眾，佛陀主張參與當時政治生活的活動；而他對經濟情況的陳述，證實他對世間貧困者的慈悲；種姓制度也令他深感憤怒。他滿懷慈悲地投身世間的強而有力的證據，是他證悟後的作為——他終其一生到任何人跡所至之處，教導世人。也就是說，他本來可以留在菩提樹下鑽研涅槃，但他卻走出去，且造就出一條路來——這條路也造就了他。

一直以來，都有許多入世佛教的大使，阿育王就是一個例子。還有安貝卡博士(B. R. Ambedkhar)，他反對甘地對種姓制度的認可，佛法的法輪出現在今天印度國旗上也是他的功勞。斯里蘭卡一位甘地思想的學生阿拉雅特尼博士(A. T. Arayatne)，創立「沙渥達亞運動」(Sarvodaya Movement)，這運動結合佛教的宗教修行與社會服務，普遍獲得成功後，目前已經成為世界各地所研究的對象。佛使比丘(Buddhadasa Bhikkhu)和他的良師蘇拉克·希發拉刹，在泰國向來有舉足輕重的地位。例如泰國生態運動就由現在所謂的「環保比丘」發起，他們在瀕臨滅絕的森林中，為樹木受戒，讓它們加入僧團。還有十四世達賴喇嘛，在流亡中逐漸發展出一種入世佛教的世界觀，這在國際間被當成一種全球解脫神學來研究。

十五世紀的覺音(Buddhaghosa)是個來自印度的婆羅門之子，他成為佛教徒，並在錫蘭（斯里蘭卡）修學，留給我們他的教學紀錄《清淨道論》(Visuddhi Magga)。這本書開頭的一段話令人印象深刻：「內結與外結，人為結縛結，瞿曇我問汝，誰當解此結？」⑱問問你自己：今天他這段話的真實性是否有絲毫減損？你本身的我結與世界的結是如何相互糾纏的？

「入世佛教」一詞本身源於越南，主要是透過一行禪師的作為。一行禪師的僧院在噴射轟炸機低空掃射時，依然維持茶道。但修行無法局限於僧院圍牆內，這種情況變得很明顯：比丘和比丘尼的修行是將屍體裝入屍袋中，同時還正念地覺知自己的呼吸與感覺；如果一個小孩的父母遇害，就需要伸出援手。這些無我的慈悲修行契機，甚至被認為不是取捨的問題，而是修行的一部分。

知道更好的捕蛇法

「入世佛教」未必會寫義憤填膺的信給當權的幕後大老；憤怒的信件只會造成更多傷害，且到底有誰會想看這種信呢？寫一封充滿慈愛的信如何？這樣的一封信可能反而會開始承認身為人類，還有擔任公職以及授權，是多麼美好的一件事（己所欲，施於人）。一個入世佛教徒不會憤怒地高喊口號，而是會跟別人站在一起做見證，變成整個情境本身，沒有批判，只有單純的覺知，全然的注意，如此就可能會產生復原。

以下是「入世佛教」的一些選擇——作為禪修。

服務：一個布施的大圈子

佛陀藉由出離展開他的修行道，結果只發現我們的解脫並非獨立於其他任何人之外，沒有預定課程要上（真令人鬆了一口氣！可也是多麼大的一項挑戰啊）。小說家兼環保作家彼得·麥斯伊森(Peter Mathiessen)

曾說，那不是新年新希望，也不是政治。我寧可說那只是望向窗外，走出大門，然後依賴直覺行動。老、病、死是驅使悉達多走入世間，去探尋生命究竟意義的三個「相」。也許你會在生活中看到類似的「相」對你做同樣的事，或者你已看到，卻沒有多加留意。

無論我們的信仰是什麼，宗教的道路都指向過著一種大於自己單獨一人的生活。這種實踐可能來自家庭、工作、社區服務，為環境、文化、教育而努力。

菩提
道上

「慈善」(charity)在希臘文中(caritas)是另一個代表「愛」的字眼。在猶太教中，有個概念是 *tikkun ha'olam*，意即「治療世間」⑨。上帝的創造物如此活力充沛，以致從手中轉脫出去，因此需要人類來回復完整性。佛教教導「菩薩誓願」、與一切眾生尋求皈依，並肯定我們彼此之間的相互關連性。在偉大的印度史詩《薄伽梵歌》(*The Bhagavad Gita*，天堂之歌)中，黑天談到「業瑜伽」(karma yoga)，也就是一條解脫道，修行方式是為了他人的利益，採用經過深思熟慮的有意識行動，而不執著於任何結果。這些都為入世宗教提供理念架構。

當我能力可及時，我會在志趣相投的非營利機構做義工。在食物鏈底層生存的小型組織，可運用所能獲得的一切協助；至於在逆境當前而創造奇蹟的人，值得我們援助。從某個觀點來看，做義工可能被視為自私，因為對付出的人來說，那可能是一種自我吹捧。在真正的服務中，存在的是互惠的關係；既沒有「協助者」，也沒有「被協助者」。某種更廣大、更深刻的事物，正逐漸產生。佛教讓我們親近自己，也親近與我們有關的人的生命，以及親近更廣闊的生命綴錦圖。投身於整個世界，這幅綴錦圖不是一張巨幅的長方形織品，而是一個具有很多條線的廣大生命圈。

例如想想那些無家可歸的遊民，或者如狄更斯(Charles Dickens)⑩所說的「流離失所的人」。我發現對遊民真正重要的並非獲得金錢的施捨，而是有人只是停下來跟他們說說話，不帶批判地做見證。在滿

我個人的經驗是，世間本身在我們的解脫上扮演某種角色。世間的種種壓力、痛苦和風險能喚醒我們，讓我們從自我的束縛中解脫出來，且引導我們回歸自己廣闊真實的本性。對某些人來說，我們對世間的愛如此熱切，以致無法要求它等我們開悟再說。

——喬安娜・梅西(Joanna Macy)，

《以世間為戀人，以世間為自我》(*World as Lover, World as Self*)

身塵垢中，有佛性的存在；機緣使然，你、我都可能變成那種狀況。就像我有次給一個遊民兩分五角錢並和他說說話，當我要走開時，他說：「嘿！謝謝！這錢很好，但是謝謝你停下來——我本來已開始以為我住在火星了呢！」

典範轉移：蝴蝶效應

記得我們前一章提過的蝴蝶效應嗎？在複合體系中的一個小動作，可能產生巨大的改變。如果我修行寧靜與洞見，那可能會在與我接觸的五或十個人身上產生微妙的影響力，然後如滾雪球般漸次擴大。有時一件事導致另一件事，個人的服務可能開展出一個更廣大的互惠布施圈。如果我們正好目睹這情形出現，關鍵是別去執著它，而要看我們能否接受「業」，從中體悟佛法。

仔細思考：許多人無論是否有房子或工作，都陷入挨餓的狀態。一個地方性的賑濟貧民供餐處，就成了另一個入世修行的契機，許多人都投入這行列。例如羅娜・卡巴茲尼克(Ronna Kabatznick)在一個地方性的賑濟貧民供餐處當義工，餵養社區中的貧困者。她發現這麼做實際上滋養了自己，使她想到這是處理飲食問題的人的好機會，如同她後來回想所說的，「藉由修行布施與餵養饑餓的人，以拓展他們滋養自己的方式。」她正好在這些議題上受過訓練，她曾經在「監控體重者」(Weight Watchers)當過九年的心理諮商師。她在賑濟貧民供餐處的經驗（在熟食店上的一課），促使她成立了「節食者餵養饑民」(Dieters

Feed the Hungry)，這機構最後成為一個國際性運動，還包括一個「嬰兒調和乳」勸募活動。

另一個為他人服務的滾雪球效應實例：1966年證嚴法師鼓勵台灣三十位學佛的家庭主婦，每天從菜錢中省下一毛半，以成立一個慈善基金會，用來救助窮人。在剛開始的五年當中，她們幫助三十一

位老人、病人或窮人。這件事傳開了，讓更多人加入這計畫。現在基金會在全世界各地有五百萬名會員（包括在美國的四十八個中心），他們的活動包括國際救援、醫療、環境保育和社區義工，而目標也是一顆充滿和善、慈悲、喜悅的心，還有無私地付出（四無量心）。正如證嚴法師所說：「只有經歷過人世間慘痛的教訓，我們才能變成強壯的人。」

度過臨終：安寧療養院的服務

尤基‧貝拉(Yogi Berra)曾幽默地說，他參加每個人的葬禮，如此就可確定他們都會來參加他的葬禮。當然，難熬的不是死亡本身，而是臨終，尤其當它不屬於我們文化的一部分時，更是加倍難受。但在垂死之人的病榻前看到佛陀，一點也不足為奇。有個佛教徒曾自動自發地照顧瀕死者，有天瀕死者終於問佛教徒為何總對這份無薪的職責如此歡喜，且都是為了全然的陌生人。佛教徒毫不猶豫地微笑回答：「我現在這樣照顧你，希望輪到我躺下時，也能受到同樣的對待。」（這就是一種入世的態度）。透過安寧療養院的志工工作，這種無常觀漸漸在我們的社會中變得更為普遍了。

心的覺醒可能發生在任何時刻，例如在給予病患與家屬建議時——他們往往對剛剛得知的醫學診斷結果深感震撼，而茫然無措；或在傾

這幅雕刻作品描繪的是佛陀在般涅槃(paranirvana)時的臥姿（般涅槃，字面上的意思是「最終或完全的滅絕」）。即使在那時，佛陀也在說法。能坐在他的臥榻旁，看來真像是一種榮幸。

〈佛般涅槃圖〉(*Paranirvana Buddha*)，雕刻，羅瑞恩‧卡波瑞爾(Loraine Capparell)作，上釉的瓷磚。54 1/2 英吋×43 1/4 英吋×1 1/2 英吋

聽某個寂寞的人的心聲時——這樣的心聲需要有人傾聽，終其一生至少一次。想探求答案的心，在臨終的沉靜中油然而生，這時自我會瓦解，而真實本性獲得體認。在一所安寧療養院中曾有位年輕志工問每個住院病人：「如果你不待在這兒，你會想到哪裡去？」然後，他會帶著一部小型錄影機，到當地鋼琴酒吧之類的地方去——如果那是病人提到的地方的話。然後他問那裡的人：「你們知道有個常客現在正住在安寧療養院中，她的願望是現在能來到這個鋼琴酒吧。你們是否有話要告訴她？」然後回到療養院中，當病人看到這捲錄影帶時，就可能回憶過往，並談起他或她一生的故事，而這整個意義就展露出來了。

禪宗安寧療養院(Zen Hospice)創辦人法蘭克‧奧薩斯戴奇(Frank Osasteki)說：「我們把年長者帶到養老院之類的機構，並將他們隔離在那裡，如此一來，就不用親眼目睹他們的痛苦和自己最終的命運。如果我們邀請死亡進來，奉上一杯茶，以便逐漸深入了解它，那會是什麼樣的情景呢？」禪宗安寧療養院的座右銘是：「保持親近，什麼都別做」。禪宗傳道者伊鳳‧藍德(Yvonne Rand)建議：「只要陪伴他們就好。了解坐在垂死者身旁是個絕佳的機會，讓你與自己慣於避開的任何事物共處——那可能是對疼痛的害怕或其他東西。在和臨終者共處中，你會碰到自己的極限。」安寧療護工作是個很棒的機會，它

讓你將自己的佛教修行投入周遭的世界，以及你的內在之中。

服刑：監獄佛法

現在你可能發現佛教安寧療養院的一個地方是在監獄中。但薩迦派的至尊契美‧魯汀(Sakya Jetsun Chime Luding)提醒我們：「佛陀自己說過，修行之處在你自己的心中，而非物質世界的某處。」痛苦，還有暴力的循環可能終止於任何一處。

現在有全國性網路，讓佛教修行團體在監獄中組成，而受刑者就可能好好度過刑期——這取決於你的修行經驗（請接受忠告：有些入獄受刑者有許多東西可教導筆友與訪客，反之亦然）。志工常常有必要提供協助：通信、參訪、協助創造與帶領修行團體，以及有前科者的就業等。光是要讓一所監獄承認一種佛教修行法門或法師為合法，就可能是一段緩慢而艱辛的上坡路。

舊金山七號郡立監獄中的三名受刑人，放棄許多一般受刑人界定為身分與尊嚴的日常特別待遇，開始十日內觀禪修，每天禪修多達十二小時。在監獄這種隨時得小心提防受害的社會中，光是在團體中閉上雙眼就可能是跨出一大步了。

佛教所有教派現在都成為監獄中的教導內容，以作為受刑人重回社會的可行途徑。對社會最低層的教誨，淨土在此產生最大、最清楚的回響——天堂與地獄可能只在一剎那間。「南無阿彌陀佛」，佛陀的慈悲延伸到每個誠心懇求祂的人。1970年代緬甸內觀禪大師葛印卡，在印度規模最大也是世界上最危險的一所監獄提哈爾監獄(Tihar Jail)教導受刑人，結果非常成功，以致今天在提哈爾監獄中有個內觀禪中

心，且類似的課程也在美國試驗。對於習慣於失敗的男性與女性來說，光是完成整個嚴格的訓練，就是一項勝利。雖然正念無法在一夜之間將罪犯改頭換面，但它能提供一個關鍵性的轉捩點，提供了解與轉變「業」的工具，為自己負責，解除貪、瞋、癡三毒的毒性，並給予一種模範，讓人一出獄就能過著和平、有價值的生活，且永遠都不再回到監獄中。

當然，雖然很多犯罪是非暴力或無受害者的，但並非所有的犯罪都是如此。到目前為止，受害者或其家屬尚未尋求佛教徒的協助，但非監獄族群已漸漸受到影響，例如卡茲奇山中禪院(Zen Mountain Monastery in the Catskills)⑩的喬福瑞・修元・阿諾德老師(Geoffrey Shugen Arnold Sensei)，在紐約監獄中的教導。他回憶初次出現在監獄大門時，警衛與工作人員對他非常懷疑，但經過一段時間，當他們逐漸看到受刑人正面的改變時，他們開始對他採取較為友善的態度。他對這件事做了個很好的總結：「你所做的每件事，都不只與你自己有關；一旦你如此看待，一切都會改觀。」

如河流般觀察，如樹木般思考：深層生態學

我們現在來到一個世俗的觀點，它幾乎與佛教本身無法區隔開來，那就是研究生物與其環境之間關係的「生態學」(ecology，字面意思是指「照顧我們的家」)。但它有個普遍的觀點是人與萬物同性論(anthropomorphic)⑫，將人類與大自然區隔開來，猶如自然是一座貨倉或一個可在其中玩耍的大公園。當更深入觀察時，我們可談論「深層生態學」。深層生態學家和佛教徒，都看出我們是公園中不可或缺的一部分，不可分割地嵌在生命之流中。佛教對於深層生態學的一種說法稱為「佛法蓋亞」(*Dharma Gaia*)，蓋亞是一種科學理論（以希臘大地女神之名來命名），它主張地球是一個有生命的有機體、一個有情眾生，或一個自我調節的個體。

所以當地球、水、空氣受到威脅時，努力阻擋這股潮流未必是利

他的工作。那隱含的是犧牲個別的自我，以成就「更高」的他人利益。正如實踐主義者喬安娜‧梅西所說：「我不會想要懇求你：『喔！不要鋸掉你的腿，那將會是一項暴行。』我想都沒想過要這麼做，因為你的腿是你身體的一部分。好啦！亞馬遜流域雨林中的樹木也是如此，它們是我們外在的肺臟。我們也漸漸開始了解：世界就是我們的身體。」

因此，環保行動必須處理整個系統的根本機能失調。佛教徒與一切眾生尋求皈依，誓願將一切型態的生命當作生命體般加以保護與保存。任何主題的統計數字都可被質疑，你必須自己來驗證。例如你是否已經注意到住處天氣的改變？如果是，你是否研究過全球溫室效應，看看那是否促成此一現象？

深層生態學可能相當具有啟發性，即使對住在城市中的人也是如此。通勤者的往返就如鳥類的遷徙般準時。無論我們身在何處，都能以大自然的聲音為對象來禪修：我們體內四種元素的相互依存、月球的引力、我們與食物之間的心靈溝通。

菩提葉

以下介紹一個營火遊戲，那是有訪客到佛教詩人生態學家蓋瑞‧史耐德位於內華達山脈中野地裡的家參訪時（他家中用木製火爐取暖，以太陽能電池供應電力），他有時邀請他們一起玩的遊戲：描述你家的位置，但不能指出任何人工製成的東西。【想想看】：盆地、山脈、分水嶺、水流、流域。【提示】：你用的水從哪裡來？用完後它又流到哪裡去？你是在向陽坡或背陽坡？你周遭是否生長什麼東西？

宗教與自然不可分。正如佛教徒幾千年來所說的，佛身可以在山的顏色中顯現；在水聲中，我們可以聽到佛陀的聲音。（看到了嗎？聽到了嗎？）

寬廣的眼界：全人類都是我們的僧團

以下還有兩個領域，你可能會認為是入世修行，我們已把它們當作西方佛教必然的一面而約略提過了。無論你從前對它們的看法如何，從一個佛教徒的觀點來看，它們可能會對你產生一層新的意義。

女性佛陀（續）

讓我們繼續第三章介紹的兩個主題，由女性議題開始。隨著為數越來越多的西方女性老師與修行者，女性正在提出問題並清楚地表達自己的意見，而非遵循靜靜坐著不動的「佛教好女孩」形象。當然這是件好事，雖然這仍花了很長一段時間才開花結果。例如古印度的習俗，要求寡婦投身於亡夫的火葬柴堆上殉葬，英國人在1829年廢止這項習俗（殉夫），但今天這種事仍然在發生。

我們提過佛教適應不同的文化，西方女性很自然地要求佛教提供她們預期的認可。她們也很自然地跨越國界，開始從事女性團體的運動，不管是回復東南亞比丘尼的傳承，或藏傳阿尼的困境，或戰爭寡婦精神創痛的療癒，或大批年輕女子被收編或綁架進入亞洲如迷宮般複雜色情業的奴隸制度，或在受戰火摧毀的國家重建中女性的角色。

有人說一個男人可能會造成很大的影響，現在，一個女人也是如此。想想緬甸的諾貝爾和平獎得主翁山蘇姬(Daw Aung San Suu Kyi)，1990年她領導的政黨以壓倒性多數獲勝，但軍方不願讓出政權。她不顧自身生命受到威脅，選擇留在國內，根據自己的良心大膽直言，而非過著流亡的生活。現在，有些批評她的西方人士說：「為什麼要把這麼多注意力，放在那麼遙遠的某個人或某件事上？」當然，沒有任何人是一座孤島。但另一種回答是，許多西方佛教徒很清楚他們欠東

方一份恩情，也很清楚能用許多方式來爲東方服務。因此，用一個問題來回答批評人士的問題：你能否不放回水桶，從井中汲水飲用？

佛教一本通

414

回過頭來說，我不知道在西方僧團中爲何婦女占大多數，但對我來說，屬於少數人這件事倒是很有趣，而且這也吸引我把在五戒方面的修持延伸到日常的世間關係上。不論男女，你都會碰到性別差距（「好女孩不會這麼做」，「男人這麼做的話很軟弱」），這些差距簡單得就像日常交通中隨意會碰到的事。一仔細檢驗，你往往會發現性別意識的養成與自我很類似，兩者都是我們向來接受與認同的一種建構，那讓我們無法親近自己的生命。

佛教富含一般定義爲女性的特質，例如強調直覺勝於理性智識。陰柔的特質平衡佛教的天平已不只一次了，例如代表慈悲的菩薩——阿縛盧枳低濕伐羅(Avalokiteshvara)，如何在古代中國示現爲女性的觀

音，以及蒙古與西藏的度母(Tara)。另一個例子是元世祖忽必烈的妻子察必(Chabai)，她協助佛教在蒙古的傳揚，自己也影響蒙古政權，當忽必烈征服南中國時，她一旁阻止激烈的復仇行動。

當男女間的相互關係失衡時，其他事物也可能受到影響。例如在架構嚴謹的《女性與大自然》(*Women and Nature*)一書中，佛教作家蘇珊·葛拉芬(Susan Griffin)與男性態度相對比，探討女性、自然與文化之間的相互關係。根據定義，回復平衡需要男性參與，也需要女性參與，任何事物都無法在與世隔絕的眞空狀態下發生。這也是中道的一部分。

這尊大小如眞人的度母雕像是慈悲的化身「觀音」女性的一面。度母源於喜馬拉雅地區，有二十一種不同造型。在度母慈悲的無所不知中，她的手掌與腳掌上都有眼睛。她的行動（以手、腳為象徵）受到她理解的智慧（眼睛）的影響，而眞正的愛是以理解為基礎的。

《白度母》(*Sitatara*)，蒙古文作 Caghan Dara Eke，雕刻家：旗察巴察(1635-1723)，十七世紀末至十八世紀初，燙金青銅雕像，高度：27 1/8 英吋（68.9公分），直徑 17 5/8 英吋（44.8公分）。美術博物館(Museum of Fine Arts)收藏

慈悲的膚色：佛法的多元性

要了解生而爲人的意義是什麼，我們就要面對以下這問題的挑戰：我們對「家族」定義的範圍，可能擴大到何種程度？這和「入世佛教」最近的一個主題有關：種族。佛陀的典範提供無價的方法，以衝破種種纏縛。雖然這樣的問題在美國比西方其他任何地方都更爲迫

切，但它以國家認同的觀點在全球各地上演──而且，唉！有時是以暴力的形式出現。所以，多元性的主題是普遍的。

當然，當你早晨醒來時，可能並未察覺到自己的年紀有多大，屬於什麼種族，或穿幾號的鞋子。但當你面對某人把你貼上「可怕的『他者』」標籤時，要怎麼辦呢？佛教可以有助於度過風暴。佛教培養體諒、尊嚴，以及解脫那有力的恐懼毒素的枷鎖；而精神上的解脫──自由，完全和社會解脫的目標一致。

> 密索維奇(Messervitch)的拉比曾要求他的信眾對「覺醒」下定義。有人說那表示能看到自己的掌紋，拉比說那不是「覺醒」的意義；另有一個人說，那表示能確定山丘上的一個輪廓是隻山羊而不是狗，拉比說那依然不是「覺醒」。於是有人問他「覺醒」是什麼意思。拉比回答說：「當你承認所有的男人都是你的兄弟，所有的女人都是你的姊妹時，你就真正覺醒了。」

同樣的，佛教能教我們了解，我們可能在何時、以何種方式讓微細的刻板印象繼續存在，並看穿它們的面具。對歐洲後裔來說，佛教提供良好的工具，以覺察並剷除內、外在種族主義的根源，還有它盤根錯結的種種影響。例如在某個時間禪坐數天能培養出很多東西，例如喚醒我們與祖先的連結。當非洲後裔如此做，並接觸到「中央航道」(Middle Passage)◍與奴隸制度的遺產時，會發生什麼事呢？或接觸到內化的種族主義時會發生什麼事呢？

注意，這意味著讓無形之物變為具體可見。期待有色人種耐心地對占大多數的白人解說攸關利害的是什麼，或受到期待的是什麼，這應該是錯誤的。在一次針對有色人種的佛教徒舉辦的極具影響力的禪修中，有個一再出現的重複句：「我已經厭倦必須做解釋了。」公正地說來，那是一個白人的入世家庭作業，而非讓人持續地處於必須代表整個民族發言的困境中。人們不要再三重複一個已經變成夢魘的故事，他們寧可從夢魘中醒來。

種族如同自我，也是一種建構。無論我何時被要求思考種族時，都會再次想到相互依存。當我更深入觀察時，我體會到沒有人純粹屬於一個種族，無論是非洲愛爾蘭人、義大利愛爾蘭人或菲爾利人(Friuli)⑭、愛爾蘭墨西哥人〔例如演員安東尼昆(Anthony Quinn)〕、非洲古巴人或菲律賓人（拉丁美洲裔的亞洲人）。每個人大多是不同人種混合的會走路的圓柱體，我們彼此相互依存。

和平

的確有佛教徒從軍，但佛教被稱為「最溫和的宗教」，因為從未有個國家以佛教之名與另一國交戰。佛陀出身於耽溺軍國主義的戰士氏族，但他說仇恨永遠無法讓仇恨止息。的確，在戰時也有可能實踐和平，一幅綴錦畫的線可能看起來都是兩極化的，猶如經線和緯線是兩個分隔、分歧的面向。在這種情況下，中道提供一種必要的理解之道。我們可以看到戰時的組成要素，除了非和平之外，還有和平；而萬一你知道有太平之世的話，親愛的讀者，請記得要看清它是如何由和平與非和平的要素組成的。和平就是每一口呼吸。

環顧你周遭的環境。現在正發生什麼事？什麼幫助是有益的，還有你可用什麼方式幫助？無論吸引你注意的是什麼，它都是修行的好機會。你無需覺得自己像個孤單的「不切實際的慈善家」，因為你會和這條道上其他所有人一起修行，為了一切眾生實踐和平。這是個廣大的圈子，一顆行星，一個生命體，一顆心靈，一種和平。

（注意：親愛的讀者，我在撰寫本書的過程中學到很多，為了這新的一版，修訂本書的過程中學到更多，包括了解到我真正知道的有多麼少。這可能完全沒什麼意義，除了我有一種直覺：你也已重新學到一個你一直以來都知道的一切──無終亦無始，只是你以前對這點渾然不覺。──合掌敬上）

你不能不知道

- 在相互的關係中，我們投入世間可以是修行的一個極為重要的領域。既然佛教處理現代社會種種情況，這種修行就稱為「入世佛教」。

- 有越來越多佛教參與的社區服務，例如安寧療護運動與囚犯教育。

- 佛教對保育、環保和生態學的觀點都是深刻的意識，以及尊重所有生命與地方的相互滲入。

- 不管是男是女，重新喚起我們生命中女性的一面，和所有的人都有關係。多元差異的議題，不管是我們的內在或周遭的人，都可用慈悲與自然力量或祈禱的療法，來加以了解。

- 「入世佛教」是非暴力的，以改變手段來改變目的；它也是非二元對立的，並未把世界二分為敵人與朋友。我們都要為世界的現狀負責。

- 和平！

蓮華的綻放──超越時代的大事紀

西元前

- 約7000-800年　諸吠陀書被僧侶「聽聞」、記憶並口傳。
- 約3000年　印度河谷的瑜伽禪坐姿勢的人體小雕像。
- 1700-500年　基本吠陀文獻被書寫記錄。
- 約1600年　亞利安人從北方入侵印度。
- 約130年　摩西對希伯來人宣說十誡。
- 約900年　《奧義書》
- 800-200年　軸心時代；導致我們今天所知的文明的過渡期，因下列人物而顯著：印度的佛陀；中國的孔子與老子；波斯的瑣羅亞斯德；所羅門王與希伯來先知；羅馬的努馬王(King Numa)；以及希臘哲學的古典時期。
- 約620年　一神教的猶太教崛起。
- 約604年　老子。
- 約600年　苦行者反對印度教教理。
- 569年　耆那教創立。
- 566-486年　佛陀（傳統說法的生卒年）。
- 550-470年　孔子。
- 460-377年　希波克拉底。
- 490-410年　佛陀（根據最近研究的生卒年）。
- 469-369年　蘇格拉底。
- 410年　佛教第一次結集。
- 326年　亞歷山大大帝跨越印度河，進入印度西北部。
- 325年　佛教內部因修行派別而正式分裂。
- 273-231年　阿育王當政。

- 約245年　佛教傳布遍及東南亞。
- 約180年　婆羅門領導的印度教暴動，幾乎使印度佛教滅絕。

- 約24-26年　耶穌開始傳教並培養一群門徒。
- 67年　印度比丘將《四十二章經》贈予中國。
- 第二世紀　第一所大學那爛陀建立；諾斯替教(gnosticism)①與東方先知②在西方崛起。
- 約150年　龍樹在印度創立中觀派；佛教弘法師安世高到達中國。
- 121-180年　馬卡斯・奧里歐斯（Marcus Aurelius，羅馬皇帝，也是斯多噶學派的哲學家）。
- 166年　佛陀的教法被引介到中國的宮廷洛陽。
- 179年　佛教的《般若經》（論智慧的文獻——《金剛經》、《心經》等）被譯為中文。
- 312年　羅馬皇帝君士坦丁(272-337)改信基督教。第一批基督教修士在遙遠的埃及沙漠地區依照其信仰修行，他們的行為規範與冥想修行，和佛教的出家傳統極為相似。
- 354-430年　聖奧古斯丁(Saint Augustine)③。
- 320-400年　世親在尼泊爾教學。
- 372年　佛教從中國傳到韓國。
- 399-414年　法顯從中國到中亞、印度求取經典的朝聖之旅。
- 402年　在數千名僧眾的協助下，鳩摩羅什將新層次的佛法譯介至中國。
- 409-431年　覺音在斯里蘭卡翻譯、校勘錫蘭的阿毘達磨註釋。
- 450-550年　來自西伯利亞大草原的「白匈奴」，終結印度的笈多王朝④，該王朝中有些君主是佛教徒，有些是印度教徒。
- 約470-543年　菩提達摩（禪宗祖師）將佛法從印度傳來中國。
- 約476-542年　曇鸞⑤，中國淨土宗祖師。

●504年　南朝梁武帝皈依佛教。

●538-552年　韓國將大乘佛教介紹到日本。

●約550年　蘇門答臘女王皈依佛教。

●570-632年　穆罕默德。

●613-681年　善導⑥，淨土宗祖師。

●617-686年　元曉，韓國佛教祖師。

●618-907年　唐朝，中國的黃金時期，也是中國佛教的黃金時期。

●632年　佛教在西藏崛起。

●638-713年　慧能（禪宗六祖）。

●641年　中國信奉佛教的公主嫁給第一位西藏王⑦。

●690年　中國皇室法令規章獎掖佛教更勝於道教。

●約700年　商羯羅(Adi Shankaracharya)，印度教的改革者與復興者。

●704-716年　淨土教徒慈敏(Ci-Min)遊訪印度。

●729年　中國政府開始進行佛教徒人口普查。

●730年　西藏與中國議和。

●736年　華嚴宗被引介到日本。

●740-741年　西藏在一場瘟疫中，將外籍僧侶驅逐出境。

●750年　查理曼大帝⑧；蓮華生。

●791年　佛教成爲西藏官方的宗教。

●835-841年　佛教在西藏中部遭到迫害。

●843-846年　佛教在中國遭到迫害。

●972年　佛教經典在中國印刷出版。

●988-1069年　帝洛巴在印度將密續傳授那洛巴。

●1100年　第一次十字軍東征⑨。

●1016-1100年　那洛巴在西藏教導馬爾巴。

●1025-1135年　密勒日巴。

●1070年　中國新儒家攻詰佛教。

●1173-1206年　伊斯蘭教徒（穆斯林）征服印度。

●1133-1212年　法然創立日本淨土宗。

- 1141-1215年　榮西，日本臨濟宗創始者。
- 1173-1262年　法然的弟子親鸞創立淨土眞宗。
- 1158-1210年　知訥，韓國禪宗祖師。
- 1199年　印度那爛陀大學被毀。
- 1200年　伊斯蘭教將軍卡塔布(Qatab)在印度德里建立一個王朝；清眞寺在佛教僧院與印度教神殿的斷垣殘壁中建立起來。
- 1215年　大憲章(Magna Carta)⑩。
- 1227年　道元禪師將曹洞禪從中國帶回日本，創立日本曹洞宗。
- 1225-1274年　聖湯瑪斯·阿奎那。
- 1253年　日蓮創立日蓮宗。
- 1254年　元朝首都哈剌合林(Karakorum)⑪的佛教、基督宗教、伊斯蘭教間的跨宗教對談。
- 1254-1324年　馬可波羅。
- 1260年　忽必烈將金剛乘定爲元朝國教。
- 約1300年　但丁。
- 約1325年　墨西哥阿茲特克族(Aztec)⑫的崛起。
- 1501年　葡萄牙士兵登陸錫蘭島，大肆屠殺當地的男女與兒童。
- 1517年　馬丁路德(Martin Luther, 1483-1531)⑬《九十五個命題》(95 Theses)。
- 1558-1616年　莎士比亞。
- 1625年　荷蘭人移民新阿姆斯特丹(New Amsterdam，即今天的紐約）⑭。
- 1686年　暹羅王那萊(Narai)派遣貴族與僧侶爲使節，到葡萄牙謁見國王唐裴德洛(Don Pedro)，但遭遇海難，遠征隊折返。
- 1776年　湯瑪斯·傑佛遜將美國獨立宣言所宣示人類不可剝奪的權利，從「生命、自由、財產」修改爲「生命、自由、幸福的追求……」。
- 1783年　英國皇家學會(Royal Society)⑮的一員威廉·瓊斯(William Jones)，在孟加拉創立「亞洲學會(Asiatick Society)」。該學會發行一

份極具影響力的期刊《亞洲研究》(*Asiatick Researches*)，讀者包括許多西方人士，湯瑪斯·傑佛遜即爲其一。

- 1784年　漢納·亞當斯(Hannah Adams)出版一份基督教派與世界各宗教的美國調查，其中包括一項83頁的附錄，探討亞洲宗教。

近代

- 1789年　法國大革命。
- 1803年　弗里德里希·施萊格爾(Friedrich Schlegel)⑯新創「東方文藝復興」(Oriental Renaissance)一詞，意指西方對亞洲和亞洲遺產的「發現」。
- 約1818年　叔本華(Arthur Schopenhauer)開始研究佛教，是第一位研究佛教的德國主要哲學家；諾托維奇(N. A. Notovitch)出版《耶穌不爲人知的生平》(*Unknown Life of Jesus*)，其中描述耶穌「失蹤」的16年，據說他在這段期間，在印度與婆羅門和佛教僧侶一同研習。
- 1844年　梭羅(Henry David Thoreau)在《刻度盤》(*Dial*)發表英譯《法華經》的一部分（譯自法文）。
- 1848年　約翰·蘇特(John Sutter)在他舊金山北部的鋸木廠發現黃金。一年之內，有300名商人從中國來到此地，展開更大的一波東方移民潮（截至1852年，新移民總數達到兩萬人）。
- 1853年　四邑公司(The Sze Yup Company)在舊金山中國城創立美國第一座寺廟。
- 1859年　達爾文(Darwin, 1809-1882)出版《物種起源》(*Origin of Species*)。
- 1867年　中國工人開始爲中央太平洋鐵路公司(Central Pacific Railroad)鋪設鐵路，連接美國東、西岸。
- 1875年　海倫娜·布拉瓦茨基夫人(Helena Blavatsky)與奧克特上校(Henry Steel Olcott)創立通靈學會，作爲東、西方之間的一座橋樑。
- 1879-1884年　布拉瓦茨基夫人前往印度旅遊。

- 1878年　艾德溫‧阿諾德(Edwin Arnold)的《亞洲之光》出版，其後再版80次。

- 1881年　湯瑪斯‧萊茲戴維(Thomas W. Rhys David)創立「巴利聖典學會(Pali Text Society)」（目前依然存在）；奧克特出版《佛教教義問答教本》(*Buddhist Catechism*)，宣告現代化佛教的到來。

- 1887年　一個名叫威特林(Veeterling)的印刷商人從加州聖塔克魯茲山(Santa Cruz)⑰以費朗奇‧達薩(Philangi Dasa)之名發行《佛光》(*The Buddhist Ray*)雜誌。

- 1888年　尼采出版《反基督》(*The Anti-Christ*)，書中包含基督宗教與佛教間的比較；梵谷自畫像中，將自己描繪成日本佛教僧侶。

- 1893年　第一屆世界宗教大會為芝加哥世界博覽會的一部分，這個代表大會透過還在世的法師的出席，讓東方信仰在美國媒體亮相。

- 1894年　第一個淨土真宗的傳教團體在北美成立。

- 1897年　發現電子。

- 1898年　為日本移民而設的佛教青年協會(Young Men's Buddhist Association)在舊金山創立。

- 1899年　第一批日本佛教弘法師到美國；本派本願寺(Hompa Hongwanji Temple)創立於舊金山，隨著日裔美國農民移居加州沙加緬度(Sacramento)、弗雷斯諾(Fresno)和瓦卡維(Vacaville)，各分院也紛紛成立。

二十世紀

- 1900年　佛洛伊德出版《夢的解析》(*The Interpretation of Dreams*)；保羅‧卡魯斯(Paul Carus)出版鈴木大拙的第一本書《馬鳴的大乘起信論》(*Ashvagosha's Discourse on the Awakening of Faith in the Majayana*)；一座淨土真宗的本願寺在夏威夷成立。

- 1915年　伊斯拉‧龐德(Ezra Pound)⑱出版《中國》(*Cathay*)，這是中國文化影響現代主義的轉捩點。

- 1923年　精通梵文的亞歷珊卓・大衛─尼爾(Alexandra David-Neel)喬裝成朝聖者，成為第一位進入西藏拉薩市禁地的歐洲女性。她在西藏停留14年，一回國，就寫下並出版有關朝聖之旅的幾本具有影響力的著作。

- 1924年　移民美國受配額制度限制；在倫敦，克里斯馬斯・韓福瑞(Christmas Humphreys)創立通靈學會的佛教分會；柏林人保羅・達爾克(Paul Dahlke)成立半是隱士住處半是僧院的「佛教精舍」(Buddha House)⑲。

- 1926年　巴黎成立第一個佛學研究方面的大學學術職位。

- 1927年　華納・海森伯格(Werner Heisenberg)發表他的不確定性原理；尼爾斯・波爾(Niels Bohr)⑳提出互補性的概念；一座曹洞宗禪寺──禪宗寺(Zenshuji)在洛杉磯創立，作為日裔美人與歐裔美人之間的橋樑；鈴木大拙發表《佛教禪宗論文集》(*Essays in Zen Buddhism*)；伊文思・溫慈(W. Y. Evans-Wentz)出版《西藏度亡經》的譯本。

- 1931年　與釋宗演為同僚的兩名僧人千崎如幻和宗桂庵，在紐約與洛杉磯的「漂浮禪堂」(floating zendo)教授禪法。

- 1932年　徹爾巴斯基(Theodore Stcherbatsky)㉑出版上下兩冊的《佛教邏輯》(*Buddhist Logic*)；基督教傳教士杜艾德・嘎達德(Dwight Goddard)在亞洲工作後，出版《佛教聖經》(*The Buddhist Bible*)，並於兩年後成立美國佛教僧團「佛陀的弟子」(Followers of the Buddha)。

- 1941年　十二月七日珍珠港遭受攻擊。

- 1942年　羅斯福總統簽署「行政命令9066」；在接下來的三年中，11萬名在美國的日本人遭到扣押、「強制遷移」、拘禁在營區中，其中過半數是佛教徒。

- 1945年　在第二次世界大戰的劇烈變動對日本文化的影響後，淨土真宗僧團改組為美國佛教教會。

- 1946年　著名的歷史學家諾史若普(F. S. C. Northrop)出版《東、西

方的交會》(*The Meeting of East and West*)，建立起以英語從事比較哲學的基準。

- 1949年　三個英國人在印度出家：奧斯柏特‧摩爾(Osbert Moore)，法名髻智(Nanamoli)；哈洛德‧穆森(Harold Musson)，法名雄智(Nanavira)）；丹尼斯‧林伍德(Dennis Lingwood)，法名僧護(Sangharakshita)，他們後來在西方都相當具有影響力。

- 1950年　斯里蘭卡創立「世界佛教徒公會」(the World Fellowship of Buddhists)。

- 1950-58年　鈴木大拙在哥倫比亞大學免費講授禪法；普林斯頓(Princeton)出版《易經》(*I-Ching*)，迄今銷售數百萬本。

- 1951年　彼得‧馬修森(Peter Matthiessen)到喜馬拉雅山旅遊，後來將他的旅遊記錄在日誌《雪豹》(*Snow Leopard*)；赫曼‧赫塞(Herman Hesse, 1877-1962)的《流浪者之歌》首次由新方向出版公司(New Directions)以英文出版，這本書到現在已再版銷售40多次。

- 1952年　菲利浦‧卡普樂(Philip Kapleau)到日本學習禪法，停留13年；大衛‧都鐸(David Tudor)在紐約伍茲塔克音樂廳演奏約翰‧凱吉(John Cage)的〈4' 33"〉。

- 1955年　黑人婦女羅莎‧帕克斯(Rosa Parks)因為拒絕坐到公車後面的座位，在阿拉巴馬州首府蒙哥馬利市(Montgomery)遭逮捕；葛雷葛瑞‧科索(Gregory Corso)、艾倫‧金斯伯格(Allen Ginsberg)、菲利浦‧拉曼西亞(Philip Lamantia)、麥可‧麥克魯(Michael McClure)、蓋瑞‧史耐德(Gary Snyder)、菲利浦‧華冷(Philip Whalen)在「六畫廊(Six Gallery)」朗誦披頭族㉒的詩，六人中有四人在當時或後來都成為佛教徒。

- 1956年　蓋瑞‧史耐德到日本習禪，停留10年；《芝加哥評論》(*Chicago Review*)發行一期「禪法」特刊。

- 1958年　《旅途中》(*On the Road*)問世一年後，傑克‧克魯埃(Jack Kerouac)出版《佛法遊民》(*Dharma Bums*)。

- 1959年　鈴木俊隆從日本前往美國；亞倫‧華茲(Alan Watts)出版

《酷炫禪，古板禪》(*Beat Zen, Square Zen*)；羅伯·艾特肯(Robert Aitken)在夏威夷創立「金剛僧團」(Diamond Sangha)；十四世達賴喇嘛丹津·嘉措離開西藏，流亡印度。

- 1962年　發現夸克；三藏大師宣化上人在舊金山中國城弘法；首次聚會在大堤(Big Sur)的依色冷(Esalen)召開，這地點後來成為東西方研究、心理學新興派別與人類潛能運動的分水嶺。

- 1963年　在西貢，廣德法師在佛教禪坐中自焚；金恩博士在林肯紀念堂(Lincoln Memorial)對25萬人發表他的演說〈我有一個夢〉(*I Have a Dream*)；瑞秋·卡森(Rachel Carson)出版《寂靜的春天》(*Silent Spring*)。

- 1963-74年　越戰。

- 1964年　第二次梵蒂岡大公會議(Vatican II)㉓開啟普世教會的對談；湯瑪斯·牟敦(Thomas Merton)與鈴木大拙會面；在東京舉辦的奧運中，柔道是第一項被接受的武術；國際空手道錦標賽在加州長堤舉行，這是亞洲武術在美國首次大規模的展現。

- 1965年　移民與國籍法案(The Immigration and Nationality Act)廢除移民配額制度。

- 1966年　「華盛頓佛教精舍」(Washington Buddhist Vihara)在華盛頓特區創立美國第一個上座部佛教寺院；湯瑪斯·牟敦與一行禪師在革責馬尼修道院(Gethsemani Abbey)會面；舊金山舉行一場「即興演出」，並以演講者亞倫·華茲與蓋瑞·史耐德為主要號召；美國佛教徒的第一座山區招待所「塔撒加拉山間禪修中心(Tassajara Zen Mountain Center)」創立；在日本修學好幾年後，菲利浦·卡普樂出版《禪門三柱》(*The Three Pillars of Zen*)，因為書中包含大量個人修行者經驗的抄本，所以這本書事實上是100萬名以上有意學禪者的自修手冊。

- 1967年　首次地球日；塔尙祖古(Tarthang Tulku)創立「寧瑪禪修中心」(Nyingma Meditation Center)和「達摩出版公司」(Dharma Publishing Company)；宣化上人在舊金山創立「金山寺」(Gold

Mountain Monastery)；僧護在倫敦創立「西方佛教僧團之友」(Friends of the Western Buddhist Order)。

- 1968年　湯瑪斯·牟敦在東方旅行時與邱陽·創巴及第十四世達賴喇嘛會面。

- 1969年　邱陽·創巴到美國，在博得市(Boulder)講學；香巴拉書店(Shambhala Booksellers)在加州柏克萊的特拉格拉法大道(Telegraph Avenue)開始營業，隨後創立了一家出版社，出版的第一本書是創巴仁波切的《動中禪》(*Meditation in Action*)，同一年出版《塔撒加拉麵包書》(*The Tassajara Bread Book*)，意外地成為暢銷書。

- 1972年　韓國禪宗大師崇山禪師(Seung Sahn)前往美國，以修理洗衣機開始。

- 1973年　創巴仁波切創立「金剛界」(Vajradhatu)，結合在美國研究他的傳承的所有研習中心。

- 1974年　美國第一所佛教大學「那洛巴學院」(Naropa Institute)提供佛學研究、心理學與表演藝術的學士學位與碩士學位；金山寺比丘恆實三步一拜地從舊金山朝聖到西雅圖。

- 1975年　修馬克(E. F. Schumacher)出版《小即是美》(*Small is Beautiful*)，此書具有佛教經濟學的概念；物理學家福瑞特喬夫·柯波拉(Fritjof Capra)向「香巴拉出版社」出示他的手稿《物理學之道》(*The Tao of Physics*)，這本書意外地成為暢銷書。

- 1976年　第一座日本風格的禪寺「大菩薩寺」(Dai Bosatsu)在美國成立；「中美佛教協會」(Sino-American Buddhist Association)在瑜伽市(Ukiah)㉔建立占地237畝的「萬佛城」；約瑟夫·葛斯汀(Joseph Goldstein)、傑克·康菲爾德(Jack Kornfield)和雪倫·薩爾茲堡(Sharon Salzburg)在麻薩諸塞州的貝爾(Barre)建立馬哈希禪師的毘婆舍那傳承的「內觀禪修中心」(Insight Meditation Center)。

- 1977年　塔尚祖古將索諾瑪郡(Sonoma County)在太平洋沿岸的900畝地，奉獻給名為奧地安(Odiyan)的寧瑪派教團(Nyingma community)；創巴仁波切介紹香巴拉訓練(Shambahla Training)。

- 1978年　一個基層民眾的入世佛教網路「佛教和平公會」(Buddhist Peace Fellowship)創立。
- 1983年　德寶法師在西維吉尼亞一座187畝的農場中，創建「巴伐那學會」(Bhavana Society)。
- 1985年　長期禪修者與和平行動主義者阿諾‧寇特勒(Arnold Kotler)成立「帕惹拉克斯出版社」，匯集編纂一行禪師的談話並出版《和平》(*Being Peace*)一書。
- 1987年　「世界佛教會議」(Conference on World Buddhism)在安娜堡(Ann Arbor)㉕舉行；「國際佛教聯盟」(International Association of Buddhism)在印度菩提迦耶(Bodhbgaya)召開。
- 1988年　台灣「佛光山」在洛杉磯的海西安達高地區(Hacienda Heights section)㉖創立分院「西來寺」，這是美國最大的一處佛教僧團園區。
- 1989年　達賴喇嘛獲頒諾貝爾和平獎。
- 1990年　一支美國猶太人代表團，訪問在印度的達賴喇嘛。
- 1991年　翁山蘇姬獲頒諾貝爾和平獎。
- 1992年　泰國將國璽中的鐵鎚與鐮刀，改為該國最神聖的佛教符號「大佛塔」。
- 1997年　西來寺主辦一場上座部、大乘與金剛乘佛教徒之間的對談。
- 1999年　能量念珠蔚為風潮，這是由佛教所激發。
- 2000年　美國佛教導師在「靈石禪修中心」(Spirit Rock Meditation Center)的普世教聯座談會中齊聚一堂，兩年後靈石贊助非白種人佛教徒的國際座談會。
- 2003年　多個城市的國際佛教電影節開幕典禮，在洛杉磯的首演門票銷售一空。
- 2004年　本書英文版發行。
- 明天　今天將僅僅是昨日而已，請好好享受。

【譯註】

①一種宗教與哲學的二元論運動，出現於亞歷山大帝之後的古希臘時代後期與基督教時期的早期。支持這運動的種種教派，包括某些基督教之前的異教、猶太教與早期基督教派，都認為透過他們單獨受到啟示的神祕知識，就能獲得救贖。基督教思想很快地被吸收到這些混合的系統中。到了西元二世紀，基督教受到嚴重威脅，許多基督教早期的教理，是因應此危機而提出的。

②應指來自地中海以東的先知，也就是猶太教、基督教的聖哲。

③北非基督宗教領袖、哲學家與作家，《懺悔錄》與《上帝之城》等作品，對於基督宗教的發展影響甚鉅。

④西元四世紀興起於中印度的王朝，是孔雀王朝之後第一個幾乎統一全印度的強大國家，文治武功均盛。婆羅門教於此時復興，成為笈多王朝的國教，此後印度教成為印度宗教的主流。同時佛教也受到護持，那爛陀寺在此王朝諸多君主的主持下建立，成為全印第一大佛寺，也是佛教研究的一大中心，玄奘、義淨等來自中國的留學僧都曾到此地。

⑤東魏玄中寺僧，提倡一心專念阿彌陀佛，即可往生西方淨土。著有《往生論注》、《略論安樂淨土義》等。

⑥唐朝僧人，師承道綽，主張仰仗阿彌陀佛的願力得生極樂淨土。他完成了淨土信仰的教義與行儀，影響很大。著有《觀無量壽佛經疏》、《往生禮讚》等。

⑦唐朝文成公主嫁給西藏王松贊干布。

⑧查理曼大帝(742-814)，法蘭克王國君主。西元800年藉由統一西歐的基督教國家而獲得西歐大部分主權，獲得教宗頒布的「神聖羅馬帝國皇帝」的稱號。查理曼建立新的法律制度，並獎勵文學、藝術、教育，對歐洲文明有很大的影響。

⑨西元十一、十二、十三世紀歐洲基督教君主發動的八次宗教戰爭，目的是從伊斯蘭教徒手中奪回聖城耶路撒冷。

⑩英國憲法史上最有名的文獻，是英王約翰於1215年為貴族所迫而簽定的特許狀。在這份文件中皇室的權利受到限制，而貴族、僧侶、商人等的權利與自由則受到保障。後世視之為基本公民權的聲明書。

⑪蒙古中部一座蒙古古城廢墟，成吉思汗約於1220年在此建都，但忽必烈於1267年廢都，遷往大都（今天的北京）。

⑫西班牙在十六世紀初期入侵墨西哥前，墨西哥中部的印第安原住民，其文明在西班牙入侵時達到顛峰。

⑬德國宗教領袖，其宗教思想對歐洲宗教影響很大。他在《九十五個命題》中批判天主教，開啟了十六世紀歐洲宗教改革運動。

⑭荷蘭人1624年在哈德遜河口曼哈頓島南端建立的一個殖民地，1664年為英軍占據，易名為「紐約」。

⑮英國歷史最久、最受敬重的科學學會，創立於十七世紀。

⑯弗里德里希·施萊格爾(1772-1829)，德國哲學家、評論家與作者，也是德國浪漫主義最傑出的創始人。他在梵文與印度文明方面的研究相當出色。

⑰加州西部城市，面臨蒙特瑞灣，是觀光旅遊中心。

⑱伊斯拉·龐德(1885-1972)，美國詩人，作品對於現代文學的發展有重大影響。

⑲保羅·達爾克(1865-1928)，德國醫生，所建立的「佛教精舍」在柏林附近，有樓房、佛堂

與禪堂等設備，環境廣闊優雅，在兩次大戰期間成為德國佛教中心所在地。

⑳尼爾斯·波爾(1885-1962)，丹麥物理學家，1922年因為研究原子結構與輻射獲得諾貝爾獎。

㉑徹爾巴斯基(1866-1942)，俄國最有成就的佛教學者。

㉒披頭族為美國五○至六○年代對當時社會失望與不滿，以奇裝異服與特立獨行的生活方式表現自我的藝術家與作家。

㉓這次會議召開的目的，是復興教會的靈性以及重新思考教會在現代世界的定位。這次會議在禮拜儀式方面做了大幅改變，朝向更大程度的世俗投入方向，並鼓勵普世基督教會的聯合運動。

㉔位於舊金山北方約一百哩處。

㉕美國密西根州東南部的一個研究教學中心，是密西根大學的所在地。

㉖南加州洛杉磯市郊的一個社區。

佛法精要──快速參閱

三寶

1. 佛陀（覺悟者）
2. 佛法（佛陀的教誨，以及與其相關的一切）
3. 僧團（修行，以及修行的團體）

四聖諦

1. 生命必然有苦──苦(duhkha)。
2. 苦的起因是對一個幻象的渴求──貪著(trishna)。
3. 苦有終點──涅槃(nirvana)。
4. 通往苦的終點的道路即是正道──道(maggha)。

八正道

慧	戒	定
1. 正見 2. 正思維	3. 正語 4. 正業 5. 正命	6. 正精進 7. 正念 8. 正定

五戒

1. 不殺生　　2. 不偷盜　　3. 不妄語　　4. 不飲酒　　5. 不邪淫

業報（普遍的因果法則）

● 你為自己的行為、語言與思想負責。

● 一言一行與每個念頭，都會造成果報的行為、語言和思想。

三毒

1. 貪
2. 瞋
3. 癡

三種存有的標誌（三法印）

1. 無常
2. 無恆久、獨立分隔的自我
3. 苦或涅槃

四梵住（無量的住處）

	近敵	遠敵
慈(metta)	自私	憎恨
悲(karuna)	憐憫	輕視
喜(mudita)	厭倦	忌妒
捨(upekkha)	冷漠	反感

菩薩四弘誓願

眾生無邊誓願度，
煩惱無盡誓願斷，
法門無量誓願學，
佛道無上誓願成。

當前這一刻是美妙的

微笑，呼吸。

默然之語──佛教語彙

二-三畫

- 二元對立(dualism)：以文字化、概念化爲基礎，將現實分割爲對立的兩邊。

- 三藏(Tripitaka)：佛教聖典，以巴利文記載，包括經、律與行爲的軌範，以及特別的教誨。

- 三寶(Three Jewels or Triple Gem)：指佛陀、佛法和僧團。

- 上座部(Theravada)：泛指盛行於南亞與東南亞的佛教宗派，今天最受歡迎的是毘鉢舍那（觀）。（有時稱爲「小乘」，此詞帶有比較次要、比較低劣的輕視意味。）

- 大乘(Mahayana)：盛行於東北亞的一群佛教宗派，例如淨土宗、禪宗、金剛乘和日蓮宗。

四-五畫

- 中陰身(bardo)：介於死亡與再生之間的狀態。

- 中道(Middle Way)：和諧地行於極端之間，不選擇對立的立場。佛教的中觀派承認相對的眞理與絕對的眞理，而後者即是空性。

- 互即互入(interbeing)：萬物之間無礙地相互涉入，相互依賴，相互連結。

- 公案(koan)：一種禪宗修行法，針對一個問題或故事的解答，且解答超越理性的智識與普通邏輯，例如「萬物歸一；一歸何處？」

- 巴利語(Pali)：從梵文衍生的印度方言，上座部佛教的三藏經典是以巴利語記載編纂而成。

- 手印(mudra)：姿勢與手勢，通常與特定的一尊佛或一種內在的存在

狀態有關。在使用文字以前的文化中，手印等同於語言。在金剛乘，手印輔助觀想佛或神。

- 比丘(bhikku)：佛教男性出家修行人。字面上的意思是「乞士」，因為比丘每天向在家信眾乞求食物。

- 比丘尼(bhikkhunis)：佛教女性出家修行人。

- 只管打坐(shikantaza)：禪宗只為打坐而打坐的修行，不用技巧、無所揀擇地覺知。

- 正念(mindfulness)：機警、清醒的注意力，察知事物本身的本來面目，未夾雜其他任何事物。

六-七畫

- 全人的，整體的(holistic)：有關整體，例如整個系統。將各個組成部分之間的相互關係納入考慮。

- 合掌(gassho)：在打招呼、感恩或請求時，雙手手掌在胸前合攏，通常還加上一鞠躬（印度語為namaskar或namastey，梵文為añjali，泰語為wai）。

- 如性(suchness)：萬物不變的本質，超越一切類別與概念；萬物的佛性，其中沒有觀察者與被觀察者之間的界線；一種「空性」的結果。

- 自他交換（tonglen）：將自我與他人交換的禪修。

- 佛性(buddha nature)：成佛的潛能。本性、真性、真實的自我。

- 佛法(Dharma)：佛陀的教誨，以及與其相關的一切。其他的意義還包括：法則、道、正義、現象和實相，確切的意義依上下文而定。

- 佛陀(Buddha)：源於梵文字根 budh（覺醒）。佛陀是完全覺悟者，自己已覺悟，也有能力讓他人覺悟。

- 佛教(Buddhism)：遵循佛陀教誨的生活方式；在東方通常稱為「佛法」、「佛道」。

- 佛教徒(Buddhist)：研究、實踐並依循佛教基本原則生活的人。

- 佛塔(stupa)：一種墓塚。佛塔的建築形式代表的不僅是佛陀，還有

他的證悟（中文稱「寶塔」，藏文為chorten）。

- 伽陀(gatha)：偈頌或禪修。

- 坐禪(zazen)：以盤腿、挺直的坐姿，完全專注於身、心。

- 戒(precepts)）：有意識行為的道德指南。

- 我(Atman)：印度概念中最高層次的自我，本質上與超越個人的永恆大我（梵）為一體。而對佛陀來說，最究竟的真實是「無我」。

八-九畫

- 咒(mantra)：運用聲音、音節或文字的禪修。

- 念佛(nembutsu)：淨土宗稱念阿彌陀佛的名號（日文為Namo Amida Butsu；中文為「南無阿彌陀佛」，因此稱念佛號為「念佛」）。

- 武士(samurai)：在日本封建的幕府時代(1185-1333)從皇室貴族手中奪取政權的軍事菁英階級。禪宗因為無懼、不敬、憑直覺、不造作以及嚴格的戒律，而受到身為傭兵的日本武士的欣賞與資助。

- 空性(emptiness)：（梵文為sunyata）欠缺任何獨立分隔、恆久實體存在的狀態。空性不是否定詞，而是暗示沒有界線、豐饒的虛空、開闊、透明與無盡的潛力。參見「如性」。

- 金剛乘(Vajrayana)：佛教宗派，盛行於西藏、蒙古、拉達克(Ladakh)，但也傳布到中國、韓國和日本。金剛乘包含上座部與大乘的信仰，並加入密續的信仰與修行，通常有許多象徵與儀軌，例如咒、手印以及用曼荼羅觀想。祕密佛教的一種形式。

- 阿羅漢(arhat)：「一位傑出的人；可敬者」。在上座部佛教中，阿羅漢的理想意指再也無需學習的事物；解脫渴求和欲望的束縛；並已達到涅槃。

- 皈依處(refuge)：皈依的意思是對某事物的重視、信賴和依靠。

- 苦(duhkha)：（梵文，字面上意指「不穩定的輪軸」）不滿意、壓力、苦難、苦悶和痛苦，起因是渴求或執著不穩定、無獨立分隔主體的事物。

十-十一畫

● 俳句(haiku)：一首用簡短文字描繪的印象派素描。

● 涅槃(nirvana)：解脫，與究竟實相合而爲一，圓滿的狀態。

● 般涅槃(paranirvana)：死亡前或死亡後的涅槃。

● 虔敬瑜伽(Bhakti yoga)：透過虔誠的信仰與神合而爲一。

● 曼荼羅(mandala)：宇宙能量的平面或立體圖形，用於禪修，通常描繪諸神與其所居之處。

● 問答(mondo)：（日文）禪宗的問答，類似公案禪，但需要立即回答。

● 密教(esoteric)：只預定給精神上充分發展，並已正式受過灌頂以掌握眞實義的人。

● 密續(tantra)：原本是印度瑜伽的一派，結合佛教與西藏民間信仰。密續是金剛乘佛教的一個特殊要素，它的特色通常是駕馭並轉變自然的能量，而非加以壓抑。此詞也可指密教的經典，稱之爲「密續」，而不稱爲「經」。

● 專注(concentration)：佛教有許多詞類似於「專注」（就如愛斯基摩人因爲非常注意「雪」，所以有許多表示「雪」的詞）。「奢摩他」(samatha)──止，是專注的基礎，且可以產生平靜。專注與念、精進合併運用，做爲八正道的一部分，此時專注稱爲「三摩地」(samadhi)，此詞常譯爲「專注於一境」，在此狀態中，沒有心與對象的二元對立。這種「不二」的狀態是禪定(dhyani)的基礎，而禪定可以進一步導致通常所謂的自證、見性、解脫或覺悟。

● 接心(sesshin)：「觸及內心；讓心統一；以心印心。」一種禪宗的精進修行方式，時間從一天到七天都有。

● 梵住(Brahmaviharas)：「梵天住處」或「無量的住處」──慈、悲、喜、捨。

● 梵語(Sanskrit)：一種印度的古代語文，今天只用於宗教儀式或學術研究。

- 深層生態學(deep ecology)：生態學（ecology, 字面意思指「照顧我們自己的房子」）研究生物與其環境的關係。深層生態學將人類視為自然中密不可分的一部分，屬於相互依存的連續體。
- 淨土(pure land)：由佛陀的覺悟所創造的領域，是佛覺悟後所居住的地方。
- 淨土宗(Pure Land Buddhist school)：（亦稱「阿彌陀教」）強調對於阿彌陀佛的慈悲、菩薩誓願的信仰與虔誠。

十二-十三畫

- 智慧(wisdom)：（梵文作prajna）智慧通常與覺悟有關，它可以指洞察實相真正的本質──「空性」。雖然西方通常認為典型的智慧是知識的累積，但在東方，智慧卻往往是指去除無知面紗後的結果。就如西方所謂的明智判斷，智慧多半是直覺的。從精神發展的角度而言，智慧常與「慈悲」並行。
- 無(mu)：（日文）無、沒有、無的狀態、非……。
- 無心(mushin)：純真、不二的覺知、無思、超越技巧。
- 無我(nonself)：（梵文作an-atman）沒有恆常不變的自我；無我。參見「我」。
- 善巧方便(skillful means)：為了更深入的宗教修行而設計的教導、技巧和方法（梵文作upaya），根據修行者的性情而做改變。
- 菩提樹(Bodhi tree)：歷史上確實存在的一棵樹，佛陀坐在此樹的枝椏下證悟。
- 菩薩(bodhisattva)：即將準備證悟或已證悟卻依然誓願幫助一切眾生證悟的人。
- 慈(metta)：慈愛、友善、善意。
- 慈悲(compassion)：普遍的同情心，有時也解釋為想要結束一切眾生不必要苦難的真誠願望，這是出自對萬有一體的認識而生起的。一般表現在「菩薩」身上；常與「智慧」成對出現。
- 業(karma)：普遍的因果法則，不受時空限制。「業」可以暗示轉

佛教一本通

世、再生；或以較不具文學比喻的意味來說，指連續不斷的永恆存在，以及從這種一再反覆的境況中解脫的媒介。

- 業瑜伽(karma yoga)：運用利他行動的解脫道。
- 瑜伽(yoga)：字面意思是「把牛用軛連結在一起」，或連結之意，例如結合聖與俗、整合教學與實踐、學習與經驗等。確切而言，此詞是指印度婆羅門教特定的修行，但可適用於任何宗教修行法門，其修行者稱爲「瑜伽士」(yogi)。（註：宗教(religion)一詞，同樣也有連結之意。）
- 經(sutra)：佛陀的談話或說法。
- 腹(hara)：一個能量的中心點〔輪(chakra)〕，大約有一個美元兩角五分硬幣或一角硬幣的大小，位置約在臍下三、四個指幅寬處，被視爲你眞正的中心——在生理上是整個姿勢的中心，在精神上是生命力（氣息或氣）的中央寶庫（中文稱作「丹田」）。
- 解脫(satori)：覺醒或覺悟的經驗（通常解脫的經驗只保留給佛陀，而個人的覺悟稱爲「見性」）。
- 道(Tao)：宇宙之道，以及人類可以和宇宙和諧共處之道；與「禪宗」關係密切。
- 道次第(lamrim)：藏傳佛教的修行次第，導向密續的傳授。
- 達賴喇嘛(Dalai Lama)：達賴，意爲「大海」，如同在智慧之海中。達賴喇嘛是政教領袖，從西元十七世紀起，西藏由達賴喇嘛統治，直到西元1959年第十六世達賴喇嘛逃亡到印度的達蘭莎拉(Dharmsala)爲止。

十四-十七畫

- 僧團(Sangha)：集會、群眾、大眾。一般而言，指佛教的修行團體或修行本身；更確切說，則指佛教僧團，是世界上最古老的教團。
- 標記(noting)：自我觀察的正念過程，通常運用於觀禪。觀察任何經過你的身體、感受、思想、意識的一切，在自己內心簡要標記後繼續往前。

- 輪迴(samsara)：再生於相同的錯覺中，例如真正的快樂在於滿足自我的錯覺，這種不斷再生循環的世界，即是輪迴。
- 禪宗(Zen)：佛教的一個宗派，強調心直接透視心的本質。「禪」(Zen)這個字源於梵文的「禪定」，並加上由禪定而產生的智慧之意。「禪定」（Dhyana），在中國與道教混合，而譯為「禪」(Chan)，韓國稱為Son，越南稱為Thien。
- 禪定(meditation)：連同智慧與戒行，是佛道三要素之一。禪定，不只是一種放鬆的狀態，更是一種「不二」的活動、自省的覺察，依宗派不同有各種程度的正式訓練，可以跟著老師學習。禪定不只限於坐在蒲團上，也實踐於行走、工作等活動當中。

十八畫以上

- 藏識或阿賴耶識(store consciousness, alaya vijnana)：佛教概念，類似無意識，是「業」累積的地方，也是滋養未來展現於現象中的種種能量與要素種子的土壤。
- 覺悟(enlightenment)：醒悟的狀態（參見「解脫」）。從覺悟行動的角度來思考的話，可能會更有用。
- 觀(insight)：深入觀察；透視萬物的真正本質；獲得理解與智慧。參見「觀禪」。
- 觀(Vipassana)：上座部佛教修行的正念禪修，在西方通常被教導為「內觀」禪修。洞察萬物無常與缺乏恆久、獨立分隔、實體的主體性，可以引領至對實相真正本質的了解。
- 觀想(visualization)：在心靈之眼中描繪一個形象。在佛教修行中，與藉由某種特定的觀想所象徵的能量彼此結合，然後體證它本質的「空性」。

譯註

【第一部第一章】

①但丁(1265-1321)，義大利詩人，《神曲》爲代表作。

②黑麋鹿(Black Elk, 1863-1950)，北印第安奧格拉蘇族人，身兼獵人、戰士、行醫聖者、先知等多種角色。

③貝比‧路斯(Babe Ruth, 1895-1948)，洋基隊的棒球選手，是美國職棒史上的傳奇人物。他曾創造單季60支全壘打的紀錄，並有10年是美國大聯盟的全壘打王。

④約瑟夫‧坎伯(Joseph Campbell, 1904-1987)，美國比較神話學家與民俗學家。

⑤見佛如見法；見法如見佛。

⑥蘭斯頓‧休斯(Langston Hughes, 1902-1967)，美國知名作家，詩、散文、戲劇在美國文學史上都具有相當的影響力。

⑦包括今天的印度西北部、巴基斯坦與阿富汗。

⑧拉赫爾博物館(Lahore Museum)，位於巴基斯坦第二大城拉赫爾市。

⑨素可泰(Sukhothai)是泰國最初建國的素可泰王朝的首府，位於曼谷北部。素可泰王朝自1238年興起，至1420年沒落。此王朝的第三位國王——蘭甘亨(King Ramkhamhaeng)在位時改良高棉文字創造泰國文字，奠下泰國文化的基礎，同時也創造出屬於自己的藝術流派。此時期的佛像，以柔和而圓潤的軀體、溫和的蛋形臉爲特徵。

⑩阿憂提亞城(Ayuthya)，位於泰國中南部。

⑪一般稱這段修行期間爲「結夏安居」。

⑫伍迪‧艾倫(Woody Allen)，生於1935年，美國知名喜劇演員、作家、製片，曾多次贏得奧斯卡金像獎。

【第一部第二章】

⑬以步行遊化(traveled on foot)，這眞是了不起的成就(this was no mean feat)，foot複數形爲feet，與feat同音，容易讓人以爲作者語帶雙關，但作者在此聲明這只是巧合。中譯無法看出原文的諧音關係。

⑭佛法教理的部分稱爲「法」，僧團共住的規約稱爲「律」。

⑮卡爾‧亞斯培(Karl Jaspers, 1883-1969)，德國哲學家，爲現代存在主義的鼻祖。

⑯《奧義書》(Upanishads)，印度教的經典，最初成書於西元前900年。此書是印度教宗教與哲學的源頭，也是後來的哲學學派吠檀多的基礎。早期《奧義書》主要解說「梵我一如」的教理，另外也談到吠陀祭祀與瑜伽。

⑰耆那教，印度宗教之一，源於西元前六世紀，是對印度教的祭祀主義與吠陀權威的反動。耆那教的二十四代祖師名爲「大雄」(Mahavira)或「耆那」(Jina)，他鼓吹苦行，並愛護一切生物，認爲這樣一來人才能解脫輪迴，證得涅槃。現代耆那教徒以社會慈善工作著稱。

⑱荷馬(Homer)，生於西元前九世紀，被認爲是希臘兩大史詩《伊里亞德》與《奧迪賽》的作者。

⑲赫拉克利圖(Heraclitus)，西元前六世紀的希臘哲學家。他認爲沒有永恆的眞實，只有不斷的衝突與變動。

⑳蘇格拉底(Socrates)，西元前五世紀的希臘哲學家，率先以問答法來教導學生。在西洋哲學史上與柏拉圖、亞里斯多德並稱爲希臘三大哲學家。

㉑瑣羅亞斯德(Zarathustra)，西元前六世紀的波斯先知，創立祆教，其餘生平不詳。

㉒《吠陀》(Vedas)，印度最古老的宗教文獻，婆羅門教的根本經典，計有最古老的《梨俱吠陀》(詩篇)，以及《撒摩吠陀》(讚歌)、《夜柔吠陀》(祭詞)、《阿闥婆吠陀》(咒文)。

㉓創價學會(Soka Gakai)，日蓮宗系的新興教團，由日蓮正宗的在家信徒組成，1930年在日本創立。此新興教派具有高度的組織性，有自己的政黨、學校，還有一所大學。自1960年代以來，此派在世界各地積極布教，極爲活躍。

㉔笈多王朝(Gupta Dynasty)，西元320-470年間印度的統一王朝。

㉕吠檀多(Vedanta)，印度主要哲學流派之一，承繼《奧義書》，闡揚一切現實的唯一原理「梵」的教理，並教導信眾超越自我的身分認同，才能與梵合而爲一。

㉖毘濕奴神(Vishnu)，印度教的重要神祇之一，被奉爲世界的保護神，與大梵天、濕婆神並稱印度教的三相神。一般認爲祂有九種化身，「黑天」(Krishna)是最重要的化身之一。

㉗「書卷之民」(people of the book)即指基督徒，因爲讀經是基督徒身分的象徵，基督徒是終生讀經的人，讀聖經是他們終生的生命工程。

㉘孟族(Mon people)，信奉佛教的一個民族，居住於緬甸東部與泰國交界處。

㉙克麗歐佩脫拉(Cleopatra)，西元前一世紀埃及女王，以美貌與魅力著稱。

㉚巴克特利亞(Bactria)，即大夏，位於中亞的古希臘王國，國都約當今之阿富汗北部。此王國本爲波斯帝國的一省，後來在西元前四世紀被亞歷山大大帝兼併，於西元前三世紀獨立，國力甚強，曾征服北印度，最後在西元前二世紀不敵新興的遊牧民族賽迦族，王國從此沒落。

㉛吐火魯人(Tokharians)，遠祖可能來自歐洲，居住在中國土耳其斯坦，直到西元十世紀。

㉜印度塞西亞人(Indo-Scythians)，印度西北部的一個民族，兼具伊朗人與印度德拉瓦人的生理特徵。黑海北部的古國。

㉝東方正教轟斯托理派(Nestorian)，又稱「景教」。此派主要根據西元五世紀君士坦丁堡大主教轟斯托理(Nestorius)的教義，他認爲耶穌兼具神性與人性。此說在西元431年被公開斥爲異端邪說。

㉞古騰堡(Gutenberg)，西元十五世紀德國印刷業者，有人認爲他是最早發明活版印刷的歐洲人（可能在1436年左右），也有人認爲荷蘭人和義大利人比他更早發明活版印刷術。

㉟「圓佛教」爲韓國新興佛教，創於西元1916年，以使佛教大眾化、生活化爲宗旨。

㊱薩迦派(Sakya)，因該派主寺薩迦寺所在地土色灰白而得名。

㊲利美派(Rime)，指即「不分教派運動」(利美運動)，是在十九世紀由西藏三位大師宗薩·蔣揚·欽哲·旺波、蔣貢·康楚和蔣揚·羅迭·旺波所發起的運動，目的在反對宗派門戶之見所引起的宗教論諍與迫害，所以產生一個超越教派，尋求調和與容忍的運動。

【第一部第三章】

㊳湯恩比(Arnold Toynbee, 1869-1975)，英國歷史學家，曾參加兩次世界大戰之後的巴黎和會(1919; 1946)，也曾擔任倫敦皇家國際事務研究所所長長達三十年。

㊴退伍軍人重整法案(Servicemen Readjustment Act)，美國國會於1944年通過的法案，資助上百萬退伍軍人受大學教育，並提供退伍軍人購屋低利貸款。

㊵無門慧開禪師(1183-1260) 取古德公案四十八則，彙編成《無門關》一書，內容有〈趙州狗子〉、〈百丈野狐〉、〈庭前柏樹〉等。其中舉趙州禪師的「無」字爲宗門第一關，稱之爲「禪宗無門關」。「無」字是指超越對待、無分別心的「眞實」。本書於德川家康朝盛行於日本，近代更由鈴木大拙、緒方宗博等人譯成英文，流通於西方國家，直至今日仍爲禪門接引學僧參公案的好教材。

㊶印度瑜伽大師馬赫什(Maharishi Mahesh Yogi)，參照印度教默念修持法傳授超覺靜坐，在1960年代成功地以此勸服披頭四。自此，超覺靜坐在西方頗爲風行。修習者每日兩次禪定20分鐘，以減少精神緊張，達到放鬆目的。

㊷據《梁書》中「扶桑國」條的記載，有沙門慧深至荊州，說扶桑國在大漢國東達三萬二千餘華里，遠在日本國（倭國）之東，因盛產一種扶桑木，因而得名「扶桑國」。學者大都認爲，書中描述的那種扶桑木，即是盛產於中南美洲的龍舌蘭。

㊸艾默生(Raplh Waldo Emerson, 1803-1882)，美國作家與哲學家，也是美國超越論的主要人物。他的詩、演說、散文都被認爲是美國思想與文學發展歷程中的里程碑。

㊹梭羅(Henry David Thoreau, 1817-1862)，美國作家，是美國思想史上的先驅。他在麻薩諸塞州度過大半生，與新英格蘭區的超越論者過往甚密。著有《湖濱散記》(*Walden*)。

㊺淨土眞宗西本願寺僧侶園田宗惠(Rev. Shuei Sonoda)及西島覺了(Rev.Kakuryo Nishijima)銜命抵達三藩市弘法，創立「北美佛教會」(Buddhist Mission of North America)，是美國第一個佛教組織，1942年改名爲「美國佛教會」(Buddhist Church of America)。此後日本佛教各宗派均紛紛派人在美國建寺弘法。

㊻詹姆士．希爾頓(James Hilton, 1900-1954)，英國小說家，後來定居美國。他有不少小說被拍成電影，如《失去的地平線》(*Lost Horizon,* 1933)、《萬世師表》(*Goodbye, Mr. Chips,* 1934)。

㊼萊德．海格(H. Rider Haggard, 1856-1925)，英國小說家。他曾因公職而在南非四處遊歷，後來回到英國開始文學創作。1885年以《所羅門王的寶藏》(*King Solomon's Mines*)一書嶄露頭角。

㊽蓋瑞．史耐德(Gary Snyder)，美國詩人，1930年生於舊金山，曾在柏克萊學中、日文。1965年起大半時間住在日本。他有些詩作鼓吹美國與東方文化結合。

㊾達摩波羅(Anagarika Dharmapala, 1864-1933)，不但在錫蘭推動興建學校及醫院，也在印度復建佛教寺院，1891年創立摩訶菩提會，旨在世界各地復興佛教。1893年，在世界宗教大會發表演說，宣揚南傳上座部佛教在歐洲發展的實況，刺激美洲佛教發展，爲他贏得國際聲望。Anagarika是受八戒或十戒的男、女性在家人的稱呼。

㊿宗演禪師(1859-1919)，日本臨濟宗禪師、鎌倉圓覺寺住持。最早將禪宗引介到美國，還指派包括鈴木大拙等弟子到美國各地宣揚禪宗。

(51)鈴木大拙(1870-1966)，日本著名漢學家、佛學家和禪宗史專家。他撰寫多部有關佛教或禪學的書籍，深受西方知識分子推崇，是禪宗能弘揚到西方的重要人物。

(52)宗活禪師(1869-1954)，宗演禪師的弟子，1906年率領六名弟子在三藩市建立禪中心。

(53)魯．威奇(Lew Welch, 1926-1971)，美國詩人，與披頭詩人蓋瑞．史耐德、菲利浦．瓦倫(Philip Whalen)爲三人組，但文名卻遠不如這二人。他一直爲情緒與酗酒問題所苦。

⑤④雄智(Nanavira)，本名哈洛德·穆森(Harold Musson)，英國人，1949年在印度出家。參見附錄一。

⑤⑤根據印度傳統，黑天是毘濕奴神的第八個化身（也是最主要的化身），以人的形體出現，是偉大的英雄與統治者，常被描繪成一個年輕英俊的吹笛者。

【第一部第四章】

⑤⑥撒拉(Sarah)，亞伯拉罕的妻子，以撒的母親，見《創世紀》；瑪利亞(Mary)則是耶穌基督的母親。

⑤⑦一行禪師提出「十四戒互即互入原則」，是新型態佛教所建立的新「倫理觀」。其本意主要不是為僧團修道生活所設立，而是希望世人都能戒除暴力，彼此互助。

⑤⑧所謂「不可知論者」，意指認為人類的智識無法了解上帝是否存在的人。有閱讀障礙的人通常有辨認字詞的問題，例如把「上帝或神」(God / god)看成「狗」(dog)。

⑤⑨類似一般玩具模型組裝的說明。

⑥⓪濕婆神(Shiva)，印度三相神之一，兼具相反的特徵：創造與毀滅、善與惡、生殖與苦行。

⑥①雙盤。

⑥②道可道，非常道。

⑥③路易斯·阿姆斯壯(Louis Armstrong, 1900-1971)，非裔美國爵士樂團的小喇叭手、主唱兼領隊。他以即興創作著名，並對爵士樂風的發展影響甚鉅，可說是有史以來最偉大的爵士音樂家之一。

⑥④「混沌理論」(Chaos Theory)或稱「動態系統理論」，起源於自然領域的學者對於大自然許多無可解釋與預期現象的一種詮釋。這種存在我們生活周遭、複雜無秩序的現象，科學家稱之為「混沌現象」。

⑥⑤「塞翁失馬，焉知非福」的成語故事。

⑥⑥天主教班奈狄克派的修士，羅馬公教的修士。和早期的苦行不同，他們持守聖班奈狄克中庸的戒律，一日的例行作息多半是崇拜與勞動。

⑥⑦蘇非派(Sufism)，伊斯蘭教中的神祕教派，起於教主穆罕默德死後一至二世紀，有感於伊斯蘭教的俗世化，因而轉為強調內在的淨化。

⑥⑧加利利(Galilee)，位於以色列北部，主要城市為耶穌的故鄉拿撒勒(Nazareth)。根據《新約聖經》，這是耶穌傳道之處。

⑥⑨偽經(apocrypha)，猶太文獻集。因為希伯來文的聖經中沒有這些文獻，因此新教徒認為它們是偽經，而羅馬天主教承認其中一部分，並且編入拉丁聖經的英譯本。

⑦⓪伊蓮·帕格斯(Elaine Pagels)，宗教歷史學家，曾著書探討初期基督教派中尊重靈的直覺的諾斯替教派(Gnosticism)。

⑦①六字大明咒。

⑦②「奇雷伊桑」(Kyrie Eleison)，拉丁文，意即「主啊！請寬恕我們！」

⑦③西蒙妮·魏爾(Simone Weil, 1909-1943)，法國哲學家與神祕主義者。從小就天資聰穎，後來曾擔任中學教師，為社會主義與共產主義期刊撰稿。在1938年一次強烈的神祕經驗後，成為虔誠的天主教徒。她將苦難視為與上帝合而為一的手段。

⑦④聖方濟(St. Francis, 1182-1226)，生於義大利亞希齊(Assisi)，廿二歲時皈依天主教，廿七歲時成立聖方濟修會。此後聖方濟修士不僅在義大利遊化，也到其他國家傳道。聖方濟是謙

遜、安貧樂道、熱愛自然與人類的象徵。

⑦貴格會是一基督教派系，由喬治·福克斯(George Fox, 1624-1691)於1648年在英國發起。
創立之初名為「朋友會」(Friends Church)，1650年福克斯因傳道入獄，向法官宣稱應該
「因神的話恐懼戰兢」，法官反唇相譏其為「戰慄者」(Quakers，音譯為「貴格會」)，貴格
會之名遂流傳至今。該派之顯著特點為：（一）注重「內在之光」，而忽視《聖經》；
（二）反對洗禮與聖餐；（三）和平主義，拒絕參加戰爭。

⑦西奈山(Sinai)，位於埃及東北部。根據《舊約》，上帝在此傳諭「摩西十誡」。

⑦須彌山(Mt. Sumeru)，或稱妙高山，原為印度神話中的山名，後為佛教宇宙觀所沿用。根
據吠陀與佛教經典，須彌山是我們所居住的這個世界中央最高的山。

⑦哈西德教派（Hasidism，希伯來文原意是「正直人」），原是十八世紀東歐猶太人興起的宗
教運動，後成為猶太教的一個支派，由巴爾山·托夫(BaalShem Tov)所創立。此派強調人
可直接與神和律法(Torah)溝通，信徒皆以狂熱的信仰態度獲得力量，富有活潑、情感的
特色，而廣受猶太人的歡迎。

⑦「不取於相，如如不動。何以故？一切有為法，如夢幻泡影，如露亦如電，應作如是觀。」
鳩摩羅什譯，《金剛般若波羅密經》。

⑧「凡有血氣的，盡都如草，他的美容，都像野地的花。草必枯乾，花必凋殘，因為耶和華
的氣吹在其上……唯有我們神的話，必永遠立定。」《聖經》，和合本（神版），香港聖經
公會，849頁。

⑧摩西·參摩納迪斯(Moses Maimonides, 1138-1204)，猶太教拉比、醫師兼哲學家，也是偉
大的希伯來學者。在他的著作中，可看出他將猶太教龐大的口傳律法組織化所做的努力。

⑧魯米（全名為JalAl ad-Din ar-RumI，約1207-1273），波斯人，偉大的伊斯蘭教蘇非派詩人
之一。他的詩有強烈的音樂與自然的節奏，以絕妙的象徵傳達神祕的思想。

⑧原書作Borodubur，但似乎應為Borobudur。婆羅浮屠是爪哇中部的一個佛寺遺跡，可能
建於西元九世紀，現今殘存的石板上有繁複的雕刻，描繪佛陀的一生。

⑧索瓜米希族(Suquamish)，美國印第安人中的一族，原來住在美國華盛頓州西北部普吉灣
(Puget Sound)東岸，於西元二十世紀時絕種。

⑧西雅圖酋長(Chief Seattle, 1786-1866)，索瓜米希族的酋長，曾提供美國西北部太平洋沿岸
的白人移民許多協助，西雅圖就是以他的名字來命名的。這段文字引自西元1854年他寫給
美國總統皮爾斯(Franklin Pierce)的信。

⑧奧格拉拉蘇族(Oglala Sioux)，蘇族是美國印第安人中的一族，主要居住在南、北達科塔
州。在美國歷史上，蘇族曾頑強地抵禦白人的入侵，雙方死傷頗為慘烈。奧格拉拉是蘇族
中的一個分支，主要分布於南達科塔州西南部。

⑧斯瓦希里語(Kiswahili)，班圖語，通行於東非，為阿拉伯語和多種外國語的混合語。

⑧克里歐語(Creole)，歐語和其他語言的混合語，主要用於西印度群島、美國路易斯安那州
及墨西哥灣沿岸諸州等地。

【第二部第一章】

①原書所提的nangpha或許應作nang pa，意指「內道」。佛教徒自稱佛教為「內道」，佛教
以外的宗教為「外道」。藏語中有nang pa sangs rgyas pa一詞，意為「內教徒」，也就是奉
行釋迦牟尼佛所創的佛教的教徒。見《藏漢大辭典》，頁1507.b。此字依nang pa音譯。

②Great Vehicle，大乘。

③道元禪師(1200-1253)，日本曹洞宗初祖。

④「究竟的層面」即指勝義諦，「相對的層面」即指世俗諦。例如「男人」、「女人」看似實有（世俗諦），其實只是由生滅的身、心過程所組成的現象，無一可以執取（勝義諦）。

⑤威廉・布雷克(1757-1827)，英國詩人與藝術家，作品有宗教神祕體驗的色彩。他對於後來的浪漫主義影響甚鉅。此處引文出自他1793年的作品〈永恆〉(Eternity)。

⑥原書作li mei，應是「魑魅」一詞首字誤讀的結果。

⑦拜倫・凱蒂的「澄心作業」，是以「四句問話」和「反向思考」的質問方式，幫助人以了悟的和內在平安的眼界來面對自己的問題。「四句問話」的內容是：（一）這是真的嗎？（二）我真的確信這是真的嗎？（三）當我持有那樣的想法時，我會如何反應呢？（四）當我不那樣想時，我會是怎樣的人呢？

⑧此為歌詞，取自兩首滾石合唱團1960年代的流行曲。

【第二部第二章】

⑨奧迪士・赫胥黎(1894-1963)，英國小說家與批評家，祖父與兄長都是英國的生物學家。

⑩正命即正確的謀生方式。

⑪棚橋一晃(Kazuaki Tanahashi)，世界和平組織成員、美國著名畫家。

⑫馬歇・普魯斯特(Marcel Proust, 1871-1922)，法國小說家，代表作品《追憶似水年華》(A la Recherche du Temps Perdu)。

⑬引自《湖濱散記》。

⑭亞倫・華茲(Alan Watts, 1915-1973)，美國哲學家與作家。

【第二部第三章】

⑮約翰・羅賓斯(John Robins)，美國Baskin-Robbins三一冰淇淋王國創辦人的獨生子，毅然放棄萬貫家財，只為了喚醒世人改變飲食的觀念及方式，並進而以慈愛的心推動保護大自然、改革健康的醫療制度。著有《新世紀飲食》(Diet For A New America)一書。

⑯艾瑞克・西洛瑟(Eric Schlosser)，《大西洋月刊》(Atlantic Monthly)的通訊員，曾獲得多項新聞界的殊榮，以三年時間深入探訪美國速食業，著有《速食共和國》(Fast Food Nation: the dark side of the all-american meal)，目前正以美國獄政為主題寫書。

⑰伊加拉人(Igala)，奈及利亞的穆斯林民族，住在尼日河與貝努埃河匯流處下游左岸。

⑱里爾克(Rainer Maria Rilke, 1875-1926)，德國詩人，長於神祕抒情詩與精準的意象，對二十世紀德國文學有深遠的影響。

⑲shoot一語雙關，可表示「攝影、拍照」，也可指「射殺」。因為此字帶有暴戾之氣，所以讓呼籲和平的克勞德掉頭就走。

⑳deadline也可以指禁止犯人逾越的「死亡線」。安德森威爾在喬治亞州，是美國內戰期間，惡名昭彰的南方邦聯戰俘營遺址。

㉑原文中的用語deadline與knock dead都有肅殺之氣。

㉒海特・艾許伯里區(Haight-Ashbury)，美國舊金山中央的一區。1960年代，此區為嬉皮的大本營。

㉓娛樂性藥物是為了娛樂目的，用以產生身體或心理作用，但不是用來作生理或心理治療的

藥物，它能使人產生興奮感、快感，是具有成癮性的藥物。

㉔匿名戒酒協會(Alcoholics Anonymous)，簡稱AA，協助酗酒者戒酒的一個民間組織，由兩名戒酒成功的人於1935年創立。歷年來，這個組織已協助無數的人戒酒。整個戒酒的程序分為十二個步驟，也就是此處標題所謂的「十二步計畫」。

㉕香菸品牌。

㉖這是作者的文字遊戲，因為「否認」的原文Denial音近The Nile，也就是埃及尼羅河。

【第二部第四章】

㉗泰利森(Taliesin)，西元六世記的威爾斯吟遊詩人。

㉘特拉比斯(Trappist)隱修會是1664年創立於法國的天主教苦修團體。湯瑪斯‧牟敦(Thomas Merton, 1915-1968)出生於法國，1941年進入肯塔基州的特拉比斯隱修會，1949年被任命為神父。一生為各種族間的公義、和平、教會統合運動而努力。

㉙作者的文字遊戲。本來一般女人到美容院去燙頭髮，也就是get a perm。perm是permanent的簡稱。但因比丘尼已落髮，所以在美容院「不燙頭髮」。impermanent是permanent的相反詞，意即「無常」，沒有「不燙頭髮」的意思。然而，作者卻在此處讓這個字兼具「無常」與「不燙頭髮」兩層含意。

㉚應為日本江戶前期的著名俳句作家松尾芭蕉(1644-1694)。

㉛天然氣或石油不完全燃燒所產生的黑色煤煙，可用來加強橡膠，或作為墨水、顏料、蠟筆及亮光劑的成分。

㉜豐饒角(cornucopia)，哺育希臘神宙斯的羊角，裝滿花、水果、穀物，是豐饒的象徵。

㉝愛德華‧孔茲(Edward Conze, 1904-1979)，英國研究大乘佛教的代表人物。他不但翻譯出西方擁有的梵文與西藏佛學文獻，而且也研究《大智度論》。

㉞compose（組合）也意指「作曲」；decompose是指「分解」、「腐爛」。此處作者一語雙關。

㉟格勞丘‧馬克斯(Groucho Marx, 1890-1977)，美國默劇時代的喜劇演員馬克斯五兄弟中最有名的一位，戴眼鏡，蓄著濃密的八字鬍，常常叼著雪茄，走路的樣子頗為奇特。

㊱「時光飛逝如箭，果蠅熱愛香蕉」(Time flies like an arrow, fruit flies like a banana.)前後兩句的結構看似相同，而且都用了flies like，但前句的flies是動詞，意為「飛逝」，like是介詞，意為「就像……一樣」；後句的flies是名詞，意為「蒼蠅」，like是動詞，意為「喜愛」。這是文字因為上下文不同而語意轉變的一個例子。

㊲英國王室教堂，位於倫敦西敏區，為哥德式大教堂。自從英王威廉一世之後，幾乎英國所有的國王、女王都在此處加冕。

【第三部第一章】

①班迪達法師(U Pandita)，1921年生於緬甸，是現在在世的內觀禪與上座部佛教首要且最有成就的大師。他是馬哈希大師的弟子，也是將馬哈希內觀禪風傳到西方的禪師之一。

②一種電路系統，其中兩個真空管或電晶體連接的方式，讓它們的柵極電壓在聯合的增幅極板電壓中互補。

③《聖經》刻畫亞伯拉罕作為一個人奮鬥信任上帝的諾言。由他的信念，亞伯拉罕成為以色列人的父親，且受猶太教、基督宗教與伊斯蘭教的尊崇。這三宗教的主流思想都是一神

論，所以統稱為「亞伯拉罕傳統」。

④根據《聖經》的描述，星期六是上帝以六天時間創造萬物後的第七天，這一天上帝要休息，所以是「安息日」，猶太教以這一天作為禮拜日。

⑤伊斯蘭教定星期五為聚禮日，通稱「主麻日」(jumma)，教徒必須在此日齊集清真寺守安息和做禮拜。「主麻」是阿拉伯文的音譯，意為「聚會」。

⑥石屋，諱清珙，諡號「佛慈慧照禪師」，屬臨濟宗虎丘派。曾在天湖庵山居長達四十年，是一清苦嚴厲的古禪僧，從其山居詩中尤可見此風範。

⑦「佛來佛斬。」

⑧日本佛教膜拜的對象，置於佛壇中。

⑨台灣通常稱為「蒲團」與「方墊」。

⑩天主教的念珠通常在唸玫瑰經祈禱時使用，以十顆小珠和一顆大珠為一組，通常一串有165顆或55顆。

⑪亦稱Steven Bhaerman，知名幽默作家。

⑫指「禪修」。

⑬卡內基音樂廳(Carnegie Hall)，紐約市一座大型音樂廳，有許多知名的音樂家都曾經在此廳演奏。

【第三部第二章】

⑭杜勒(Albrecht Dürer, 1471-1528)，文藝復興時期的德國畫家、雕刻家與藝術理論家，是德國畫派最具影響力的藝術家，以木刻與雕版作品聞名於世。

⑮似乎應是舌頂上顎，舌尖輕抵上排牙齒齒背。

⑯王爾德(Oscar Wilde, 1854-1900)，愛爾蘭詩人、小說家、幽默劇作家，尤以對話機智詼諧見長。

⑰gut本指腸子或內臟，gut feeling則是第六感、本能、直覺；follow one's nose指向前直走，也有憑直覺做事之意。因為這一節談到數息的兩個焦點——鼻端與小腹，所以此處標題直譯為「鼻子知道肚子裡的感覺」。

⑱美國太空總署的太空飛行管制中心。

⑲艾蜜莉‧狄更生(Emily Dickinson, 1830-1886)，十九世紀美國三大詩人之一，她聰慧且充滿創意的詩篇，直到現在仍大受歡迎。

【第三部第三章】

⑳Shazam是感嘆詞，要東西突然消失或出現的咒語。

㉑參見第四部‧第六章。

㉒原文pain in the neck，是指惹人心煩或討厭的人或事物。

㉓sandbox原指供小孩在其中玩耍的沙箱或沙場，作者因sand與saint同音而使用。

【第三部第四章】

㉔南宋僧人，法名法常，號牧溪（或作牧谿）。他的水墨簡筆畫法對日本水墨畫產生巨大影響。參見《中國古代畫家辭典》，浙江人民出版社，1999；《中國名畫賞析：宋元繪畫》，河北教育出版社，2004。

㉕知訥(1158-1210)，韓國禪宗祖師。參見附錄。

㉖即位於眼角內側的「蒙古褶」（專指蒙古利亞人種特有的眼瞼構造），是內側上眼皮在眼角處向下遮蓋淚腺而形成的褶，俗稱「單眼皮」。中國大部分人有這種褶，而外國人則無。

㉗帝問曰：「朕即位已來，造寺、寫經、度僧，不可勝計。有何功德？」師曰：「並無功德。」帝曰：「何以無功德？」師曰：「此但人天小果有漏之因，如影隨形，雖有非實。」帝曰：「如何是真功德？」答曰：「淨智妙圓，體自空寂。如是功德，不以世求。」帝又問：「如何是聖諦第一義？」師曰：「廓然無聖。」帝曰：「對朕者誰？」師曰：「不識。」（《景德傳燈錄》，《大正藏》卷51，頁219a）。

㉘時有僧神光者……乃往彼，晨夕參承。師常端坐面牆，莫聞誨勵。……其年十二月九日夜，天大雨雪，光堅立不動，遲明積雪過膝。師憫而問曰：「汝久立雪中，當求何事？」光悲淚曰：「惟願和尚慈悲，開甘露門，廣度群品。」師曰：「諸佛無上妙道，曠劫精勤，難行能行，非忍而忍。豈以小德小智、輕心慢心，欲冀真乘，徒勞勤苦？」光聞師誨勵，潛取利刀，自斷左臂，置于師前。師知是法器。……師遂因與易名曰「慧可」……光曰：「我心未寧，乞師與安。」師曰：「將心來，與汝安。」曰：「覓心了不可得。」師曰：「我與汝安心竟。」（同上，頁219b）

㉙祖問曰：「汝何方人？欲求何物？」惠能對曰：「弟子是嶺南新州百姓，遠來禮師，惟求作佛，不求餘物。」祖言：「汝是嶺南人，又是獦獠，若為堪作佛？」惠能曰：「人雖有南北，佛性本無南北；獦獠身與和尚不同，佛性有何差別？」（《六祖大師法寶壇經》，《大正藏》卷48，頁348a）

㉚「身是菩提樹，心如明鏡台；時時勤拂拭，勿使惹塵埃。」（同上，頁348b）。

㉛「菩提本無樹，明鏡亦非台；本來無一物，何處惹塵埃？」（同上，頁349a）。

㉜Chenrezig，Chen 意指「眼睛」，re 是「眼角」，zig 是「看」。意思是說，觀世音菩薩以慈眼看一切眾生的需要而救度之。

㉝這位退伍軍人俗姓陳，原為四品將軍，出家後法名為「惠明」。

㉞美國高等法院對「布朗訴教育委員會」(Brown v. Board of Education, 1954)案的裁決，確立公立學校的種族隔離違反憲法。它被認為是美國歷史上意義最重大的裁決。

㉟白隱鵠林禪師(1689-1769)，是江戶中期臨濟宗禪師，一生巡遊各地，化導道俗，被稱為日本臨濟宗中興之祖。

㊱白隱禪師對峨山禪師道：「你雖擔一肚皮禪，到生死岸頭，總無著力，如果要痛快平生，須聽我『隻手之聲』（參一隻手所發出的聲音）！」

㊲塞繆爾・高德溫(Samuel Goldwyn, 1882-1974)，美國製片家，創辦米高梅電影公司，對於好萊塢影業的發展有舉足輕重的影響。

㊳尤吉・貝拉(Yogi Berra, 1925-)，美國著名的職棒選手，從1946年至60年代效力於紐約洋基隊，榮膺美國大聯盟1951年、1954年和1956年最有價值球員，後來擔任教練。

【第三部第五章】

㊴龍樹，西元二至三世紀人，生於南印度的婆羅門家，為中觀派之祖，主要著作為《中論》。

㊵世親，西元四、五世紀人，與他的兄長無著是唯識學派的奠基、發揚者。世親的主要著作，如《唯識二十論》、《唯識三十頌》，都是唯識派的根本論書。

㊶恆實法師，美國俄亥俄州人，1976年於加州萬佛城依止宣化法師出家。1977七年，與恆朝法師自南加州帕薩迪納沿海岸公路三步一拜，往萬佛城朝聖，費時兩年九個月完成。後將此期間的日記與書信結集成《修行者的消息》一書。

㊷中國淨土宗第十三代祖師。

㊸即指淨土法門是能「橫超」三界的殊勝法門。「橫超」相對於「豎出」，以本文中提到竹子中的小蟲爲例，「豎出」是自下至上，一節節的次第咬破，等咬破最上的一節，小蟲才能出來。這是比喻修其他法門，一定要次第斷盡煩惱，才能出離三界；而修習淨土法門，就如小蟲從竹子旁鑽洞，便能出離。

㊹親鸞上人主張極爲單純的、純粹以信心爲本的「專修念佛」，是純「他力」的念佛往生，脫離一切私心與「自力」。他強調「淨信」本身就已經是救拔，就是正覺往生。

㊺巴斯克人(Basque)，居住在庇里牛斯山脈西部的西班牙及法國境內。

㊻bring something home本來是「深入解說，使人深刻體會」之意，在此作者一語雙關，也代表要把淨土法門落實在自家生活之中。

㊼愛麗絲．沃克(Alice Walker)，美國作家，生於1944年，作品往往表現黑人女性的勇氣與力量，著有《紫色姊妹花》(*The Color Purple*)。

【第三部第六章】

㊽佛陀所教導的八萬四千法門，可分成三種不同的層次——小乘、大乘顯宗（波羅蜜多乘）與金剛乘（密續）。密續是非常善巧方便的法門，有非常殊勝的一些修行技巧，能使人更快速證得果位。

㊾早期以西藏爲背景的一部好萊塢影片。參見第四部．第四章。

㊿vajra是因陀羅神手中的武器，早期形如圓盤，後來變成兩道交叉的雷電，在北傳佛教的形狀則如此圖所示，並稱爲「多杰」，也就是金剛杵。vajra亦指堅硬如雷電的金剛。

(51)大圓滿：寧瑪派（紅教）的最高即身成佛法門。八世紀時由蓮花生大士傳入西藏，十四世紀時由龍欽巴尊者加以組織整理而集大成。大圓滿主張佛與眾生的差別只在覺與迷，行者每一刻都有成佛的機會。

(52)大手印：噶舉派（白教）的修行法，有顯教、密教兩種。顯教由定起觀，證得空智解脫的境界；密教以唯一白法，成就空、樂二智，最後達到即身成佛，是無上瑜伽的最高法門。

(53)悉達，耆那教名詞，謂圓滿成就者。

(54)yoga本義是「結合」，religion的拉丁字源也有「綁縛」之意。

(55)祖古意指「轉世者」或「化身」，是已證悟而且能隨意自在地化現於人間，利益眾生的修行者。

(56)這個詞英文讀音同「喇嘛」(lama)。

(57)印第安土著的特殊祈禱儀式，稱爲「汗禮」。祈禱者進入帳篷內，圍坐在一個堆放熱石頭的坑，部落的精神領袖在石頭上撒下芳草和水，帳篷裡隨之熱氣騰騰，每個人大汗淋漓地說出祈禱辭和對世界的期望。這是清洗身體和心靈毒素的一個淨化儀式。

(58)脈、氣和明點是密教傳統中身心系統的動力網絡，氣在脈中流動，明點藏在脈中。修法時，瑜伽行者會將此系統觀想得非常清楚，透過禪定的力量，將氣導入中脈而後分解，就能直接證悟心性的「明光」。

(59)原文爲You see?一語雙關，可以指「你看見了嗎？」也可以表示「你明白了嗎？」這個問

句充分顯示，視覺爲主要的認知及知識的媒介。

⑩婆羅浮屠：位於印尼爪哇島日惹市西北30公里，是全世界最大的佛教遺址。建於西元九世紀，整座建築有九層，高達40公尺，面積15000平方公尺，牆面皆由石塊堆砌而成，上面刻有印度教、佛教石雕，共有二千多幅浮雕，一萬多個人物，反映了印度教與佛教當時的地位和關係。

㉑桑耶寺位在拉薩東南方，始建於西元762年，藏王赤松德贊爲了迎蓮花生大士入藏而建造，是藏傳佛教史上第一座佛、法、僧具足的寺廟，第一批藏文佛經在此譯出。

㉒召請本尊的儀式。

㉓那洛巴(Naropa, 896-980)，爲帝洛巴的傳承持有者，噶舉派的第二代祖師，印度大成就者，其以全部身心承事上師、不惜一切苦行的精神，爲後世學佛者所仰崇。

㉔鳥語是指西方煉金術中一種神祕玄妙的語言，用來向新入會者傳授知識。

㉕通常譯爲「吉祥結」。

㉖聖·凱瑟琳(Saint Catherine, 1347-1380)，義大利宗教領袖，1378年居中斡旋，讓佛羅倫斯人與教宗烏爾班六世(UrbanVI)達成和議。

㉗帝洛巴(Tilopa)，噶舉之父，大約生於西元十世紀的北印度，持有並精修於四個法脈，其教義及實修風範，影響那洛巴、馬爾巴、密勒日巴、岡波巴等大師，將整個法教無間相續口耳傳承迄今。

【第四部第一章】

①奎師那在印度神話中的地位類似於希臘神話中的愛神伊羅斯(Eros)，英勇則似大力神赫丘力士(Hercules)；拉妲一輩子追隨著奎師那，是他無可替代的情人及靈魂伴侶。

②阿貝拉(Abelard, 1079-1142)，法國著名神學家和哲學家，艾洛依絲(Heloise, 1101-1164)原是他的學生，後成爲其情婦，並產下一子。阿貝拉因而遭艾洛依絲的家族去勢，後在巴哈克雷創立修道院。艾洛依絲則成爲修女，並時常與阿貝拉通信。她的書信奇妙地混合著激情和神學的探討，成爲法國文學的重要遺產。

③默罕穆德，伊斯蘭教創教者，卡地澤是他的妻子，後來成爲第一位接受伊斯蘭教的人。

④螺拉和摩君是十二世紀波斯詩人Ganjavi Nizmi所撰《螺拉和摩君的故事》(*The Story of Layla & Majnun*)中的男女主角，類似羅密歐與茱麗葉的愛情悲劇，至今仍流傳於中東與中亞地區。本書後來成爲蘇非教的經典，深化其純粹的愛情主題，將它昇華爲一個高貴的靈魂爲尋求神的大愛，赴湯蹈火的心路歷程。

⑤所羅門，大衛王之子，西元前十世紀的以色列王，建立耶路撒冷神殿，以其高度的智慧聞名。希巴女王，西元前十世紀統領阿拉伯南部一古國，地點約今之葉門，並以財富與商業繁榮著稱。希巴後來成爲所羅門王的寵妃，舊約聖經中載有希巴女王拜訪所羅門王的著名故事。

⑥紫式部夫人，大約是日本平安王朝時代（十世紀末、十一世紀初）的女性，紫氏部是其父親在朝中的官階。《源氏物語》是日本的一部古典文學名著，對於日本文學的發展有巨大影響，被譽爲日本文學的高峰，也是世界上最早的長篇寫實小說。

⑦作家、表演藝術家、專欄作家。1990年獨自到亞洲遊歷，開始對佛教有興趣，並在加德滿都參加「西方佛教僧團之友」(FWBO)的禪修課程。2001年出家，蘇瓦納婆羅巴(Suvarnaprabha)是其法名，意爲「金光燦爛」。

⑧Dear Abby是美國報紙上的專欄，針對讀者投書中提出的種種生活中人際關係等問題，提出忠告與建議。

⑨旃察巴察，成吉思汗的後代。他不僅是喇嘛，同時也是藝術家與工程師，精擅青銅鑄造。他在宗教、社會、政治和藝術發展上，影響蒙古極深。白上樂金剛腿上坐著明妃金剛亥母(Vajravarahi)，兩者呈雙修像，象徵智慧與慈悲的結合。詳見「典藏藝術網」網站。

⑩阿姜查曾在自傳中提到自己在禪修時，曾生起強烈的性欲：「心中不斷浮現女性的生殖器官，……使我無法行禪，因爲陰莖一碰到袈裟就起了反應，……我將袈裟捲起來繫在腰上後，再繼續行禪，我就這樣與煩惱搏鬥了十天，直到性欲與那些幻相沉寂消失爲止。」

⑪堅信禮(confirmation)，在幼兒時受過洗禮的人，成人後成爲正式教徒的儀式。

⑫受戒禮(bar / bas mitzvah)，猶太男孩到了十三歲，完成猶太教的研讀課程後，所受的成人禮，自此之後男孩就被視爲成人，能負起自己的道德與宗教責任。

⑬「藏傳佛教香巴拉中心」位於科羅拉多州中北部、丹佛市西北方的博得市。1992年，薩雍・米龐仁波切宣布成立「香巴拉國際」(Shambhala International)，領導其父創巴仁波切所設立的許多團體，如金剛界、香巴拉訓練、那洛巴大學與香巴拉山禪修中心。

⑭參見【附錄A】，1988年。

⑮參見【附錄A】，1974年。

⑯創價大學是由日本創價學會於1971年於日本創建，1987年在美國設置洛杉磯分校。

⑰日本臨濟宗禪師宗演的再傳弟子，是首位在美國定居的禪師。1930年在紐約成立「美國佛教協會」(Buddhist Society of America)，1945年改名爲「美國第一禪堂」(First Zen Institute of America)。

⑱一般稱爲「中陰身」。

【第四部第二章】

⑲食存五觀：一、記功多少，量彼來處；二、忖己德行，全缺應供；三、防心離過，貪等爲宗；四、正事良藥，爲療形枯；五、爲成道業，應受此食。

⑳或譯爲「平等心」。

㉑原產於南美安地斯山的一種藜科植物（如菠菜、甜菜）的種子。

㉒禾十口＝和

㉓Sarvabhaksa這名字的梵文原意是「什麼都吃的（人）」。

㉔陸羽(733-804)，字鴻漸，唐復州竟陵郡（今湖北省天門縣）人。精於茶道，著作世界第一部茶葉專著《茶經》而聞名，後人稱之爲「茶聖」。《茶經》全書系統總結了唐代和唐代以前有關茶葉科學和文化，是中國茶葉生產、茶葉文化歷史的里程碑。

㉕亨利・詹姆士(Henry James, 1843-1916)，旅居歐洲多年的知名美國小說家。

㉖豐臣秀吉(1537-1598)，日本戰國時代的武將。

㉗明治時代日本著名的藝術評論家。《茶書》寫於1906年，以英文寫成，向西方人提出他們所未知的日本的生活藝術和審美觀。

【第四部第三章】

㉘塞邱・佩吉(Satchell Paige, 1906-1982)，美國職棒大聯盟第一位黑人投手。

㉙西諾伊族(Senoi)，馬來西亞一個以遊獵採集爲生的民族，據說此民族廣泛運用光明夢想來

保持快樂與心理健康。

㉚一日不作，一日不食。

㉛伊洛郭族(Iroquois)是現居於美國紐約州和威斯康辛州的北美印第安人。伊洛郭族聯盟位於
紐約州，由六個部族的印第安人結盟而成。

㉜食物鏈是捕食與被捕生物之間的連鎖關係，其中較低等的生物被較高等的生物捕食。此處
所謂以食物鏈中較低等的生物為食，應指以蔬果為主食。

㉝大賽爾(Big Sur)，加州太平洋沿岸一處崎嶇多岩石，又詩情畫意的休閒勝地。

㉞揚克斯市(Yonkers)，紐約州東南部的一座城市，位於紐約市北方，是一個製造業中心。

㉟「安丁國際有限公司」(Andin International)，美國最大私人品牌珠寶製造商。

【第四部第四章】

㊱日本歌謠的一種。參見第四部第五章。

㊲日本一種承襲自唐朝的竹管樂器。

㊳表演者頭戴骷髏面具，身穿繪有經絡的白上衣，手戴長指甲手套。據說他們是守護天葬場
的精靈，天葬一萬具屍體才出一個「屍林主」，樣子雖可怕，但心地善良，是道行高深的
護法神。

㊴美國有 *The Tao of Pooh* 一書，主題有關小熊維尼如何體現道家的精神。參見「博客來網路
書店」：1982年班傑明‧霍夫(Benjamin Hoff)出版《小熊維尼的無為自在》(*The Tao of
Pooh*)

㊵法蘭克‧洛伊‧賴特(Frank Lloyd Wright, 1869-1959)，多數人認為他是二十世紀美國最重
要的建築師。他最有名的是在建築物中運用現代建材與方法，例如紐約古根漢美術館。

㊶西元七世紀日本聖德太子之名。

㊷或稱「活花」（日文）。

㊸位於京都市右京區的一座臨濟禪寺。

㊹巴西黑人著名武術，當時貴族與蓄奴者以武力壓迫非裔巴西人奴隸，奴隸受不了壓迫，便
開始反抗，他們的雙手都被鎖鏈綁住，所以自然而然發展出各種以腳為主的攻擊方式，算
是巴西的一種格鬥技巧。

㊺澤庵宗彭，日本江戶初期臨濟宗僧人，諱宗彭，精通書畫、俳諧、茶道。

㊻此段所述為作者撰稿時的情形，傑克森已於2004年球季結束後離開湖人隊。

㊼雙柏忌，高爾夫術語，指高於標準桿兩桿。

㊽梅村是一行禪師1982年在法國南部建立的禪修道場。

㊾宇宙天體運行的音樂，古希臘數學家與哲學家畢達哥拉斯所想像的宇宙間星球運行時產生
的神奇音樂，人類無法聽見。

㊿一支流行於1980、1990年代的美國搖滾樂團。

51勞倫斯‧奧立佛(1907-1989)，英國演員，活躍於劇場與電影超過五十年，是二十世紀最偉
大的演員之一。他最有名的是執導並參與演出三部改編自莎士比亞的電影〈亨利五世〉、
〈哈姆雷特〉和〈理查三世〉。

52「如何是達摩祖師東來意？」

53此片全名為〈2001：太空奧德塞〉(*2001：The Space Odyssey*)，是美國六〇年代最具影響
力的一部科幻電影，無論在思想或特效上都相當具有震撼效果。

○54日片，原名直譯爲〈美好人生〉(Wandafuru raifu)，導演是枝裕和。

○55片名直譯爲〈雅各的登天梯〉，本爲聖經中雅各在夢中所見的登天梯，見《創世紀》第二十八章第十二節。

○56紀錄一行禪師的生平與作品。

○57有關宗薩仁波切(Khyentse Norbu)的紀錄片。

○58不知是否爲〈甜蜜家庭〉(Home Sweet Home)的誤植。

○59不知是否爲〈早春〉、〈晚春〉的誤植。

○60片名直譯是〈土撥鼠節〉，這原本是預測春天到來的日子，美國一般在二月二日慶祝。根據古老的傳說，在這一天是土撥鼠打從入冬以來首次出洞，如果它看到自己的影子，就會嚇得再次鑽進洞裡，那麼冬季就會再持續六週；如果是陰天，土撥鼠看不到自己的影子，那麼這一年春天就會提早報到。這部影片描述一名氣象主播到一個小鎮採訪土撥鼠節時發生的異事——他似乎每天醒來都重複過著同一天的生活。

○61西方通訊聯盟，美國十九世紀中葉獲得經營特許權的電信通訊公司。在此比喻爲獨占性的傳訊管道。

○62別名〈西藏七年情〉。

○63藏傳佛教金剛法會的紀錄片。

【第四部第五章】

○64「界線」(borders)是一家美國著名的圖書公司，與亞馬遜網路書店合作。

○65葛飾北齋(1760-1849)，日本江戶後期的浮世繪大師。

○66約翰・凱吉(John Cage)美國前衛作曲家，生於1912年。

○67法國的基督教宗教改革領袖與神學家約翰・喀爾文(1509-1564)主張的基督教教義，強調神的絕對性、聖經的權威與神意拯救等。

○68喬治亞・歐奇芙(1887-1986)，美國藝術家，她的作品多是以花卉、獸骨的特寫爲主題的大幅繪畫。

○69即語言文字在類似命令祈使句的運用上，有促使行動產生的效力。

○70沙林傑，美國作家，最有名的著作是《麥田捕手》(The Catcher in the Rye)。西摩爾是他的格拉斯家族傳奇故事中的長子，這篇《西摩爾：簡介》是西摩爾從事寫作的弟弟對他一生的介紹。

○71渥茲華斯(Wordsworth, 1770-1850)，英國浪漫時期詩人。

○72與謝蕪村(1716-1783)，江戶中期的俳句作家與畫家，風格感性浪漫，與松尾芭蕉齊名。

○73小林一茶(1763-1827)，江戶後期的俳句作家。

○74杜象(Marcel Duchamp)是紐約達達運動的領導人，發明了「物體藝術」的觀念。代表作包括早期半立體派、半未來派的〈下樓梯的女郎〉，以及後來的〈泉〉(實際上是個小便壺)，還有在印刷品的〈蒙娜麗莎〉嘴上添了兩撇鬍子。

○75伍茲塔克(Woodstock)，紐約州東南部的一個村鎮。1969年有個大型的搖滾音樂節以此鎮爲名，在它附近一連舉行三天。當時約有50萬名年輕人前往觀賞搖滾樂、流行樂與民歌歌手及樂團演奏。這個音樂節特別有名的是當時參加的嬉皮，因此也被視爲嬉皮文化的典型代表。

○76自動逐字鑄出活字並排版的機器。

⑦聖湯瑪斯‧阿圭那(1225-1274)，義大利神學家與哲學家，他的思想對天主教羅馬公教有重要的影響力。

⑧fluxus拉丁文，意爲「流動」。Fluxus爲起於1960年代一種藝術運動，強調的是一種對藝術的態度。

【第四部第六章】

⑦黃金價值基準(gold standard)，通貨專門術語，表示運用黃金的價值作爲貨幣價值的固定基準。

⑧希臘文原意爲「我找到（它）了！」據傳這是西元前三世紀希臘數學家阿基米德，在發現如何測量不規則固體的體積並藉此確定黃金純度時脫口而出的一句話。後世將這個感嘆詞，用在表達發現解決問題的答案時的喜悅。

⑧迴旋加速器，離子加速器的一種，是造價極爲昂貴的科學儀器。

⑧Paradigm Shift可譯爲「典範轉移」、「思考模式轉移」、「情境轉移」，是指習慣的改變、觀念的突破、價值觀的移轉。此觀念是由社會學家湯馬斯‧孔恩(Thomas Kuhn)於1962年所提出，說明科學演進的過程不是演化，而是革命，必然來自全新的創意和思考邏輯。也就是說我們理解新觀念的方法，是調整思考的座標軸，以新的角度看事情，而非放在原有的舊座標軸上去思考。

⑧羅伯‧阿本海默(J. Robert Oppenheimer, 1904-67)，美國物理學家。他領導一個科學家團隊在1942-1945年從事「曼哈頓計畫」(Manhattan Project)，也就是研發第一顆原子彈的祕密計畫。

⑧華納‧海森伯格(Werner Heisenberg, 1901-1976)，德國物理學家。他研究原子的反應，是量子力學的創始人。1932年以「不確定性原理」贏得諾貝爾獎。

⑧所謂「超線」，是一種物理學上假設的粒子，由一種一度空間的超短線組成，而這種短線存在於十度空間，這是結合超級對稱的時空理論中的基本粒子。

⑧鍾‧卡巴辛(Jon Kabat-Zinn)是麻省醫學院的減壓診所創辦人，發現禪定能幫助60%患者控制焦慮，並降低症狀達三年之久。

⑧拙火定是噶舉派的一種密法，據說修成此定的人能將在冬天剛從水中撈出的袈裟披在身上烤乾；在屋內發功，屋頂的雪會立刻融化。

⑧森田療法由日本森田正馬教授於1919年左右創立，結合安靜療法、作業療法、說服療法、禪宗療法及生活療法等優點而成，適用於精神官能症。參見「文化總會生命教育推行委員會」http://www.okido.org.tw/modules/sign_up/。

⑧又稱「氫化可體松」(hydrocortisone)，是一種類固醇化合物的荷爾蒙，由腎上腺皮質產生，主要作用是調節碳水化合物的新陳代謝與維持血壓。

⑨gut feeling一般通稱「第六感」或「直覺」。

⑨大衛‧波姆(David Bohm, 1917-1992)是著名的量子物理學家、科學思想家與哲學家。他的隱卷序(implicate order)理論，對實在、物質與意識、時間與空間、運動等基本哲學問題做出了新的解釋。

⑨「遙視」(remote viewing)是指那是種不用眼睛也可見物、感知，並能記錄遙遠事件發生的特殊能力。1916年在里歇(Charles Robert Richet, 1850-1935)主編的《心理科學年鑒》(*Les Annales des Sciences Psychiques*)的一篇有關心靈戰的評論中，首先提出。

㉝所謂「雙重盲檢」(double-blind)，意指一種科學實驗或研究，比較兩個或更多的組別，其中不管是科學家或受測者都不知道哪個組別是受測組。

【第四部第七章】

㉞正命即正確的謀生方式。

㉟正業即正確的行為模式。

㊱約翰‧多恩(John Donne, 1572-1361)，英國玄學派詩人、牧師。

㊲寂天(Shantideva)，西元八世紀印度那爛陀大學的佛教中觀學者，名著為《入菩提行論》。

㊳此處原為覺音論師引用《相應部》的一段經文：「住戒有慧人，修習心與慧，有勤智比丘，彼當解此結。」以揭示全論的宗旨。這段話的背景是在舍衛城，當時有位天人想去除心中的疑惑，所以請教佛陀這個問題。此處的瞿曇即是佛陀。

㊴Tikkun 意思是恢復和重新組合；ha'olam 是指世界。

㊵狄更斯(Charles Dickens, 1812-1870)，英國作家。小說中不乏幽默感十足的人物，也反映出英國在維多利亞時代的艱困生活，特別是貧困者與孩童。名著包括《塊肉餘生記》、《孤雛淚》、《雙城記》、《聖誕頌歌》等。

㊶卡茲奇山(the Catskill Mountains)是美國紐約州東部的避暑勝地。

㊷這個理論相信動物與客體，有著和人類相同的感覺與特質。

㊸「中央航道」見於《中央航道》(Middle Passage)一書中，它是有關一個虛構的佛教非洲部落的海上歷險記。

㊹一個歷史區域，位於今天義大利東部與南斯拉夫西北部。這個地區在歷史上曾被不同的民族與城邦征服，到了十九、二十世紀才歸屬於義大利、南斯拉夫。